730

MODELLO 730/2024
Periodo d'imposta 2023

ISTRUZIONI PER LA COMPILAZIONE

I. INTRODUZIONE — 2
1. Perché conviene il Modello 730 — 2
2. Modello 730 precompilato — 2
3. Modello 730 ordinario (non precompilato) — 5
4. Chi è esonerato dalla presentazione della dichiarazione — 5
5. Chi può presentare il Modello 730 — 5
6. Chi deve presentare il Modello REDDITI Persone fisiche — 7
7. La dichiarazione congiunta — 7
8. Rimborsi, trattenute e pagamenti — 7

II. ASPETTI GENERALI — 9
1. Come è composto il modello — 9
2. Cosa c'è di nuovo — 9
3. Destinazione dell'otto, del cinque e del due per mille dell'Irpef — 10
4. Informativa sul trattamento dei dati personali — 11
5. Rettifica del Modello 730 — 13
6. Redditi o contributi da dichiarare con il Modello REDDITI Persone fisiche — 14
7. Altre informazioni utili — 14

III. GUIDA ALLA COMPILAZIONE DELLA DICHIARAZIONE — 16
1. Informazioni relative al contribuente — 16
2. Familiari a carico — 18
3. Dati del sostituto d'imposta — 20
4. Firma della dichiarazione — 21
5. Quadro A - Redditi dei terreni — 21
6. Quadro B - Redditi dei fabbricati e altri dati — 23
7. Quadro C - Redditi di lavoro dipendente ed assimilati — 31
8. Quadro D - Altri redditi — 43
9. Quadro E - Oneri e spese — 53
10. Quadro F - Acconti, ritenute, eccedenze e altri dati — 92
11. Quadro G - Crediti d'imposta — 98
12. Quadro I - Imposte da compensare — 106
13. Quadro L - Ulteriori dati — 107
14. Quadro W - Investimenti e attività estere di natura finanziaria o patrimoniale — 108
15. Quadro K - Comunicazione dell'amministratore di condominio — 110

IV. APPENDICE
Codici catastali comunali

I. INTRODUZIONE

1. Perché conviene il Modello 730

I lavoratori dipendenti e i pensionati (in possesso di determinati redditi) possono presentare la dichiarazione con il modello 730. Utilizzare il modello 730 è vantaggioso, in quanto il contribuente:

- non deve eseguire calcoli e pertanto la compilazione è più semplice;
- ottiene il rimborso dell'imposta direttamente nella busta paga o nella rata di pensione, a partire dal mese di luglio (per i pensionati a partire dal mese di agosto o di settembre);
- se deve versare delle somme, queste vengono trattenute dalla retribuzione (a partire dal mese di luglio) o dalla pensione (a partire dal mese di agosto o settembre) direttamente nella busta paga.

2. Modello 730 precompilato

Per chi viene predisposto

A partire dal 30 aprile, l'Agenzia delle entrate mette a disposizione la dichiarazione dei redditi precompilata nell'area dedicata del proprio sito web www.agenziaentrate.gov.it.

Da quest'anno, nell'area web dedicata, oltre alla modalità di compilazione ordinaria, è resa disponibile al contribuente, in via sperimentale, una modalità di presentazione semplificata e guidata della dichiarazione 730 precompilata. Con la nuova modalità di compilazione, le informazioni a disposizione dell'Agenzia delle entrate sono proposte con un linguaggio semplificato al contribuente, che può direttamente confermarle o modificarle attraverso un percorso guidato. I dati così confermati, modificati o integrati sono riportati in maniera automatica nei campi corrispondenti del modello 730.

Quali informazioni contiene

Per la predisposizione del modello 730 precompilato, l'Agenzia delle entrate utilizza le seguenti informazioni:

- i dati contenuti nella Certificazione Unica, che viene inviata all'Agenzia delle entrate dai sostituti d'imposta: ad esempio, i dati dei familiari a carico, i redditi di lavoro dipendente o di pensione, le ritenute Irpef, le trattenute di addizionale regionale e comunale, il credito d'imposta APE, i compensi di lavoro autonomo occasionale, i dati delle locazioni brevi;
- gli oneri deducibili o detraibili ed i rimborsi, anche per i familiari a carico individuati in base ai dati a disposizione dell'Agenzia delle entrate: ad esempio, spese sanitarie e relativi rimborsi, interessi passivi sui mutui, premi assicurativi, contributi previdenziali, spese per il riscatto dei periodi non coperti da contribuzione (c.d. "pace contributiva"), contributi versati alle forme di previdenza complementare, contributi versati per i lavoratori domestici, anche tramite lo strumento del Libretto Famiglia, spese per la frequenza di asili nido e relativi rimborsi, spese per l'istruzione scolastica e relativi rimborsi, spese universitarie e relativi rimborsi, spese funebri, erogazioni liberali agli istituti scolastici, erogazioni liberali a favore di ONLUS, di associazioni di promozione sociale e di alcune fondazioni e associazioni riconosciute, spese per interventi di recupero del patrimonio edilizio e per misure antisismiche, per l'arredo degli immobili ristrutturati e per interventi finalizzati al risparmio energetico (bonifici per interventi su singole unità abitative e spese per interventi su parti comuni condominiali), spese per interventi di "sistemazione a verde", spese e relativi rimborsi per l'acquisto di abbonamenti ai servizi di trasporto pubblico, rimborsi erogati per il bonus Vista;
- alcune informazioni contenute nella dichiarazione dei redditi dell'anno precedente: ad esempio, i dati dei terreni e dei fabbricati, gli oneri che danno diritto a una detrazione da ripartire in più rate annuali (come le spese sostenute negli anni precedenti per interventi di recupero del patrimonio edilizio, per l'arredo degli immobili ristrutturati e per interventi finalizzati al risparmio energetico e le spese per l'installazione infrastrutture di ricarica dei veicoli elettrici), i crediti d'imposta e le eccedenze riportabili;
- altri dati presenti nell'Anagrafe tributaria: ad esempio, le informazioni contenute nelle banche dati immobiliari (catasto e atti del registro), i pagamenti e le compensazioni effettuati con il modello F24.

Le principali fonti utilizzate per precompilare i quadri del modello 730 sono elencate nel seguente prospetto:

FRONTESPIZIO	Certificazione Unica e Anagrafe tributaria
PROSPETTO DEI FAMILIARI A CARICO	Certificazione Unica
QUADRO A - Redditi dei terreni	Dichiarazione dei redditi dell'anno precedente e banche dati immobiliari
QUADRO B - Redditi dei fabbricati	Dichiarazione dei redditi dell'anno precedente e banche dati immobiliari e Certificazione Unica - Locazioni brevi
QUADRO C - Redditi di lavoro dipendente e assimilati	Certificazione Unica
QUADRO D - Altri redditi	Certificazione Unica
QUADRO E - Oneri e spese	Comunicazioni oneri deducibili e detraibili, dichiarazione dei redditi dell'anno precedente e Certificazione Unica
QUADRO F - Acconti, ritenute, eccedenze e altri dati	Certificazione Unica, dichiarazione dei redditi dell'anno precedente e pagamenti e compensazioni con F24
QUADRO G - Crediti d'imposta	Dichiarazione dei redditi dell'anno precedente e compensazioni con F24 e Certificazione Unica

Come si accede al 730 precompilato

Il modello 730 precompilato viene messo a disposizione del contribuente, a partire dal 30 aprile, in un'apposita sezione del sito web dell'Agenzia delle entrate www.agenziaentrate.gov.it.

È possibile accedere al 730 precompilato utilizzando:
- un'identità SPID – Sistema pubblico d'identità digitale;
- CIE - Carta di identità elettronica;
- una Carta Nazionale dei Servizi.

Dal 1° ottobre 2021, in linea con quanto disposto dal Decreto Semplificazione e Innovazione digitale (DL n. 76/2020), l'Agenzia delle entrate non rilascia più ai cittadini le credenziali "proprietarie" (ossia rilasciate direttamente dall'Agenzia), salvo alcuni casi particolari. Per approfondimenti visita la pagina "Accesso ai servizi".

Nella sezione del sito web dell'Agenzia delle entrate dedicata al 730 precompilato è possibile visualizzare:
- il modello 730 precompilato;
- un prospetto con l'indicazione sintetica dei redditi e delle spese presenti nel 730 precompilato e delle principali fonti utilizzate per l'elaborazione della dichiarazione (ad esempio i dati del sostituto che ha inviato la Certificazione Unica oppure i dati della banca che ha comunicato gli interessi passivi sul mutuo). Se le informazioni in possesso dell'Agenzia delle entrate risultano incomplete, queste non vengono inserite direttamente nella dichiarazione ma sono esposte nell'apposito prospetto per consentire al contribuente di verificarle ed eventualmente indicarle nel 730 precompilato. Ad esempio, dall'Anagrafe tributaria può risultare l'atto di acquisto di un fabbricato, di cui però non si conosce la destinazione (sfitto, dato in comodato, ecc.). Nello stesso prospetto sono evidenziate anche le informazioni che risultano incongruenti e che quindi richiedono una verifica da parte del contribuente. Ad esempio, non vengono inseriti nel 730 precompilato gli interessi passivi comunicati dalla banca, se il contratto di mutuo è stato stipulato almeno due anni prima ma nella dichiarazione dell'anno precedente non risulta un immobile adibito ad abitazione principale per l'intero periodo d'imposta;
- l'esito della liquidazione: il rimborso che sarà erogato dal sostituto d'imposta e/o le somme che saranno trattenute in busta paga. L'esito della liquidazione non è disponibile se manca un elemento essenziale, quale, ad esempio, la destinazione d'uso di un immobile. Il risultato finale della dichiarazione sarà disponibile dopo l'integrazione del modello 730;
- il modello 730-3 con il dettaglio dei risultati della liquidazione.

Il contribuente può accedere alla propria dichiarazione precompilata anche tramite il proprio sostituto che presta assistenza fiscale oppure tramite un Caf o un professionista abilitato. In questo caso deve consegnare al sostituto o all'intermediario un'apposita delega per l'accesso al 730 precompilato.

Quando si presenta

Il 730 precompilato deve essere presentato entro il 30 settembre direttamente all'Agenzia delle entrate o al Caf o al professionista o al sostituto d'imposta.
I termini che scadono di sabato o in un giorno festivo sono prorogati al primo giorno feriale successivo.

Come si presenta

Presentazione diretta

Se il contribuente intende presentare il 730 precompilato direttamente tramite il sito web dell'Agenzia delle entrate deve:
- indicare i dati del sostituto d'imposta che effettuerà il conguaglio;
- compilare la scheda per la scelta della destinazione dell'8, del 5 e del 2 per mille dell'Irpef, anche se non esprime alcuna scelta;
- verificare con attenzione che i dati presenti nel 730 precompilato siano corretti e completi.

Se il 730 precompilato non richiede nessuna correzione o integrazione, il contribuente lo può accettare senza modifiche.
Se, invece, alcuni dati del 730 precompilato risultano non corretti o incompleti, il contribuente è tenuto a modificare o integrare il modello 730, ad esempio per aggiungere un reddito non presente. Inoltre, il contribuente può aggiungere gli oneri detraibili e deducibili non presenti nella dichiarazione precompilata, ad esempio le spese per le attività sportive praticate dai figli. In questi casi vengono elaborati e messi a disposizione del contribuente un nuovo modello 730 e un nuovo modello 730-3 con i risultati della liquidazione effettuata in seguito alle modifiche operate dal contribuente.
Una volta accettato o modificato, il modello 730 precompilato può essere presentato direttamente tramite il sito web dell'Agenzia delle entrate. Tutte le funzionalità sopra descritte, da quest'anno sono disponibili anche tramite la nuova modalità di compilazione semplificata, accessibile sempre nell'area web dedicata.
A seguito della trasmissione della dichiarazione, nella stessa sezione del sito web viene messa a disposizione del contribuente la ricevuta di avvenuta presentazione.
Se, dopo aver effettuato l'invio del 730 precompilato, il contribuente si accorge di aver commesso degli errori, le rettifiche devono essere effettuate con le modalità descritte nel paragrafo "Rettifica del modello 730".

Presentazione tramite sostituto d'imposta, Caf o professionista abilitato

In alternativa alla presentazione diretta tramite il sito web dell'Agenzia delle entrate, il modello 730 precompilato può essere presentato:
- al proprio sostituto d'imposta (datore di lavoro o ente pensionistico), se quest'ultimo ha comunicato entro il 15 gennaio di prestare assistenza fiscale;
- a un Caf-dipendenti o a un professionista abilitato (consulente del lavoro, dottore commercialista, ragioniere o perito commerciale, Società tra professionisti).

Il contribuente deve consegnare al sostituto d'imposta, al Caf o al professionista un'apposita delega per l'accesso al proprio modello 730 precompilato.

Presentazione al sostituto d'imposta

Chi presenta la dichiarazione al proprio sostituto d'imposta deve consegnare, oltre alla delega per l'accesso al modello 730 precompilato, il modello 730-1, in busta chiusa. Il modello riporta la scelta per destinare l'8, il 5 e il 2 per mille dell'Irpef. Può anche essere utilizzata una normale busta di corrispondenza indicando "Scelta per la destinazione dell'otto, del cinque e del due per mille dell'Irpef", il cognome, il nome e il codice fiscale del dichiarante. Il contribuente deve consegnare la scheda anche se non esprime alcuna scelta, indicando il codice fiscale e i dati anagrafici. In caso di dichiarazione in forma congiunta le schede per destinare l'8, il 5 e il 2 per mille dell'Irpef sono inserite dai coniugi in due distinte buste. Su ciascuna busta vanno riportati i dati del coniuge che esprime la scelta.

Prima dell'invio della dichiarazione all'Agenzia delle entrate e comunque entro il:
- 15 giugno per le dichiarazioni presentate entro il 31 maggio;
- 29 giugno per quelle presentate dal 1° al 20 giugno;
- 23 luglio per quelle presentate dal 21 giugno al 15 luglio;
- 15 settembre per quelle presentate dal 16 luglio al 31 agosto;
- 30 settembre per quelle presentate dal 1° al 30 settembre;

il sostituto d'imposta consegna al contribuente una copia della dichiarazione elaborata e il prospetto di liquidazione, modello 730-3, con l'indicazione del rimborso che sarà erogato e delle somme che saranno trattenute. Si consiglia di controllare attentamente la copia della dichiarazione e il prospetto di liquidazione elaborati dal sostituto d'imposta per riscontrare eventuali errori.

Presentazione al Caf o al professionista abilitato
Chi si rivolge a un Caf o a un professionista abilitato deve consegnare oltre alla delega per l'accesso al modello 730 precompilato, il modello 730-1, in busta chiusa. Il modello riporta la scelta per destinare l'8, il 5 e il 2 per mille dell'Irpef. Il contribuente deve consegnare la scheda anche se non esprime alcuna scelta, indicando il codice fiscale e i dati anagrafici.

In caso di presentazione del modello 730 precompilato senza modifiche, il contribuente non deve esibire la documentazione relativa agli oneri indicati nella dichiarazione precompilata forniti dai soggetti terzi all'Agenzia delle entrate. Al contrario, in caso di presentazione del modello 730 con modifiche che incidono sulla determinazione del reddito o dell'imposta, il contribuente deve esibire al Caf o al professionista abilitato la documentazione necessaria per verificare la conformità dei dati riportati nella dichiarazione, con la sola eccezione della documentazione comprovante le spese sanitarie che non risultano modificate rispetto alla dichiarazione precompilata.

Il contribuente conserva la documentazione in originale mentre il Caf o il professionista ne conserva copia che può essere trasmessa, su richiesta, all'Agenzia delle entrate. I principali documenti da esibire sono:
- la Certificazione Unica e le altre certificazioni che documentano le ritenute;
- gli scontrini, le ricevute, le fatture e le quietanze che provano le spese sostenute. Il contribuente non deve esibire i documenti che riguardano le spese deducibili già riconosciute dal sostituto d'imposta, né la documentazione degli oneri detraibili che il sostituto d'imposta ha già considerato quando ha calcolato le imposte e ha effettuato le operazioni di conguaglio, se i documenti sono già in possesso di quest'ultimo;
- gli attestati di versamento d'imposta eseguiti con il modello F24;
- la dichiarazione modello REDDITI in caso di crediti per cui il contribuente ha richiesto il riporto nella successiva dichiarazione dei redditi.

I documenti relativi alla dichiarazione di quest'anno vanno conservati fino al **31 dicembre 2029**, termine entro il quale l'amministrazione fiscale può richiederli. Non dovranno essere conservati i documenti riferiti ai dati delle spese sanitarie che non risultano modificati rispetto alla dichiarazione precompilata.

I Caf o i professionisti abilitati hanno l'obbligo di verificare, nei casi previsti, che i dati indicati nel modello 730 siano conformi ai documenti esibiti dal contribuente (relativi a oneri deducibili e detrazioni d'imposta spettanti, alle ritenute, agli importi dovuti a titolo di saldo o di acconto oppure ai rimborsi) e rilasciano per ogni dichiarazione un **visto di conformità** (ossia una certificazione di correttezza dei dati).

Se il Caf o il professionista appone un visto di conformità infedele, è tenuto al pagamento di una somma pari al 30% della maggiore imposta riscontrata a seguito dei controlli formali da parte dell'Agenzia delle entrate (ai sensi dell'art. 36-*ter* del D.P.R. n. 600 del 1973), sempre che il visto infedele non sia stato indotto dalla condotta dolosa o gravemente colposa del contribuente. A condizione che l'infedeltà del visto non sia stata già contestata con comunicazione d'irregolarità, il Caf o il professionista può trasmettere una dichiarazione rettificativa del contribuente oppure, se il contribuente non intende presentare la nuova dichiarazione, può trasmettere una comunicazione dei dati relativi alla rettifica. In tal caso, la somma dovuta dal Caf o dal professionista abilitato è ridotta ai sensi dell'art. 13 del D.Lgs. 18 dicembre 1997, n. 472.

Prima dell'invio della dichiarazione all'Agenzia delle entrate e comunque entro il:
- 15 giugno per le dichiarazioni presentate entro il 31 maggio;
- 29 giugno per quelle presentate dal 1° al 20 giugno;
- 23 luglio per quelle presentate dal 21 giugno al 15 luglio;
- 15 settembre per quelle presentate dal 16 luglio al 31 agosto;
- 30 settembre per quelle presentate dal 1° al 30 settembre;

il Caf o il professionista consegna al contribuente una copia della dichiarazione e il prospetto di liquidazione, modello 730-3, elaborati sulla base dei dati e dei documenti presentati dal contribuente. Nel prospetto di liquidazione sono evidenziate le eventuali variazioni intervenute a seguito dei controlli effettuati dal Caf o dal professionista e sono indicati i rimborsi che saranno erogati dal sostituto d'imposta e le somme che saranno trattenute.

Si consiglia di controllare attentamente la copia della dichiarazione e il prospetto di liquidazione elaborati dal Caf o dal professionista per riscontrare eventuali errori.

Vantaggi sui controlli
Se il 730 precompilato viene presentato direttamente tramite il sito web dell'Agenzia delle entrate oppure al sostituto d'imposta:
- senza effettuare modifiche, non saranno effettuati i controlli documentali sugli oneri detraibili e deducibili che sono stati comunicati all'Agenzia delle entrate;
- con modifiche che incidono sulla determinazione del reddito o dell'imposta, non saranno effettuati i controlli documentali sugli oneri, comunicati all'Agenzia delle entrate, che non sono stati modificati, mentre sugli oneri comunicati che risultano modificati, rispetto alla dichiarazione precompilata, saranno effettuati i controlli documentali relativamente ai soli documenti che hanno determinato la modifica. Le agevolazioni sui controlli, nel caso di presentazione diretta del 730, si applicano anche se il contribuente si avvale della nuova modalità di compilazione semplificata, disponibile nell'area web dedicata.

Se il 730 precompilato viene presentato mediante CAF o professionista:
- senza modifiche, non si effettua il controllo formale sui dati relativi agli oneri indicati nella dichiarazione precompilata forniti dai soggetti terzi;
- con modifiche che incidono sulla determinazione del reddito o dell'imposta, i controlli documentali saranno effettuati nei confronti del CAF o del professionista, anche sugli oneri detraibili e deducibili che sono stati comunicati all'Agenzia delle entrate, ad eccezione dei dati delle spese sanitarie, per le quali il controllo formale è effettuato relativamente ai soli documenti di spesa che non risultano indicati nella dichiarazione precompilata.

I controlli documentali possono riguardare, invece, i dati comunicati dai sostituti d'imposta mediante la Certificazione Unica. La dichiarazione precompilata si considera accettata anche se il contribuente effettua delle modifiche che non incidono sul calcolo del reddito complessivo o dell'imposta (ad esempio se vengono variati i dati della residenza anagrafica senza modificare il comune del domicilio fiscale, se vengono indicati o modificati i dati del soggetto che effettua il conguaglio oppure se viene indicato o modificato il codice fiscale del coniuge non fiscalmente a carico).

L'Agenzia delle entrate potrà comunque richiedere al contribuente la documentazione necessaria per verificare la sussistenza dei requisiti soggettivi per fruire di queste agevolazioni. Ad esempio, potrà essere controllata l'effettiva destinazione dell'immobile ad abitazione principale entro un anno dall'acquisto, nel caso di detrazione degli interessi passivi sul mutuo ipotecario per l'acquisto dell'abitazione principale.

3. Modello 730 ordinario (non precompilato)

Il contribuente non è obbligato ad utilizzare il modello 730 precompilato messo a disposizione dall'Agenzia delle entrate. Può infatti presentare la dichiarazione dei redditi con le modalità ordinarie (utilizzando il modello 730 o il modello REDDITI).

Il contribuente per cui l'Agenzia delle entrate ha predisposto il modello 730 precompilato, ma ha percepito altri redditi che non possono essere dichiarati con il modello 730 (ad esempio redditi d'impresa), non può utilizzare il modello 730 precompilato, ma deve presentare la dichiarazione utilizzando il modello REDDITI ordinario o modificando il modello REDDITI precompilato.

Il contribuente per cui l'Agenzia delle entrate non ha predisposto il modello 730 precompilato (ad esempio perché non è in possesso di alcun dato da riportare nella dichiarazione dei redditi) deve presentare la dichiarazione dei redditi con le modalità ordinarie utilizzando il modello 730, ove possibile, oppure il modello REDDITI, sempre che non rientri nei casi di esonero descritti nei successivi paragrafi.

Reperibilità del modello
Il modello 730/2024 e le relative istruzioni sono reperibili esclusivamente sul sito web dell'Agenzia delle entrate *www.agenziaentrate.gov.it*.

A chi si presenta
Il Mod. 730 ordinario può essere presentato al **sostituto d'imposta** che presta l'assistenza fiscale, al Caf o al professionista abilitato. I lavoratori dipendenti privi di un sostituto d'imposta che possa effettuare il conguaglio devono presentare il Mod. 730 a un Caf-dipendenti o a un professionista abilitato.

Quando e come si presenta
Il 730 ordinario si presenta entro il 30 settembre al Caf o al professionista abilitato o al sostituto d'imposta.
Nel caso di presentazione al sostituto d'imposta il contribuente deve consegnare il modello 730 ordinario già compilato.
Nel caso di presentazione al Caf o al professionista abilitato possono essere richiesti al momento della presentazione della dichiarazione i dati relativi alla residenza anagrafica del dichiarante.

4. Chi è esonerato dalla presentazione della dichiarazione

Il contribuente deve controllare se è obbligato a presentare la dichiarazione dei redditi – modello 730 o modello REDDITI – oppure se è esonerato. Il contribuente è tenuto a presentare la dichiarazione se ha conseguito redditi nell'anno 2023 e non rientra nelle ipotesi di esonero elencate nelle successive tabelle (l'abitazione principale e le pertinenze citate nelle tabelle sono quelle per le quali non è dovuta l'Imu per il 2023). In questo caso deve verificare se può presentare il modello 730 o deve presentare il modello REDDITI, secondo le istruzioni fornite nei seguenti paragrafi.

La dichiarazione **deve comunque essere presentata** se le addizionali all'Irpef non sono state trattenute o sono state trattenute in misura inferiore a quella dovuta.

La dichiarazione **deve essere presentata** anche se sono stati percepiti esclusivamente redditi che derivano dalla locazione di fabbricati per i quali si è optato per la cedolare secca.

La dichiarazione **può essere presentata**, anche in caso di esonero, per dichiarare eventuali spese sostenute o fruire di detrazioni o per chiedere rimborsi relativi a crediti o eccedenze di versamento che derivano dalle dichiarazioni degli anni precedenti o da acconti versati per il 2023.

5. Chi può presentare il modello 730

Possono utilizzare il modello 730 precompilato o ordinario, i contribuenti che nel 2024 sono:
- pensionati o lavoratori dipendenti (compresi i lavoratori italiani che operano all'estero per i quali il reddito è determinato sulla base della retribuzione convenzionale definita annualmente con apposito decreto ministeriale);
- persone che percepiscono indennità sostitutive di reddito di lavoro dipendente (es. integrazioni salariali, indennità di mobilità);
- soci di cooperative di produzione e lavoro, di servizi, agricole e di prima trasformazione dei prodotti agricoli e di piccola pesca;
- sacerdoti della Chiesa cattolica;
- giudici costituzionali, parlamentari nazionali e altri titolari di cariche pubbliche elettive (consiglieri regionali, provinciali, comunali, ecc.);
- persone impegnate in lavori socialmente utili;
- lavoratori con contratto di lavoro a tempo determinato per un periodo inferiore all'anno. Questi contribuenti possono presentare il 730 precompilato direttamente all'Agenzia delle entrate oppure possono rivolgersi:
  – al sostituto d'imposta, se il rapporto di lavoro dura almeno dal mese di presentazione della dichiarazione al terzo mese successivo;
  – a un Caf-dipendenti o a un professionista abilitato, se il rapporto di lavoro dura almeno dal mese di presentazione della dichiarazione al terzo mese successivo e si conoscono i dati del sostituto d'imposta che dovrà effettuare il conguaglio;
- personale della scuola con contratto di lavoro a tempo determinato. Questi contribuenti possono presentare il 730 precompilato direttamente all'Agenzia delle entrate oppure possono rivolgersi al sostituto d'imposta o a un Caf-dipendenti o a un professionista abilitato, se il contratto dura almeno dal mese di settembre dell'anno 2023 al mese di giugno dell'anno 2024;
- produttori agricoli esonerati dalla presentazione della dichiarazione dei sostituti d'imposta (Mod. 770), Irap e Iva.

Da quest'anno i contribuenti sopra elencati possono presentare il modello 730 senza sostituto, precompilato o ordinario, indipendentemente dall'avere o meno, nel corso del 2024, un sostituto d'imposta tenuto a effettuare il conguaglio.

Il modello 730 senza sostituto precompilato va presentato direttamente all'Agenzia delle entrate ovvero a un Caf o a un professionista abilitato.
Il modello 730 senza sostituto ordinario va presentato a un Caf o a un professionista abilitato.
In entrambi i casi nelle informazioni relative al contribuente va indicata la lettera "A" nella casella "730 senza sostituto" e nel riquadro "Dati del sostituto d'imposta che effettuerà il conguaglio" va barrata la casella *"Mod. 730 dipendenti senza sostituto"*. Se dalla dichiarazione emerge un credito, il rimborso viene erogato dall'Agenzia delle entrate. Se, invece, emerge un debito, il pagamento viene effettuato tramite il modello F24.

Possono utilizzare il modello 730 precompilato o ordinario i **contribuenti che nel 2023 hanno percepito**:
- redditi di lavoro dipendente e redditi assimilati a quelli di lavoro dipendente (es. co.co.co. e contratti di lavoro a progetto);
- redditi dei terreni e dei fabbricati;
- redditi di capitale;
- redditi di lavoro autonomo per i quali non è richiesta la partita IVA (es. prestazioni di lavoro autonomo non esercitate abitualmente);

- redditi diversi (es. redditi di terreni e fabbricati situati all'estero);
- alcuni dei redditi assoggettabili a tassazione separata, indicati nella sezione II del quadro D;
- redditi di capitale di fonte estera, diversi da quelli che concorrono a formare il reddito complessivo, percepiti direttamente dal contribuente senza l'intervento di intermediari residenti indicati nella sezione III del quadro L.

Da quest'anno, inoltre, possono utilizzare il modello 730 anche coloro che adempiono agli obblighi relativi al monitoraggio delle attività estere di natura finanziaria o patrimoniale a titolo di proprietà o di altro diritto reale, e/o che sono tenuti al pagamento delle relative imposte (IVAFE, IVIE e Imposta cripto-attività), compilando il nuovo quadro W.

Chi presenta la dichiarazione per conto di persone **incapaci**, compresi i **minori**, o per il **contribuente deceduto** può utilizzare il modello 730 se per questi ricorrono le condizioni descritte.

I contribuenti sopra elencati che scelgono di utilizzare il modello REDDITI PF, devono presentarlo in via telematica all'Agenzia delle entrate.

 Coloro che nel 2023 e/o nel 2024 non sono residenti in Italia possono utilizzare il solo modello REDDIT PF (vedi in Appendice la voce "Condizioni per essere considerati residenti").

CASI DI ESONERO

È esonerato dalla presentazione della dichiarazione il contribuente che possiede esclusivamente i redditi indicati nella prima colonna, se si sono verificate le condizioni descritte nella seconda colonna.
L'esonero non si applica se il contribuente deve restituire, in tutto o in parte, il trattamento integrativo.

TIPO DI REDDITO	CONDIZIONI
Abitazione principale, relative pertinenze e altri fabbricati non locati (*)	
Lavoro dipendente o pensione	1. Redditi corrisposti da un unico sostituto d'imposta obbligato ad effettuare le ritenute di acconto o corrisposti da più sostituti purché certificati dall'ultimo che ha effettuato il conguaglio
Lavoro dipendente o pensione + Abitazione principale, relative pertinenze e altri fabbricati non locati (*)	
Rapporti di collaborazione coordinata e continuativa compresi i lavori a progetto. *Sono escluse le collaborazioni di carattere amministrativo-gestionale di natura non professionale rese in favore di società e associazioni sportive dilettantistiche*	2. Le detrazioni per coniuge e familiari a carico sono spettanti e non sono dovute le addizionali regionale e comunale
Redditi esenti. *Esempi: rendite erogate dall'Inail esclusivamente per invalidità permanente o per morte, alcune borse di studio, pensioni di guerra, pensioni privilegiate ordinarie corrisposte ai militari di leva, pensioni, indennità, comprese le indennità di accompagnamento e assegni erogati dal Ministero dell'Interno ai ciechi civili, ai sordi e agli invalidi civili, sussidi a favore degli hanseniani, pensioni sociali*	
Redditi soggetti ad imposta sostitutiva (diversi da quelli soggetti a cedolare secca). *Esempi: interessi sui BOT o sugli altri titoli del debito pubblico*	
Redditi soggetti a ritenuta alla fonte a titolo di imposta. *Esempi: interessi sui conti correnti bancari o postali; redditi derivanti da lavori socialmente utili*	

(*) L'esonero non si applica se il fabbricato non locato è situato nello stesso comune dell'abitazione principale. Abitazione principale e pertinenze per le quali non è dovuta l'Imu.

CASI DI ESONERO CON LIMITE DI REDDITO

È esonerato dalla presentazione della dichiarazione il contribuente che possiede esclusivamente i redditi indicati nella prima colonna, nei limiti di reddito previsti nella seconda colonna, se si sono verificate le condizioni descritte nella terza colonna.
L'esonero non si applica se il contribuente deve restituire, in tutto o in parte, il trattamento integrativo.

TIPO DI REDDITO	LIMITE DI REDDITO (uguale o inferiore a)	CONDIZIONI
Terreni e/o fabbricati (comprese abitazione principale e sue pertinenze(*))	500	
Lavoro dipendente o assimilato + altre tipologie di reddito (**)	8.176	Periodo di lavoro non inferiore a 365 giorni. Periodo di pensione non inferiore a 365 giorni. Le detrazioni per coniuge e familiari a carico sono spettanti e non sono dovute le addizionali regionale e comunale. Se il sostituto d'imposta ha operato le ritenute il contribuente può recuperare il credito presentando la dichiarazione.
Pensione + altre tipologie di reddito (**)	8.500	
Pensione + terreni + abitazione principale e sue pertinenze (*) (box, cantina, ecc.)	7.500 (pensione) 185,92 (terreni)	
Assegno periodico corrisposto dal coniuge + altre tipologie di reddito (**) *È escluso l'assegno periodico destinato al mantenimento dei figli*	8.500	
Redditi assimilati a quelli di lavoro dipendente e altri redditi per i quali la detrazione prevista non è rapportata al periodo di lavoro. *Esempi: compensi percepiti per l'attività libero professionale intramuraria del personale dipendente dal Servizio sanitario nazionale, redditi da attività commerciali occasionali, redditi da attività di lavoro autonomo occasionale*	5.500	
Compensi derivanti da attività in bande musicali e filodrammatiche che perseguono finalità dilettantistiche	30.658,28	
Compensi da attività sportive	30.658,28	Derivanti esclusivamente da attività sportive nel settore del dilettantismo svolte dal 1° gennaio 2023 al 30 giugno 2023
	15.000	a) Derivanti esclusivamente da attività sportive nel settore del dilettantismo svolte dal 1° luglio 2023 al 31 dicembre 2023 b) Derivanti esclusivamente da attività nel settore del professionismo svolte dal 1° luglio 2023 al 31 dicembre 2023 da sportivi *under 23*

(*) Abitazione principale e pertinenze per le quali non è dovuta l'Imu.
(**) Il reddito complessivo deve essere calcolato senza tener conto del reddito derivante dall'abitazione principale e dalle sue pertinenze.

CONDIZIONE GENERALE DI ESONERO

In generale è esonerato dalla presentazione della dichiarazione il contribuente, non obbligato alla tenuta delle scritture contabili, che possiede redditi per i quali è dovuta un'imposta non superiore ad euro 10,33 come illustrato nello schema seguente:

Contribuenti non obbligati alla tenuta delle scritture contabili che si trovano nella seguente condizione:
 	
    imposta lorda (*)   –
    detrazioni per carichi di famiglia   –
    detrazioni per redditi di lavoro dipendente, pensione e/o altri redditi –
    ritenute   =
    importo non superiore a euro 10,33

(*) L'imposta lorda è calcolata sul reddito complessivo al netto della deduzione per l'abitazione principale e relative pertinenze.

6. Chi deve presentare il Modello REDDITI Persone fisiche

Devono presentare il modello REDDITI Persone fisiche 2024 e non possono utilizzare il modello 730 precompilato o ordinario i contribuenti che si trovano in una delle seguenti situazioni:
- nel 2023 hanno percepito:
  – redditi derivanti da produzione di "agroenergie" che non si considerano produttive di reddito agrario;
  – redditi d'impresa, anche in forma di partecipazione;
  – redditi di lavoro autonomo per i quali è richiesta la partita IVA;
  – redditi di lavoro autonomo a cui, ai fini delle imposte sui redditi, si applica l'art. 50 del Tuir (soci delle cooperative artigiane);
  – redditi "diversi" non compresi tra quelli indicati nel quadro D, righi D4 e D5;
  – plusvalenze derivanti dalla cessione di partecipazioni qualificate e non qualificate e derivanti dalla cessione di partecipazioni non qualificate in imprese o enti residenti o localizzati in Paesi o territori a fiscalità privilegiata, i cui titoli non sono negoziati in mercati regolamentati;
  – redditi provenienti da "trust", in qualità di beneficiario;
- nel 2023 e/o nel 2024 non sono residenti in Italia (vedi in Appendice la voce "Condizioni per essere considerati residenti");
- devono presentare anche una delle seguenti dichiarazioni: IVA, IRAP, Mod. 770 (sostituti d'imposta);
- utilizzano crediti d'imposta per redditi prodotti all'estero diversi da quelli di cui al rigo G4;
- nel 2023 hanno percepito redditi da pensione di cui all'articolo 49, comma 2, lettera a) del TUIR erogati da soggetti esteri, e che trasferiscono in Italia la propria residenza in uno dei comuni appartenenti al territorio del Mezzogiorno, con popolazione non superiore ai 20.000 abitanti, situati nelle regioni Sicilia, Calabria, Sardegna, Campania, Basilicata, Abruzzo, Molise e Puglia;
- devono compilare il prospetto degli aiuti di Stato, ad eccezione degli agricoltori in regime di esonero che sono beneficiari unicamente di crediti d'imposta da utilizzare esclusivamente in compensazione nel Mod. F24;
- coloro che destinano a locazione breve più di 4 appartamenti.

7. La dichiarazione congiunta

Se entrambi i coniugi possiedono solo redditi indicati nel precedente paragrafo "Chi può presentare il modello 730" e almeno uno dei due può utilizzare il modello 730, i coniugi possono presentare il modello 730 in forma congiunta.

Non è possibile utilizzare la forma congiunta se si presenta la dichiarazione per conto di persone incapaci, compresi i minori e nel caso di decesso di uno dei coniugi avvenuto prima della presentazione della dichiarazione dei redditi.

Nella dichiarazione congiunta va indicato come "dichiarante" il coniuge che ha come sostituto d'imposta il soggetto al quale viene presentata la dichiarazione, oppure quello scelto per effettuare i conguagli d'imposta negli altri casi.

In caso di dichiarazione in forma congiunta le schede per destinare l'8, il 5 e il 2 per mille dell'Irpef sono inserite dai coniugi in due distinte buste. Su ciascuna busta vanno riportati i dati del coniuge che esprime la scelta. Può anche essere utilizzata una normale busta di corrispondenza indicando "Scelta per la destinazione dell'otto, del cinque e del due per mille dell'Irpef", il cognome, il nome e il codice fiscale del contribuente. La scheda deve essere consegnata anche se non viene espressa alcuna scelta, indicando il codice fiscale e i dati anagrafici.

8. Rimborsi, trattenute e pagamenti

A partire dalla retribuzione di competenza del **mese di luglio**, il datore di lavoro o l'ente pensionistico deve effettuare i rimborsi relativi all'Irpef e alle altre imposte risultanti dal modello 730-4 o trattenere le somme o le rate (se è stata richiesta la rateizzazione), dovute a titolo di saldo e primo acconto relativi all'Irpef, e alla cedolare secca, di addizionale regionale e comunale all'Irpef, di acconto del 20 per cento su taluni redditi soggetti a tassazione separata, di acconto all'addizionale comunale all'Irpef, imposta sostitutiva sui premi di risultato.

Il sostituto d'imposta non esegue il versamento del debito o il rimborso del credito di ogni singola imposta o addizionale se l'importo che risulta dalla dichiarazione è uguale o inferiore a 12 euro.

Per i **pensionati** queste operazioni sono effettuate a partire dal **mese di agosto o di settembre** (anche se è stata richiesta la rateizzazione).

Se la retribuzione erogata nel mese è insufficiente, la parte residua, maggiorata dell'interesse previsto per le ipotesi di incapienza, sarà trattenuta nei mesi successivi fino alla fine del periodo d'imposta.

Nei casi previsti dalla legge, l'Agenzia delle entrate può effettuare controlli preventivi sul modello 730 presentato, entro quattro mesi dal termine previsto per la trasmissione della dichiarazione, ovvero dalla data della trasmissione, se questa è successiva a detto termine.

Il rimborso che risulta spettante al termine delle operazioni di controllo preventivo è erogato dall'Agenzia delle entrate (con le stesse modalità, di seguito descritte, previste nel caso di 730 presentato dai contribuenti privi di sostituto d'imposta) entro il sesto mese successivo al termine previsto per la trasmissione della dichiarazione, ovvero dalla data della trasmissione, se questa è successiva a detto termine.

MODELLO 730/2024 ■ ISTRUZIONI PER LA COMPILAZIONE

A **novembre** viene effettuata la trattenuta delle somme dovute a titolo di seconda o unica rata di acconto relativo all'Irpef e alla cedolare secca. Se il contribuente vuole che la seconda o unica rata di acconto relativo all'Irpef e alla cedolare secca sia trattenuta in misura minore rispetto a quanto indicato nel prospetto di liquidazione (perché, ad esempio, ha sostenuto molte spese detraibili e ritiene che le imposte dovute nell'anno successivo dovrebbero ridursi) oppure che non sia effettuata, deve comunicarlo per iscritto al sostituto d'imposta entro il **10 ottobre**, indicando, sotto la propria responsabilità, l'importo che eventualmente ritiene dovuto.

Nel caso di 730 precompilato o ordinario presentato con la modalità senza sostituto (in assenza del sostituto d'imposta oppure, in presenza del sostituto, per scelta del contribuente di avvalersi comunque di tale modalità):

- se dalla dichiarazione presentata emerge un **debito**, il Caf o il professionista:
  - trasmette il modello F24 in via telematica all'Agenzia delle Entrate;
  - o, in alternativa, entro il decimo giorno antecedente la scadenza del termine di pagamento, consegna il modello F24 compilato al contribuente, che effettua il pagamento presso qualsiasi sportello di banche convenzionate, uffici postali o agenti della riscossione oppure, in via telematica, utilizzando i servizi online dell'Agenzia delle Entrate o del sistema bancario e postale. I versamenti devono essere eseguiti con le stesse modalità ed entro i termini previsti nel caso di presentazione del modello REDDITI Persone fisiche;
  Se il 730 precompilato senza sostituto è presentato direttamente all'Agenzia delle Entrate, nella sezione del sito internet dedicata al 730 precompilato il contribuente può eseguire il pagamento on line oppure stampare il modello F24 per effettuare il pagamento con le modalità ordinarie;
- se dalla dichiarazione presentata emerge un **credito**, il rimborso relativo all'Irpef e alle relative addizionali, quello relativo alla cedolare secca e dell'imposta sostitutiva sui premi di risultato è eseguito direttamente dall'Amministrazione finanziaria. Se il contribuente ha fornito all'Agenzia delle Entrate le coordinate del suo conto corrente bancario o postale (codice IBAN), il rimborso viene accreditato su quel conto. La richiesta di accredito può essere effettuata online tramite la specifica applicazione disponibile sul sito internet www.agenziaentrate.gov.it (chi è già registrato ai servizi telematici può farlo attraverso il canale Fisconline) oppure utilizzando l'apposito modello (disponibile sullo stesso sito internet), che, firmato digitalmente, può essere trasmesso via PEC a qualsiasi direzione provinciale dell'Agenzia delle Entrate, o consegnato in formato cartaceo, con firma autografa, presso qualsiasi ufficio dell'Agenzia delle Entrate, allegando copia di un documento di identità (in quest'ultimo caso, la consegna può essere effettuata anche da un'altra persona, compilando la sezione del modello riservata alla delega e allegando copia di un documento di identità sia del delegante che del delegato). Se non sono state fornite le coordinate del conto corrente, il rimborso è erogato tramite titoli di credito a copertura garantita emessi da Poste Italiane S.p.A.

Qualora, invece, il contribuente intenda utilizzare in compensazione (ex art. 17 del d.lgs. 9 luglio 1997, n. 241) i crediti relativi alle imposte sui redditi e alle relative addizionali, alle imposte sostitutive delle imposte sul reddito, è tenuto ad utilizzare esclusivamente i servizi telematici messi a disposizione dall'Agenzia delle entrate secondo modalità tecniche definite con apposito provvedimento del direttore della medesima Agenzia delle entrate (art. 37, comma 49-*bis*, del decreto-legge n. 223 del 2006, come modificato dall'art. 3, comma 2, del decreto legge n. 124 del 2019).

A prescindere dalla tipologia di compensazione effettuata, resta fermo l'obbligo di presentare il modello F24 "a saldo zero" esclusivamente attraverso i predetti servizi telematici resi disponibili dall'Agenzia delle entrate nel caso in cui siano effettuate delle compensazioni, ai sensi dell'art. 11, comma 2, lett. a), del D.L. n. 66 del 2014 (cfr. risoluzione n. 110/E del 31 dicembre 2019).

Nel caso di 730 precompilato o ordinario in cui siano presenti anche redditi da attività lavorative nel settore turistico (**rigo C16**) e/o da rivalutazione terreni (**righi L6-L7**) e/o di capitale soggetti a imposizione sostitutiva (**rigo L8**) e/o da investimenti e attività estere di natura finanziaria o patrimoniale (**quadro W**):

- se dalla liquidazione delle relative imposte sostitutive emerge un **debito**, il Caf o il professionista:
  - trasmette il modello F24 in via telematica all'Agenzia delle Entrate;
  - o, in alternativa, entro il decimo giorno antecedente la scadenza del termine di pagamento, consegna il modello F24 compilato al contribuente, che effettua il pagamento presso qualsiasi sportello di banche convenzionate, uffici postali o agenti della riscossione oppure, in via telematica, utilizzando i servizi online dell'Agenzia delle Entrate o del sistema bancario e postale. I versamenti devono essere eseguiti con le stesse modalità ed entro i termini previsti nel caso di presentazione del modello REDDITI Persone fisiche;
  Se il 730 precompilato senza sostituto è presentato direttamente all'Agenzia delle Entrate, nella sezione del sito internet dedicata al 730 precompilato il contribuente può eseguire il pagamento on line oppure stampare il modello F24 per effettuare il pagamento con le modalità ordinarie;
- se dalla liquidazione delle relative imposte sostitutive emerge un **credito**, la parte di credito non destinata a essere utilizzata in compensazione nel modello F24 è rimborsata direttamente dall'Amministrazione finanziaria. Se il contribuente ha fornito all'Agenzia delle Entrate le coordinate del suo conto corrente bancario o postale (codice IBAN), il rimborso viene accreditato su quel conto. La richiesta di accredito può essere effettuata online tramite la specifica applicazione disponibile sul sito internet www.agenziaentrate.gov.it (chi è già registrato ai servizi telematici può farlo attraverso il canale Fisconline) oppure utilizzando l'apposito modello (disponibile sullo stesso sito internet), che, firmato digitalmente, può essere trasmesso via PEC a qualsiasi direzione provinciale dell'Agenzia delle Entrate, o consegnato in formato cartaceo, con firma autografa, presso qualsiasi ufficio dell'Agenzia delle Entrate, allegando copia di un documento di identità (in quest'ultimo caso, la consegna può essere effettuata anche da un'altra persona, compilando la sezione del modello riservata alla delega e allegando copia di un documento di identità sia del delegante che del delegato). Se non sono state fornite le coordinate del conto corrente, il rimborso è erogato tramite titoli di credito a copertura garantita emessi da Poste Italiane S.p.A.;
- per il pagamento con il modello F24 degli eventuali importi a debito derivanti dall'insieme delle imposte sostitutive di cui al rigo C16 del quadro C, al rigo L8 del quadro L e al quadro W, il soggetto che presta l'assistenza fiscale provvede a utilizzare prioritariamente gli eventuali importi a credito derivanti dalle medesime imposte sostitutive e, per l'eventuale debito residuo, i crediti derivanti dalle singole imposte principali: Irpef, Addizionali regionali e comunali, e Cedolare Secca. In caso di presentazione del modello 730 in forma congiunta l'utilizzo dei crediti in compensazione con modello F24 in caso di debiti derivanti dalle predette imposte sostitutive avviene separatamente per il Dichiarante e per il Coniuge.

II. ASPETTI GENERALI

1. Come è composto il modello

A) MODELLO 730 BASE

- **Frontespizio**
  Informazioni relative al contribuente (in particolare codice fiscale, dati anagrafici, residenza e domicilio fiscale), dati dei familiari a carico e del sostituto d'imposta.

- **Firma della dichiarazione**

- **Quadro A (redditi dei terreni)**
  Redditi che derivano dal possesso dei terreni.

- **Quadro B (redditi dei fabbricati)**
  Redditi che derivano dal possesso dei fabbricati, anche se si tratta dell'abitazione principale.

- **Quadro C (redditi di lavoro dipendente e assimilati)**
  Redditi di lavoro dipendente e di pensione. Redditi assimilati a quelli di lavoro dipendente. Ritenute relative all'Irpef, alle addizionali regionale e comunale, le ritenute relative all'imposta sostitutiva sulla R.I.T.A, i dati relativi al trattamento integrativo e alla detrazione per il comparto sicurezza e difesa.

- **Quadro D (altri redditi)**
  Redditi di capitale, redditi di lavoro autonomo non derivante da attività professionale e redditi diversi (es. redditi di terreni e fabbricati situati all'estero, redditi da sublocazioni brevi). Redditi soggetti a tassazione separata (es. redditi percepiti dagli eredi).

- **Quadro E (oneri e spese detraibili e oneri deducibili)**
  Spese che danno diritto a una detrazione d'imposta e spese che possono essere sottratte dal reddito complessivo (oneri deducibili).

- **Quadro F (acconti, ritenute, eccedenze e altri dati)**
  Acconti relativi all'Irpef, all'addizionale comunale e alla cedolare secca sulle locazioni. Ritenute diverse da quelle indicate nei quadri C e D. Crediti o eccedenze di versamento derivanti dalle dichiarazioni degli anni precedenti.

- **Quadro G (crediti d'imposta)**
  Crediti d'imposta relativi ai fabbricati, per l'incremento dell'occupazione, per i redditi prodotti all'estero, per il reintegro delle anticipazioni sui fondi pensione, per la ricostruzione degli immobili colpiti dal sisma in Abruzzo, per l'acquisto prima casa *under* 36, per art bonus, per negoziazione e arbitrato, per le mediazioni, per il contributo unificato, per lo sport bonus, per la videosorveglianza, per la bonifica ambientale, social bonus, per spese per l'attività fisica adattata, per spese per l'accumulo di energia da fonti rinnovabili, erogazioni a favore delle fondazioni ITS Academy e a quelle che operano in zone ad alto tasso di disoccupazione.

- **Quadro I (Imposte da compensare)**
  Utilizzo del credito derivante dal modello 730/2024 per il versamento con il Mod. F24 dell'Imu dovuta per l'anno 2024 e delle altre imposte per le quali è previsto il pagamento con il Mod. F24.

- **Quadro L (Ulteriori dati)**
  Informazioni in merito ai redditi prodotti dai residenti a Campione d'Italia, dati relativi alla rivalutazione del valore dei terreni effettuata ai sensi dell'art. 2 del decreto-legge 24 dicembre 2002, n. 282 e informazioni relative ad alcuni redditi di capitale assoggettati a imposta sostitutiva.

- **Quadro W (Investimenti e attività estere di natura finanziaria o patrimoniale)**
  Informazioni relative agli investimenti all'estero e alle attività estere di natura finanziaria a titolo di proprietà o di altro diritto reale indipendentemente dalle modalità della loro acquisizione, comprensive delle relative imposte sostitutive (IVAFE, IVIE e Imposta cripto-attività).

- **Quadro K (Comunicazione dell'amministratore di condominio)**
  Beni e servizi acquistati dal condominio nell'anno solare, dati identificativi dei relativi fornitori e dati catastali del condominio nel caso di interventi di recupero del patrimonio edilizio.

B) MODELLO 730-1

Scelta per la destinazione dell'otto, del cinque e del due per mille dell'Irpef.

C) MODELLO 730-3

Prospetto di liquidazione con il risultato contabile della dichiarazione. Contiene il calcolo dell'Irpef, delle addizionali e delle altre imposte che saranno trattenute o rimborsate dal sostituto d'imposta.

2. Cosa c'è di nuovo

Le principali novità contenute nel modello 730/2024 sono le seguenti:

- **Ampliamento platea 730**: da quest'anno è possibile utilizzare il modello 730 anche per dichiarare alcune fattispecie reddituali per le quali in precedenza era necessario presentare il modello REDDITI PF. In particolare è ora possibile presentare il 730:
  - per comunicare dati relativi alla rivalutazione del valore dei terreni effettuata ai sensi dell'art. 2 del decreto-legge 24 dicembre 2002, n. 282;
  - per dichiarare determinati redditi di capitale di fonte estera assoggettati a imposta sostitutiva;
  - assolvere agli adempimenti relativi agli investimenti all'estero e alle attività estere di natura finanziaria a titolo di proprietà o di altro diritto reale e determinare in relazione ad essi le imposte sostitutive dovute (IVAFE, IVIE e Imposta cripto-attività);

- **Quadro RU aggiuntivo per gli agricoltori sotto soglia**: gli imprenditori agricoli c.d. sotto soglia, esonerati dalla presentazione della dichiarazione IVA, che hanno fruito nel corso del 2023 di alcuni specifici crediti d'imposta relativi alle attività agricole da utilizzare esclusivamente in compensazione, possono presentare il quadro RU insieme al frontespizio del modello REDDITI PF come quadro aggiuntivo al modello 730;

- **Detrazioni per familiari a carico**: per l'intero anno d'imposta 2023 le detrazioni per i figli a carico spettano solo per i figli con 21 anni o più e non sono più previste le detrazioni per i figli minorenni e le maggiorazioni per i disabili che sono state sostituite dell'assegno unico. I dati dei figli minorenni vanno comunque indicati nel prospetto dei familiari a carico per continuare a fruire delle altre detrazioni e delle agevolazioni previste dalle Regioni per le addizionali regionali;

- **Tassazione agevolata delle mance del settore turistico-alberghiero e di ricezione**: le mance destinate ai lavoratori dai clienti nei settori della ristorazione e dell'attività ricettive sono qualificate come redditi da lavoro dipendente e, a scelta del lavoratore, possono essere assoggettate ad un'imposta sostitutiva dell'Irpef e delle relative addizionali territoriali con aliquota del 5%;

- **Riduzione dell'imposta sostitutiva applicabile ai premi di produttività dei lavoratori dipendenti**: è ridotta dal 10 al 5% l'aliquota dell'imposta sostitutiva sulle somme erogate sotto forma di premi di risultato o di partecipazione agli utili d'impresa ai lavoratori dipendenti del settore privato;

- **Modifica alla detrazione per il personale del comparto sicurezza e difesa**: nel periodo compreso tra il 1° gennaio 2023 e il 31 dicembre 2023, la detrazione per il comparto sicurezza e difesa spetta per un importo massimo di 571 euro ai lavoratori che nell'anno 2022 hanno percepito un reddito da lavoro dipendente non superiore a 30.208 euro;

- **Modifica alla disciplina della tassazione del lavoro sportivo**: dal 1° luglio 2023 è entrata in vigore la riforma del lavoro sportivo che prevede una detassazione per un importo massimo di 15.000 euro delle retribuzioni degli sportivi professionisti *under* 23 e per i compensi degli sportivi operanti nel settore del dilettantismo;

- **Detrazione Super bonus**: per le spese sostenute nel 2022 rientranti nel Super bonus e che non sono state indicate nella dichiarazione dei redditi relativa all'anno d'imposta 2022, è possibile optare nella presente dichiarazione per una ripartizione in dieci rate. Per le spese sostenute nel 2023, salvo eccezioni, si applica la percentuale di detrazione del 90% e non più quella del 110%;

- **Detrazione bonus mobili**: per l'anno 2023, il limite di spesa massimo su cui calcolare la detrazione per l'acquisto di mobili e di grandi elettrodomestici è di 8.000 euro;

- **Detrazione IVA per acquisto abitazione classe energetica A o B**: è riconosciuta una detrazione del 50 % dell'IVA pagata nel 2023 per l'acquisto di abitazioni in classe energetica A o B cedute dalle imprese costruttrici degli immobili stessi;

- **Credito d'imposta mediazioni**: è riconosciuto un credito d'imposta commisurato all'indennità corrisposta agli organismi di mediazione alle parti che raggiungono un accordo di conciliazione;

- **Credito d'imposta per negoziazione e arbitrato**: è riconosciuto un credito di imposta, in caso di successo della negoziazione, ovvero di conclusione dell'arbitrato con lodo, alle parti che corrispondono o che hanno corrisposto il compenso agli avvocati abilitati ad assisterli nel procedimento di negoziazione assistita, nonché alle parti che corrispondono o che hanno corrisposto il compenso agli arbitri;

- **Credito d'imposta contributo unificato**: è riconosciuto un credito d' imposta commisurato al contributo unificato versato dalla parte del giudizio estinto a seguito della conclusione di un accordo di conciliazione quando è raggiunto l'accordo in caso di mediazione demandata dal giudice;

- **Proroga esenzione IRPEF redditi dominicali e agrari**: è prorogata al 2023 l'esenzione ai fini IRPEF dei redditi dominicali e agrari relativi ai terreni dichiarati da coltivatori diretti e imprenditori agricoli professionali iscritti nella previdenza agricola;

- **Credito d'imposta per monopattini elettrici e servizi di mobilità elettrica**: non è più possibile utilizzare il credito d'imposta per l'acquisto di monopattini elettrici, biciclette elettriche o muscolari, abbonamenti al trasporto pubblico, servizi di mobilità elettrica in condivisione o sostenibile in quanto era fruibile non oltre l'anno d'imposta 2022.

3. Destinazione dell'otto, del cinque e del due per mille dell'Irpef

Ciascun contribuente può utilizzare una scheda unica per la scelta della destinazione dell'8, del 5 e del 2 per mille dell'Irpef.
Il contribuente può destinare:
- l'otto per mille del gettito Irpef allo Stato oppure a una Istituzione religiosa;
- il cinque per mille della propria Irpef a determinate finalità;
- il due per mille della propria Irpef in favore di un partito politico.

Le scelte della destinazione dell'otto, del cinque e del due per mille dell'Irpef non sono in alcun modo alternative tra loro e possono, pertanto, essere tutte espresse.
Tali scelte non determinano maggiori imposte dovute.
Per esprimere le scelte, il contribuente deve compilare l'apposita scheda (Mod. 730-1), da presentare integralmente anche nel caso in cui sia stata operata soltanto una delle scelte consentite.
Anche i contribuenti che non devono presentare la dichiarazione, indicati nel precedente paragrafo 4 della parte "I - Introduzione", possono scegliere di destinare l'otto, il cinque e il due per mille dell'Irpef utilizzando l'apposita scheda allegata allo schema di Certificazione Unica 2024 o al modello REDDITI Persone fisiche 2024 e seguendo le relative istruzioni.

Scelta per la destinazione dell'otto per mille dell'Irpef
Il contribuente può destinare una quota pari all'otto per mille del gettito Irpef:
- allo Stato (a scopi di interesse sociale o di carattere umanitario. Il contribuente ha la facoltà di effettuare questa scelta indicando una specifica finalità tra le seguenti: fame nel mondo, calamità, edilizia scolastica, assistenza ai rifugiati, beni culturali);
- alla Chiesa Cattolica (a scopi di carattere religioso o caritativo);

- all'Unione italiana delle Chiese Cristiane Avventiste del 7° giorno (per interventi sociali, assistenziali, umanitari e culturali in Italia e all'estero sia direttamente sia attraverso un ente all'uopo costituito);
- alle Assemblee di Dio in Italia (per interventi sociali e umanitari anche a favore dei Paesi del terzo mondo);
- alla Chiesa Evangelica Valdese, (Unione delle Chiese metodiste e Valdesi) per scopi di carattere sociale, assistenziale, umanitario o culturale sia a diretta gestione della Chiesa Evangelica Valdese, attraverso gli enti aventi parte nell'ordinamento valdese, sia attraverso organismi associativi ed ecumenici a livello nazionale e internazionale;
- alla Chiesa Evangelica Luterana in Italia (per interventi sociali, assistenziali, umanitari o culturali in Italia e all'estero, direttamente o attraverso le Comunità ad essa collegate);
- all'Unione delle Comunità Ebraiche Italiane (per la tutela degli interessi religiosi degli Ebrei in Italia, per la promozione della conservazione delle tradizioni e dei beni culturali ebraici, con particolare riguardo alle attività culturali, alla salvaguardia del patrimonio storico, artistico e culturale, nonché ad interventi sociali e umanitari in special modo volti alla tutela delle minoranze, contro il razzismo e l'antisemitismo);
- alla Sacra Arcidiocesi ortodossa d'Italia ed Esarcato per l'Europa Meridionale (per il mantenimento dei ministri di culto, la realizzazione e manutenzione degli edifici di culto e di monasteri, scopi filantropici, assistenziali, scientifici e culturali da realizzarsi anche in paesi esteri);
- alla Chiesa apostolica in Italia (per interventi sociali, culturali ed umanitari, anche a favore di altri Paesi esteri);
- all'Unione Cristiana Evangelica Battista d'Italia (per interventi sociali, assistenziali, umanitari e culturali in Italia e all'estero);
- all'Unione Buddhista Italiana (per interventi culturali, sociali ed umanitari anche a favore di altri paesi, nonché assistenziali e di sostegno al culto);
- all'Unione Induista Italiana (per sostentamento dei ministri di culto, esigenze di culto e attività di religione o di culto, nonché interventi culturali, sociali, umanitari ed assistenziali eventualmente pure a favore di altri paesi);
- all'Istituto Buddista Italiano Soka Gakkai (IBISG), per la realizzazione delle finalità istituzionali dell'Istituto e delle attività indicate all'articolo 12, comma 1, lettera a) della legge 28 giugno 2016, n.130, nonché ad interventi sociali e umanitari in Italia e all'estero, ad iniziative per la promozione della pace, del rispetto e difesa della vita in tutte le forme esistenti e per la difesa dell'ambiente;
- all'Associazione "Chiesa d'Inghilterra" (per fini di culto, istruzione, assistenza e beneficenza, per il mantenimento dei ministri di culto, per la realizzazione e manutenzione degli edifici di culto e di monasteri, per scopi filantropici, assistenziali e culturali da realizzarsi anche in Paesi esteri).

La ripartizione tra le Istituzioni beneficiarie avverrà in proporzione alle scelte espresse. La quota d'imposta che risulterà non attribuita verrà divisa secondo la proporzione derivante dalle scelte espresse; la quota che risulterà non attribuita e che proporzionalmente spetterebbe alle Assemblee di Dio in Italia e alla Chiesa apostolica in Italia sarà devoluta alla gestione statale.
La scelta va espressa sul modello 730-1, firmando nel riquadro corrispondente ad una soltanto delle istituzioni beneficiarie sopra descritte.

Scelta per la destinazione del cinque per mille dell'Irpef
Il contribuente può destinare una quota pari al cinque per mille della propria imposta sul reddito alle seguenti finalità:
a) sostegno degli enti del Terzo Settore iscritti nel Registro Unico Nazionale del Terzo Settore di cui all'articolo 46, comma 1, del Decreto legislativo 3 luglio 2017, n.117, comprese le cooperative sociali ed escluse le imprese costituite in forma di società, nonché sostegno delle Organizzazioni non lucrative di utilità sociale (ONLUS), iscritte all'Anagrafe delle ONLUS. L'articolo 9, comma 6, del Decreto-legge 30 dicembre 2021, n. 228, convertito con modificazioni dalla legge 25 febbraio 2022, n. 15, come modificato dall'articolo 9, comma 4, del Decreto-legge n.198 del 29 dicembre 2022, stabilisce, infatti, che fino al 31 dicembre 2023, le ONLUS iscritte all'Anagrafe, continuano ad essere destinatarie della quota del cinque per mille dell'Irpef, con le modalità previste per gli enti del volontariato dal DPCM 23 luglio 2020;
b) finanziamento della ricerca scientifica e dell'università;
c) finanziamento della ricerca sanitaria;
d) finanziamento delle attività di tutela, promozione e valorizzazione dei beni culturali e paesaggistici (soggetti di cui all'art. 2, comma 2, del D.P.C.M. 28 luglio 2016);
e) sostegno delle attività sociali svolte dal comune di residenza;
f) sostegno alle Associazioni Sportive Dilettantistiche iscritte al Registro Nazionale delle attività sportive dilettantistiche a norma di legge che svolgono una rilevante attività di interesse sociale;
g) sostegno degli enti gestori delle aree protette.

La scelta va espressa sul "Modello 730-1" apponendo la propria firma solo nel riquadro corrispondente alla finalità cui si intende destinare la quota del cinque per mille dell'Irpef. Il contribuente ha inoltre la facoltà di indicare anche il codice fiscale del soggetto cui vuole destinare direttamente la quota del cinque per mille dell'Irpef.

Scelta per la destinazione del due per mille dell'Irpef ai partiti politici
Il contribuente può destinare una quota pari al due per mille della propria imposta sul reddito a favore di uno dei partiti politici iscritti nella seconda sezione del registro di cui all'art. 4 del decreto legge 28 dicembre 2013, n. 149, convertito, con modificazioni, dalla legge 21 febbraio 2014, n. 13, e il cui elenco è trasmesso all'Agenzia delle Entrate dalla "Commissione di garanzia degli statuti e per la trasparenza e il controllo dei rendiconti dei partiti politici".
Per esprimere la scelta a favore di uno dei partiti politici destinatari della quota del due per mille dell'Irpef, il contribuente deve apporre la propria firma nel riquadro presente sulla scheda, indicando nell'apposita casella il codice del partito prescelto. La scelta deve essere fatta esclusivamente per uno solo dei partiti politici beneficiari. L'elenco con i codici relativi ai partiti è riportato nella tabella "Partiti politici ammessi al beneficio della destinazione volontaria del due per mille dell'Irpef" in Appendice (dopo l'elenco dei codici catastali comunali).

4. Informativa sul trattamento dei dati personali ai sensi degli artt. 13 e 14 del Regolamento (UE) 2016/679

Con questa informativa l'Agenzia delle Entrate spiega come tratta i dati raccolti e quali sono i diritti riconosciuti all'interessato ai sensi del Regolamento (UE) 2016/679, relativo alla protezione delle persone fisiche con riguardo al trattamento dei dati personali e del D.Lgs. 196/2003, in materia di protezione dei dati personali.

Finalità del trattamento
I dati forniti con questo modello verranno trattati dall'Agenzia delle Entrate per le finalità di liquidazione, accertamento e riscossione delle imposte e per eventuali ulteriori finalità che potranno essere previste da specifiche norme di legge. I dati potranno essere utilizzati al fine di individuare contribuenti con profili di elevato rischio di evasione, di frode o di elusione fiscale, così come previsto dalla normativa in materia.

Conferimento dei dati
I dati richiesti devono essere forniti obbligatoriamente al fine di potersi avvalere degli effetti delle disposizioni in materia di dichiarazione dei redditi.
Se i dati riguardano anche familiari o terzi, questi ultimi dovranno essere informati dal dichiarante che i loro dati sono stati comunicati all'Agenzia delle Entrate.
L'omissione e/o l'indicazione non veritiera di dati può far incorrere in sanzioni amministrative o, in alcuni casi, penali.
L'indicazione del numero di telefono, del cellulare e dell'indirizzo di posta elettronica è facoltativa e consente di ricevere gratuitamente dall'Agenzia delle Entrate informazioni e aggiornamenti su scadenze, novità, adempimenti e servizi offerti.
Ai sensi dell'art. 9 del Regolamento (UE) 2016/679 l'utilizzo della scheda unica per la scelta della destinazione dell'8, del 5 e del 2 per mille dell'Irpef comporta il conferimento di categorie particolari di dati personali.
L'effettuazione della scelta per la destinazione dell'otto per mille dell'Irpef è facoltativa e viene richiesta ai sensi dell'art. 47 della legge 20 maggio 1985, n. 222, e delle successive leggi di ratifica delle intese stipulate con le confessioni religiose.
L'effettuazione della scelta per la destinazione del cinque per mille dell'Irpef è facoltativa e viene richiesta ai sensi dell'art. 3, del decreto legislativo 3 luglio 2017, n. 111 e dell'art. 9, comma 6, del decreto-legge 30 dicembre 2021, n. 228.

L'effettuazione della scelta per la destinazione del due per mille a favore dei partiti politici è facoltativa e viene richiesta ai sensi dell'art. 12 del decreto legge 28 dicembre 2013, n. 149, convertito, con modificazioni, dall'art. 1 comma 1, della legge 21 febbraio 2014, n.13.
Anche l'inserimento delle spese sanitarie tra gli oneri deducibili o per i quali è riconosciuta la detrazione d'imposta è facoltativo e richiede il conferimento di dati particolari.

Base giuridica
La base giuridica del trattamento è da individuarsi nell'esercizio di pubblici poteri connessi allo svolgimento delle predette attività (liquidazione, accertamento e riscossione) di cui è investita l'Agenzia delle Entrate (art. 6, §1 lett. e) del Regolamento), in base a quanto previsto dalla normativa di settore. Il Decreto del Presidente della Repubblica del 22 luglio 1998, n. 322 stabilisce le modalità per la presentazione delle dichiarazioni relative alle imposte sui redditi, all'imposta regionale sulle attività produttive e all'imposta sul valore aggiunto, ai sensi dell'articolo 3, comma 136, della legge 23 dicembre 1996, n. 662.

Periodo di conservazione dei dati
I dati saranno conservati fino al 31 dicembre dell'undicesimo anno successivo a quello di presentazione della dichiarazione di riferimento, ovvero entro il maggior termine per la definizione di eventuali procedimenti giurisdizionali o per rispondere a richieste da parte dell'Autorità giudiziaria.
Per quanto riguarda i dati relativi alle scelte per la destinazione dell'otto, del cinque e del due per mille, gli stessi saranno conservati per il tempo necessario a consentire all'Agenzia delle entrate di effettuare i controlli presso gli intermediari e/o i sostituti d'imposta che prestano assistenza fiscale circa la corretta trasmissione delle relative informazioni. Saranno, inoltre, conservati per il tempo necessario a consentire al destinatario della scelta e al contribuente che effettua la scelta di esercitare i propri diritti: tale periodo coincide con il termine di prescrizione ordinaria decennale che decorre dalla effettuazione della scelta.

Modalità del trattamento
I dati personali saranno trattati anche con strumenti automatizzati per il tempo strettamente necessario a conseguire gli scopi per cui sono stati raccolti. L'Agenzia delle Entrate attua idonee misure per garantire che i dati forniti vengano trattati in modo adeguato e conforme alle finalità per cui vengono gestiti; l'Agenzia delle Entrate impiega idonee misure di sicurezza, organizzative, tecniche e fisiche, per tutelare le informazioni dall'alterazione, dalla distruzione, dalla perdita, dal furto o dall'utilizzo improprio o illegittimo. Il modello può essere consegnato a soggetti intermediari individuati dalla legge (centri di assistenza, associazioni di categoria e professionisti) che tratteranno i dati esclusivamente per la finalità di trasmissione del modello all'Agenzia delle Entrate. Per la sola attività di trasmissione, gli intermediari assumono la qualifica di "titolare del trattamento" quando i dati entrano nella loro disponibilità e sotto il loro diretto controllo.

Categorie di destinatari dei dati personali
I suoi dati personali saranno trattati dai soggetti designati dal Titolare quali Responsabili, ovvero dalle persone autorizzate al trattamento dei dati personali che operano sotto l'autorità diretta del Titolare, o del Responsabile. Al di fuori di queste ipotesi, i suoi dati non saranno diffusi, né saranno comunicati a terzi; tuttavia, se necessario, potranno essere comunicati:
- ai soggetti cui la comunicazione dei dati debba essere effettuata in adempimento di un obbligo previsto dalla legge, da un regolamento, da un atto amministrativo generale o dalla normativa comunitaria, ovvero per adempiere ad un ordine dell'Autorità giudiziaria;
- ad altri eventuali soggetti terzi, qualora la comunicazione si dovesse rendere necessaria per la tutela dell'Agenzia in sede giudiziaria, nel rispetto delle vigenti disposizioni in materia di protezione dei dati personali.

Trasferimento dati all'estero
Alcuni dati potrebbero essere comunicati, in adempimento di un obbligo previsto dalla legge o sulla base di norme di cooperazione internazionale, a Paesi o a organizzazioni internazionali situati sia all'interno che all'esterno dell'Unione Europea.

Titolare del trattamento
Titolare del trattamento dei dati personali è l'Agenzia delle Entrate, con sede in Roma, via Giorgione 106 - 00147.

Responsabile del trattamento
L'Agenzia delle Entrate si avvale di Sogei Spa, in qualità di partner tecnologico al quale sono affidate la gestione del sistema informativo dell'Anagrafe tributaria l'elaborazione e l'aggiornamento degli indici sintetici di affidabilità fiscale nonché le attività di analisi correlate, per questo individualmente designato Responsabile del trattamento ai sensi dell'art. 28 del Regolamento (UE) 2016/679.

Responsabile della Protezione dei Dati
Il dato di contatto del Responsabile della Protezione dei Dati dell'Agenzia delle Entrate è: *entrate.dpo@agenziaentrate.it* per le questioni relative al trattamento dei dati personali.

Diritti dell'interessato
L'interessato ha il diritto, in qualunque momento, di ottenere la conferma dell'esistenza o meno dei dati forniti anche attraverso la consultazione all'interno della propria area riservata, area *Consultazioni* del sito *web* dell'Agenzia delle Entrate.
I diritti previsti dagli artt. 15 e ss. del Regolamento possono essere esercitati alternativamente tramite:
- applicazione web disponibile nell'area riservata del sito dell'Agenzia delle entrate;
- apposito form in area libera del sito dell'Agenzia delle entrate che guida l'utente nelle diverse fasi di redazione dell'istanza;
- posta ordinaria o raccomandata a/r all'indirizzo Via Giorgione n.106 – 00147 Roma;
- posta elettronica certificata all'indirizzo eserciziodiritti@pec.agenziaentrate.it.

Qualora l'interessato ritenga che il trattamento sia avvenuto in modo non conforme al Regolamento e al D.Lgs. 196/2003 potrà rivolgersi al Garante per la Protezione dei Dati Personali, ai sensi dell'art. 77 del medesimo Regolamento. Ulteriori informazioni in ordine ai suoi diritti sulla protezione dei dati personali sono reperibili sul sito *web* del Garante per la Protezione dei Dati Personali all'indirizzo *www.garanteprivacy.it*.

Consenso
L'Agenzia delle Entrate, in quanto soggetto pubblico, non deve acquisire il consenso degli interessati per trattare i loro dati personali. Gli intermediari non devono acquisire il consenso degli interessati per il trattamento dei dati in quanto è previsto dalla legge; mentre sono tenuti ad acquisire il consenso degli interessati sia per trattare i dati relativi a particolari oneri deducibili o per i quali è riconosciuta la detrazione d'imposta, alla scelta dell'otto per mille, del cinque per mille e del due per mille dell'Irpef, sia per poterli comunicare all'Agenzia delle Entrate, o ad altri intermediari.
Tale consenso viene manifestato mediante la sottoscrizione della dichiarazione nonché la firma con la quale si effettua la scelta dell'otto per mille dell'Irpef, del cinque per mille e del due per mille dell'Irpef.
L'Agenzia delle entrate si riserva il diritto di apportare alla presente informativa, a propria esclusiva discrezione ed in qualunque momento, tutte le modifiche ritenute opportune o rese obbligatorie dalle norme di volta in volta vigenti, dandone adeguata pubblicità nella sezione dedicata del sito internet www.agenziaentrate.gov.it

La presente informativa viene data in via generale per tutti i titolari del trattamento sopra indicati.

5. Rettifica del modello 730

Modello 730 rettificativo
Se il contribuente riscontra errori commessi dal soggetto che ha prestato l'assistenza fiscale deve comunicarglielo il prima possibile, per permettergli l'elaborazione di un Mod. 730 "rettificativo".

Modello 730 integrativo
Se, invece, il contribuente si accorge di non aver fornito tutti gli elementi da indicare nella dichiarazione, le modalità di integrazione della dichiarazione originaria sono diverse a seconda che le modifiche comportino o meno una situazione a lui più favorevole.

 In presenza del quadro W o dei righi C16 del quadro C o L8 del quadro L (siano essi presenti nel 730 originario ovvero nel modello che si intende presentare come integrativo) l'integrazione del modello già presentato va effettuata esclusivamente utilizzando il modello REDDITI Persone fisiche 2024 anche se la modifica riguarda dati contenuti in altri quadri del modello 730.

A. Integrazione della dichiarazione che comporta un maggiore credito, un minor debito o un'imposta invariata
Se il contribuente si accorge di non aver fornito tutti gli elementi da indicare nella dichiarazione e l'integrazione e/o la rettifica comportano un maggiore credito o un minor debito (ad esempio, per oneri non indicati nel Mod. 730 originario) o un'imposta pari a quella determinata con il Mod. 730 originario (ad esempio per correggere dati che non modificano la liquidazione delle imposte), a sua scelta può:
- presentare entro il **25 ottobre** un nuovo modello 730 completo di tutte le sue parti, indicando il **codice 1** nella relativa casella "730 integrativo" presente nel frontespizio. Il Mod. 730 integrativo deve essere comunque presentato a un Caf o a un professionista abilitato anche in caso di assistenza precedentemente prestata dal sostituto. Il contribuente che presenta il Mod. 730 integrativo deve esibire la documentazione necessaria al Caf o al professionista abilitato per il controllo della conformità dell'integrazione che viene effettuata. Se l'assistenza sul Mod. 730 originario era stata prestata dal sostituto d'imposta occorre esibire al Caf o al professionista abilitato tutta la documentazione;
- presentare un modello REDDITI Persone fisiche 2024, utilizzando l'eventuale differenza a credito e richiedendone il rimborso. Il modello REDDITI Persone fisiche 2024 può essere presentato:
  – entro il 15 ottobre (correttiva nei termini);
  – oppure entro il termine previsto per la presentazione del modello REDDITI Persone fisiche 2025 relativo all'anno successivo (dichiarazione integrativa);
  – oppure entro il 31 dicembre del quinto anno successivo a quello in cui è stata presentata la dichiarazione (dichiarazione integrativa – art. 2, comma 8, del D.P.R. n. 322 del 1998). In questo caso l'importo a credito, potrà essere utilizzato in compensazione, ai sensi dell'articolo 17 del decreto legislativo n. 241 del 1997, per eseguire il versamento di debiti maturati a partire dal periodo d'imposta successivo a quello in cui è stata presentata la dichiarazione integrativa. Nella dichiarazione relativa al periodo d'imposta in cui è presentata la dichiarazione integrativa è indicato il credito derivante dal minor debito o dal maggiore credito risultante dalla dichiarazione integrativa.

B. Integrazione della dichiarazione in relazione esclusivamente ai dati del sostituto d'imposta
Se il contribuente si accorge di non aver fornito tutti i dati per consentire di identificare il sostituto che effettuerà il conguaglio o di averli forniti in modo inesatto può presentare entro il **25 ottobre** un nuovo modello 730 per integrare e/o correggere tali dati. In questo caso dovrà indicare il **codice 2** nella relativa casella "730 integrativo" presente nel frontespizio. Il nuovo modello 730 deve contenere, pertanto, le stesse informazioni del modello 730 originario, ad eccezione di quelle nuove indicate nel riquadro "Dati del sostituto d'imposta che effettuerà il conguaglio".

MODELLO 730 / 2024 ISTRUZIONI PER LA COMPILAZIONE

C. Integrazione della dichiarazione in relazione sia ai dati del sostituto d'imposta sia ad altri dati della dichiarazione da cui scaturiscono un maggior importo a credito, un minor debito oppure un'imposta invariata

Se il contribuente si accorge sia di non aver fornito tutti i dati che consentono di identificare il sostituto che effettuerà il conguaglio (o di averli forniti in modo inesatto) sia di non aver fornito tutti gli elementi da indicare nella dichiarazione e l'integrazione e/o la rettifica comportano un maggior importo a credito, un minor debito oppure un'imposta pari a quella determinata con il modello 730 originario, il contribuente può presentare entro il **25 ottobre** un nuovo modello 730 per integrare e/o correggere questi dati, indicando il **codice 3** nella relativa casella "730 integrativo" presente nel frontespizio.

D. Integrazione della dichiarazione che comporta un minor credito o un maggior debito

Se il contribuente si accorge di non aver fornito tutti gli elementi da indicare nella dichiarazione e l'integrazione o la rettifica comporta un minor credito o un maggior debito deve utilizzare il modello REDDITI Persone fisiche 2024.
Il modello REDDITI Persone fisiche 2024 può essere presentato:

- entro il 15 ottobre (correttiva nei termini). In questo caso, se dall'integrazione emerge un importo a debito, il contribuente dovrà procedere al contestuale pagamento del tributo dovuto, degli interessi calcolati al tasso legale con maturazione giornaliera e della sanzione in misura ridotta secondo quanto previsto dall'art. 13 del D. Lgs. n. 472 del 1997 (ravvedimento operoso);
- entro il termine previsto per la presentazione del modello REDDITI relativo all'anno successivo (dichiarazione integrativa). In questo caso se dall'integrazione emerge un importo a debito, il contribuente dovrà pagare contemporaneamente il tributo dovuto, gli interessi calcolati al tasso legale con maturazione giornaliera e le sanzioni in misura ridotta previste in materia di ravvedimento operoso;
- entro il 31 dicembre del quinto anno successivo a quello in cui è stata presentata la dichiarazione (dichiarazione integrativa – art. 2, comma 8, del D.P.R. n. 322 del 1998). In questo caso se dall'integrazione emerge un importo a debito, il contribuente dovrà pagare contemporaneamente il tributo dovuto, gli interessi calcolati al tasso legale con maturazione giornaliera e le sanzioni in misura ridotta previste in materia di ravvedimento operoso.

La presentazione di una dichiarazione integrativa non sospende le procedure avviate con la consegna del modello 730 e, quindi, non fa venir meno l'obbligo da parte del datore di lavoro o dell'ente pensionistico di effettuare i rimborsi o trattenere le somme dovute in base al modello 730.

6. Redditi o contributi da dichiarare con il modello REDDITI Persone fisiche

I contribuenti che presentano il Mod. 730/2024 devono, inoltre, presentare:

- **il quadro RM del Mod. REDDITI Persone fisiche 2024** se hanno percepito nel 2023:
  – interessi, premi e altri proventi delle obbligazioni e titoli similari, pubblici e privati, per i quali non sia stata applicata l'imposta sostitutiva (prevista dal D. Lgs. 1° aprile 1996, n. 239, e successive modificazioni);
  – indennità di fine rapporto da soggetti che non rivestono la qualifica di sostituto d'imposta;
  – proventi derivanti da depositi a garanzia per i quali è dovuta un'imposta sostitutiva pari al 20%;
  – redditi derivanti dall'attività di noleggio occasionale di imbarcazioni e navi da diporto assoggettati a imposta sostitutiva del 20%.

  I contribuenti che presentano il modello 730 e devono presentare anche il quadro RM del Mod. REDDITI Persone fisiche 2024, non possono però usufruire dell'opzione per la tassazione ordinaria prevista per alcuni dei redditi indicati in questo quadro.
  I docenti titolari di cattedre nelle scuole di ogni ordine e grado, che hanno percepito compensi derivanti dall'attività di lezioni private e ripetizioni e che intendono fruire della tassazione sostitutiva, presentano anche il quadro RM del Mod. REDDITI Persone Fisiche 2024;

- **il quadro RT del Mod. REDDITI Persone fisiche 2024**, se nel 2023 hanno realizzato plusvalenze derivanti da partecipazioni qualificate e non qualificate, escluse quelle derivanti dalla cessione di partecipazioni non qualificate in imprese o enti residenti o localizzati in Stati o Territori che hanno un regime fiscale privilegiato, i cui titoli non sono negoziati in mercati regolamentati e altri redditi diversi di natura finanziaria, qualora non abbiano optato per il regime amministrato o gestito e da coloro che hanno realizzato plusvalenze da cripto attività.
  Inoltre, possono presentare, in aggiunta al Mod. 730, il quadro RT i contribuenti che nel 2023 hanno realizzato solo minusvalenze derivanti da partecipazioni qualificate e/o non qualificate e perdite relative ai rapporti da cui possono derivare altri redditi diversi di natura finanziaria e intendono riportarle negli anni successivi.
  Il quadro RT deve inoltre essere presentato per indicare i dati relativi alla rivalutazione del valore delle partecipazioni operata nel 2023 (art. 7 della legge n. 448 del 2001 e art. 2 del D.L. n. 282 del 2002 e successive modificazioni) e i dati relativi al valore normale delle cripto attività;

- **il quadro RU** e, ove necessario in relazione alla tipologia del credito d'imposta utilizzato, anche **il quadro RS del Modello REDDITI Persone fisiche** 2024 da parte degli agricoltori in regime di esonero (articolo 34, comma 6, D.P.R. n. 633 del 1972), se nel corso del 2023 hanno usufruito di crediti d'imposta da utilizzare esclusivamente in compensazione nel modello F24.

I quadri RM, RU, RS e RT devono essere presentati, insieme al frontespizio del Mod. REDDITI Persone fisiche 2024, nei modi e nei termini previsti per la presentazione dello stesso Mod. REDDITI 2024.
Resta inteso che i contribuenti, in alternativa alla dichiarazione dei redditi presentata con le modalità appena descritte, possono utilizzare integralmente il Mod. REDDITI Persone fisiche 2024.

7. Altre informazioni utili

Locazioni brevi

A partire dal 1° giugno 2017 è stata introdotta un'apposita disciplina fiscale per i contratti di locazioni di immobili ad uso abitativo, situati in Italia, la cui durata non supera i 30 giorni e stipulati da persone fisiche al di fuori dell'esercizio di attività d'impresa.
Il reddito derivante da tali locazioni brevi costituisce reddito fondiario per il proprietario dell'immobile o per il titolare di altro diritto reale e va indicato nel quadro B; per il sublocatore o il comodatario, invece, costituisce reddito diverso e va indicato nel quadro D.

Dall'anno d'imposta 2021 il regime fiscale delle locazioni brevi è riconosciuto solo in caso di destinazione alla locazione breve di non più di 4 appartamenti per ciascun periodo d'imposta. Negli altri casi, l'attività di locazione da chiunque esercitata si presume svolta in forma imprenditoriale ai sensi dell'art. 2082 del codice civile in base al quale è imprenditore chi esercita professionalmente un'attività economica organizzata al fine della produzione o dello scambio di beni o di servizi. Pertanto, se nel corso del 2023 sono stati destinati a locazione breve più di 4 appartamenti, non può essere utilizzato il modello 730, ma va utilizzato il modello REDDITI PF. Il Comune di Venezia può autonomamente individuare i limiti massimi e i presupposti per la destinazione degli immobili residenziali ad attività di locazione breve.

Unioni civili
In base a quanto stabilito dall'art. 1, comma 20, della legge n. 76 del 2016, le parole "coniuge", "coniugi" o termini equivalenti si intendono riferiti anche ad ognuna delle parti dell'unione civile tra persone dello stesso sesso.

Imu, Imi, e Imis e Ilia
La legge di stabilità 2016 prevede che dal periodo d'imposta 2014 si applicano anche all'imposta municipale immobiliare (Imi) della provincia di Bolzano e all'imposta immobiliare semplice (Imis) della provincia di Trento le disposizioni relative all'Imu riguardo la sostituzione dell'imposta sul reddito delle persone fisiche e delle relative addizionali. Pertanto nelle istruzioni al modello 730 i riferimenti all'Imu si intendono effettuati anche all'Imi e all'Imis.
La legge di bilancio 2023 dispone che dal 1° gennaio 2023 si applicano anche all'imposta locale immobiliare autonoma (ILIA) della Regione Friuli Venezia Giulia le disposizioni relative all'Imu riguardo la sostituzione dell'imposta sul reddito delle persone fisiche e delle relative addizionali. Pertanto nelle istruzioni al modello 730 i riferimenti all'Imu si intendono effettuati anche all'ILIA.

Certificazione Unica 2024
Le istruzioni del modello 730 fanno riferimento alla Certificazione Unica rilasciata dal sostituto d'imposta.
Se è stata rilasciata una Certificazione Unica 2023 perché il rapporto di lavoro si è interrotto prima che fosse disponibile la Certificazione Unica 2024, il sostituto d'imposta è comunque tenuto a rilasciare una nuova Certificazione Unica, entro il 16 marzo 2024, che deve essere utilizzata per la compilazione del modello 730.

Modalità di arrotondamento
Gli importi da indicare nella dichiarazione devono essere arrotondati all'unità di euro per eccesso se la frazione decimale è uguale o superiore a cinquanta centesimi di euro oppure per difetto se inferiore a questo limite (ad esempio 65,50 diventa 66; 65,51 diventa 66; 65,49 diventa 65).
Sul modello sono prestampati due zeri finali in corrispondenza degli spazi nei quali vanno indicati gli importi.

Conversione delle valute estere dei Paesi non aderenti all'euro
In tutti i casi in cui è necessario convertire in euro redditi, spese e oneri originariamente espressi in valuta estera deve essere utilizzato il cambio indicativo di riferimento del giorno in cui gli stessi sono stati percepiti o sostenuti o quello del giorno precedente più prossimo. Se in quei giorni il cambio non è stato fissato, va utilizzato il cambio medio del mese. I cambi del giorno delle principali valute sono pubblicati nella Gazzetta Ufficiale. I numeri arretrati della Gazzetta possono essere richiesti alle Librerie dello Stato o alle loro corrispondenti. Per conoscere il cambio in vigore in un determinato giorno si può consultare il sito Internet della Banca d'Italia, all'indirizzo: https://www.bancaditalia.it/compiti/operazioni-cambi/cambi/index.html.

Modelli aggiuntivi
Se lo spazio disponibile nel modello non è sufficiente per i dati che è necessario inserire, occorrerà riempire altri moduli, numerandoli progressivamente nell'apposita casella posta in alto a destra indicando sempre il codice fiscale nell'apposito spazio. Il numero complessivo dei modelli compilati per ciascun contribuente va riportato nella casella posta nel riquadro "Firma dichiarazione" della prima facciata del Modello base compilato.
Ad esempio, se nel quadro E (Sez. III) devono essere indicati i dati relativi a più di tre interventi di recupero del patrimonio edilizio, può essere utilizzato un ulteriore modulo del quadro E, riportando in alto a destra il codice fiscale e il numero "2" nella casella "Mod. N.". Infine, nella casella "N. modelli compilati" va riportato il numero "2", per evidenziare che oltre al Modello base è stato compilato anche il secondo modulo del quadro E.

Proventi sostitutivi e interessi
I proventi sostitutivi di redditi (ad esempio la cassa integrazione, l'indennità di disoccupazione, la mobilità, l'indennità di maternità, ecc.) e gli interessi moratori e per dilazioni di pagamento devono essere dichiarati utilizzando gli stessi quadri nei quali vanno dichiarati i redditi che sostituiscono o i crediti a cui si riferiscono (vedi in Appendice la voce "Proventi sostitutivi e interessi").

Fondo patrimoniale
Il fondo patrimoniale (artt. 167 - 171 c.c.) è un complesso di beni, appartenenti ad un terzo o ad entrambi i coniugi o ad uno solo di essi, destinati al soddisfacimento dei bisogni e degli interessi della famiglia.
I redditi dei beni che formano oggetto del fondo patrimoniale sono imputati per metà del loro ammontare a ciascuno dei coniugi (art. 4, comma 1, lett. b) del Tuir.

Usufrutto legale
I genitori devono includere nella propria dichiarazione anche i redditi dei figli minori sui quali hanno l'usufrutto legale. I genitori esercenti la potestà hanno in comune l'usufrutto dei beni del figlio minore. Tuttavia, non sono soggetti ad usufrutto legale:
- i beni acquistati dal figlio con i proventi del proprio lavoro;
- i beni lasciati o donati al figlio per intraprendere una carriera, un'arte o una professione;
- i beni lasciati o donati con la condizione che i genitori esercenti la potestà o uno di essi non ne abbiano l'usufrutto (la condizione però, non ha effetto per i beni spettanti al figlio a titolo di legittima);
- i beni pervenuti al figlio per eredità, legato o donazione e accettati nell'interesse del figlio contro la volontà dei genitori esercenti la potestà (se uno solo di essi era favorevole all'accettazione, l'usufrutto legale spetta esclusivamente a questi);

■ le pensioni di reversibilità da chiunque corrisposte.

I redditi dei figli minori non soggetti ad usufrutto legale devono, invece, essere dichiarati a nome di ciascun figlio da uno dei genitori (se la potestà è esercitata da uno solo dei genitori la dichiarazione deve essere presentata da quest'ultimo).

Amministratori di condominio
Gli amministratori di condominio che si avvalgono dell'assistenza fiscale, presentano la comunicazione dell'amministratore di condominio o compilando il quadro K del modello 730 o presentando, oltre il modello 730, il quadro AC del Mod. REDDITI Persone fisiche 2024 relativo all'elenco dei fornitori del condominio, insieme al frontespizio dello stesso Mod. REDDITI Persone fisiche 2024 nei modi e nei termini previsti per la presentazione di questo modello.
Gli amministratori di condominio devono riportare nel quadro K (ovvero nel quadro AC del modello REDDITI) anche i dati catastali degli immobili oggetto di interventi di recupero del patrimonio edilizio realizzati sulle parti comuni condominiali.

Dichiarazione presentata dagli eredi
Per le persone decedute dal 1° gennaio 2023 al 30 settembre 2024, la dichiarazione dei redditi relativa all'anno d'imposta 2023 può essere presentata utilizzando il modello 730/2024.
In tal caso il modello 730 va presentato al Caf o professionista abilitato o presentato telematicamente all'Agenzia delle entrate. Non può essere consegnato né al sostituto d'imposta della persona fisica deceduta né al sostituto d'imposta dell'erede.
Per le persone decedute successivamente al 30 settembre 2024, la dichiarazione dei redditi per l'anno d'imposta 2023 può essere presentata utilizzando esclusivamente il modello REDDITI PF entro i termini indicati nel paragrafo "Termini di presentazione della dichiarazione da parte degli eredi" del capitolo "Informazioni preliminari" del modello REDDITI PF 2024.
Se la persona deceduta aveva presentato il Modello 730/2023 dal quale risultava un credito successivamente non rimborsato dal sostituto d'imposta, l'erede può far valere tale credito nella dichiarazione presentata per conto del deceduto indicandolo nel rigo F3.
Per le informazioni sulle modalità di compilazione, vedere le istruzioni fornite al capitolo "Informazioni relative al contribuente".

Termini di versamento da parte degli eredi
Per le persone decedute nel 2023 o i soggetti deceduti entro il 28 febbraio 2024 i versamenti devono essere effettuati dagli eredi nei termini ordinari. Per le persone decedute successivamente, i termini sono prorogati di sei mesi e scadono quindi il 30 dicembre 2024.

III – GUIDA ALLA COMPILAZIONE DELLA DICHIARAZIONE

1. Informazioni relative al contribuente

La casella **"Dichiarante"** deve essere barrata dal contribuente che presenta la propria dichiarazione dei redditi.
Se viene presentata la dichiarazione congiunta, il contribuente che intende far eseguire le operazioni di conguaglio al proprio datore di lavoro o ente pensionistico deve barrare entrambe le caselle "Dichiarante" e **"Dichiarazione congiunta"**, mentre il coniuge deve barrare solo la casella **"Coniuge dichiarante"**.
Il contribuente che presenta la dichiarazione per conto di persone incapaci (compreso il minore) deve barrare la casella **"Rappresentante o tutore o erede"** e indicare il proprio codice fiscale nella casella **"Codice fiscale del rappresentante o tutore o erede"**. In tal caso, la casella "Dichiarante" non deve essere barrata.
L'erede che presenta la dichiarazione per conto del contribuente deceduto barra la casella **"Rappresentante o tutore o erede"** e indica il proprio codice fiscale nella casella **"Codice fiscale del rappresentante o tutore o erede"**. In tal caso, non occorre barrare la casella "Dichiarante". Nel campo **"Data carica erede"** l'erede indica la data del decesso del soggetto per cui presenta la dichiarazione.
Nella casella **"Codice fiscale"** deve essere indicato il codice fiscale del contribuente. Il codice fiscale deve corrispondere a quello indicato nella tessera sanitaria o, nel caso in cui non sia stata ancora emessa, a quello risultante dall'apposito tesserino rilasciato dall'Amministrazione finanziaria.
La casella **"Soggetto fiscalmente a carico di altri"** deve essere compilata con il codice '1' dal contribuente con reddito complessivo uguale o inferiore **a 2.840,51 euro** al lordo degli oneri deducibili, con il codice '2' dai figli di età non superiore a 24 anni con reddito complessivo uguale o inferiore **a 4.000 euro** al lordo degli oneri deducibili (vedi il successivo capitolo "Familiari a carico"); per tali soggetti, il requisito dell'età è rispettato purché sussista anche per una sola parte dell'anno, in considerazione del principio di unitarietà del periodo d'imposta. La casella va compilata dal figlio con meno di 21 anni anche se il genitore o i genitori di cui è a carico non fruiscono delle detrazioni per figli a carico.
La casella **"730 integrativo"** deve essere compilata dal contribuente che presenta una dichiarazione integrativa (vedi, nella parte II, il capitolo "Rettifica del modello 730") indicando:
■ il codice '**1**' se l'integrazione o la rettifica comportano un maggior credito o un minor debito rispetto alla dichiarazione originaria o un'imposta pari a quella determinata con il Mod. 730 originario;
■ il codice '**2**' se l'integrazione o la rettifica riguardano esclusivamente le informazioni da indicare nel riquadro "Dati del sostituto d'imposta che effettuerà il conguaglio";
■ il codice '**3**' se l'integrazione o la rettifica riguardano sia le informazioni da indicare nel riquadro "Dati del sostituto d'imposta che effettuerà il conguaglio" sia i dati relativi alla determinazione dell'imposta dovuta se dagli stessi scaturiscono un maggior importo a credito, un minor debito o un'imposta pari a quella determinata con il Mod. 730 originario.

Nel caso di 730 presentato dai lavoratori dipendenti privi di un sostituto d'imposta che possa effettuare il conguaglio o nel caso di 730 presentato per conto del contribuente deceduto (vedi nella Parte I il paragrafo "Chi può presentare il Mod. 730") o nel caso di contribuente che non vuole avvalersi dell'intermediazione del sostituto d'imposta, va indicata la lettera **"A"** nella casella **"730 senza sostituto"**.
Il contribuente può evidenziare particolari condizioni che riguardano la dichiarazione dei redditi, indicando un apposito codice nella casella **"Situazioni particolari"**. Tale esigenza può emergere con riferimento a fattispecie che si sono definite successivamente alla pubblicazione del presente modello di dichiarazione, ad esempio a seguito di chiarimenti forniti dall'Agenzia delle Entrate in relazione a quesiti posti dagli utenti e riferiti a specifiche problematiche. Pertanto, questa casella può essere compilata solo se l'Agenzia delle Entrate comunica (ad esempio con circolare, risoluzione o comunicato stampa) uno specifico codice da utilizzare per indicare la situazione particolare.

Dati del contribuente
Vanno riportati negli appositi spazi il cognome e il nome, il sesso, la data di nascita, il comune di nascita e la sigla della relativa provincia.
Chi è **nato all'estero** deve indicare, in luogo del Comune, lo Stato di nascita senza compilare lo spazio relativo alla provincia.
In caso di dichiarazione presentata per conto di persona incapace, compreso il minore, si rimanda al successivo paragrafo "Dichiarazione presentata da soggetto diverso dal contribuente".
Se qualcuno dei dati anagrafici indicati nella tessera sanitaria o nel tesserino è errato, il contribuente deve recarsi presso un qualsiasi ufficio dell'Agenzia delle Entrate per ottenerne la variazione. Fino a quando la variazione non è stata effettuata il contribuente deve utilizzare il codice fiscale che gli è stato attribuito, anche se sbagliato.

Residenza anagrafica
La residenza anagrafica deve essere indicata solo se il contribuente ha variato la propria residenza nel periodo dal 1° gennaio 2023 alla data in cui presenta la dichiarazione.
Si ricorda che la residenza si considera cambiata anche nel caso di variazione dell'indirizzo nell'ambito dello stesso Comune.
Se la residenza è stata variata occorre indicare:
- i dati della nuova residenza alla data di consegna del Mod. 730, avendo cura di riportare negli appositi spazi i dati relativi a: Comune, sigla della provincia, CAP, tipologia (via, viale, piazza, largo ecc.), indirizzo, numero civico, frazione, se presente;
- il giorno, il mese e l'anno in cui è intervenuta la variazione.

La residenza anagrafica deve essere indicata anche dai contribuenti che presentano per la prima volta la dichiarazione dei redditi, i quali devono barrare la casella "Dichiarazione presentata per la prima volta".
L'indicazione del **numero di telefono, di cellulare** e dell'indirizzo di **posta elettronica** consente di ricevere dall'Agenzia delle Entrate informazioni ed aggiornamenti su scadenze, novità, adempimenti e servizi offerti.

Domicilio fiscale per l'attribuzione dell'addizionale regionale e dell'addizionale comunale
Il domicilio fiscale coincide generalmente con la residenza anagrafica. In casi particolari l'amministrazione finanziaria può consentire al contribuente, che ne faccia motivata istanza, che il suo domicilio fiscale sia stabilito in un comune diverso da quello di residenza.
Il domicilio fiscale consente di individuare la Regione e il Comune per i quali è dovuta rispettivamente l'addizionale regionale e comunale.

Domicilio fiscale al 1° gennaio 2023
Il rigo "Domicilio fiscale al 1/1/2023" va sempre compilato indicando il domicilio alla data del 1/1/2023.
Se la residenza è variata, gli effetti della variazione decorrono dal sessantesimo giorno successivo a quello in cui essa si è verificata, pertanto il contribuente che ha cambiato la propria residenza dovrà attenersi alle seguenti istruzioni per compilare il rigo relativo al domicilio fiscale al 1° gennaio 2023.
Se la variazione è avvenuta a partire dal 3 novembre 2022 indicare il precedente domicilio; se invece la variazione è avvenuta entro il 2 novembre 2022 indicare il nuovo domicilio. I contribuenti che si sono trasferiti in Italia nel corso dell'anno 2023 devono indicare il domicilio fiscale nel quale hanno trasferito la residenza.
Si ricorda che non possono utilizzare il Mod. 730 i contribuenti che nel 2023 e/o nel 2024 non sono residenti in Italia (vedi in Appendice la voce "Condizioni per essere considerati residenti").
Se il comune in cui si risiede è stato istituito per fusione avvenuta dal 2019 fino al 1° gennaio 2023 compreso e se tale comune ha deliberato **aliquote dell'addizionale comunale all'Irpef differenziate per ciascuno dei territori** dei comuni estinti, compilare **la casella "Fusione comuni" indicando l'apposito codice identificativo dell'ex comune** riportato nella tabella denominata "Elenco dei codici identificativi da indicare nella casella "Fusione Comuni" del rigo "Domicilio fiscale al 1° gennaio 2023" presente in Appendice.
Per alcuni casi particolari si rimanda alle istruzioni fornite successivamente.

Domicilio fiscale al 1° gennaio 2024
Il rigo "Domicilio fiscale al 1/1/2024" va compilato solo se il comune è diverso da quello al 1° gennaio 2023.
Se la residenza è variata, il contribuente che ha cambiato la propria residenza dovrà attenersi alle seguenti istruzioni per compilare il rigo relativo al domicilio fiscale al 1° gennaio 2024.
Se la variazione è avvenuta a partire dal 3 novembre 2023 indicare il precedente domicilio; se invece la variazione è avvenuta entro il 2 novembre 2023 indicare il nuovo domicilio.
Se la variazione è dovuta alla fusione, anche per incorporazione, di comuni preesistenti il rigo non va compilato.
Se il comune in cui si risiede è stato istituito per fusione avvenuta dal 2019 al 2023 e se tale comune ha deliberato **aliquote dell'addizionale comunale all'Irpef differenziate per ciascuno dei territori** dei comuni estinti, il rigo va compilato e nella **casella "Fusione comuni" va indicato l'apposito codice identificativo dell'ex comune** riportato nella tabella denominata "Elenco dei codici identificativi da indicare nella casella "Fusione Comuni" del rigo "Domicilio fiscale al 1° gennaio 2024" presente in Appendice.
Per alcuni casi particolari si rimanda alle istruzioni fornite successivamente.

Casi particolari
Trasferimento da un municipio ad un altro nell'ambito dello stesso comune risultante dalla fusione di altri comuni, che ha deliberato aliquote differenziate
Se il contribuente risiede in un comune fuso (risultante dalla fusione di altri comuni) che ha deliberato aliquote differenziate per ciascuno dei municipi riferiti ai comuni estinti ed il municipio di residenza al 1/1/2023 è diverso da quello di residenza al 1/1/2024, deve essere compilato sia il rigo del domicilio fiscale al 1/1/2023, riportando nella casella "Fusione Comuni" il codice identificativo dell'ex Comune nel quale si risiedeva a tale data, che il rigo del domicilio fiscale al 1/1/2024, riportando nella casella "Fusione Comuni" il codice identificativo dell'ex Comune nel quale si risiede a tale data.

Nuovo comune sorto dal distacco di uno o più territori appartenenti ad uno o più comuni che continuano ad esistere
Se il contribuente risiede in un nuovo comune risultante dal distacco di uno o più territori appartenenti ad uno o più comuni che continuano ad esistere, deve essere compilato sia il rigo del domicilio fiscale al 1/1/2023, riportando i dati del comune originario (comune dal quale si è distaccata una parte di territorio), che il rigo del domicilio fiscale al 1/1/2024, riportando i dati del nuovo comune. Nel rigo relativo al domicilio fiscale al 1/1/2024 non deve essere compilata la casella "Fusione Comuni".

Casi particolari addizionale regionale

La casella '**Casi particolari addizionale regionale**' va compilata con il codice "1" esclusivamente da coloro che hanno il domicilio fiscale nel Veneto o nelle Marche e si trovano nelle condizioni riportate in Appendice alla voce "Addizionale regionale casi particolari", al fine di fruire di un'aliquota agevolata. Coloro che hanno il domicilio fiscale nel Veneto richiedono l'agevolazione per se stessi indicano il codice 2.

Dichiarazione presentata da soggetto diverso dal contribuente

I soggetti tenuti a presentare la dichiarazione per conto del contribuente deceduto o per conto di persona incapace, compreso il minore, possono utilizzare il Mod. 730, purché il contribuente per il quale si presenta la dichiarazione abbia le condizioni per usare questo modello (vedi il paragrafo "Chi può presentare il Mod. 730").

Chi presenta la dichiarazione per conto di terzi deve compilare due moduli del frontespizio riportando in entrambi il codice fiscale del contribuente (deceduto o minore o tutelato o rappresentato o beneficiario) e quello del soggetto che presenta la dichiarazione per conto di altri ovvero il codice fiscale dell'erede o del rappresentante o tutore o amministratore di sostegno.

Nel primo modulo del frontespizio del 730:
- barrare la casella **"Dichiarante"**;
- barrare la casella:
  - **'Tutelato/Rappresentato'** nel caso di dichiarazione dei redditi presentata dal rappresentante legale per la persona incapace o dall'amministratore di sostegno per la persona con limitata capacità di agire;
  - **'Minore'** - nel caso di dichiarazione presentata dai genitori per i redditi dei figli minori esclusi dall'usufrutto legale;
  - **'Deceduto'** - nel caso di dichiarazione dei redditi presentata dall'erede del contribuente deceduto. In tal caso occorre compilare con la lettera "A" anche la casella "730 senza sostituto" presente nel frontespizio del modello 730 e barrare la casella "Mod. 730 dipendenti senza sostituto" presente nella sezione "Dati del sostituto d'imposta che effettuerà il conguaglio";
- riportare i dati anagrafici ed i redditi del contribuente cui la dichiarazione si riferisce.

Nel secondo modulo del frontespizio del 730 è necessario:
- barrare nel rigo "Contribuente", la casella **"Rappresentante o tutore Tutore o erede"**. Per l'erede è necessario compilare anche la casella **"Data carica erede"**;
- compilare soltanto i riquadri **"Dati anagrafici"** e **"Residenza anagrafica"**, incluso il rigo "Telefono e posta elettronica", riportando i dati del rappresentante o tutore o amministratore di sostegno o erede. Non deve essere compilato il campo "data della variazione" e non deve essere barrata la casella "Dichiarazione presentata per la prima volta".

Si ricorda che in questi casi non è possibile presentare una dichiarazione congiunta e che i redditi di chi presenta la dichiarazione non devono mai essere cumulati con quelli del soggetto per conto del quale viene presentata.
In entrambi i modelli deve essere apposta la sottoscrizione della persona che presenta la dichiarazione.

2. Familiari a carico

In questo prospetto devono essere inseriti i dati relativi ai familiari che nel 2023 sono stati fiscalmente a carico del contribuente, al fine di fruire delle detrazioni dall'imposta per il coniuge, i figli o gli altri familiari a carico o delle altre agevolazioni previste per le persone indicate in questo prospetto. Queste detrazioni vengono calcolate dal soggetto che presta l'assistenza fiscale.

Sono considerati familiari fiscalmente a carico i membri della famiglia che nel 2023 **hanno posseduto un reddito complessivo uguale o inferiore a 2.840,51 euro, al lordo degli oneri deducibili.** Sono considerati fiscalmente a carico **i figli di età non superiore a 24 anni** che nel 2023 **hanno posseduto un reddito complessivo uguale o inferiore a 4.000 euro, al lordo degli oneri deducibili.**

Nel limite di reddito di **2.840,51 euro (o 4.000 euro)** che il familiare deve possedere per essere considerato fiscalmente a carico, vanno computate anche le seguenti somme, che non sono comprese nel reddito complessivo:
- il reddito dei fabbricati assoggettato alla cedolare secca sulle locazioni;
- le retribuzioni corrisposte da Enti e Organismi Internazionali, Rappresentanze diplomatiche e consolari, Missioni, Santa Sede, Enti gestiti direttamente da essa ed Enti Centrali della Chiesa Cattolica;
- la quota esente dei redditi di lavoro dipendente prestato nelle zone di frontiera ed in altri Paesi limitrofi in via continuativa e come oggetto esclusivo del rapporto lavorativo da soggetti residenti nel territorio dello Stato;
- il reddito d'impresa o di lavoro autonomo assoggettato ad imposta sostitutiva in applicazione del regime fiscale di vantaggio per l'imprenditoria giovanile e lavoratori in mobilità (art. 27, commi 1 e 2, del D.L. 6 luglio 2011, n. 98);
- il reddito d'impresa o di lavoro autonomo assoggettato ad imposta sostitutiva in applicazione del regime forfetario per gli esercenti attività d'impresa, arti o professioni (art. 1, commi da 54 a 89, legge 23 dicembre 2014, n. 190).

Possono essere considerati a carico anche se non conviventi con il contribuente o residenti all'estero:
- il **coniuge** non legalmente ed effettivamente separato;
- i **figli** (compresi i figli adottivi, affidati o affiliati) indipendentemente dal superamento di determinati limiti di età e dal fatto che siano o meno dediti agli studi o al tirocinio gratuito; gli stessi, pertanto, ai fini dell'attribuzione della detrazione non rientrano mai nella categoria "altri familiari".

Possono essere considerati a carico anche i seguenti **altri familiari**, a condizione che convivano con il contribuente o che ricevano dallo stesso assegni alimentari non risultanti da provvedimenti dell'Autorità giudiziaria:
- il coniuge legalmente ed effettivamente separato;
- i discendenti dei figli;
- i genitori (compresi quelli adottivi);
- i generi e le nuore;
- il suocero e la suocera;
- i fratelli e le sorelle (anche unilaterali);
- i nonni e le nonne.

Se nel corso del 2023 è cambiata la situazione di un familiare, bisogna compilare un rigo per ogni situazione.

Le **detrazioni per carichi di famiglia** variano in base al reddito, quindi chi presta l'assistenza fiscale dovrà calcolare l'ammontare delle detrazioni effettivamente spettanti tenendo conto di quanto previsto dall'art. 12 del Tuir.
A seconda della situazione reddituale del contribuente le detrazioni per carichi di famiglia possono spettare per intero, solo in parte o non spettare (vedere in Appendice la "tabella 3" – detrazioni per coniuge a carico, la "tabella 4" – detrazione ordinaria per figli a carico, la "tabella 5" – detrazioni per altri familiari a carico).

Dal 1° marzo 2022 le detrazioni per i figli a carico di cui all'art. 12 del Tuir spettano solo per i figli con 21 anni o più. Per i figli di età inferiore, esse sono state sostituite dall'assegno unico che è erogato dall'INPS a seguito di apposita richiesta. Per i figli disabili di età pari o superiore a 21 anni le detrazioni fiscali di cui al citato articolo 12 sono cumulabili con l'AUU eventualmente percepito.
Dal 1° marzo 2022 non spetta più la maggiorazione di 200 euro per ciascun figlio prevista per le famiglie con più di tre figli; inoltre, non spetta più l'ulteriore detrazione di 1.200 euro prevista per le famiglie con più di 4 figli.
Dal 1° marzo 2022 non sono più riconosciute le maggiorazioni previste per i figli con disabilità poiché anche queste maggiorazioni sono sostituite dall'assegno unico e, in questo caso, anche per i figli con 21 anni o più.
Nel caso in cui non si avesse diritto alla detrazione per i figli a carico, ad esempio perché il primo figlio è nato a maggio 2023, non viene meno la necessità di indicare i dati dei figli nel prospetto dei familiari a carico poiché questi dati sono necessari per riconoscere le altre agevolazioni previste per i figli a carico.
Si rammenta che per i figli non è mai possibile fruire delle detrazioni previste per gli altri familiari a carico.
I nonni che hanno a carico i nipoti a seguito di un formale provvedimento di affido o in ipotesi di collocamento o accasamento etero familiare (equiparata all'affidamento ai sensi della legge 5 maggio 1983, n. 184) non possono beneficiare delle detrazioni previste per i figli e per gli altri familiari a carico.

Per ulteriori approfondimenti si rinvia alla circolare n. 4/E del 18 febbraio 2022.

Come compilare il rigo relativo al coniuge
Nel **rigo 1** indicare i dati relativi al coniuge.
Colonna 1: barrare la **casella 'C'**.
Colonna 4 (codice fiscale): indicare il **codice fiscale** del coniuge.
Il codice fiscale del coniuge deve essere indicato anche se non è fiscalmente a carico.
Colonna 5 (n. mesi a carico): utilizzare questa casella solo se il coniuge è stato a carico. Indicare '12' se il coniuge è stato a carico per tutto il 2023. In caso di matrimonio, decesso, separazione legale ed effettiva, scioglimento o annullamento del matrimonio o cessazione dei suoi effetti civili nel corso del 2023, riportare il numero dei mesi per i quali il coniuge è stato a carico. Per esempio, in caso di matrimonio celebrato a giugno del 2023, la detrazione spetta per sette mesi, pertanto, nella casella indicare '7'.

Come compilare i righi relativi ai figli e agli altri familiari a carico
Righi da 2 a 5
Nel **rigo 2** devono essere indicati i dati relativi al primo figlio.
Colonna 1: barrare la **casella 'F1'** se il familiare indicato è il primo figlio a carico (vale a dire quello di età anagrafica maggiore tra quelli a carico) e la **casella 'F'** per i figli successivi al primo (vedere in Appendice la voce "Familiari a carico - Casi particolari di compilazione della casella F1").
Colonna 2: barrare la **casella 'A'** se si tratta di un altro familiare.
Colonna 3: barrare la **casella 'D'** se si tratta di un figlio con disabilità. Se viene barrata questa casella non è necessario barrare anche la casella 'F'. Si precisa che è considerata persona con disabilità quella riconosciuta tale ai sensi dell'art. 3 della legge 5 febbraio 1992, n. 104.
Colonna 4 (codice fiscale): indicare il codice fiscale di ciascuno dei figli, **tranne di quelli in affido preadottivo**, e degli altri familiari a carico.
Il codice fiscale dei figli e degli altri familiari a carico deve essere indicato, anche se non si fruisce delle relative detrazioni, che sono attribuite interamente a un altro soggetto. È altresì necessario indicare il codice fiscale dei figli a carico residenti all'estero.
I cittadini extracomunitari che richiedono le detrazioni per familiari a carico devono essere in possesso di una documentazione attestante lo *status* di familiare che può essere alternativamente formata da:
a) documentazione originale rilasciata dall'autorità consolare del Paese d'origine, tradotta in lingua italiana e asseverata da parte del prefetto competente per territorio;
b) documentazione con apposizione dell'*apostille*, per le persone provenienti dai Paesi che hanno sottoscritto la Convenzione dell'Aja del 5 ottobre 1961;
c) documentazione validamente formata nel Paese d'origine, in base alla normativa di quella nazione, tradotta in italiano e certificata come conforme all'originale dal Consolato italiano nel paese di origine.

Colonna 5 (n. mesi a carico): indicare il numero dei mesi dell'anno durante i quali il familiare è stato a carico ('12' se il familiare è stato a carico per tutto il 2023). Se, invece, è stato a carico solo per una parte del 2023, riportare il numero dei mesi corrispondenti. Per esempio, per un figlio nato nel mese di agosto indicare '5'.
Colonna 7 (percentuale): indicare la percentuale di detrazione spettante.
La detrazione per figli a carico non può essere ripartita liberamente tra entrambi i genitori. Se i genitori non sono legalmente ed effettivamente separati la detrazione per figli a carico deve essere ripartita nella misura del 50 per cento ciascuno. Tuttavia i genitori possono decidere di comune accordo di attribuire l'intera detrazione al genitore con reddito complessivo più elevato per evitare che la detrazione non possa essere fruita in tutto o in parte dal genitore con il reddito inferiore.
In caso di separazione legale ed effettiva o di annullamento, scioglimento o cessazione degli effetti civili del matrimonio la detrazione spetta, **in mancanza di accordo tra le parti**, nella misura del 100 per cento al genitore affidatario oppure in caso di affidamento congiunto nella misura del 50 per cento ciascuno. Anche in questo caso, i genitori possono decidere di comune accordo di attribuire l'intera detra-

zione al genitore con reddito complessivo più elevato; tale possibilità permette di fruire per intero della detrazione nel caso in cui uno dei genitori abbia un reddito basso e quindi un'imposta che non gli consente di fruire in tutto o in parte della detrazione.

In caso di separazione legale ed effettiva o di annullamento, scioglimento o cessazione degli effetti civili del matrimonio, salvo diverso accordo tra i genitori o salvo diverse disposizioni del giudice, la detrazione spettante per il figlio maggiorenne può continuare ad essere ripartita nella medesima misura in cui era ripartita nel periodo della minore età del figlio.

Se un genitore fruisce al 100 per cento della detrazione per figlio a carico, l'altro genitore non può fruirne. La detrazione spetta per intero ad uno solo dei genitori quando l'altro genitore è fiscalmente a carico del primo e nei seguenti altri casi:
- figli del contribuente rimasto vedovo/a che, risposatosi, non si sia poi legalmente ed effettivamente separato;
- non è legalmente ed effettivamente separato.

Si ha, invece, diritto per il primo figlio con 21 anni o più alla detrazione prevista per il coniuge a carico quando l'altro genitore manca perché deceduto o non ha riconosciuto il figlio oppure per i figli adottivi, affidati o affiliati del solo contribuente se non si è risposato o se risposato si è legalmente ed effettivamente separato.

In particolare nella casella di colonna 7 indicare:
- **per ogni figlio a carico**:
  – **'100'** se la detrazione è richiesta per intero;
  – **'50'** se la detrazione è ripartita tra i genitori;
  – **'0'** se la detrazione è richiesta per intero dall'altro genitore;
  – la lettera **'C'** nel rigo 2 se per il primo figlio spetta la detrazione per coniuge a carico per l'intero anno. Se questa detrazione non spetta per l'intero anno occorre compilare il rigo 2 per i mesi in cui spetta la detrazione come figlio e il rigo 3 per i mesi in cui spetta la detrazione come coniuge. Il contribuente può, se più favorevole, utilizzare la detrazione prevista per il primo figlio;
- **per ogni altro familiare a carico**:
  – **'100'** se l'onere grava per intero;
  – la percentuale nel caso in cui l'onere gravi su più persone. Si ricorda che la detrazione deve essere ripartita in misura uguale tra i soggetti che ne hanno diritto

Colonna 8 (detrazione 100% affidamento figli): la casella va barrata, nel caso di affidamento esclusivo, congiunto o condiviso dei figli, dal genitore che fruisce della detrazione per figli a carico nella misura del 100 per cento. Si ricorda che la detrazione spetta, in mancanza di accordo, al genitore affidatario. Nel caso di affidamento congiunto o condiviso la detrazione è ripartita, in mancanza di accordo, nella misura del 50 per cento tra i genitori. Se il genitore affidatario o, in caso di affidamento congiunto, uno dei genitori affidatari non può usufruire in tutto o in parte della detrazione, per limiti di reddito, la detrazione è assegnata per intero al secondo genitore.

Colonna 10 (n. mesi detrazione figli 21 anni o più): indicare 12 **se il figlio con 21 anni o più** è stato a carico per tutto il 2023. Se, invece, è stato a carico solo per alcuni mesi, riportare il numero dei mesi corrispondenti. Ad esempio, per un figlio nato ad agosto 2002 e che ha compiuto 21 anni ad agosto 2023, indicare '5'. Se il figlio ha avuto meno di 21 anni per tutto il 2023, questa colonna non va compilata.

Casella "Numero figli in affido preadottivo a carico del contribuente": indicare il numero dei figli in affido preadottivo (righi da 2 a 5 per i quali è barrata la casella 'F', 'F1' o 'D') per i quali nel prospetto dei familiari a carico non è stato indicato il codice fiscale, al fine di salvaguardare la riservatezza delle informazioni ad essi relative.

ESEMPIO DI COMPILAZIONE PROSPETTO DEI FAMILIARI A CARICO

Si consideri il caso di un contribuente con quattro figli a carico:
- un figlio nato a febbraio 2001 che ha più di 21 anni per tutto il 2023 e per cui spetta la detrazione per figli a carico per tutto l'anno;
- un figlio nato a giugno 2002 che compie 21 anni a giugno 2023 e per cui spetta la detrazione per figli a carico per 7 mesi;
- un altro figlio nato a gennaio 2020 che compie tre anni a gennaio 2023 e per cui non ha diritto alla detrazione per figli a carico per tutto il 2023;
- un ultimo figlio nato a marzo 2023 per cui non spetta alcuna detrazione per figli a carico.

FAMILIARI A CARICO						
BARRARE LA CASELLA		CODICE FISCALE (Il codice del coniuge va indicato anche se non fiscalmente a carico)	mesi a carico	%	detrazione 100% affidamento figli	n. mesi detrazione figli 21 anni o più
C = Coniuge / F1 = Primo figlio / F = Figlio / A = Altro / D = Figlio con disabilità	1 ☒ CONIUGE	XXXXXXXXXXXXXXXX	5			
	2 ☒ PRIMO FIGLIO D	YYYYYYYYYYYYYYYY	12	50		12
	3 ☒ A D	ZZZZZZZZZZZZZZZZ	12	50		7
	4 ☒ A D	HHHHHHHHHHHHHHHH	12	50		
	5 ☒ A D	KKKKKKKKKKKKKKKK	10	50		

NUMERO FIGLI IN AFFIDO PREADOTTIVO A CARICO DEL CONTRIBUENTE

3. Dati del sostituto d'imposta

Il contribuente è tenuto a indicare i dati del sostituto d'imposta che dovrà provvedere al conguaglio. I contribuenti possessori di redditi di lavoro dipendente, pensione o reddito assimilato a quello di lavoro dipendente possono rilevare tali dati dalla Certificazione Unica consegnata dal sostituto di imposta (il dipendente di società estera deve indicare i dati relativi alla sede della stabile organizzazione in Italia che effettua le ritenute).

Le informazioni sono presenti nella sezione dalla Certificazione Unica riservata ai "Dati relativi al datore di lavoro, ente pensionistico o altro sostituto d'imposta". **Nella casella "codice sede" va riportato il codice indicato nel punto 11 della Certificazione Unica – Sezione Dati Anagrafici se la stessa casella risulta compilata.**

Se il sostituto che dovrà effettuare i conguagli è diverso da quello che ha rilasciato la Certificazione Unica, i dati vanno richiesti al nuovo sostituto. Nel caso di dichiarazione congiunta vanno indicati i dati del sostituto del dichiarante, mentre nel modello del coniuge dichiarante non va compilato il riquadro. Nel caso di dichiarazione presentata per conto di altri vanno indicati i dati del sostituto del minore o del tutelato o del rappresentato, mentre nel modello del rappresentante o tutore non va compilato il riquadro. Nel caso di dichiarazione presentata per conto del contribuente deceduto i dati del sostituto non sono mai presenti, neanche nel modello dell'erede.

La casella **"Mod. 730 dipendenti senza sostituto"** deve essere barrata dal contribuente che si trova nelle seguenti condizioni:
- non ha un sostituto d'imposta che sia tenuto a effettuare il conguaglio o non vuole avvalersi di tale possibilità;
- presenta il Mod. 730 a un centro di assistenza fiscale (Caf-dipendenti) o a un professionista abilitato o il modello 730 precompilato direttamente all'Agenzia delle entrate.

La casella **"Mod. 730 dipendenti senza sostituto"** va barrata anche se si sta presentando la dichiarazione per il contribuente deceduto che nel 2023 ha percepito redditi di lavoro dipendente, redditi di pensione e/o alcuni redditi assimilati a quelli di lavoro dipendente.
In tali casi non vanno compilati gli altri campi della presente sezione.
Per ulteriori informazioni vedi nella Parte I il paragrafo *"Chi può presentare il Mod. 730"*.

4. Firma della dichiarazione
Questo riquadro contiene:
- la casella dove indicare il numero dei modelli compilati. Se sono stati compilati moduli ulteriori rispetto al Modello base, seguire le istruzioni fornite nella parte II, nel paragrafo "Modelli aggiuntivi";
- la casella da barrare nel caso in cui si intenda richiedere al Caf o al professionista abilitato di essere informato su eventuali comunicazioni dell'Agenzia delle Entrate relative a irregolarità nella liquidazione della dichiarazione presentata. Nel caso di dichiarazione congiunta l'eventuale scelta deve essere effettuata da entrambi i coniugi. Chi presenta la dichiarazione per conto di altri può barrare la casella indifferentemente in uno dei due modelli 730. Il Caf o il professionista deve informare il contribuente di volere o meno effettuare tale servizio utilizzando le apposite caselle della ricevuta Mod. 730-2 e nel prospetto di liquidazione deve barrare la casella posta in alto per comunicare tale decisione all'Agenzia delle Entrate;
- lo spazio riservato alla sottoscrizione della dichiarazione.

5. QUADRO A - Redditi dei terreni
Il reddito dei terreni si distingue in reddito dominicale e reddito agrario. Al proprietario del terreno o al titolare di altro diritto reale spetta sia il reddito dominicale sia il reddito agrario, nel caso in cui lo stesso svolga direttamente l'attività agricola. Se l'attività agricola è esercitata da un'altra persona, il reddito dominicale spetta, comunque, al proprietario, mentre il reddito agrario spetta a chi svolge l'attività agricola.

Deve utilizzare questo quadro:
- chi è proprietario o possiede a titolo di enfiteusi, usufrutto o altro diritto reale, terreni situati nel territorio dello Stato per cui è prevista l'iscrizione in catasto con attribuzione di rendita. In caso di usufrutto o altro diritto reale il titolare della sola "nuda proprietà" non deve dichiarare il terreno;
- l'affittuario che esercita l'attività agricola nei fondi in affitto e l'associato nei casi di conduzione associata. In questo caso deve essere compilata solo la colonna relativa al reddito agrario. L'affittuario deve dichiarare il reddito agrario a partire dalla data in cui ha effetto il contratto;
- il socio, il partecipante dell'impresa familiare o il titolare d'impresa agricola individuale non in forma d'impresa familiare che conduce il fondo. Se questi contribuenti non possiedono il terreno a titolo di proprietà, enfiteusi, usufrutto o altro diritto reale, va compilata solo la colonna del reddito agrario.

Per individuare le attività agricole vedere in Appendice la voce "Attività agricole".

Non vanno dichiarati in questo quadro i terreni situati all'estero e quelli dati in affitto per usi non agricoli (ad es. per una cava o una miniera), in quanto costituiscono redditi diversi e, pertanto, vanno indicati nel rigo D4 del quadro D.

Non vanno dichiarati, in quanto non producono reddito dominicale e agrario:
- i terreni che costituiscono pertinenze di fabbricati urbani, per esempio giardini, cortili ecc.;
- i terreni, parchi e giardini aperti al pubblico o la cui conservazione è riconosciuta di pubblico interesse dal Ministero per i beni e le attività culturali purché il proprietario non abbia ricavato alcun reddito dalla loro utilizzazione per tutto il periodo d'imposta. Tale circostanza deve essere comunicata all'ufficio dell'Agenzia delle Entrate entro tre mesi dalla data in cui la proprietà è stata riconosciuta di pubblico interesse.

Agroenergie
La produzione e cessione di energia elettrica e calorica da fonti rinnovabili agroforestali, sino a 2.400.000 kWh anno, e fotovoltaiche, sino a 260.000 kWh anno, nonché di carburanti ottenuti da produzioni vegetali provenienti prevalentemente dal fondo e di prodotti chimici derivanti da produzioni agricoli provenienti prevalentemente dal fondo effettuate dagli imprenditori agricoli, costituiscono attività connesse ai sensi dell'articolo 2135, terzo comma, del codice civile e si considerano **produttive di reddito agrario** (articolo 1, comma 423, della legge n. 266 del 2005, come modificato dall'articolo 1 comma 910, della legge 28 dicembre 2015, n. 208). Pertanto, nelle ipotesi descritte, il relativo reddito deve essere indicato nel presente quadro A.
Nel caso in cui, invece, la produzione di energia oltrepassi i limiti sopra riportati, in luogo del Mod. 730 va presentato il **modello REDDITI Persone fisiche 2024**, compilandolo secondo le relative istruzioni.

Terreni esenti Imu
Nel caso di terreni non affittati, l'Imu sostituisce l'Irpef e le relative addizionali sul reddito dominicale, mentre il reddito agrario continua ad essere assoggettato alle ordinarie imposte sui redditi. Pertanto, chi presta l'assistenza fiscale calcolerà il reddito dei terreni non affittati tenendo conto del solo reddito agrario. Se il terreno non affittato è esente dall'Imu risulta dovuta l'Irpef. Per i terreni affittati, invece, sono dovute sia l'Irpef che l'Imu. Ad esempio sono esenti dall'Imu i terreni ricadenti in aree montane o di collina individuati utilizzando i criteri

di cui alla circolare del Ministero delle finanze n. 9 del 14 giugno 1993 e la circolare n. 4/DF del 14 luglio 2016. Per ulteriori informazioni sulle esenzioni Imu si può consultare il sito internet del Dipartimento delle Finanze.
In tali casi va barrata la casella "Imu non dovuta" (colonna 9).

Rivalutazione dei redditi dei terreni
Per il calcolo del reddito dei terreni, il soggetto che presta l'assistenza fiscale rivaluta i redditi dominicale e agrario nelle misure di seguito descritte.
Il reddito dominicale è rivalutato dell'80 per cento, mentre il reddito agrario è rivalutato del 70 per cento.
I redditi dominicale e agrario sono ulteriormente rivalutati del 30 per cento. L'ulteriore rivalutazione non si applica nel caso di terreni agricoli o non coltivati, posseduti e condotti dai coltivatori diretti e dagli imprenditori agricoli professionali (IAP) iscritti nella previdenza agricola (casella di colonna 10 barrata).
Per gli anni dal 2017 al 2023, i redditi dominicali e agrari non concorrono alla formazione della base imponibile ai fini dell'imposta sul reddito delle persone fisiche dei coltivatori diretti e degli imprenditori agricoli professionali (IAP) iscritti nella previdenza agricola (casella di colonna 10 barrata).
Dall'anno 2019 tale agevolazione compete anche ai familiari coadiuvanti del coltivatore diretto purché appartenenti al medesimo nucleo familiare, siano iscritti nella gestione assistenziale e previdenziale agricola in qualità di coltivatori diretti e partecipino attivamente all'esercizio dell'impresa familiare.
La rivalutazione dell'80 e del 70 per cento non si applica nel caso di terreni concessi in affitto per usi agricoli a giovani imprenditori che non hanno ancora compiuto i 40 anni, in presenza delle condizioni descritte in Appendice alla voce "Agevolazioni imprenditoria giovanile in agricoltura".

COME SI COMPILA IL QUADRO A
I redditi dominicali e agrari possono essere ricavati direttamente dagli atti catastali se la coltura praticata corrisponde a quella risultante dal catasto; se non corrisponde, vanno seguite le indicazioni contenute in Appendice alla voce "Variazioni di coltura dei terreni".
I redditi dominicale e agrario delle superfici adibite alla funghicoltura, in mancanza della corrispondente qualità nel quadro di qualificazione catastale, sono determinati mediante l'applicazione della tariffa d'estimo più alta in vigore nella provincia dove è situato il terreno. Tale metodo si applica anche alle superfici adibite alle colture prodotte in serra.
Si precisa che l'attività di funghicoltura è considerata agricola se vengono rispettati i limiti di cui all'art. 32, comma 2, lett. b) e c) del Tuir.
Per ciascun terreno indicare i dati di seguito descritti.
Colonna 1 (Reddito dominicale): indicare l'ammontare del reddito dominicale risultante dagli atti catastali.
Colonna 3 (Reddito agrario): indicare l'ammontare del reddito agrario risultante dagli atti catastali.

La rivalutazione dei redditi dominicale e agrario sarà operata da chi presta l'assistenza fiscale, nella misura descritta nel precedente paragrafo "Rivalutazione dei redditi dei terreni".

In caso di **conduzione associata**, nella colonna 3 deve essere indicata la quota di reddito agrario calcolata in proporzione al periodo di durata del contratto e alla percentuale di partecipazione. Tale percentuale è quella che risulta da un apposito atto firmato sottoscritto da tutti gli associati, altrimenti le partecipazioni si considerano ripartite in parti uguali.

In caso di **società semplici** costituite per l'esercizio in forma associata di attività agricola con attività e redditi compresi nei limiti fissati dall'art. 32 del Tuir, i soci devono indicare le quote di partecipazione agli utili come risultano dall'atto pubblico o dalla scrittura privata autenticata di costituzione o da altro atto pubblico o scrittura autenticata di data anteriore all'inizio del periodo d'imposta. Se non sono determinate, le quote si presumono proporzionali ai conferimenti.

Colonna 2 (Titolo): indicare uno dei seguenti codici:
- '1' proprietario del terreno non concesso in affitto;
- '2' proprietario del terreno concesso in affitto in regime legale di determinazione del canone (regime vincolistico);
- '3' proprietario del terreno concesso in affitto in assenza di regime legale di determinazione del canone (regime di libero mercato);
- '4' conduttore del fondo (diverso dal proprietario) o affittuario;
- '5' socio di società semplice, in relazione al reddito dominicale e/o agrario imponibile ai fini Irpef attribuito dalla società. Il reddito dominicale va indicato in colonna 1 e il reddito agrario va riportato in colonna 3. Non vanno indicati giorni e percentuale di possesso;
- '6' partecipante dell'impresa familiare agricola diverso dal titolare. Indicare nella colonna 3 la quota del reddito agrario imputata dall'impresa familiare. Il partecipante dell'impresa familiare che è anche proprietario del terreno deve riportare, secondo le regole ordinarie, reddito dominicale (colonna 1), giorni e percentuale di possesso;
- '7' titolare dell'impresa agricola individuale non in forma di impresa familiare;
- '10' socio di società semplice, in relazione al reddito dominicale e agrario non imponibile ai fini Irpef attribuito dalla società. Gli importi vanno indicati rispettivamente nelle colonne 1 e 3. Non vanno indicati giorni e percentuale di possesso;

Se il proprietario del terreno o il conduttore del fondo è anche il titolare dell'impresa agricola individuale non in forma di impresa familiare, può essere indicato indifferentemente il codice 1 o 7, oppure 4 o 7.
Colonna 4: indicare il **periodo di possesso** del terreno espresso in giorni (365 se per l'intero anno). Se vengono utilizzati più righi per indicare le diverse situazioni relative ad un solo terreno, la somma dei giorni indicati nei singoli righi non può essere superiore a 365.
Colonna 5: indicare la **percentuale di possesso** espressa in percentuale (100 se per intero).
Colonna 6 (Canone di affitto in regime vincolistico): in caso di terreno dato in affitto in regime legale di determinazione del canone (regime vincolistico), indicare il canone risultante dal contratto, rapportato al periodo di colonna 4.
Colonna 7 (Casi particolari): indicare uno dei seguenti codici:
- '2' perdita per eventi naturali di almeno il 30 per cento del prodotto ordinario del fondo nell'anno, se il possessore danneggiato ha presentato denuncia all'ufficio del Territorio (ex ufficio tecnico erariale) entro tre mesi dalla data in cui si è verificato o, se la data non è esattamente determinabile, almeno 15 giorni prima dell'inizio del raccolto. In tale situazione i redditi dominicale e agrario sono esclusi dall'Irpef;

'3' terreno in conduzione associata;
'4' terreno dato in affitto per usi agricoli a giovani che non hanno ancora compiuto i quaranta anni, aventi la qualifica di coltivatore diretto o di imprenditore agricolo professionale o che acquisiscano tali qualifiche entro due anni dalla firma del contratto di affitto che deve avere durata uguale o superiore a cinque anni (vedi in Appendice la voce "Agevolazioni imprenditoria giovanile in agricoltura");
'6' se ricorrono contemporaneamente le condizioni specificate al codice 2 e al codice 4.

Se nella colonna 7 è presente uno di questi codici, chi presta l'assistenza fiscale riconosce l'agevolazione e lo comunica nel riquadro riservato ai messaggi del modello 730-3.

Colonna 8 (Continuazione): se nel corso del 2023 si sono verificate diverse situazioni per uno stesso terreno (variazioni di quote di possesso, terreno dato in affitto, acquisto o perdita della qualifica di coltivatore diretto o IAP, ecc.), occorre compilare un rigo per ogni situazione, indicando nella colonna 4 il relativo periodo. In questi casi, va barrata la casella di colonna 8 per indicare che si tratta dello stesso terreno del rigo precedente.

Se la percentuale di possesso del reddito dominicale è diversa da quella del reddito agrario, ad esempio nell'ipotesi in cui solo una parte del terreno è concessa in affitto e in alcune delle ipotesi indicate in Appendice alla voce "Società semplici e imprese familiari in agricoltura", occorre compilare due distinti righi senza barrare la casella di colonna 8.

Colonna 9 (IMU non dovuta): barrare la casella se il terreno rientra tra le ipotesi di esenzione descritte nel paragrafo "Terreni esenti Imu". In tali casi sul reddito dominicale del terreno sono dovute l'Irpef e le relative addizionali anche se il terreno non è affittato.

Se i dati del singolo terreno sono esposti su più righi la casella di questa colonna va barrata solo sul primo dei righi compilati, in quanto si riferisce all'intero periodo d'imposta.

Colonna 10 (Coltivatore diretto o IAP): barrare la casella nel caso di coltivatore diretto o di imprenditore agricolo professionale (IAP) iscritto nella previdenza agricola, in tal caso i redditi dominicali e agrari non concorrono alla formazione della base imponibile ai fini dell'imposta sul reddito delle persone fisiche. Se tale condizione è riferita solo ad una parte dell'anno è necessario compilare due distinti righi (compilando la casella "Continuazione") barrando la casella "Coltivatore diretto o IAP" solo nel rigo relativo al periodo nel quale si è verificata tale condizione.

Se nell'anno d'imposta si sono verificate diverse situazioni per uno stesso terreno (variazioni di quote di possesso, terreno dato in affitto, ecc.), la presente casella va barrata in tutti i righi per i quali sussiste la condizione agevolativa.

Il familiare del coltivatore diretto titolare di impresa agricola, può barrare la casella di colonna 10 se è iscritto alla gestione assistenziale e previdenziale agricola in qualità di coltivatore diretto e se appartiene allo stesso nucleo familiare del titolare dell'impresa agricola a cui partecipa attivamente.

6. QUADRO B - Redditi dei fabbricati e altri dati

Devono utilizzare questo quadro:
- i proprietari di fabbricati situati nello Stato italiano che sono o devono essere iscritti nel catasto dei fabbricati come dotati di rendita;
- i titolari dell'usufrutto o altro diritto reale su fabbricati situati nel territorio dello Stato italiano che sono o devono essere iscritti nel catasto fabbricati con attribuzione di rendita. In caso di usufrutto o altro diritto reale (es. uso o abitazione) il titolare della sola "nuda proprietà" non deve dichiarare il fabbricato. Si ricorda che il diritto di abitazione (che si estende anche alle pertinenze della casa adibita ad abitazione principale) spetta, ad esempio, al coniuge superstite (art. 540 del Codice Civile);
- i possessori di immobili che, secondo le leggi in vigore, non possono essere considerati rurali;
- i soci di società semplici e di società ad esse equiparate, che producono reddito di fabbricati.

Non producono reddito dei fabbricati e quindi non vanno dichiarati:
- le costruzioni rurali utilizzate come abitazione che appartengono al possessore o all'affittuario dei terreni ed effettivamente adibite ad usi agricoli. In tale caso il relativo reddito è già compreso in quello catastale del terreno. I requisiti per il riconoscimento della ruralità dell'immobile, validi con decorrenza 1° dicembre 2007, sono contenuti nell'art. 9 del D.L. n. 557/93, come modificato dall'art. 42-bis del D.L. n. 159/2007 e dall'art. 1, comma 275, della legge n. 244/2007. Le unità immobiliari che sulla base della normativa vigente non hanno i requisiti per essere considerate rurali devono essere dichiarate utilizzando, in assenza di quella definitiva, la rendita presunta. Sono comunque considerate produttive di reddito di fabbricati le unità immobiliari che rientrano nelle categorie A/1 e A/8 e quelle che hanno caratteristiche di lusso;
- le costruzioni che servono per svolgere le attività agricole comprese quelle destinate alla protezione delle piante, conservazione dei prodotti agricoli, custodia delle macchine, degli attrezzi e delle scorte occorrenti per la coltivazione;
- i fabbricati rurali destinati all'agriturismo;
- le unità immobiliari, per cui sono state rilasciate licenze, concessioni o autorizzazioni per restauro, risanamento conservativo o ristrutturazione edilizia, per il solo periodo di validità del provvedimento, durante il quale l'unità immobiliare non deve essere comunque utilizzata;
- gli immobili completamente adibiti a sedi aperte al pubblico di musei, biblioteche, archivi, cineteche ed emeroteche, quando il possessore non ricava alcun reddito dall'utilizzo dell'immobile. Il contribuente in questo caso deve presentare una comunicazione all'ufficio dell'Agenzia delle Entrate entro tre mesi dalla data in cui ha avuto inizio;
- le unità immobiliari destinate esclusivamente all'esercizio del culto, nonché i monasteri di clausura, se non sono locati, e le loro pertinenze.

Inoltre, non vanno dichiarati, perché compresi nel reddito dominicale e agrario dei terreni su cui si trovano, i redditi dei fabbricati nelle zone rurali e non utilizzabili ad abitazione alla data del 7 maggio 2004, che vengono ristrutturati nel rispetto della vigente disciplina edilizia dall'imprenditore agricolo proprietario, acquisiscono i requisiti di abitabilità, e sono concessi in locazione dall'imprenditore agricolo. Questa disciplina si applica solo per il periodo del primo contratto di locazione che deve avere una durata compresa tra cinque e nove anni (art. 12 del D.Lgs. 29 marzo 2004, n. 99, in vigore dal 7 maggio 2004).

Abitazione principale
In generale, non è dovuta l'Imu per l'abitazione principale e le relative pertinenze (classificate nelle categorie catastali C/2, C/6, C/7, nella misura massima di un'unità pertinenziale per ciascuna delle categorie catastali) pertanto il relativo reddito concorre alla formazione del

reddito complessivo ai fini Irpef. Tuttavia è prevista una deduzione dal reddito complessivo di un importo fino all'ammontare della rendita catastale dell'unità immobiliare stessa e delle relative pertinenze.

Diversamente, non sono dovute l'Irpef e le addizionali per le abitazioni principali e pertinenze per le quali è dovuta l'Imu per il 2023 (ad esempio abitazioni classificate nelle categorie catastali A/1, A/8 e A/9 - "abitazioni di lusso"). In queste ipotesi, poiché il reddito dell'abitazione principale non concorre al reddito complessivo, non spetta la relativa deduzione. Nella colonna 12 "Casi particolari Imu" va indicato il codice 2.

Fabbricati non locati
In generale, l'Imu sostituisce l'Irpef e le relative addizionali dovute con riferimento ai redditi dei fabbricati non locati, compresi quelli concessi in comodato d'uso gratuito (codici '2', '9', '10', '15' nella colonna 2 dei righi da B1 a B6), i quali vanno comunque indicati nel quadro B.
Chi presta l'assistenza fiscale calcolerà il reddito dei fabbricati tenendo conto esclusivamente degli immobili concessi in locazione (codici '3', '4', '8', '11', '12', '14' e '16' nella colonna 2 dei righi da B1 a B6).
Sono previste le seguenti **eccezioni**:
- per alcune categorie di immobili può essere prevista l'esenzione totale dall'Imu. In questo caso nella colonna 12 "Casi particolari Imu" va indicato il codice 1. Dal 2016, per l'unità immobiliare concessa in comodato ai parenti in linea retta entro il primo grado, che la utilizzano come abitazione principale, non deve essere indicato tale codice in quanto è prevista la riduzione al 50 per cento dell'IMU invece dell'esenzione totale (legge n. 208 del 28 dicembre 2015, art. 1, comma 10);
- se gli immobili ad uso abitativo (Categorie catastali da A1 ad A11, escluso A10) non locati e assoggettati all'Imu sono situati nello stesso comune nel quale si trova l'immobile adibito ad abitazione principale (anche se fabbricato rurale) il relativo reddito concorre alla formazione della base imponibile dell'Irpef e delle relative addizionali nella misura del 50 per cento. In questo caso nella colonna 12 "Casi particolari Imu" va indicato il codice 3. Si ricorda che per abitazione principale si intende quella nella quale il proprietario (o titolare di altro diritto reale), o i suoi familiari dimorano abitualmente (codice 1 nella colonna 2).

Locazioni per finalità abitative e immobili classificati nella categoria catastale C/1 – Cedolare secca
Per le abitazioni e gli immobili classificati nella categoria catastale C/1 (di superficie fino a 600 metri quadrati, escluse le pertinenze, e le relative pertinenze locate congiuntamente) concessi in locazione è possibile scegliere il regime di tassazione definito **"cedolare secca"** sugli affitti (art. 3 del decreto legislativo 14 marzo 2011, n. 23) che prevede l'applicazione di un'imposta che sostituisce, oltre che l'Irpef e le addizionali regionale e comunale, anche le imposte di registro e di bollo relative al contratto di locazione. L'opzione per la cedolare secca può essere esercitata anche per le unità immobiliari abitative locate nei confronti delle cooperative edilizie per la locazione o enti senza scopo di lucro, purché sublocate a studenti universitari e date a disposizione dei comuni con rinuncia all'aggiornamento del canone di locazione o assegnazione.
L'opzione per l'applicazione della cedolare secca comporta che i canoni tassati con l'imposta sostitutiva sono esclusi dal reddito complessivo e, di conseguenza, non rilevano ai fini della progressività delle aliquote Irpef.
L'opzione per tale regime spetta esclusivamente al **locatore** titolare del diritto di proprietà o di altro diritto reale di godimento sull'immobile, per contratti di locazione aventi ad oggetto **immobili ad uso abitativo** e relative pertinenze **locati per finalità abitative**.
Il regime della cedolare secca è stato esteso ai contratti di locazione stipulati **nell'anno** 2019, aventi ad oggetto unità immobiliari classificate nella **categoria catastale C/1** e le relative pertinenze locate congiuntamente. Per fruire della cedolare secca le unità immobiliari devono avere una superfice fino a 600 metri quadri. Nel computo dei metri quadri non si tiene conto della superfice delle pertinenze.
Il regime sostitutivo agevolato non è applicabile ai contratti stipulati nel 2019, qualora alla data del 15 ottobre 2018 risulti in corso un contratto non scaduto, tra i medesimi soggetti e per lo stesso immobile. Tuttavia, qualora tale contratto sia giunto nel corso del 2019 alla sua scadenza naturale, è possibile stipulare il nuovo contratto optando per il regime agevolato della cedolare. Per i contratti stipulati o prorogati nel 2019 e che rispettavano gli altri requisiti previsti dalla norma, l'opzione per la cedolare secca può essere effettuata anche negli anni successivi.
Il locatore, per beneficiare del regime della cedolare secca, deve comunicare preventivamente al conduttore, tramite lettera raccomandata, la scelta per il regime alternativo di tassazione e la conseguente rinuncia, per il corrispondente periodo di durata dell'opzione, ad esercitare la facoltà di chiedere l'aggiornamento del canone a qualsiasi titolo.
La **base imponibile** della cedolare secca è costituita dal **canone di locazione annuo** stabilito dalle parti, al quale si applica un'**aliquota del 21%** per i contratti disciplinati dal codice civile o a canone libero.
Dal 2014, per le sole locazioni di immobili adibiti ad uso abitativo e relative pertinenze, è prevista un'**aliquota agevolata del 10%** per i contratti di locazione a canone concordato (o concertato) sulla base di appositi accordi tra le organizzazioni della proprietà edilizia e degli inquilini (art. 2, comma 3, art. 5, comma 2 e art. 8 della legge n. 431 del 1998) relativi ad abitazioni site nei comuni con carenze di disponibilità abitative individuati dall'articolo 1, comma 1, lettere a) e b) del decreto-legge 30 dicembre 1988, n. 551 (Bari, Bologna, Catania, Firenze, Genova, Milano, Napoli, Palermo, Roma, Torino e Venezia, nonché i comuni confinanti con gli stessi e gli altri comuni capoluogo di provincia) e negli altri comuni ad alta tensione abitativa individuati dal CIPE con apposite delibere (codice 8 o 12 nella colonna "Utilizzo" della sezione I del quadro B).
Si ricorda che al fine di fruire dell'aliquota agevolata del 10% per i contratti di locazione a canone concordato "non assistiti" occorre acquisire l'attestazione rilasciata dalle organizzazioni firmatarie dell'accordo, con la quale viene confermata la rispondenza del contenuto economico e normativo del contratto di locazione all'Accordo Territoriale.
L'aliquota agevolata si applica anche ai contratti di locazione a canone concordato stipulati nei comuni per i quali è stato deliberato, nei cinque anni precedenti la data di entrata in vigore della legge di conversione del decreto (28 maggio 2014), lo stato di emergenza a seguito del verificarsi degli eventi calamitosi di cui all'art. 2, c. 1, lettera c), della legge 24 febbraio 1992, n. 225. Per il 2020 essa si applica solo ai contratti di locazione stipulati nei comuni di cui al periodo precedente con popolazione fino a 10.000 abitanti. L'agevolazione si applica anche ai contratti di locazione stipulati nei comuni interessati dagli eventi sismici del 2016 (art. 1, c. 1, D.L. n. 189/2016) in cui sia stata individuata una zona rossa. In questi casi, deve essere compilata la casella di colonna 13 "Altri dati".
L'opzione per il regime della cedolare secca si esprime **in sede di registrazione del contratto** e produce effetti per l'intera durata del contratto, salva la possibilità di revoca. Se il contratto alla scadenza è prorogato, per continuare ad applicare il regime della cedolare secca, occorre comunicare all'Agenzia delle entrate la relativa opzione.

L'opzione viene espressa nella dichiarazione dei redditi solo per i contratti di locazione per i quali non sussiste l'obbligo di registrazione (contratti di durata non superiore a trenta giorni complessivi nell'anno), salvo che il contribuente provveda alla registrazione volontaria o in caso d'uso del contratto prima della presentazione della dichiarazione dei redditi. In tal caso l'opzione deve essere esercitata in sede di registrazione del contratto.

In entrambi i casi – opzione in sede di registrazione e opzione in dichiarazione – nella **sezione I del quadro B** vanno indicati i **dati dell'immobile** concesso in locazione e va barrata la casella di colonna 11 "**Cedolare secca**".

Si ricorda, infine, che il reddito fondiario assoggettato alla cedolare secca viene aggiunto al reddito complessivo solo per determinare la condizione di familiare fiscalmente a carico, per calcolare le detrazioni per carichi di famiglia, le detrazioni per redditi di lavoro dipendente, di pensione ed altri redditi, le detrazioni per canoni di locazione e per stabilire la spettanza o la misura di agevolazioni collegate al reddito (ad esempio valore I.S.E.E. e assegni per il nucleo familiare).

Per ulteriori chiarimenti e approfondimenti sulla cedolare secca si possono consultare, sul sito www.agenziaentrate.gov.it, il Provvedimento del Direttore dell'Agenzia delle Entrate 7 aprile 2011 e le circolari dell'Agenzia delle Entrate n. 26/E del 1° giugno 2011, n. 20/E del 4 giugno 2012 e n. 47/E del 20 dicembre 2012, la risoluzione n. 115/E del 1 settembre 2017 e la circolare n. 8/E del 7 aprile 2017.

Locazioni brevi per finalità abitative e anche turistiche

A partire dal 1° giugno 2017 è stata introdotta un'apposita disciplina fiscale per le locazioni di immobili ad uso abitativo, situati in Italia, la cui durata non supera i 30 giorni, stipulati da persone fisiche al di fuori dell'esercizio di attività d'impresa.

Dal 2021 l'attività di locazione breve si intende svolta nell'esercizio di attività di impresa se sono destinati alla locazione breve più di 4 appartamenti. In tal caso, il relativo reddito non può essere dichiarato utilizzando il modello 730, ma va dichiarato utilizzando il terzo fascicolo del modello REDDITI Persone fisiche. In caso di locazione nel corso del 2023 di più di 4 appartamenti non può essere utilizzato il modello 730.

La disciplina delle locazioni brevi si applica ai soli contratti stipulati a partire dal 1° giugno 2017.

Il termine di 30 giorni deve essere considerato in relazione ad ogni singola pattuizione contrattuale; anche nel caso di più contratti stipulati nell'anno tra le stesse parti, occorre considerare ogni singolo contratto, fermo restando tuttavia che se la durata delle locazioni che intervengono nell'anno tra le medesime parti sia complessivamente superiore a 30 giorni devono essere posti in essere gli adempimenti connessi alla registrazione del contratto.

Questa disciplina si applica sia nel caso in cui i contratti siano stipulati direttamente tra locatore (proprietario o titolare di altro diritto reale, sublocatore o comodatario) e conduttore, sia nel caso in cui in tali contratti intervengano soggetti che esercitano attività d'intermediazione immobiliare, anche attraverso la gestione di portali *on-line*, che mettono in contatto persone in ricerca di un immobile con persone che dispongono di unità immobiliari da locare.

Il contratto di locazione breve può avere ad oggetto, unitamente alla messa a disposizione dell'immobile abitativo, la fornitura di biancheria e la pulizia dei locali nonché di altri servizi che corredano la messa a disposizione dell'immobile, come ad esempio, la fornitura di utenze, *wi-fi*, aria condizionata. La disciplina in esame non è invece applicabile se insieme alla messa a disposizione dell'abitazione sono forniti servizi aggiuntivi che non presentano una necessaria connessione con la finalità residenziale dell'immobile, quali ad esempio, la fornitura della colazione, la somministrazione di pasti, la messa a disposizione di auto a noleggio o di guide turistiche o di interpreti.

In conseguenza dell'introduzione di tale normativa cambia la tassazione del canone di locazione dell'immobile concesso in locazione dal comodatario per periodi non superiori a 30 giorni: in tal caso il reddito del canone di locazione è tassato in capo al comodatario come reddito diverso e quindi va indicato dal comodatario nel quadro D. Il proprietario dell'immobile indicherà nel quadro B la sola rendita catastale dell'immobile concesso in comodato gratuito.

La disciplina delle locazioni brevi, inoltre, prevede che se i contratti di locazione breve sono stati conclusi con l'intervento di soggetti che esercitano attività di intermediazione immobiliare, anche attraverso la gestione di portali *on-line*, i canoni di locazione sono assoggettati ad una ritenuta del 21% se tali soggetti intervengono anche nel pagamento o incassano i canoni o i corrispettivi derivanti dai contratti di locazione breve. La ritenuta è effettuata nel momento in cui l'intermediario riversa le somme al locatore.

La ritenuta è applicata sull'importo del canone o corrispettivo lordo indicato nel contratto di locazione breve; non devono essere assoggettati a ritenuta eventuali penali o caparre o depositi cauzionali in quanto si tratta di somme di denaro diverse ed ulteriori rispetto al corrispettivo.

Nell'importo del corrispettivo lordo sono incluse anche:
- le somme corrisposte per le spese per servizi accessori eccetto il caso in cui tali spese siano sostenute direttamente dal conduttore o siano a questi riaddebitate dal locatore sulla base dei costi e dei consumi effettivamente sostenuti;
- l'importo della provvigione dovuta all'intermediario se è trattenuta dall'intermediario sul canone dovuto al locatore in base al contratto.

La **ritenuta è a titolo d'imposta** se in dichiarazione dei redditi o all'atto della registrazione del contratto si opta per l'applicazione della cedolare secca, altrimenti è **a titolo d'acconto**.

Gli intermediari che effettuano la ritenuta, sono tenuti a certificare le ritenute operate ai locatori mediante il rilascio della Certificazione Unica.

Al riguardo si ricorda che il reddito fondiario derivante dalla locazione effettuata nel corso del 2023 va riportato in dichiarazione anche se il corrispettivo è stato percepito nel corso del 2022 ed è indicato nella Certificazione Unica – Locazioni brevi 2023. Il medesimo reddito fondiario va indicato in dichiarazione anche se il corrispettivo non è stato ancora percepito o, se percepito, la Certificazione Unica non è stata rilasciata; mentre se il corrispettivo è stato percepito nel 2023 ma il periodo di locazione avviene nel corso del 2024, la tassazione va rinviata all'anno in cui la locazione è effettivamente effettuata.

Il reddito derivante dalla sublocazione o dalla locazione del comodatario va tassato nell'anno in cui il corrispettivo è percepito senza tener conto di quando effettivamente il soggiorno ha avuto luogo.

Si ricorda che il reddito fondiario assoggettato alla cedolare secca viene aggiunto al reddito complessivo solo per determinare la condizione di familiare fiscalmente a carico, per calcolare le detrazioni per carichi di famiglia, le detrazioni per redditi di lavoro dipendente, di pensione ed altri redditi, le detrazioni per canoni di locazione e per stabilire la spettanza o la misura di agevolazioni collegate al reddito (ad esempio valore I.S.E.E. e assegni per il nucleo familiare).

Per ulteriori chiarimenti e approfondimenti sulle locazioni brevi si possono consultare, sul sito internet dell'Agenzia delle Entrate www.agenziaentrate.gov.it, il provvedimento del Direttore dell'Agenzia delle Entrate 12 luglio 2017 e la circolare n. 24/E del 12 ottobre 2017.

CASI PARTICOLARI

Redditi da proprietà condominiali
I locali per la portineria, l'alloggio del portiere e gli altri servizi di proprietà condominiale che hanno una rendita catastale autonoma devono essere dichiarati dal condomino solo se la quota di reddito che spetta per ciascuna unità immobiliare è superiore a 25,82 euro. L'esclusione non si applica per gli immobili concessi in locazione e per i negozi.

Soci di cooperative edilizie
I soci di cooperative edilizie non a proprietà indivisa assegnatari di alloggi, anche se non ancora titolari di mutuo individuale, devono dichiarare il reddito dell'alloggio assegnato con verbale di assegnazione della cooperativa. Stesso obbligo vale per chi ha avuto in assegnazione uno degli alloggi riscattati o per i quali è previsto un patto di futura vendita da parte di Enti come lo IACP (Istituto Autonomo Case Popolari), ex INCIS (Istituto Nazionale Case per gli Impiegati dello Stato), ecc.

Redditi di natura fondiaria e fabbricati situati all'estero
I redditi derivanti dai lastrici solari e dalle aree urbane e i fabbricati situati all'estero devono essere dichiarati nel quadro D.

Immobili in comodato
Gli immobili concessi in comodato non devono essere dichiarati dal comodatario (es. un familiare che utilizza gratuitamente l'immobile) ma dal proprietario. In caso di locazioni brevi, il proprietario continua ad indicare nella propria dichiarazione dei redditi gli immobili concessi in comodato, mentre il reddito relativo alle locazioni poste in essere dal comodatario deve essere dichiarato dal comodatario stesso nel quadro D in quanto reddito diverso.

Dall'anno d'imposta 2021 il regime fiscale delle locazioni brevi è riconosciuto solo in caso di destinazione alla locazione breve di non più di 4 appartamenti per ciascun periodo d'imposta. Negli altri casi, l'attività di locazione da chiunque esercitata si presume svolta in forma imprenditoriale ai sensi dell'art. 2082 del codice civile. Pertanto, se nel corso del 2023 sono stati destinati a locazione breve più di 4 appartamenti, non può essere utilizzato il modello 730, ma va utilizzato il modello REDDITI Persone fisiche.

Contratti di locazione di tipo "transitorio" e cedolare secca: L'aliquota ridotta della cedolare secca si applica anche ai contratti transitori da 1 a 18 mesi, a condizione che si tratti di un contratto di locazione a canone concordato relativo ad abitazioni ubicate nei comuni con carenze di disponibilità abitative o in quelli ad alta tensione abitativa. Per fruire dell'aliquota agevolata al 10% occorre indicare nella colonna 2 dei righi da B1 a B6 il codice '8'. In caso di tassazione ordinaria non spetta l'abbattimento del 30% e va utilizzato il codice '3'.

COME SI COMPILA IL QUADRO B

Il quadro è composto da due sezioni: la prima (B1-B6) va utilizzata per dichiarare i redditi dei fabbricati; la seconda (B11) va utilizzata per indicare i dati relativi ai contratti di locazione.

SEZIONE I - Redditi dei fabbricati

Per ciascun immobile va compilato un rigo del quadro B (da B1 a B6). Se nel corso del 2023 è variato l'utilizzo dell'immobile (abitazione principale, a disposizione, locata con tassazione ordinaria, locata con cedolare secca, ecc.) o la quota di possesso o se a seguito di calamità è stato distrutto o dichiarato inagibile, vanno compilati più righi, uno per ogni situazione, barrando la casella "Continuazione" di colonna 8.

In questa sezione devono essere indicati:
- i dati degli immobili concessi in locazione, sia se si intende assoggettare il reddito a tassazione ordinaria sia nel caso di opzione per il regime della cedolare secca;
- i dati degli immobili non concessi in locazione (es. abitazione principale, immobili a disposizione o concessi in comodato d'uso gratuito).

Se i righi del prospetto non sono sufficienti per indicare tutti i fabbricati deve essere compilato un quadro aggiuntivo.

Righi da B1 a B6
Per ciascun immobile indicare i dati di seguito descritti.

Colonna 1 (Rendita catastale): indicare la rendita catastale. La rivalutazione del 5 per cento della rendita verrà calcolata da chi presta l'assistenza fiscale. Per i fabbricati non censiti o con rendita non più adeguata indicare la rendita catastale presunta; se le rendite dei fabbricati sono state aggiornate, va indicata la nuova rendita.

Nel caso di immobile di interesse storico o artistico la rendita catastale va riportata nella misura ridotta del 50 per cento.

I soci di società semplici e di società equiparate (ai sensi dell'art. 5 del Tuir) che producono reddito di fabbricati, devono indicare in questa colonna il reddito attribuito dalla società e non la rendita catastale e devono indicare nella colonna 2 "Utilizzo" il codice 16 o 17.

Colonna 2 (Utilizzo): indicare uno dei codici di seguito elencati, che individuano l'utilizzo dell'immobile:

'1' immobile utilizzato come **abitazione principale**. Si considera abitazione principale quella in cui il contribuente o i suoi familiari (coniuge, parenti entro il terzo grado e affini entro il secondo grado) dimorano abitualmente.

Per l'abitazione principale spetta la deduzione dal reddito complessivo fino all'ammontare della rendita catastale della casa e delle sue pertinenze, calcolata tenendo conto della quota di possesso e del periodo dell'anno in cui la casa è stata adibita ad abitazione principale. La deduzione spetta anche quando la casa è la dimora principale soltanto dei familiari del contribuente, che lì risiedono. La deduzione viene calcolata da chi presta l'assistenza fiscale. È bene ricordare che la deduzione per l'abitazione principale compete per una sola unità immobiliare, per cui se il contribuente possiede due immobili, uno adibito a propria abitazione principale e l'altro utilizzato da un proprio familiare, la deduzione spetta esclusivamente per il reddito dell'immobile che il contribuente utilizza come abitazione principale. La deduzione per l'abitazione principale spetta anche nel caso in cui si trasferisce la propria dimora abituale per il ricovero permanente in istituti di ricovero o sanitari, purché la casa non sia locata.

Se l'unità immobiliare in parte è utilizzata come abitazione principale e in parte è concessa in locazione va indicato in questa colonna il codice 11 o 12.

Il codice '1', relativo all'abitazione principale, può essere indicato anche nelle seguenti ipotesi:
- quando la casa è la dimora principale soltanto dei familiari del contribuente, che lì risiedono;
- nel caso in cui si trasferisce la propria dimora abituale per il ricovero permanente in istituti di ricovero o sanitari, purché la casa non sia locata.

Se il contribuente possiede due immobili, uno adibito a propria abitazione principale e l'altro utilizzato da un proprio familiare, il codice 1 può essere indicato solo per l'immobile che il contribuente utilizza come abitazione principale.

Per le abitazioni principali e le pertinenze assoggettate a Imu (come ad esempio le abitazioni principali classificate nelle categorie catastali A/1, A/8 e A/9) non sono dovute Irpef e addizionali. In questo caso nella colonna 12 "Casi particolari Imu" va indicato il codice 2 e poiché il reddito dell'abitazione principale non concorre al reddito complessivo, non spetta la relativa deduzione;

'2' immobile, ad uso abitativo, **tenuto a disposizione** oppure dato in uso gratuito (comodato) a persone diverse dai propri familiari (vedi istruzioni al codice '10'). Si tratta, ad esempio, dell'immobile posseduto in aggiunta a quello adibito ad abitazione principale del possessore o dei suoi familiari;

'3' immobile **locato in regime di libero mercato**, anche per periodi non superiori a 30 giorni, o "patti in deroga", oppure concesso in locazione a canone "concordato" in mancanza dei requisiti descritti nelle istruzioni relative al codice '8'. Nel caso di opzione per il regime della cedolare secca va barrata la casella di colonna 11 "Cedolare secca", chi presta l'assistenza fiscale calcolerà sul reddito imponibile l'imposta sostitutiva del 21 per cento;

'4' immobile locato in regime legale di determinazione del canone (**equo canone**). Nel caso di opzione per il regime della cedolare secca va barrata la casella di colonna 11 "Cedolare secca", chi presta l'assistenza fiscale calcolerà sul reddito imponibile l'imposta sostitutiva del 21 per cento;

'5' **pertinenza dell'abitazione principale** (box, cantina, ecc.) iscritta in catasto con autonoma rendita. Sono considerate pertinenze le unità immobiliari classificate o classificabili in categorie diverse da quelle ad uso abitativo, destinate ed effettivamente utilizzate in modo durevole al servizio dell'abitazione principale (anche se non appartengono allo stesso fabbricato). Se la pertinenza è assoggettata ad Imu nella colonna 12 "Casi particolari Imu" va indicato il codice 2;

'8'
- immobile situato in un **comune ad alta densità abitativa** concesso in locazione a canone "concordato" (art. 2, comma 3, art. 5, comma 2 e art. 8 della legge n. 431 del 1998) in base agli accordi definiti in sede locale tra le organizzazioni dei proprietari e quelle degli inquilini più rappresentative a livello nazionale. Nel caso di applicazione della tassazione ordinaria, l'indicazione di questo codice comporta la riduzione del 30 per cento del reddito imponibile; nel caso di opzione per il regime della cedolare secca va barrata la casella di colonna 11 "Cedolare secca" e chi presta l'assistenza fiscale calcolerà sul reddito imponibile (non ridotto del 30 per cento) l'imposta sostitutiva con l'aliquota agevolata del 10 per cento;
- immobile, dato in locazione a canone "concordato" con opzione per il regime della cedolare secca, situato in uno dei comuni per i quali è stato deliberato, nei cinque anni precedenti il 28 maggio 2014, lo stato di emergenza a seguito del verificarsi di eventi calamitosi. Per i contratti stipulati nel 2020, se l'immobile è situato nei comuni di cui al periodo precedente con popolazione fino a 10.000 abitanti. Dal 2020 se situato nei comuni interessati dagli eventi sismici del 2016 in cui sia stata individuata una zona rossa. In questi casi vanno compilate le caselle di colonna 11 "Cedolare secca" e di colonna 13 "Altri dati" e chi presta l'assistenza fiscale calcolerà sul reddito imponibile l'imposta sostitutiva con l'aliquota agevolata del 10 per cento;

'9' immobile che non rientra in nessuno dei casi individuati con i codici da 1 a 17. Ad esempio il codice '9' va indicato nel caso di:
- unità immobiliari prive di allacciamento alle reti dell'energia elettrica, acqua, gas, e di fatto non utilizzate, a condizione che tali circostanze risultino da apposita dichiarazione sostitutiva di atto notorio da esibire o trasmettere a richiesta degli uffici;
- pertinenza di immobile tenuto a disposizione;
- immobile tenuto a disposizione in Italia da contribuenti che dimorano temporaneamente all'estero o se l'immobile è già utilizzato come abitazione principale (o pertinenza di abitazione principale) nonostante il trasferimento temporaneo in altro comune;
- immobile di proprietà condominiale (locali per la portineria, alloggio del portiere, autorimesse collettive, ecc), dichiarato dal singolo condomino nel caso in cui la quota di reddito spettante sia superiore a euro 25,82;
- abitazione o pertinenza data in uso gratuito a un terzo e da questo locata con il nuovo regime delle locazioni brevi;

'10' abitazione o pertinenza data in uso gratuito a un proprio familiare a condizione che vi dimori abitualmente e ciò risulti dall'iscrizione anagrafica oppure unità in comproprietà utilizzata come abitazione principale di uno o più comproprietari diversi dal dichiarante;

'11' immobile in parte utilizzato come abitazione principale e in parte concesso in locazione in regime di libero mercato, anche per periodi non superiori a 30 giorni, o "patti in deroga".

Nel caso di opzione per il regime della cedolare secca va barrata la casella di colonna 11 "Cedolare secca", chi presta l'assistenza fiscale calcolerà sul reddito imponibile l'imposta sostitutiva del 21 per cento;

'12' se:
- l'immobile in parte utilizzato come abitazione principale e in parte concesso in locazione a canone "concordato" è situato in uno dei **comuni ad alta densità abitativa**.
  In questo caso se per il reddito da locazione si è optato per l'applicazione della tassazione ordinaria, l'indicazione di questo codice comporta la riduzione del 30 per cento del reddito imponibile.
  Se per il reddito da locazione si è optato per il regime della cedolare secca, va anche barrata la casella di colonna 11 "Cedolare secca" e chi presta l'assistenza fiscale calcolerà sul reddito imponibile (non ridotto del 30%) l'imposta sostitutiva con l'aliquota agevolata del 10 per cento;
- l'immobile in parte utilizzato come abitazione principale e in parte concesso in locazione a canone "concordato" con opzione per il regime della cedolare secca, situato in uno dei **comuni per i quali è stato deliberato lo stato di emergenza o sono stati interessati dagli eventi sismici del 2016** (vedi istruzioni al codice '8').
  In questo caso devono essere compilate le caselle di colonna 11 "Cedolare secca" e di colonna 13 "Altri dati". Chi presta l'assistenza fiscale calcolerà sul reddito imponibile l'imposta sostitutiva con l'aliquota agevolata del 10 per cento;

'14' immobile situato nella regione Abruzzo, dato in locazione a persone residenti o con dimora abituale nei territori colpiti dal sisma del 6 aprile 2009, le cui abitazioni principali sono state distrutte o dichiarate inagibili, secondo quanto previsto dall'art. 5 dell'ordinanza ministeriale n. 3813 del 29 settembre 2009. Va compilata la sezione II del quadro B.
Nel caso di applicazione della tassazione ordinaria chi presta l'assistenza fiscale calcolerà la riduzione del 30 per cento del reddito.
Nel caso di opzione per il regime della cedolare secca va barrata la casella di colonna 11 "Cedolare secca". Chi presta l'assistenza fiscale calcolerà sul reddito imponibile l'imposta sostitutiva del 21 per cento;

'15' immobile situato nella regione Abruzzo dato in comodato a persone residenti o con dimora abituale nei territori colpiti dal sisma del 6 aprile 2009, le cui abitazioni principali sono state distrutte o dichiarate inagibili, secondo quanto previsto dall'art. 5 dell'ordinanza ministeriale n. 3813 del 29 settembre 2009;

'16' reddito dei fabbricati attribuito da società semplice imponibile ai fini Irpef (fabbricati locati o con esenzione Imu). Il reddito va riportato nella colonna 1, senza indicare giorni e percentuale di possesso;

'17' reddito dei fabbricati attribuito da società semplice non imponibile ai fini Irpef (fabbricati non locati senza esenzione Imu). Il reddito va riportato nella colonna 1, senza indicare giorni e percentuale di possesso.

Colonna 3 (Periodo di possesso): indicare per quanti giorni è stato posseduto l'immobile (365 per l'intero anno). Se vengono utilizzati più righi per indicare le diverse situazioni relative al singolo fabbricato, la somma dei giorni presenti nei singoli righi non può essere superiore a 365. Il reddito dei fabbricati di nuova costruzione va dichiarato a partire dalla data in cui il fabbricato è diventato idoneo all'uso cui è destinato o è stato comunque utilizzato dal possessore.
Se l'immobile è stato parzialmente locato, i giorni in cui si è verificata la contemporanea locazione di porzioni dell'immobile vanno contati una sola volta.

ESEMPIO
Sono stipulati più contratti di locazione breve di porzioni di unità abitative:
porzione A, contratto di durata 1° agosto – 16 agosto 2023
porzione B, contratto di durata 10 agosto – 20 agosto 2023
Il totale dei giorni da indicare nella colonna 3 sono 20.

Se il periodo di locazione è a cavallo di due anni (ad esempio dal 24 dicembre 2022 al 7 gennaio 2023), riportare solo i giorni del periodo di locazione relativo al 2023.

ESEMPIO
Il 30 ottobre 2023 è stipulato un contratto di locazione breve con periodo di soggiorno dal 24 dicembre 2023 al 7 gennaio 2024.
Nella colonna 3 va indicato il numero 8 corrispondente al numero di giorni che va dal 24 al 31 dicembre 2023.

Colonna 4 (Percentuale di possesso): indicare la quota di possesso espressa in percentuale (100 se per intero).
Colonna 5 (Codice canone): da compilare se tutto o parte dell'immobile è dato in locazione.
Indicare uno dei seguenti codici corrispondenti alla percentuale del canone che viene riportata nella colonna 6 "Canone di locazione":
'1' **95%** del canone nel caso di applicazione della **tassazione ordinaria**;
'2' **75%** del canone nel caso di applicazione della tassazione ordinaria, se il fabbricato è situato nella città di **Venezia** centro e nelle isole della Giudecca, Murano e Burano.
'3' **100%** del canone nel caso di opzione per il regime della **cedolare secca**;
'4' **65%** del canone, nel caso di applicazione della tassazione ordinaria, se l'immobile è riconosciuto di **interesse storico o artistico**, in base al decreto legislativo 22 gennaio 2004, n. 42.
Colonna 6 (Canone di locazione): da compilare se tutto o parte dell'immobile è dato in locazione.
Riportare il 95% del canone annuo che risulta dal contratto di locazione se nella colonna 5 (Codice canone) è stato indicato il codice 1, il 75% del canone se nella colonna 5 è stato indicato il codice 2, il 100% del canone se nella colonna 5 è stato indicato il codice 3, il 65% del canone se nella colonna 5 è stato indicato il codice 4.

 Se il fabbricato è concesso in locazione solo per una parte dell'anno, il canone annuo va indicato in proporzione ai giorni (colonna 3) di durata della locazione.

In caso di comproprietà il canone va indicato per intero indipendentemente dalla quota di possesso.
L'ammontare del canone da indicare in questa colonna è determinato calcolando l'eventuale rivalutazione automatica sulla base dell'indice Istat e della maggiorazione spettante in caso di sublocazione. La somma va diminuita delle spese di condominio, luce, acqua, gas, portiere, ascensore, riscaldamento e simili, se comprese nel canone.

MODELLO 730/2024 ■ ISTRUZIONI PER LA COMPILAZIONE

Se il canone è riferito ad un contratto di locazione breve per cui si è optato per la cedolare secca, l'ammontare da indicare in questa colonna è pari al 100% del corrispettivo lordo pertanto la somma non va diminuita delle spese sostenute dal locatore e delle somme addebitate a titolo forfettario al locatario per prestazioni accessorie.

La somma va diminuita delle spese per servizi accessori solo se sono sostenute direttamente dal conduttore o sono a questi riaddebitate dal locatore sulla base dei consumi effettivamente sostenuti.

Se si è in possesso della Certificazione Unica 2024 e il periodo di locazione si è interamente concluso nel 2023, riportare l'importo del corrispettivo indicato nel punto 19 del quadro Certificazione Redditi – Locazioni brevi della Certificazione Unica 2024 qualora nella casella 4 è indicato l'anno "2023" e non risulta barrata la casella del punto 21 (*locatore non proprietario*). Se la casella del punto 4 risulta compilata ed è indicato l'anno "2024", l'importo indicato al punto 19, non deve essere riportato nella presente dichiarazione, ma in quella relativa ai redditi 2024 da presentarsi nel 2025. Se invece risulta barrata la casella di col. 21, l'importo va riportato nel rigo D4 del quadro D con il codice 10 (si rimanda alle istruzioni del quadro D) della presente dichiarazione.

Per le locazioni avvenute nel 2023, l'importo della locazione breve va indicato anche se il corrispettivo lordo non è stato riscosso nel corso del 2023 e anche se non è presente nel quadro Certificazione Redditi – Locazioni brevi della Certificazione Unica 2024.

Se il periodo di locazione è a cavallo di due anni (ad esempio dal 24 dicembre 2023 al 7 gennaio 2024 o dal 28 dicembre 2022 al 7 gennaio 2023), riportare solo l'importo del corrispettivo lordo indicato nel quadro Certificazione Redditi – Locazioni brevi della Certificazione Unica 2024 relativo alle sole locazioni effettuate nel 2023.

ESEMPIO

Il 30 ottobre 2023 è stipulato un contratto di locazione breve con periodo di soggiorno dal 24 dicembre 2023 al 7 gennaio 2024 ed opzione in sede di dichiarazione per la cedolare secca. L'ammontare totale del corrispettivo lordo è 980 euro.
Giorni totali di locazione: 14
Giorni di locazione nel 2023: 8
Nella colonna 6 va indicato il risultato della seguente operazione: (980:14) x 8 = 560.

Nel caso di più importi per locazioni brevi certificati nella "Certificazione redditi – locazione brevi" ovvero nel caso di più certificazioni, è necessario aggregare i dati con riferimento a ciascun immobile sommando gli importi presenti nel punto "*importo corrispettivo*" della CU (punti 19, 119, 219, 319 e 419) per i quali le relative caselle "*locatore non proprietario*" (punti 21, 121, 221, 321 e 421) non risultano barrate e nella casella "*Anno*" (punti, 4, 104, 204, 304 e 404) è indicato l'anno "2023". In alternativa, se risulta più agevole, è comunque possibile esporre i dati nel quadro B analiticamente per singolo contratto.

Se l'immobile è posseduto in comproprietà ma è dato in locazione da uno o più comproprietari per la propria quota (es.: immobile posseduto da tre comproprietari locato dagli altri due al terzo) il contribuente deve indicare soltanto la propria quota annua di locazione e nella colonna 7 "Casi particolari" deve essere indicato il codice "5".

Se l'importo del canone di locazione è stato rinegoziato, nella colonna 7 "Casi particolari" va indicato il codice 8.

Si ricorda che i canoni non percepiti relativi a contratti di locazione di abitazioni non devono essere dichiarati se il procedimento giurisdizionale di convalida di sfratto per morosità dell'inquilino si è concluso entro il termine di presentazione della dichiarazione dei redditi o, per i canoni non percepiti dal 1° gennaio 2020, se la mancata percezione è comprovata dall'intimazione di sfratto per morosità o dall'ingiunzione di pagamento effettuata entro il termine di presentazione della dichiarazione dei redditi. In tali casi la rendita catastale viene comunque assoggettata a tassazione.

Se il **canone di locazione si riferisce, oltre che all'abitazione, anche alle sue pertinenze** (box, cantina, ecc.) iscritte in catasto con autonoma rendita, in questa colonna per ciascuna unità immobiliare (abitazione e pertinenza) va indicata la relativa quota del canone; quest'ultima va determinata ripartendo il canone stesso in misura proporzionale alla rendita catastale di ciascuna unità immobiliare. Per ottenere la quota proporzionale del canone di locazione applicare la formula:

Quota proporzionale del canone = $\dfrac{\text{canone totale x singola rendita}}{\text{totale delle rendite}}$

ESEMPIO

Rendita catastale dell'abitazione rivalutata del 5%:	450
Rendita catastale della pertinenza rivalutata del 5%:	50
Canone di locazione totale:	10.000
Quota del canone relativo all'abitazione:	$\dfrac{10.000 \times 450}{(450 + 50)} = 9.000$
Quota del canone relativo alla pertinenza:	$\dfrac{10.000 \times 50}{(450 + 50)} = 1.000$

Colonna 7 (**Casi particolari**), indicare uno dei seguenti codici relativi a situazioni particolari:

'**1**' se l'immobile è distrutto o inagibile a seguito di eventi sismici o altri eventi calamitosi ed è stato escluso da imposizione a seguito di certificazione da parte del Comune attestante la distruzione o l'inagibilità (vedi in Appendice la voce "Immobili inagibili"). Questo caso va indicato il codice "9" nella colonna 2 "Utilizzo";

'**3**' se l'immobile è inagibile per altre cause ed è stata chiesta la revisione della rendita (vedi in Appendice la voce "Immobili inagibili"). In questo caso va indicato il codice "9" nella colonna 2 "Utilizzo";

'4' se l'immobile ad uso abitativo è concesso in locazione e non sono stati percepiti, in tutto o in parte, i canoni di locazione previsti dal contratto e il procedimento di convalida di sfratto per morosità si è concluso entro il termine di presentazione della dichiarazione dei redditi o, per i canoni non percepiti dal 1° gennaio 2020, se entro il termine di presentazione della dichiarazione dei redditi è stata effettuata l'ingiunzione di pagamento o l'intimazione di sfratto per morosità. In tali ipotesi, se il canone di locazione è stato percepito solo per una parte dell'anno, va compilato un unico rigo, riportando in colonna 6 la quota di canone effettivamente percepita e indicando in colonna 7 il codice 4. Se l'importo del canone di locazione è stato rinegoziato in diminuzione, nella colonna 7 "Casi particolari" va indicato il codice 7. Si ricorda che se non è stato percepito alcun canone viene comunque assoggettata a tassazione la rendita catastale;

'5' se l'immobile è posseduto in comproprietà ed è dato in locazione soltanto da uno o più comproprietari per la propria quota (es. immobile posseduto da tre comproprietari locato dagli altri due al terzo). In questo caso nella colonna 6 va indicata soltanto la quota del canone annuo che spetta al contribuente;

'6' se è stato rinegoziato in diminuzione l'importo del canone di locazione dell'immobile ad uso abitativo e non è stato comunicato all'Agenzia delle Entrate;

'7' se è stato rinegoziato in diminuzione l'importo del canone di locazione dell'immobile ad uso abitativo e non è stato comunicato all'Agenzia delle Entrate e non sono stati percepiti, in tutto o in parte, i canoni di locazione previsti dal contratto e il procedimento di convalida di sfratto per morosità si è concluso entro il termine di presentazione della dichiarazione dei redditi o per i canoni non percepiti dal 1° gennaio 2020, se entro il termine di presentazione della dichiarazione dei redditi è stata effettuata l'ingiunzione di pagamento o l'intimazione di sfratto per morosità. In tali ipotesi, se il canone di locazione è stato percepito solo per una parte dell'anno, va compilato un unico rigo, riportando in colonna 6 la quota di canone effettivamente percepita e indicando in colonna 7 il codice 7. Si ricorda che se non è stato percepito alcun canone viene comunque assoggettata a tassazione la rendita catastale;

'8' se è stato rinegoziato in diminuzione l'importo del canone di locazione dell'immobile ad uso abitativo e non è stato comunicato all'Agenzia delle Entrate e l'immobile è posseduto in comproprietà ed è dato in locazione soltanto da uno o più comproprietari per la propria quota (es. immobile posseduto da tre comproprietari locato dagli altri due al terzo). In questo caso nella colonna 6 va indicata soltanto la quota del canone annuo che spetta al contribuente.

Colonna 8 (Continuazione): barrare la casella per indicare che si tratta dello stesso fabbricato del rigo precedente.

Colonna 9 (Codice Comune): indicare il codice catastale del Comune dove si trova l'unità immobiliare rilevabile dall'elenco 'Codici catastali comunali' posto in calce all'Appendice. Se i dati del fabbricato sono indicati su più righi, il codice catastale deve essere riportato solo sul primo rigo del quadro B in cui il fabbricato è stato indicato.

Colonna 11 (Cedolare secca): barrare la casella nel caso di opzione per l'applicazione della cedolare secca sulle locazioni. La casella può essere barrata solo in presenza delle condizioni descritte nel paragrafo "Locazioni per finalità abitative e immobili classificati nella categoria catastale C/1 – Cedolare secca". La casella può essere compilata solo se nella colonna 2 "Utilizzo" è stato indicato uno dei seguenti codici: '3' (canone libero), '4' (equo canone), '8' (canone concordato agevolato), '11' (locazione parziale abitazione principale con canone libero), '12' (locazione parziale abitazione principale con canone concordato agevolato) e '14' (locazione agevolata immobile situato in Abruzzo).

Chi presta l'assistenza fiscale calcolerà sul reddito imponibile l'imposta sostitutiva con l'aliquota del 21% o del 10%.

Si ricorda che l'esercizio dell'opzione per il regime della cedolare secca per un contratto di locazione relativo a una porzione dell'unità abitativa vincola all'esercizio dell'opzione per il medesimo regime anche per il reddito derivante dalla contemporanea locazione di altre porzioni della stessa.

Colonna 12 (Casi particolari IMU): indicare uno dei seguenti codici in presenza delle relative situazioni particolari riguardanti l'applicazione dell'Imu:

'1' fabbricato, diverso dall'abitazione principale e relative pertinenze, del tutto esente dall'Imu o per il quale non è dovuta l'Imu per il 2023, ma assoggettato alle imposte sui redditi. In questo caso sul reddito del fabbricato sono dovute l'Irpef e le relative addizionali anche se non è concesso in locazione;

'2' abitazione principale e pertinenze per le quali è dovuta l'Imu per il 2023, come nel caso di abitazione principale classificata nelle categorie catastali A/1, A/8 e A/9 ("abitazioni di lusso"). Indicando questo codice, sul relativo reddito non sono dovute Irpef e addizionali in quanto sostituite dall'Imu. Deve essere indicato questo codice anche per le pertinenze riferite ad abitazioni principali assoggettate ad Imu;

'3' immobile ad uso abitativo non locato, assoggettato ad Imu, situato nello stesso comune nel quale si trova l'immobile adibito ad abitazione principale. In questo caso il reddito dell'immobile concorre alla formazione della base imponibile dell'Irpef e delle relative addizionali nella misura del 50 per cento. Si ricorda che per abitazione principale si intende quella nella quale il proprietario (o titolare di altro diritto reale), o i suoi familiari dimorano abitualmente (codice 1 nella colonna 2). Sono compresi i fabbricati rurali adibiti ad abitazione principale pur non presenti nel quadro B.

Se i dati del singolo fabbricato sono esposti su più righi, la presente colonna va compilata in ciascun rigo per il quale si verifica la condizione relativa al singolo codice. Ad esempio, nel caso di immobile "di lusso" utilizzato come abitazione principale per una parte dell'anno e in seguito concesso in locazione, il codice 2 va indicato solo sul primo dei due righi in cui sono riportati i dati del fabbricato.

Colonna 13 (Altri dati):

- indicare il **codice '1'** nel caso di contratti di locazione a canone "concordato", con opzione per la cedolare secca, relativi ad immobili ubicati nei comuni per i quali è stato deliberato, nei cinque anni precedenti il 28 maggio 2014, lo stato di emergenza a seguito del verificarsi di eventi calamitosi. Per i contratti stipulati nel 2020, questo codice va utilizzato solo se l'immobile si trova nei suddetti comuni con popolazione fino a 10.000 abitanti. Inoltre, dal 2020 esso va utilizzato per gli immobili ubicati nei comuni interessati dagli eventi sismici del 2016 (art. 1, c. 1, D.L. n. 189/2016) in cui sia stata individuata una zona rossa (codice 8 o codice 12 nella colonna 2 dei righi da B1 a B6);

- indicare il **codice '2'** nel caso di contratti di locazione a canone libero non superiori a 30 giorni o di immobili destinati alla locazione breve (articolo 1, comma 595, legge 30 dicembre 2020, n. 178).

SEZIONE II - Dati relativi ai contratti di locazione

È necessario compilare la presente sezione, riportando gli estremi di registrazione dei contratti di locazione, nel solo caso in cui l'immobile è situato nella regione Abruzzo ed è dato in locazione a soggetti residenti nei comuni colpiti dal sisma del 6 aprile 2009, le cui abitazioni siano state distrutte o dichiarate inagibili (codice 14 nella colonna 2 dei righi da B1 a B6).

Rigo B11

Colonna 1 (N. rigo Sezione I): indicare il numero del rigo della sezione I del quadro B nel quale sono stati riportati i dati dell'immobile locato. Nel caso di contemporanea locazione di più porzioni dello stesso immobile, al quale è attribuita un'unica rendita catastale, vanno compilati più righi della sezione II del quadro B, riportando in questa colonna il medesimo rigo della Sezione I.

Colonna 2 (Mod. n.): indicare il numero del modello nel quale sono stati riportati i dati dell'immobile locato, solo se sono stati compilati più modelli.

Colonne da 3 a 6 (Estremi di registrazione del contratto di locazione): vanno compilate se il contratto di locazione è stato registrato presso l'Ufficio e nella copia del modello di richiesta di registrazione del contratto restituito dall'ufficio non è indicato il codice identificativo del contratto.

Se il contratto di locazione è stato registrato tramite Siria, Iris, Locazioni web o Contratti online oppure tramite il modello RLI, in alternativa può essere compilata la colonna 7 (Codice identificativo del contratto).

Colonna 3 (Data di registrazione): indicare la data di registrazione del contratto.

Colonna 4 (Serie): indicare il codice relativo alla modalità di registrazione:
- '1T' registrazione telematica tramite pubblico ufficiale;
- '3' registrazione del contratto presso un ufficio dell'Agenzia delle Entrate;
- '3P' registrazione telematica tramite Siria e Iris;
- '3T' registrazione telematica tramite altre applicazioni (Locazione Web, Contratti online e modello RLI);
- '3A' e '3B' codici utilizzati negli anni passati presso gli uffici.

Colonna 5 (Numero e sottonumero di registrazione): indicare il numero e l'eventuale sottonumero di registrazione del contratto.

Colonna 6 (Codice Ufficio): indicare il codice identificativo dell'ufficio dell'Agenzia delle Entrate presso il quale è stato registrato il contratto. I codici sono reperibili sul sito *www.agenziaentrate.gov.it* nella tabella "Codici ufficio da utilizzare per il versamento delle annualità successive" presente nella sezione relativa alla registrazione dei contratti di locazione.

Colonna 7 (Codice identificativo del contratto), indicare il codice identificativo del contratto composto da 17 caratteri e reperibile nella copia del modello di richiesta di registrazione del contratto restituito dall'ufficio o, per i contratti registrati per via telematica, nella ricevuta di registrazione. Se sono state compilate le colonne da 3 a 6 questa colonna non va compilata.

Colonna 8 (Contratti non superiori 30 gg.): barrare la casella nel caso di **contratto di locazione non registrato di durata non superiore a trenta giorni** complessivi nell'anno (per tale tipologia di contratto è previsto l'obbligo di registrazione solo in caso d'uso). Se è barrata questa casella, non vanno compilate né le colonne da 3 a 6 relative agli estremi di registrazione del contratto né la colonna 7 relativa al codice identificativo del contratto.

Colonna 9 (Anno di presentazione dichiarazione ICI/IMU): se per l'immobile è stata presentata la dichiarazione ICI oppure la dichiarazione Imu, indicare l'anno di presentazione.

7. QUADRO C - Redditi di lavoro dipendente ed assimilati

In questo quadro vanno indicati i redditi di lavoro dipendente, i redditi di pensione e i redditi assimilati a quelli di lavoro dipendente percepiti nell'anno 2023.

I dati da indicare nel quadro C possono essere ricavati dalla Certificazione Unica 2024 rilasciata dal sostituto d'imposta (datore di lavoro o ente pensionistico) oppure dalla certificazione rilasciata dal soggetto che non possiede la qualifica di sostituto (ad esempio il privato per il lavoratore domestico).

Se il rapporto di lavoro viene interrotto prima che sia disponibile la Certificazione Unica 2024, il sostituto d'imposta, oltre a rilasciare la Certificazione Unica 2023 a seguito di richiesta del dipendente, è tenuto anche a rilasciare la Certificazione Unica 2024 entro il 16 marzo 2024. Pertanto, per la compilazione della dichiarazione dei redditi, i dati devono essere comunque ricavati dalla Certificazione Unica 2024.

Se il contribuente è tenuto a presentare la dichiarazione, redditi di lavoro dipendente e di pensione devono essere indicati anche se il datore di lavoro o l'ente pensionistico ha prestato l'assistenza fiscale.

 Se il contribuente nel corso dell'anno ha avuto più rapporti di lavoro dipendente o assimilati e ha chiesto all'ultimo datore di lavoro di tener conto degli altri redditi percepiti, deve indicare in questo quadro i dati presenti nella Certificazione Unica rilasciata da quest'ultimo.

Per i contribuenti che percepiscono redditi di lavoro dipendente, pensione ed assimilati sono previste delle detrazioni d'imposta. Il calcolo della detrazione spettante è effettuato da chi presta l'assistenza fiscale tenendo conto oltre che del reddito di lavoro anche del reddito complessivo.

La detrazione può spettare per intero, solo in parte o non spettare a seconda della situazione reddituale del contribuente.

 Vedere in Appendice la tabella 6 "Detrazioni per redditi di lavoro dipendente e assimilati", la tabella 7 "Detrazioni per redditi di pensione", la tabella 8 "Detrazioni per alcuni redditi assimilati e per alcuni redditi diversi".

Il quadro C è suddiviso nelle seguenti sezioni:
- **Sezione I**: redditi di lavoro dipendente, di pensione e alcuni redditi assimilati a quelli di lavoro dipendente;
- **Sezione II**: altri redditi assimilati a quelli di lavoro dipendente che non vanno riportati nella sezione I;
- **Sezione III**: ritenute Irpef e addizionale regionale all'Irpef trattenuta dal datore di lavoro sui redditi indicati nelle Sezioni I e II;

- **Sezione IV:** addizionale comunale all'Irpef trattenuta dal datore di lavoro sui redditi indicati nelle Sezioni I e II;
- **Sezione V:** riduzione della pressione fiscale sul lavoro dipendente;
- **Sezione VI:** detrazione per comparto sicurezza e difesa;
- **Sezione VII:** tassazione mance settore turistico-alberghiero e di ricezione.

SEZIONE I - Redditi di lavoro dipendente e assimilati

In questa sezione vanno indicati i redditi di lavoro dipendente, di pensione e alcuni redditi assimilati a quelli di lavoro dipendente, per i quali spetta una detrazione d'imposta rapportata al periodo di lavoro. In presenza della Certificazione Unica 2024 l'importo del reddito di lavoro dipendente è riportato nel punto 1 o 2, mentre il reddito di pensione è indicato nel punto 3.

Si tratta in particolare di:

- redditi di lavoro dipendente e di pensione. Vedere in Appendice la voce "Stipendi, redditi e pensioni prodotti all'estero";
- redditi di lavoro dipendente svolto all'estero in zone di frontiera. Vedere in Appendice il punto 2 della voce "Stipendi, redditi e pensioni prodotti all'estero";
- redditi di lavoro e di pensione, prodotti in euro, dai contribuenti iscritti nei registri anagrafici del Comune di Campione d'Italia;
- indennità e somme da assoggettare a tassazione corrisposte ai lavoratori dipendenti da parte dell'INPS o di altri Enti. Ad esempio: cassa integrazione guadagni, mobilità, disoccupazione ordinaria e speciale (nell'edilizia, nell'agricoltura, ecc.), malattia, maternità ed allattamento, TBC e post-tubercolare, donazione di sangue, congedo matrimoniale;
- indennità e compensi, a carico di terzi, percepiti dai lavoratori dipendenti per incarichi svolti in relazione a tale qualità, ad esclusione di quelli che, per clausola contrattuale, devono essere riversati al datore di lavoro e di quelli che per legge devono essere riversati allo Stato;
- trattamenti periodici integrativi corrisposti dai Fondi Pensione maturati fino al 31 dicembre 2006; nonché l'ammontare imponibile erogato della prestazione maturata dal 1° gennaio 2001 al 31 dicembre 2006 nel caso di riscatto (art. 14 del D. Lgs. n. 252/2005), che non dipenda dal pensionamento dell'iscritto o dalla cessazione del rapporto di lavoro per mobilità o altre cause non riconducibili alla volontà delle parti (c.d. riscatto volontario); le somme percepite come rendita integrativa temporanea (RITA) anticipata nell'eventualità in cui il contribuente opti per la tassazione ordinaria di tali somme;
- compensi percepiti dai soggetti impegnati in lavori socialmente utili in conformità a specifiche disposizioni normative;
- retribuzioni corrisposte dai privati agli autisti, giardinieri, collaboratori familiari ed altri addetti alla casa e le altre retribuzioni sulle quali, in base alla legge, non sono state effettuate ritenute d'acconto;
- compensi dei lavoratori soci di cooperative di produzione e lavoro, di servizi, agricole e di prima trasformazione dei prodotti agricoli e della piccola pesca, nei limiti dei salari correnti aumentati del 20 per cento;
- somme percepite come borsa di studio o assegno, premio o sussidio per fini di studio e di addestramento professionale (tra le quali rientrano le somme corrisposte ai soggetti impegnati in piani di inserimento professionale), se erogate al di fuori di un rapporto di lavoro dipendente e sempre che non sia prevista una specifica esenzione. Vedere, al riguardo, in Appendice la voce "Redditi esenti e rendite che non costituiscono reddito";
- indennità per la cessazione di rapporti di collaborazione coordinata e continuativa non assoggettabili a tassazione separata (le indennità sono assoggettabili a tassazione separata se il diritto a percepirle risulta da atto di data certa anteriore all'inizio del rapporto o se derivano da controversie o transazioni in materia di cessazione del rapporto di collaborazione coordinata e continuativa);
- remunerazioni dei sacerdoti della Chiesa cattolica;
- assegni corrisposti:
  – dall'Unione delle Chiese cristiane avventiste del 7° giorno per il sostentamento dei ministri del culto e dei missionari;
  – dalle Assemblee di Dio in Italia per il sostentamento dei propri ministri di culto;
  – dall'Unione Cristiana Evangelica Battista d'Italia per il sostentamento dei propri ministri di culto;
  – per il sostentamento totale o parziale dei ministri di culto della Chiesa Evangelica Luterana in Italia e delle Comunità collegate;
  – dalla Sacra Arcidiocesi ortodossa d'Italia ed Esarcato per l'Europa Meridionale per il sostentamento totale o parziale dei ministri di culto;
  – dalla Chiesa apostolica in Italia per il sostentamento totale o parziale dei propri ministri di culto;
  – dall'Unione Buddhista Italiana e dagli organismi da essa rappresentati per il sostentamento totale e parziale dei ministri di culto;
  – dall'Unione Induista Italiana e dagli organismi da essa rappresentati per il sostentamento totale e parziale dei ministri di culto;
  – dall'Associazione «Chiesa d'Inghilterra», dalle cappellanie e dalle congregazioni per il sostentamento totale o parziale dei ministri di culto;
- compensi corrisposti ai medici specialisti ambulatoriali e ad altre figure operanti nelle ASL con contratto di lavoro dipendente (ad esempio biologi, psicologi, medici addetti all'attività della medicina dei servizi, alla continuità assistenziale e all'emergenza sanitaria territoriale, ecc.);
- somme e valori in genere, a qualunque titolo percepiti, anche sotto forma di erogazioni liberali in relazione a rapporti di collaborazione coordinata e continuativa, lavori a progetto o collaborazioni occasionali svolti senza vincolo di subordinazione e di impiego di mezzi organizzati e con retribuzione periodica prestabilita.

Tra i compensi rientrano anche quelli percepiti per:

- cariche di amministratore, sindaco o revisore di società, associazioni e altri enti con o senza personalità giuridica;
- collaborazioni a giornali, riviste, enciclopedie e simili, con esclusione di quelli corrisposti a titolo di diritto d'autore;
- partecipazioni a collegi e a commissioni;
- redditi percepiti dai lavoratori sportivi nell'ambito del dilettantismo, sia sotto forma di lavoro subordinato che tramite contratti di collaborazione coordinata e continuativa;
- redditi percepiti da coloro che svolgono attività di carattere amministrativo-gestionale in favore di società e associazioni dilettantistiche, sia sotto forma di lavoro subordinato che attraverso contratti di collaborazione coordinata e continuativa.

Non costituiscono redditi derivanti da rapporti di collaborazione coordinata e continuativa i compensi percepiti per uffici e collaborazioni che rientrino:
a) nell'oggetto proprio dell'attività professionale esercitata dal contribuente in base a una previsione specifica dell'ordinamento professionale (ad esempio compensi percepiti da ragionieri o dottori commercialisti per l'ufficio di amministratore, sindaco o revisore di società o enti) o di una connessione oggettiva con l'attività libero professionale resa (compensi percepiti da un ingegnere per l'amministrazione di una società edile);
b) nei compiti istituzionali compresi nell'attività di lavoro dipendente resa dal contribuente.

Non concorrono alla formazione del reddito complessivo e, pertanto, non devono essere dichiarati i compensi derivanti da rapporti di collaborazione coordinata e continuativa che sono stati corrisposti dall'artista o professionista, al coniuge, ai figli affidati o affiliati, minori di età o permanentemente inabili al lavoro e agli ascendenti.

Casella "Casi particolari".
Nella presente casella va indicato uno dei seguenti codici:
- '2' se si fruisce in dichiarazione dell'agevolazione prevista per i **docenti e ricercatori**, che siano non occasionalmente residenti all'estero e abbiano svolto documentata attività di ricerca o docenza all'estero presso centri di ricerca pubblici o privati o università per almeno due anni continuativi e che vengano a svolgere la loro attività in Italia e che conseguentemente divengono fiscalmente residenti nel territorio dello Stato. I redditi di lavoro dipendente concorrono alla formazione del reddito complessivo nella misura del 10 per cento nell'anno in cui il docente o ricercatore diviene fiscalmente residente in Italia e nei cinque anni successivi o nei maggiori termini normativamente previsti, sempreché la residenza permanga in Italia;
- '4' se si fruisce in dichiarazione dell'agevolazione, prevista per i **lavoratori impatriati** che sono rientrati in Italia dall'estero. In presenza dei requisiti previsti dall'art. 16 del decreto legislativo 14 settembre 2015, n. 147, e dall'art. 1, commi 150 e 151, della legge 11 dicembre 2016, n. 232, i redditi di lavoro dipendente concorrono alla formazione del reddito complessivo nella misura **del 50%**;
- '6' se si fruisce in dichiarazione dell'agevolazione prevista per i **lavoratori impatriati** (art. 16, comma 1, del decreto legislativo 14 settembre 2015, n. 147) che consente di far concorrere i il reddito da lavoro dipendente e i redditi assimilati alla formazione del reddito complessivo limitatamente al **30%** del loro ammontare. Per i lavoratori rientrati in Italia dal 30 aprile 2019 al 2 luglio 2019, la fruizione di tale agevolazione è subordinata all'emanazione del decreto ministeriale di cui al comma 2 dell'art. 13-*ter* del decreto-legge 26 ottobre 2019, n. 124, convertito, con modificazioni, dalla legge 19 dicembre 2019, n. 157;
- '8' se si fruisce in dichiarazione dell'agevolazione prevista per i **lavoratori impatriati** (art. 16, comma 5-*bis*, del decreto legislativo 14 settembre 2015, n. 147) che hanno trasferito la residenza in una delle seguenti regioni: Abruzzo, Molise, Campania, Puglia, Basilicata, Calabria, Sardegna e Sicilia. Tale agevolazione consente loro di far concorrere i il reddito da lavoro dipendente e i redditi assimilati alla formazione del reddito complessivo limitatamente al 10% del loro ammontare. Per i lavoratori rientrati in Italia dal 30 aprile 2019 al 2 luglio 2019, la fruizione di tale agevolazione è subordinata all'emanazione del decreto ministeriale di cui al comma 2 dell'art. 13-*ter* del decreto-legge 26 ottobre 2019, n. 124, convertito, con modificazioni, dalla legge 19 dicembre 2019, n. 157;
- '9' se si è trasferita la residenza in Italia a decorrere dal 30 aprile 2019 e si fruisce in dichiarazione dell'agevolazione prevista per i **lavoratori impatriati** che rientrano in Italia dall'estero di cui al comma 5-*quater* dell'art. 16 del decreto legislativo 14 settembre 2015, n. 147 (nella versione vigente fino al 20 maggio 2022), poiché si possiede la qualifica di **sportivo professionista**. In tal caso il reddito da lavoro dipendente e i redditi assimilati concorrono alla formazione del reddito complessivo limitatamente al **50%** del loro ammontare. L'opzione per questo regime agevolato comporta il versamento di un contributo pari allo 0,5% della base imponibile. Le modalità per l'effettuazione di tale versamento sono state stabilite con il decreto del Presidente del Consiglio dei Ministri del 26 gennaio 2021. Questa disciplina continua ad applicarsi ai redditi derivanti dai contratti in essere al 20 maggio 2022 e fino alla loro naturale scadenza. Per i contratti sportivi stipulati a partire dal 21 maggio 2022 non è possibile fruire di alcuna delle agevolazioni di cui al menzionato art. 16 del D.Lgs. n. 147 del 2015, salvo i seguenti casi:
  - i redditi derivanti dai predetti rapporti di lavoro sportivo siano prodotti in discipline riconosciute dal CONI nelle quali le Federazioni sportive nazionali di riferimento e le singole Leghe professionistiche abbiano conseguito la qualificazione professionistica entro l'anno 1990, il contribuente abbia compiuto il ventesimo anno di età e il reddito complessivo dello stesso sia superiore a euro 1.000.000;
  - i redditi derivanti dai predetti rapporti di lavoro sportivo siano prodotti in discipline riconosciute dal CONI nelle quali le Federazioni sportive nazionali di riferimento e le singole Leghe professionistiche abbiano conseguito la qualificazione professionistica dopo l'anno 1990, il contribuente abbia compiuto il ventesimo anno di età e il reddito complessivo dello stesso sia superiore a 500.000 euro.

In questi due casi i redditi di cui al comma 1 dell'art. 16 del D.Lgs. n. 147 del 2015 concorrono alla formazione del reddito complessivo limitatamente al 50% del loro ammontare. Per i rapporti di lavoro sportivo ai quali risulta applicabile il regime di cui al già menzionato art. 16, D.Lgs. n. 147 del 2015, l'esercizio dell'opzione per il regime agevolato ivi previsto comporta il versamento di un contributo pari allo 0,5 per cento della base imponibile. Con decreto del Presidente del Consiglio dei ministri, su proposta dell'autorità di Governo delegata per lo sport, di concerto con il Ministro dell'economia e delle finanze, saranno definiti i criteri e le modalità di attuazione del comma 5-*quater* dell'art. 16, D.Lgs. n. 147 del 2015, con riferimento al decreto del Ministero dell'Economia e delle finanze di cui al comma 3 dello stesso art. 16.

Nei casi ordinari il beneficio di cui ai codici da "2" a "9" è riconosciuto direttamente dal datore di lavoro. Pertanto, la presente casella va compilata esclusivamente nell'ipotesi particolare in cui il datore di lavoro non abbia potuto riconoscere l'agevolazione e il contribuente intenda fruirne, in presenza dei requisiti previsti dalla legge, direttamente nella presente dichiarazione dei redditi. In tale caso il reddito di lavoro dipendente va indicato nei righi da C1 a C3 già nella misura ridotta.

Nelle Annotazioni della Certificazione Unica 2023, è indicata la quota non imponibile, se il sostituto non ha operato l'abbattimento. L'ammontare di tali redditi è indicato con il codice:
- BC per docenti e ricercatori;
- BD per i lavoratori impatriati;

- CQ per i lavoratori impatriati che intendono fruire della riduzione del reddito da lavoro dipendente e assimilati nella misura del 70 per cento (codice 6);
- CR per i lavoratori impatriati che hanno trasferito la residenza in una delle seguenti regioni: Abruzzo, Molise, Campania, Puglia, Basilicata, Calabria, Sardegna e Sicilia e intendono fruire della riduzione del reddito da lavoro dipendente e assimilati nella misura del 90 per cento (codice 8);
- CS per gli sportivi professionisti impatriati che hanno trasferito la residenza in Italia a decorrere dal 30 aprile 2019.

Per ulteriori informazioni in merito al regime degli impatriati, si rinvia alla circolare n. 33/E del 28 dicembre 2020.

'10' se sono stati superati i limiti di deducibilità dei contributi per previdenza complementare certificati in più modelli di Certificazione Unica non conguagliati. In questo caso nei righi da C1 a C3 va riportato il reddito di lavoro dipendente aumentato della quota di contributi dedotta in misura eccedente rispetto ai limiti previsti;

'11' se in dichiarazione si opta per la tassazione ordinaria delle somme percepite sotto forma di rendita integrativa temporanea anticipata (RITA). In tal caso nella colonna 1 dei righi a C1 a C3 va indicato il codice 2 e nella colonna 3 riportare l'importo indicato nelle annotazioni alla Certificazione Unica 2024 con il codice AX. Nella colonna 1 del rigo C5 indicare il numero dei giorni riportati nelle annotazioni alla Certificazione Unica 2024 con il codice AX e nella colonna 2 del rigo C9 riportare l'importo della ritenuta a titolo d'imposta sostitutiva indicato nelle annotazioni alla Certificazione Unica 2024 con il codice AX;

'12' se il beneficio di cui al codice '9' è stato riconosciuto dal datore di lavoro. In tal caso il punto 462 della Certificazione Unica 2024 è compilato con il codice '9';

'13' se si è trasferita la residenza in Italia prima del 30 aprile 2019 e, pur avendo esercitato l'opzione di cui al provvedimento del Direttore dell'Agenzia delle entrate del 3 marzo 2021 (come rettificato con l'*errata corrige* del 24 giugno 2021), si fruisce in dichiarazione della detassazione nella misura del 50%;

'14' se si è trasferita la residenza in Italia prima del 30 aprile 2019 e, pur avendo esercitato l'opzione di cui al provvedimento del Direttore dell'Agenzia delle entrate del 3 marzo 2021 (come rettificato con l'*errata corrige* del 24 giugno 2021), si fruisce in dichiarazione della detassazione nella misura del 90%;

'15' se si è già trasferita la residenza in Italia prima del 2020 e alla data del 31 dicembre 2019 si risulta beneficiario del regime previsto per il rientro dei docenti e ricercatori e, pur avendo esercitato l'opzione di cui al provvedimento del Direttore dell'Agenzia delle entrate del 31 marzo 2022, si fruisce in dichiarazione della detassazione nella misura del 90%.

Nei casi ordinari il beneficio di cui ai codici 13, 14 e 15 è riconosciuto direttamente dal datore di lavoro. Pertanto, la presente casella va compilata esclusivamente nell'ipotesi in cui il datore di lavoro non abbia potuto riconoscere l'agevolazione e il contribuente intenda fruirne, in presenza dei requisiti previsti dalla legge, direttamente nella presente dichiarazione dei redditi. In tale caso il reddito di lavoro dipendente va indicato nei righi da C1 a C3 già nella misura ridotta.

Nelle Annotazioni della Certificazione Unica 2024, è indicata la quota non imponibile, se il sostituto non ha operato l'abbattimento. L'ammontare di tali redditi è indicato con il codice:
- CT per i lavoratori impatriati prima del 30 aprile 2019, che hanno effettuato l'opzione per la riduzione del reddito da lavoro dipendente nella misura del 50% per ulteriori 5 periodi d'imposta (provvedimento del Direttore dell'Agenzia delle entrate del 3 marzo 2021, come rettificato con l'*errata corrige* del 24 giugno 2021);
- CU per i lavoratori impatriati prima del 30 aprile 2019, che hanno effettuato l'opzione per la riduzione del reddito da lavoro dipendente nella misura del 90% per ulteriori 5 periodi d'imposta (provvedimento del Direttore dell'Agenzia delle entrate del 3 marzo 2021, come rettificato con l'*errata corrige* del 24 giugno 2021);
- CV per i docenti e ricercatori rientrati prima del 2020, che hanno effettuato l'opzione per la proroga del periodo di fruizione della riduzione del reddito da lavoro dipendente nella misura del 90% (provvedimento del Direttore dell'Agenzia delle entrate del 31 marzo 2022).

Casella "Stato estero"
Se è stata compilata la casella "Casi particolari" con i codici da 2 a 9, e da 12 a 15 occorre indicare in questa casella il codice dello Stato estero in cui si era residenti fino al rientro o trasferimento in Italia. Il codice è rilevabile dalla tabella n. 10 presente in Appendice.

Coloro che fruiscono in dichiarazione dell'agevolazione prevista per i **docenti e ricercatori**, possono indicare Stati appartenenti all'Unione Europea e Stati non appartenenti all'Unione europea, con i quali sia in vigore una convenzione per evitare le doppie imposizioni in materia di imposte sul reddito ovvero un accordo sullo scambio di informazioni in materia fiscale.

Righi da C1 a C3 - Redditi di lavoro dipendente e assimilati
Colonna 1 (Tipo): indicare uno dei seguenti codici che identifica il reddito (la compilazione di questa colonna è obbligatoria):
'1' redditi di **pensione**;
'2' redditi di **lavoro dipendente** o assimilati, nonché trattamenti pensionistici integrativi (ad es. quelli corrisposti dai fondi pensione previsti dal D. Lgs. n. 252 del 2005);
'3' compensi percepiti per lavori socialmente utili in regime agevolato.

Compensi per lavori socialmente utili
Nel caso di compensi percepiti per lavori socialmente utili da chi ha raggiunto l'età prevista dalla vigente legislazione per la pensione di vecchiaia, si applica un regime fiscale agevolato in presenza delle condizioni previste dalla specifica normativa.
Se i compensi hanno fruito del regime agevolato, nella Certificazione Unica 2024 sono riportati sia i compensi esclusi dalla tassazione (quota esente, punto 496) sia quelli assoggettati a tassazione (quota imponibile, punto 497) nonché le ritenute dell'Irpef (punto 498) e dell'addizionale regionale (punto 499) trattenute dal datore di lavoro.
In questo caso indicare:
– nella colonna 3 dei righi da C1 a C3, la somma dei due importi (quota esente + quota imponibile);
– nella colonna 7 del rigo F2 del quadro F (e non nel rigo C9 del quadro C), l'importo delle ritenute Irpef;
– nella colonna 8 del rigo F2 del quadro F (e non nel rigo C10 del quadro C) l'importo delle ritenute addizionale regionale.

Se i compensi non hanno fruito del regime agevolato e pertanto sono stati assoggettati a regime ordinario, i compensi percepiti per lavori socialmente utili sono stati indicati nel punto 1 (tempo indeterminato) e/o 2 (tempo determinato) della Certificazione Unica 2024 e le ritenute Irpef e l'addizionale regionale rispettivamente nei punti 21 e 22 della stessa Certificazione Unica.

In questo caso l'importo dei compensi indicati nel punto 1 e/o 2 dovrà essere riportato nella colonna 3 di uno dei righi da C1 a C3, riportando nella relativa casella di colonna 1 il codice 2, mentre le ritenute Irpef e l'addizionale regionale trattenuta dovranno essere riportate rispettivamente nei righi C9 e C10 del quadro C.

Se il reddito complessivo del lavoratore, al netto della deduzione per l'abitazione principale e le relative pertinenze, risulta superiore a **9.296,22 euro**, i compensi erogati per lavori socialmente utili saranno assoggettati a Irpef e all'addizionale regionale e comunale all'Irpef anche se hanno fruito del regime agevolato risultante dalla Certificazione Unica (codice 3 indicato nella colonna 1 dei righi da C1 a C3);

'**4**' redditi di **lavoro dipendente prestato**, in via continuativa e come oggetto esclusivo del rapporto, all'estero **in zone di frontiera** ed in altri Paesi limitrofi da persone residenti nel territorio dello Stato;

'**7**' redditi di **pensione** in favore dei superstiti corrisposti agli orfani;

'**8**' redditi di lavoro dipendente o assimilati percepiti dai lavoratori sportivi operanti nel settore del dilettantismo;

'**9**' redditi di lavoro dipendente degli atleti e delle atlete operanti nel settore professionistico, di età inferiore a 23 anni. Per gli atleti che praticano sport di squadra questo codice va utilizzato se i compensi sono corrisposti da società sportive professionistiche il cui fatturato nella stagione sportiva precedente a quella di applicazione della presente disposizione non sia stato superiore a 5 milioni di euro e se è compilato il relativo punto 782 o 785 della Certificazione Unica.

Colonna 2 (Indeterminato/Determinato): nel caso di reddito di lavoro dipendente, compensi per lavori socialmente utili o redditi prodotti in zone di frontiera, riportare il codice '1' contratto a tempo indeterminato se nella Certificazione Unica risulta compilato il punto 1, riportare il codice '2' contratto a tempo determinato se nella Certificazione Unica risulta compilato il punto 2. Nel caso di reddito di lavoro sportivo (codice '8' o '9' in colonna 1) riportare il codice '1' contratto a tempo indeterminato se nella Certificazione Unica risultano compilati uno o più dei punti da 781 a 783, riportare il codice '2' contratto a tempo determinato se nella Certificazione Unica risultano compilati uno o più dei punti da 784 a 786.

Colonna 3 (Reddito): riportare l'importo dei redditi percepiti indicato nel **punto 1 (lavoro dipendente e assimilati a tempo indeterminato)**, **nel punto 2 (lavoro dipendente e assimilati a tempo determinato) o nel punto 3 (pensione)** della Certificazione Unica 2024.

- Se nella colonna 1 è stato indicato il codice 3 (**compensi per lavori socialmente utili**) per la compilazione si rinvia al precedente paragrafo "Compensi per lavori socialmente utili".
- Se nella colonna 1 è stato indicato il codice 4 (**redditi prodotti in zone di frontiera**), riportare l'intero ammontare dei redditi percepiti, comprensivo della quota esente.

  In particolare:
  - se è compilato il **punto 455** della Certificazione Unica 2024, riportare nella colonna 2 il codice 1 (tempo indeterminato) e nella colonna 3 l'importo indicato nel punto 455;
  - se è compilato il **punto 456** della Certificazione Unica 2024, riportare nella colonna 2 il codice 2 (tempo determinato) e nella colonna 3 l'importo indicato nel punto 456.

  Chi presta l'assistenza fiscale terrà conto della sola parte di reddito eccedente 7.500 euro.

- Se nella colonna 1 è stato indicato il codice 7 (**redditi di pensione in favore dei superstiti corrisposte agli orfani**) riportare nella colonna 3 l'importo indicato nel **punto 457**. Chi presta assistenza fiscale terrà conto della sola parte di reddito eccedente i 1.000 euro.

- Se nella colonna 1 è stato indicato il codice '8' (**redditi degli sportivi dilettanti**), riportare l'intero ammontare dei redditi percepiti, comprensivo della quota esente.

  In particolare:
  - se è compilato il **punto 781** della Certificazione Unica 2024, riportare nella colonna 2 il codice 1 (tempo indeterminato) e nella colonna 3 l'importo indicato nel punto 781;
  - se è compilato il **punto 784** della Certificazione Unica 2024, riportare nella colonna 2 il codice 2 (tempo determinato) e nella colonna 3 l'importo indicato nel punto 784.

  Chi presta l'assistenza fiscale terrà conto della sola parte di reddito eccedente 15.000 euro. Nella verifica del limite di 15.000 euro occorre tenere conto anche dei compensi indicati nel rigo D4 con i codici '12' e '13'.

- Se nella colonna 1 è stato indicato il codice '9' (**redditi degli sportivi professionisti** under 23), riportare l'intero ammontare dei redditi percepiti, comprensivo della quota esente.

  In particolare:
  - se è compilato il **punto 782** della Certificazione Unica 2024, riportare nella colonna 2 il codice 1 (tempo indeterminato) e nella colonna 3 l'importo indicato nel punto 782;
  - se è compilato il **punto 785** della Certificazione Unica 2024, riportare nella colonna 2 il codice 2 (tempo determinato) e nella colonna 3 l'importo indicato nel punto 785.

  Chi presta l'assistenza fiscale terrà conto della sola parte di reddito eccedente 15.000 euro.

- Se nella colonna 1 è stato indicato il codice '8' (**redditi degli sportivi dilettanti**), e nella Certificazione Unica **è stato compilato anche il punto 783 e/o il punto 786** occorre compilare distinti righi. In particolare, nel primo rigo:
  - se è compilato il **punto 781** della Certificazione Unica 2024, riportare nella colonna 2 il codice 1 (tempo indeterminato) e nella colonna 3 l'importo indicato nel punto 781;
  - se è compilato il **punto 784** della Certificazione Unica 2024, riportare nella colonna 2 il codice 2 (tempo determinato) e nella colonna 3 l'importo indicato nel punto 784.

  Chi presta l'assistenza fiscale terrà conto della sola parte di reddito eccedente 15.000 euro. Nella verifica del limite di 15.000 euro occorre tenere conto anche dei compensi indicati nel rigo D3 con il codice '5' e nel rigo D4 con i codici '7', '11', '12' e '13'.

  Nel secondo rigo, indicare in colonna 1 il codice '2' e:
  - se è compilato il **punto 783** della Certificazione Unica 2024, riportare nella colonna 2 il codice '1' (tempo indeterminato) e nella colonna 3 l'importo indicato nel punto 783;

– se è compilato il **punto 786** della Certificazione Unica 2024, riportare nella colonna 2 il codice '2' (tempo determinato) e nella colonna 3 l'importo indicato nel punto 786.
- Se nella colonna 1 è stato indicato il codice '9' (**redditi degli sportivi professionisti** *under* 23), e nella Certificazione Unica è **stato compilato anche il punto 783 e/o il punto 786** occorre compilare due distinti righi, in particolare, nel primo rigo:
    – se è compilato il **punto 782** della Certificazione Unica 2024, riportare nella colonna 2 il codice 1 (tempo indeterminato) e nella colonna 3 l'importo indicato nel punto 782;
    – se è compilato il **punto 785** della Certificazione Unica 2024, riportare nella colonna 2 il codice 2 (tempo determinato) e nella colonna 3 l'importo indicato nel punto 785.

Chi presta l'assistenza fiscale terrà conto della sola parte di reddito eccedente 15.000 euro.

Nel secondo rigo, indicare in colonna 1 il codice '2' e:
– se è compilato il **punto 783** della Certificazione Unica 2024, riportare nella colonna 2 il codice '1 '(tempo indeterminato) e nella colonna 3 l'importo indicato nel punto 783;
– se è compilato il **punto 786** della Certificazione Unica 2024, riportare nella colonna 2 il codice '2' (tempo determinato) e nella colonna 3 l'importo indicato nel punto 786.

Se oltre al punto 783 e/o 786 sono compilati anche i punti da 761 a 765 (Campione d'Italia) e/o i punti da 455 a 456 (Frontalieri), occorre preliminarmente compilare distinti righi per fruire delle agevolazioni previste per i residenti a Campione d'Italia, per i frontalieri e per le agevolazioni previste per gli sportivi, avendo l'accortezza di indicare nella colonna 3 dei righi in cui sono indicati il codice '8' o il codice '9' l'importo indicato al punto 761 o 762 o 765 (ovvero indicare l'importo del reddito al lordo della quota esente prevista per i residenti a Campione d'Italia e della quota esente prevista per i lavoratori sportivi), in colonna 4 indicare il codice 5.

Se alla formazione dell'importo indicato nel punto 1 e/o 2 della CU concorrono anche altri redditi da lavoro dipendente per cui in colonna 1 va indicato il codice '2' seguire le istruzioni sopra fornite, avendo cura di indicare in colonna 3 l'ammontare del reddito per cui non si ha diritto ad alcuna agevolazione.

Se nella Certificazione Unica 2024 sono compilati uno o più punti da 761 a 764 (**Compenso lordo Campione d'Italia**), le colonne da 1 a 3 vanno compilate nel seguente modo:
- se nella CU 2024 è compilato il punto 761 indicare in colonna 1 il codice '2', in colonna 2 il codice '1' e in colonna 3 l'importo indicato nel punto 761;
- se nella CU 2024 è compilato il punto 762 indicare in colonna 1 il codice '2', in colonna 2 il codice '2' e in colonna 3 l'importo indicato nel punto 762;
- se nella CU 2024 è compilato il punto 763 indicare in colonna 1 il codice '1' e in colonna 3 l'importo indicato nel punto 763;
- se nella CU 2024 è compilato il punto 764 indicare in colonna 1 il codice '7' e in colonna 3 l'importo indicato nel punto 764.

In tali casi indicare il codice '5' nella colonna 4. Tale codice non va indicato qualora il sostituto d'imposta abbia riconosciuto un'agevolazione non spettante.

In presenza di una Certificazione Unica 2024 che certifichi un reddito di lavoro dipendente a tempo indeterminato e un reddito di pensione per cui è stato effettuato il conguaglio, occorre compilare due distinti righi, riportando gli importi indicati nei punti 1 e 3 della Certificazione Unica 2024.

In presenza di una Certificazione Unica 2024 che certifichi un reddito di lavoro dipendente a tempo determinato e un reddito di pensione per cui è stato effettuato il conguaglio, occorre compilare due distinti righi, riportando gli importi indicati nei punti 2 e 3 della Certificazione Unica 2024.

In entrambi i casi, nel rigo C5 riportare nella colonna 1 il numero dei giorni di lavoro dipendente indicato nel punto 6 della Certificazione Unica 2024 e nella colonna 2 il numero dei giorni di pensione indicato nel punto 7 della Certificazione Unica 2024.

In presenza di una Certificazione Unica 2024 che certifichi un reddito di **lavoro dipendente e un reddito di pensione** per cui è stato effettuato il conguaglio, occorre compilare due distinti righi, riportando gli importi indicati nei punti 1 e 3 della Certificazione Unica 2024. In questo caso, nel rigo C5 riportare nella colonna 1 il numero dei giorni di lavoro dipendente indicato nel punto 6 della Certificazione Unica 2024 e nella colonna 2 il numero dei giorni di pensione indicato nel punto 7 della Certificazione Unica 2024.

In presenza di una Certificazione Unica 2024 che certifichi redditi prodotti in euro dai residenti a **Campione d'Italia e redditi per cui non è possibile fruire dell'agevolazione** prevista per i residenti a Campione d'Italia, occorre compilare distinti righi, secondo le modalità di seguito indicate:
- se nella CU 2024 è compilato il punto 761 indicare in colonna 1 il codice '2', in colonna 2 il codice '1' e in colonna 3 l'importo indicato nel punto 761;
- se nella CU 2024 è compilato il punto 762 indicare in colonna 1 il codice '2', in colonna 2 il codice '2' e in colonna 3 l'importo indicato nel punto 762;
- se nella CU 2024 è compilato il punto 763 indicare in colonna 1 il codice '1' e in colonna 3 l'importo indicato nel punto 763;
- se nella CU 2024 è compilato il punto 764 indicare in colonna 1 il codice '7' e in colonna 3 l'importo indicato nel punto 764;

In tali casi indicare il codice '5' nella colonna 4. Tale codice non va indicato qualora il sostituto d'imposta abbia riconosciuto un'agevolazione non spettante.
- se nella CU 2024 è compilato il punto 771 indicare in colonna 1 il codice '2', in colonna 2 il codice '1' e in colonna 3 l'importo indicato nel punto 771;
- se nella CU 2024 è compilato il punto 772 indicare in colonna 1 il codice '2', in colonna 2 il codice '2' e in colonna 3 l'importo indicato nel punto 772;
- se nella CU 2024 è compilato il punto 773 indicare in colonna 1 il codice '1' e in colonna 3 l'importo indicato nel punto 773.

In tali casi nella colonna 4 **non va** indicato il codice '5'.

Colonna 4 (Altri dati): indicare uno dei seguenti codici che identifica la fonte estera dei redditi indicati nelle colonne precedenti (la compilazione di questa colonna è riservata ai soli contribuenti residenti in Italia che percepiscono redditi prodotti all'estero. Vedere in Appendice la voce "Stipendi, redditi e pensioni prodotti all'estero"):

- **'1'** **redditi di fonte estera** se nella colonna 1 è indicato il codice 1 o 2;
- **'2'** **pensione ai superstiti di fonte estera** se nella colonna 1 è indicato il codice 1 o 7;
- **'5'** **redditi prodotti in euro dai residenti a Campione d'Italia.** Il codice può essere utilizzato se si hanno i requisiti per fruire di tale agevolazione e se nella colonna 1 non è indicato il codice 4;
- **'6'** **redditi prodotti all'estero in via continuativa** e come oggetto esclusivo del rapporto e **determinati sulla base delle retribuzioni convenzionali** definite annualmente dal Ministero del Lavoro e delle Politiche sociali (art. 51, comma 8-*bis*, del Tuir, v. punto 2 della voce d'Appendice "Stipendi, redditi e pensioni prodotti all'estero").

Rigo C4 - Somme per premi di risultato e welfare aziendale

Questo rigo va compilato solo dai lavoratori dipendenti del settore privato, titolari di contratto di lavoro subordinato a tempo determinato o indeterminato per fruire della tassazione agevolata prevista per le somme percepite per premi di risultato e welfare aziendale.

Possono fruire della tassazione agevolata per le somme percepite per premi di risultato e welfare aziendale i lavoratori dipendenti che nel periodo compreso tra il 1° gennaio e il 31 dicembre 2023 hanno percepito compensi per premi di risultato o somme erogate sotto forma di partecipazione agli utili d'impresa e che nell'anno d'imposta 2022 abbiano percepito redditi da lavoro dipendente d'importo non superiore a 80.000 euro.

Dall'anno d'imposta 2016 è stato reintrodotto un sistema di tassazione agevolata per le retribuzioni premiali derivanti da contratti collettivi aziendali o territoriali i cui limiti a partire dall'anno d'imposta 2017 sono d'importo complessivamente non superiore a 3.000 euro (in questo caso risultano compilati con il codice 1 i punti 571 e/o 591 della Certificazione Unica 2024). Il limite di 3.000 euro trova applicazione anche nel caso in cui l'azienda coinvolge pariteticamente i lavoratori nell'organizzazione del lavoro in base a contratti collettivi aziendali o territoriali stipulati **dopo il 24 aprile 2017**.

Se l'azienda nel corso del 2023 ha coinvolto pariteticamente i lavoratori nell'organizzazione del lavoro (in questo caso risultano compilati con il codice 2 i punti 571 e/o 591 della Certificazione Unica 2024) in base a contratti collettivi aziendali o territoriali stipulati **fino al 24 aprile 2017** e ancora vigenti, il limite per fruire della tassazione agevolata è di 4.000 euro.

Tale sistema prevede che le retribuzioni premiali siano erogate:

- sotto forma di compensi per premi di risultato o di partecipazione agli utili dell'impresa e in tal caso sono assoggettate ad un'imposta sostitutiva del 5 per cento;
- o, a richiesta del lavoratore e purché previsto dalla contrattazione di secondo livello, sotto forma di benefit, intendendosi tali le prestazioni, opere, servizi corrisposti al dipendente in natura o sotto forma di rimborso spese aventi finalità che è possibile definire, sinteticamente, di rilevanza sociale. I benefit non sono assoggettati ad alcuna imposizione entro i limiti dell'importo del premio agevolabile;
- o, a scelta del lavoratore, sotto forma di auto aziendali, prestiti, alloggi o fabbricati concessi in uso o comodato o servizi di trasporto ferroviario di persone. Il valore di tali benefit, determinato ai sensi dell'art. 51, comma 4 del Tuir, **è assoggettato a imposizione ordinaria**, non è possibile assoggettarli a tassazione sostitutiva.

In generale l'imposta sostitutiva è applicata direttamente dal sostituto d'imposta (in tal caso risultano compilati i punti 572 e/o 592 "Premi di risultato assoggettati ad imposta sostitutiva" della Certificazione Unica 2024 e i punti 576 e/o 596 "Imposta sostitutiva" o 577 e/o 597 "Imposta sostitutiva sospesa"), tranne nei casi di espressa rinuncia in forma scritta da parte del lavoratore oppure perché il datore di lavoro ha verificato che la tassazione ordinaria è più favorevole per il lavoratore (in tal caso risultano compilati i punti 578 e/o 598).

Di conseguenza possono verificarsi le seguenti situazioni particolari:

1) il contribuente **ha percepito compensi per premio di risultato da più datori di lavoro ed è in possesso di più modelli di Certificazione Unica** tutti non conguagliati oppure è in possesso di modelli di Certificazione Unica non conguagliati e altri conguagliati. Il contribuente, pertanto, potrebbe aver fruito della tassazione agevolata su un ammontare di compensi superiore al limite previsto. In sede di presentazione della dichiarazione dei redditi occorre, quindi, procedere al conguaglio degli importi indicati nelle varie Certificazioni Uniche in possesso del contribuente in modo di assoggettare a tassazione ordinaria l'ammontare dei compensi percepiti che eccede il limite dei 3.000 euro (fino a 4.000 se l'azienda coinvolge pariteticamente i lavoratori nell'organizzazione del lavoro in base a contratti collettivi aziendali o territoriali stipulati fino al 24 aprile 2017 e ancora vigenti).

   Nell'eventualità in cui il contribuente sia in possesso anche di Certificazioni Uniche rilasciate da aziende che coinvolgono pariteticamente i lavoratori nell'organizzazione del lavoro, il limite fino a 4.000 euro può essere applicato solo se l'importo o la somma degli importi dei compensi percepiti per premi di risultato indicati in tali Certificazioni Uniche (somma dei punti 572, 573, 578 e 579 delle Certificazioni Uniche con codice 2 nel punto 571 e/o somma dei punti 592, 593, 598 e 599 delle Certificazioni Uniche con codice 2 nel punto 591) è di ammontare superiore ai 3.000 euro. In tal caso la tassazione agevolata sarà applicata solo sui premi di risultato che nelle Certificazioni Uniche sono individuati con il codice 2. Diversamente si applica sempre il limite dei 3.000 euro.

   Al fine di consentire a chi presta l'assistenza fiscale di determinare il limite di volta in volta applicabile occorre compilare tanti moduli quante sono le Certificazioni Uniche in possesso del contribuente;

2) il contribuente ha percepito compensi da uno o più datori di lavoro e, quindi, è in possesso di uno o più modelli di Certificazione Unica 2024, nei quali in tutti o in parte risultano compilati i punti da 571 a 602 ma il datore di lavoro ha assoggettato questi compensi a tassazione agevolata in mancanza dei requisiti previsti. Ad esempio, il lavoratore nell'anno 2022 aveva percepito un reddito di lavoro dipendente superiore a 80.000 euro e, pertanto, non era nelle condizioni per fruire della tassazione agevolata. In tal caso il lavoratore, in dichiarazione, dovrà assoggettare a tassazione ordinaria i compensi ricevuti.

Il contribuente può decidere di modificare la tassazione operata dal sostituto se ritiene quest'ultima meno vantaggiosa e si trova, ad esempio, in una delle seguenti condizioni:

a) avere interesse ad assoggettare a tassazione ordinaria i compensi percepiti per premi di risultato ai quali il datore di lavoro ha applicato l'imposta sostitutiva (punti 572, 576, 592 e 596 della Certificazione Unica 2024 compilati). In tal caso il soggetto che presta l'assistenza fiscale farà concorrere alla formazione del reddito complessivo i suddetti compensi considerando le imposte sostitutive trattenute quali ritenute Irpef a titolo d'acconto;

b) avere interesse ad assoggettare a tassazione sostitutiva i compensi percepiti per premi di risultato che il datore di lavoro ha assoggettato a tassazione ordinaria (punto 578 e/o 598 della Certificazione Unica 2024 compilato). Condizione necessaria per esercitare tale opzione è quella di aver percepito nell'anno 2022 un reddito di lavoro dipendente non superiore a 80.000 euro. In tal caso il soggetto che presta l'assistenza fiscale non comprenderà nel reddito complessivo i suddetti compensi (entro il limite massimo di 3.000 o 4.000 euro lordi) e calcolerà sugli stessi l'imposta sostitutiva del 5 per cento.

 Si può fruire del regime agevolativo previsto per le somme percepite per premi di risultato solo se sono stati stipulati **contratti collettivi di secondo livello che, entro trenta giorni dalla stipula, sono stati depositati telematicamente presso la competente Direzione territoriale del lavoro.**

L'indicazione nel rigo C4 delle somme percepite per premi di risultato è obbligatoria in quanto tale informazione consente la corretta determinazione del trattamento integrativo di cui al rigo C14. Pertanto, il presente rigo va sempre compilato in presenza di una Certificazione Unica 2024 nella quale risulti compilato il punto 571 e uno dei punti da 572 a 579. Se nella Certificazione Unica 2024 risultano compilati anche i punti da 591 a 602 occorrerà compilare un secondo rigo C4 utilizzando un ulteriore modulo del quadro C.

 In presenza di più modelli di Certificazione Unica non conguagliati o di modelli di Certificazione Unica non conguagliati e altri conguagliati occorre compilare tanti moduli quante sono le Certificazioni Uniche in possesso del contribuente. Occorre compilare più di un modulo anche nel caso in cui nella Certificazione Unica sono compilati i punti da 591 a 602.

Colonna 1 (Codice): riportare il codice indicato nel **punto 571 (o 591)** della Certificazione Unica 2024.
Nella Certificazione Unica è riportato:
- il **codice 1** se il limite dell'importo dei premi di risultato da assoggettare ad agevolazione è pari a 3.000 euro;
- il **codice 2** se il limite dell'importo dei premi di risultato da assoggettare ad agevolazione è pari a 4.000 euro poiché l'azienda coinvolge pariteticamente i lavoratori nell'organizzazione del lavoro e se i contratti collettivi aziendali o territoriali sono stati stipulati fino al 24 aprile 2017 e sono ancora vigenti.

Colonna 2 (Somme tassazione ordinaria): indicare l'importo risultante dal punto 578 (o 598) del modello di Certificazione Unica 2024.
Colonna 3 (Somme imposta sostitutiva): indicare l'importo risultante dal punto 572 (o 592) del modello di Certificazione Unica 2024.
Colonna 4 (Ritenute imposta sostitutiva): indicare l'importo risultante dal punto 576 (o 596) del modello di Certificazione Unica 2024.
Colonna 5 (Benefit): indicare l'importo risultante dal punto 573 (o 593) del modello di Certificazione Unica 2024.
Colonna 6 (Benefit a tassazione ordinaria): indicare l'importo risultante dal punto 579 e/o 599 del modello di Certificazione Unica 2024.
Colonne 7 (Tassazione ordinaria) e 8 (Tassazione sostitutiva):
Le colonne 7 e 8 sono fra loro alternative e, pertanto, non è possibile barrarle entrambe.
È obbligatoria la compilazione di una delle due caselle per esprimere la scelta per il trattamento fiscale delle somme percepite per premi di risultato, sia se si intenda modificare la tassazione operata dal datore di lavoro sia se si intenda confermarla. Se risultano compilate le sole colonne 1, 5 e/o 6, le colonne 7 e 8 possono non essere compilate.

 In presenza di più modelli di Certificazione Unica non conguagliati o di modelli di Certificazione Unica non conguagliati e altri conguagliati la scelta per il trattamento fiscale delle somme percepite per premi di risultato va effettuato solo sul primo modulo compilato.

Si ricorda che il datore di lavoro ha assoggettato questi compensi ad imposta sostitutiva tranne nel caso di espressa richiesta da parte del lavoratore per la tassazione ordinaria oppure nel caso in cui abbia verificato che quest'ultima sia più favorevole.

Se si intende confermare la tassazione operata dal datore di lavoro, seguire le indicazioni di seguito riportate.
- **colonna 7**: barrare la casella se nella Certificazione Unica 2024 è compilato il punto 578 (e/o 598) (Premi di risultato assoggettati a tassazione ordinaria) e, pertanto, si conferma la tassazione ordinaria delle somme percepite per premi di risultato;
- **colonna 8**: barrare la casella se nella Certificazione Unica 2024 è compilato il punto 572 e/o 592 (Premi di risultato assoggettati ad imposta sostitutiva) e, pertanto, si conferma la tassazione con imposta sostitutiva delle somme percepite per premi di risultato.

Se si intende modificare la tassazione operata dal datore di lavoro, seguire le indicazioni di seguito riportate:
- **colonna 7**: barrare la casella se nella Certificazione Unica 2024 è compilato il punto 572 e/o 592 (Premi di risultato assoggettati ad imposta sostitutiva) e, pertanto, si sceglie la tassazione ordinaria delle somme percepite per premi di risultato che il datore di lavoro ha assoggettato ad imposta sostitutiva;
- **colonna 8**: barrare la casella se nella Certificazione Unica 2024 è compilato il punto 578 e/o 598 (Premi di risultato assoggettati a tassazione ordinaria) e, pertanto, si sceglie di assoggettare ad imposta sostitutiva le somme percepite per premi di risultato che il datore di lavoro ha assoggettato a tassazione ordinaria.

Colonna 9 (Assenza requisiti)
Se si intende modificare la tassazione agevolata operata dal datore di lavoro perché non si è in possesso dei requisiti previsti dalla norma (ad esempio, perché nell'anno precedente sono stati percepiti redditi da lavoro dipendente d'importo superiore a 80.000 euro o perché il datore di lavoro ha applicato l'agevolazione in assenza del contratto collettivo di secondo livello o in assenza del deposito telematico di tale contratto presso la competente Direzione territoriale del lavoro, entro trenta giorni dalla stipula) barrare la presente casella.

MODELLO 730/2024 ISTRUZIONI PER LA COMPILAZIONE

Rigo C5 - Periodo di lavoro
Indicare il numero di giorni relativi al periodo di lavoro.
Colonna 1 (Lavoro dipendente): indicare il numero dei giorni relativi al periodo di lavoro dipendente o assimilato, il cui reddito è stato riportato in questa sezione (365 per l'intero anno). In particolare:
- se è stato indicato un solo reddito di lavoro dipendente o assimilato per cui il datore di lavoro ha rilasciato la Certificazione Unica 2024, riportare il numero dei giorni indicato nel **punto 6 della Certificazione Unica 2024**;
- se è stato indicato il solo reddito assimilato relativo alla rendita temporanea anticipata, riportare il numero dei giorni indicato nelle annotazioni alla Certificazione Unica 2024 con il codice AX;
- se invece il datore di lavoro non ha rilasciato la Certificazione Unica 2024 (perché non obbligato a farlo) è necessario determinare il numero di giorni tenendo conto che vanno in ogni caso compresi le festività, i riposi settimanali e gli altri giorni non lavorativi e che vanno sottratti i giorni per cui non spetta alcuna retribuzione, neanche differita (ad esempio, in caso di assenza per aspettativa senza corresponsione di assegni);
- se il rapporto di lavoro è part-time (nel senso che la prestazione lavorativa viene resa per un orario ridotto) i giorni possono essere considerati per l'intero periodo di lavoro;
- se sono stati indicati più redditi di lavoro dipendente o assimilati, indicare il numero totale dei giorni compresi nei vari periodi, tenendo conto che quelli compresi in periodi contemporanei devono essere considerati una volta sola.

 Per il calcolo dei giorni in altri casi (contratti a tempo determinato, indennità o somme erogate dall'INPS o da altri enti e borse di studio) vedere in Appendice la voce "Periodo di lavoro - casi particolari".

Colonna 2 (Pensione): indicare il numero dei giorni relativi al periodo di pensione per cui è prevista la detrazione per i pensionati (365 per l'intero anno). In particolare:
- se è stato indicato un solo reddito di pensione, riportare il numero dei giorni segnalato nel **punto 7 della Certificazione Unica 2024**;
- se sono stati indicati più redditi di pensione, riportare il numero totale dei giorni tenendo conto che i giorni compresi in periodi contemporanei devono essere considerati una volta sola;
- se sono stati indicati oltre a redditi di lavoro dipendente anche redditi di pensione, la somma dei giorni riportati in colonna 1 e in colonna 2 non può superare 365, tenendo conto che quelli compresi in periodi contemporanei vanno considerati una volta sola.

SEZIONE II - Altri redditi assimilati a quelli di lavoro dipendente

In questa sezione vanno indicati i redditi assimilati a quelli di lavoro dipendente per i quali spetta una detrazione d'imposta non rapportata al periodo di lavoro. In presenza della Certificazione Unica l'importo del reddito è riportato nel punto 4 o nel punto 5. Si tratta in particolare di:
a) assegni periodici percepiti dal coniuge, compresi gli importi stabiliti a titolo di spese per il canone di locazione e spese condominiali, disposti dal giudice, e percepiti periodicamente dall'ex coniuge (c.d. "contributo casa"). Sono esclusi quelli destinati al mantenimento dei figli, in conseguenza di separazione legale, divorzio o annullamento del matrimonio. È importante sapere che se il provvedimento dell'autorità giudiziaria non distingue la quota per l'assegno periodico destinata al coniuge da quella per il mantenimento dei figli, l'assegno o il "contributo casa" si considerano destinati al coniuge per metà del loro importo;
b) assegni periodici comunque denominati alla cui produzione non concorrono né capitale né lavoro (escluse le rendite perpetue), compresi gli assegni testamentari, quelli alimentari, ecc.;
c) compensi e indennità corrisposte da amministrazioni statali ed enti pubblici territoriali per l'esercizio di pubbliche funzioni, comproché le prestazioni non siano rese da soggetti che esercitano un'arte o professione (art. 53, comma 1, del Tuir), e non siano state effettuate nell'esercizio di impresa commerciale. Sono tali, ad esempio, anche quelli corrisposti ai componenti delle commissioni la cui costituzione è prevista dalla legge (commissioni edilizie comunali, commissioni elettorali comunali, ecc.);
d) compensi corrisposti ai giudici tributari e agli esperti del tribunale di sorveglianza;
e) indennità e assegni vitalizi percepiti per l'attività parlamentare e le indennità percepite per le cariche pubbliche elettive (consiglieri regionali, provinciali, comunali), nonché quelle percepite dai giudici costituzionali;
f) rendite vitalizie e le rendite a tempo determinato costituite a titolo oneroso.
Le rendite che derivano da contratti stipulati sino al 31 dicembre 2000 costituiscono reddito per il 60 per cento dell'ammontare lordo percepito. Per i contratti stipulati successivamente le rendite costituiscono reddito per l'intero ammontare;
g) compensi corrisposti per l'attività libero professionale intramuraria svolta dal personale dipendente del Servizio sanitario nazionale (art. 50, comma 1, lett. e) del Tuir).
Le rendite e gli assegni periodici si presumono percepiti, salvo prova contraria, nella misura e alle scadenze risultanti dai relativi titoli.

Righi da C6 a C8
Colonna 2 (Reddito): riportare l'importo dei redditi percepiti indicato:
- nel **punto 4** (altri redditi assimilati) **della Certificazione Unica 2024** o nel punto 765 se il sostituto d'imposta ha riconosciuto l'agevolazione prevista per i residenti a Campione d'Italia;
- nel **punto 5** (assegni periodici corrisposti al coniuge) **della Certificazione Unica 2024** o nel punto 766 se il sostituto d'imposta ha riconosciuto l'agevolazione prevista per i residenti a Campione d'Italia. In tali casi va anche barrata la casella di **Colonna 1** "Assegno del coniuge".

In colonna 3 (Altri dati) indicare:
- il **codice '1'** per i compensi corrisposti per l'attività libero professionale intramuraria svolta dal personale dipendente del Servizio Sanitario Nazionale, se nel punto 8 della Sezione "Dati Anagrafici" della Certificazione Unica è indicato il codice 'R';

- **il codice '5'**, che identifica i redditi prodotti in euro dai residenti a Campione d'Italia, se nella CU 2024 sono compilati i punti da 765 o 766 o comunque se si hanno i requisiti per fruire di tale agevolazione. Tale codice non va indicato qualora il sostituto d'imposta abbia riconosciuto un'agevolazione non spettante.

In presenza di una Certificazione Unica 2024 che certifichi redditi prodotti in euro dai residenti a Campione d'Italia e redditi per cui non è possibili fruire dell'agevolazione prevista per i residenti a Campione d'Italia, occorre compilare distinti righi, secondo le modalità di seguito indicate:
- se nella CU 2024 è compilato il punto 765 tale importo va riportato in colonna 2;
- se nella CU 2024 è compilato il punto 766 tale importo va riportato in colonna 2 e va barrata la casella di colonna 1.

In tali casi indicare il codice '5' nella colonna 3. Tale codice non va indicato qualora il sostituto d'imposta abbia riconosciuto un'agevolazione non spettante.
- se nella CU 2024 è compilato il punto 774 tale importo va riportato in colonna 2;
- se nella CU 2024 è compilato il punto 775 tale importo va riportato in colonna 2 e va barrata la casella di colonna 1.

In tali casi nella colonna 3 non va indicato il codice '5'.

SEZIONE III - Ritenute IRPEF e addizionale regionale all'IRPEF

Rigo C9
Colonna 1 (Ritenute Irpef): indicare il totale delle **ritenute Irpef** relative ai redditi di lavoro dipendente e assimilati riportati nelle Sezioni I e II. L'importo è indicato nel **punto 21 della Certificazione Unica 2024.**
Colonna 2 (Ritenute Imposta sostitutiva RITA): indicare il totale delle **ritenute dell'imposta sostitutiva** sulla rendita integrativa temporanea anticipata indicato nelle annotazioni alla Certificazione Unica 2024 con il codice AX. Questa colonna va compilata solo se nella casella "Casi particolari" del quadro C è indicato il codice '11'.

Rigo C10: indicare il totale dell'**addizionale regionale all'Irpef** trattenuta sui redditi di lavoro dipendente e assimilati riportati nelle Sezioni I e II. L'importo è indicato nel **punto 22 della Certificazione Unica 2024**. Se sono stati percepiti compensi per lavori socialmente utili per compilare i righi C9 e C10 seguire le istruzioni relative alla colonna 1 dei righi da C1 a C3 e in particolare il paragrafo "Compensi per lavori socialmente utili".

SEZIONE IV - Ritenute addizionale comunale all'IRPEF

Rigo C11: indicare le ritenute di **acconto 2023 dell'addizionale comunale** sui redditi di lavoro dipendente e assimilati riportati nelle Sezioni I e II.
L'importo è indicato nel **punto 26 della Certificazione Unica 2024**.

Rigo C12: indicare le ritenute del **saldo 2023 dell'addizionale comunale** sui redditi di lavoro dipendente e assimilati indicati nelle Sezioni I e II.
L'importo è indicato nel **punto 27 della Certificazione Unica 2024**.

Rigo C13: indicare le ritenute di **acconto 2024 dell'addizionale comunale** sui redditi di lavoro dipendente e assimilati.
L'importo è indicato nel **punto 29 della Certificazione Unica 2024**.

I lavoratori dipendenti o pensionati che hanno fruito della **sospensione delle ritenute** Irpef e delle addizionali regionale e comunale all'Irpef a seguito di **eventi eccezionali** devono comunque riportare nei righi da C9 a C13 gli importi relativi al totale delle ritenute Irpef e delle addizionale regionale e comunale all'Irpef comprensivi di quelle non operate per effetto dei provvedimenti di sospensione. Nel rigo F5 del quadro F va indicato l'importo sospeso. Al riguardo vedere in Appendice la voce "Eventi eccezionali".

SEZIONE V - Riduzione della pressione fiscale sul lavoro dipendente

Dal 1° luglio 2020 è riconosciuta una somma che non concorre alla formazione del reddito complessivo, denominata "**trattamento integrativo**", ai titolari di reddito di lavoro dipendente e di alcuni redditi assimilati.

Dal 1° gennaio 2022 esso è riconosciuto nella misura di 1.200 euro ai lavoratori la cui imposta, determinata tenendo conto solo dei redditi da lavoro dipendente e di alcuni assimilati, sia di ammontare superiore alle detrazioni per lavoro dipendente e il cui reddito complessivo sia non superiore a 15.000 euro. Se le condizioni precedenti sono rispettate, ma il reddito complessivo determinato considerando per intero i redditi per cui si è fruita dell'agevolazione prevista dai regimi speciali per i docenti e ricercatori e i cd. "impatriati", aumentato dei redditi assoggettati a cedolare secca sugli affitti e delle mance assoggettate ad imposta sostitutiva e al netto del reddito dell'abitazione principale e delle relative pertinenze, è compreso tra 15.001 e 28.000 euro, occorre verificare che la somma di alcune detrazioni sia maggiore dell'imposta lorda di cui al rigo 16 del 730-3. Se questa condizione è verificata, il trattamento integrativo è comunque riconosciuto per un ammontare non superiore a 1.200 euro, determinato in misura pari alla differenza tra la somma delle menzionate detrazioni e l'imposta lorda.

Le detrazioni di cui occorre tener conto sono le seguenti:

a) detrazioni per carichi di famiglia;
b) detrazioni per lavoro dipendente e assimilati;
c) detrazioni per interessi passivi su prestiti o mutui agrari contratti fino al 31 dicembre 2021;
d) detrazioni per interessi passivi su mutui contratti fino al 31 dicembre 2021 per l'acquisto o la costruzione dell'unità immobiliare da adibire ad abitazione principale;
e) detrazioni per spese sanitarie superiori a 15.493,71 euro, per l'acquisto di veicoli per persone con disabilità e spese per l'acquisto di cani guida, tutte sostenute fino al 31 dicembre 2021 e rateizzate alla medesima data;

f) detrazioni per spese per interventi di recupero del patrimonio edilizio e di riqualificazione energetica degli edifici sostenute fino al 31 dicembre 2021 e rateizzate alla medesima data;
g) tutte le detrazioni previste da altre disposizioni normative relative a spese sostenute fino al 31 dicembre 2021 e rateizzate alla medesima data. Si tratta, in particolare, delle rate residue derivanti dalle detrazioni spettanti per le spese sostenute fino al 31 dicembre 2021 per:
   a. interventi ammessi al c.d. Sisma *bonus*;
   b. interventi ammessi al c.d. *Bonus* verde;
   c. interventi finalizzati al recupero o al restauro delle facciate degli edifici esistenti - Bonus facciate;
   d. interventi di acquisto e posa in opera di infrastrutture di ricarica dei veicoli alimentati ad energia elettrica;
   e. spese per l'arredo degli immobili ristrutturati - Bonus mobili;
   f. spese per l'arredo degli immobili giovani coppie;
   g. spese per acquisto abitazione classe energetica A o B;
   h. spese per interventi finalizzati al risparmio energetico – Eco bonus;
   i. superbonus;
   j. spese per il riscatto di periodi non coperti da contribuzione (c.d. pace contributiva).

Alla formazione del reddito complessivo ai fini del trattamento integrativo concorrono le quote di reddito esenti dalle imposte sui redditi previste per i ricercatori e docenti universitari e per gli impatriati, nonché l'importo del reddito di locazione assoggettato a cedolare secca.

Il trattamento integrativo è riconosciuto direttamente dal datore di lavoro in busta paga a partire dal mese di gennaio.

Chi presta l'assistenza fiscale ricalcola l'ammontare del trattamento integrativo tenendo conto di tutti i redditi dichiarati e le indica nel prospetto di liquidazione, Mod. 730-3, che rilascia al dichiarante dopo avere effettuato il calcolo delle imposte.

Pertanto, se il datore di lavoro non ha erogato, in tutto o in parte, chi presta l'assistenza fiscale riconosce l'ammontare spettante nella presente dichiarazione. Le agevolazioni spettanti sono riconosciute nella presente dichiarazione anche se il datore di lavoro non riveste la qualifica di sostituto d'imposta.

Se dal calcolo effettuato da chi presta l'assistenza fiscale, le agevolazioni risultano, in tutto o in parte, non spettanti, l'ammontare riconosciuto dal datore di lavoro in mancanza dei presupposti previsti, viene recuperato con la presente dichiarazione.

 Per consentire a chi presta l'assistenza fiscale di calcolare correttamente il trattamento integrativo, tutti i lavoratori dipendenti (codice 2, 3 o 4 nella colonna 1 dei righi da C1 a C3) devono compilare il rigo C14.

Rigo C14 - Riduzione pressione fiscale
Colonna 1: (Codice)
Riportare il codice indicato nel **punto 390 della Certificazione Unica 2024.**
Nella Certificazione Unica è riportato:
- il **codice 1** se il datore di lavoro **ha riconosciuto** il trattamento integrativo e lo ha erogato tutto o in parte. In questo caso nella colonna 2 del rigo C14 va riportato l'importo del trattamento integrativo erogato dal sostituto d'imposta (punto 391 della Certificazione Unica 2024);
- il **codice 2** se il datore di lavoro **non ha riconosciuto** il trattamento integrativo ovvero pur avendolo riconosciuto, non ha provveduto ad erogarlo neanche in parte. In questo caso non va compilata la colonna 2 del rigo C14.

Colonna 2 (Trattamento erogato)
Riportare l'importo del trattamento integrativo erogato dal sostituto d'imposta, indicato nel **punto 391 della Certificazione Unica 2024**. In nessun caso, invece, deve essere riportato nel modello 730 l'importo del trattamento integrativo riconosciuto ma non erogato, indicato nel **punto 392 della Certificazione Unica.**

Colonna 3 (Esenzione ricercatori e docenti)
Riportare l'importo indicato nel punto 463 della Certificazione Unica se nel punto 462 è indicato il codice '2' o '15'. Se si fruisce in dichiarazione dell'agevolazione prevista per i **docenti e ricercatori**, riportare l'ammontare indicato nelle annotazioni alla Certificazione Unica con il codice BC o CV per docenti e ricercatori. Se nelle annotazioni alla Certificazione Unica non sono presenti tali informazioni riportare la quota di reddito da lavoro dipendente che non è stata indicata nei righi da C1 a C3.

Colonna 4 (Esenzione Impatriati)
Riportare l'importo indicato nel punto 463 della Certificazione Unica se nel punto 462 è indicato il codice 4, 6, 8, 9 o 13 o 14. Se si fruisce in dichiarazione dell'agevolazione prevista per gli **impatriati**, riportare l'ammontare indicato nelle annotazioni alla Certificazione Unica con il codice **BD o CQ o CR o CS o CT o CU**. Se nelle annotazioni alla Certificazione Unica non sono presenti tali informazioni riportare la quota di reddito da lavoro dipendente che non è stata indicata nei righi da C1 a C3.

Presenza di più Certificazioni
1) In presenza di **più modelli di Certificazione Unica non conguagliati**:
   – nella **colonna 1** va riportato il codice 1 se in almeno in uno dei modelli di Certificazione Unica è indicato il codice 1 nel punto 390. Nella colonna 1 va invece indicato il codice 2 se in tutti i modelli di Certificazione Unica è indicato il codice 2 nel punto 390;
   – nella **colonna 2** va riportata la somma degli importi indicati nel punto 391 dei modelli di Certificazione Unica non conguagliati;
   – nella **colonna 3** va riportata la somma degli importi indicati nel punto 463 della Certificazione Unica se nel punto 462 è indicato il codice '2' o '15';
   – nella **colonna 4** va riportata la somma degli importi indicati nel punto 463 della Certificazione Unica se nel punto 462 è indicato il codice '4' o '6' o '8' o '9' o '13' o '14'.

2) In presenza di una **Certificazione Unica che conguaglia tutti i precedenti modelli di Certificazione Unica**, nelle colonne da 1 a 4 vanno riportati esclusivamente i dati indicati nella Certificazione rilasciata dal sostituto che ha effettuato il conguaglio (punti 390, 391, 462 e 463).
Nelle colonne 3 e 4 vanno riportati esclusivamente i dati indicati nella Certificazione rilasciata dal sostituto d'imposta che ha effettuato il conguaglio.

3) In presenza di una **Certificazione Unica che conguaglia solo alcuni modelli di Certificazione Unica**, per la compilazione delle colonne da 1 a 4 vanno seguite le istruzioni sopra fornite per i modelli di Certificazione Unica non conguagliati, tenendo presente che la Certificazione Unica rilasciata dal sostituto che ha effettuato il conguaglio sostituisce i modelli di Certificazione Unica conguagliati.

SEZIONE VI - Detrazione per il personale del comparto sicurezza e difesa

Questa sezione è riservata al personale militare delle Forze armate, compreso il Corpo delle capitanerie di porto, e al personale delle Forze di polizia ad ordinamento civile e militare in costanza di servizio nel 2023, per il quale è prevista una riduzione dell'imposta sul reddito delle persone fisiche (art. 45, comma 2, decreto legislativo 29 maggio 2017, n. 95). L'agevolazione spetta ai lavoratori che nell'anno 2022 hanno percepito un reddito di lavoro dipendente non superiore a 30.208 euro. La riduzione d'imposta è determinata dal datore di lavoro sul trattamento economico accessorio erogato (punto 383 della Certificazione Unica 2024).

Qualora la detrazione d'imposta non trovi capienza nell'imposta lorda determinata ai sensi dell'articolo 11 del Tuir, la parte eccedente può essere fruita in detrazione dell'imposta dovuta sulle medesime retribuzioni corrisposte nell'anno 2023 ed assoggettate all'aliquota a tassazione separata di cui all'articolo 17 del Tuir.

Nel caso in cui il sostituto non abbia riconosciuto tale detrazione al percipiente, il contribuente può fruirne in dichiarazione se nelle annotazioni alla Certificazione Unica 2024 è presente il codice BO.

La misura della riduzione e le modalità applicative della stessa sono individuate annualmente con decreto del Presidente del Consiglio dei Ministri (art. 45, comma 2, del decreto legislativo 29 maggio 2017, n. 95). Per l'anno d'imposta 2023 essa è pari a 571 euro (decreto del Presidente del Consiglio dei Ministri 18 luglio 2023, pubblicato in G.U. n. 216 del 15 settembre 2023).

Rigo C15
Nella **colonna 1 (Fruita tassazione ordinaria)** riportare l'importo della detrazione indicato nel punto 384 della Certificazione Unica 2024 o, nel caso di più Certificazioni Uniche, la somma degli importi indicati nei punti 384 di tutte le Certificazioni Uniche.
Nella **colonna 2 (Non fruita tassazione ordinaria)** riportare l'importo della detrazione indicato nel punto 385 della Certificazione Unica 2024 o, nel caso di più Certificazioni Uniche, la somma degli importi indicati nel punto 385 di tutte le Certificazioni Uniche.
Nella **colonna 3 (Fruita tassazione separata)** riportare l'importo della detrazione indicato nel punto 516 della Certificazione Unica 2024 o, nel caso di più Certificazioni Uniche, la somma degli importi indicati nei punti 516 di tutte le Certificazioni Uniche.
Chi presta l'assistenza fiscale terrà conto della detrazione in sede di liquidazione della dichiarazione.

SEZIONE VII - Tassazione mance settore turistico-alberghiero e di ricezione

Questa sezione va compilata dai lavoratori dipendenti delle strutture ricettive e degli esercizi di somministrazione di alimenti e bevande (per la definizione di esercizi si veda l'art. 5 della legge 25 agosto 1991, n. 287) del settore privato che hanno percepito somme a loro destinate a titolo di liberalità, anche attraverso mezzi di pagamenti elettronici e a loro riversate

Rigo C16 - Tassazione agevolata mance
Il rigo C16 può essere utilizzato dai lavoratori dipendenti delle strutture ricettive e delle imprese di somministrazione di cibi e bevande (art. 5, legge 25 agosto 1991, n.287) del settore privato che nel 2023 hanno percepito somme dai clienti a titolo di liberalità (mance), anche attraverso mezzi di pagamento elettronici e che nell'anno d'imposta 2022 hanno percepito redditi da lavoro dipendente non superiore a 50.000 euro. Ai fini del calcolo del limite reddituale previsto devono essere inclusi tutti i redditi di lavoro dipendente conseguiti dal lavoratore, compresi quelli derivanti da attività lavorativa diversa da quella svolta nel settore turistico-alberghiero e della ristorazione.

Salvo rinuncia scritta del lavoratore, il sostituto d'imposta assoggetta le mance a una tassazione sostitutiva dell'Irpef e delle addizionali regionali e comunali con l'aliquota del 5 per cento.

Questa tassazione agevolata può essere applicata su un ammontare delle mance non superiore al 25 per cento della somma di tutti i redditi di lavoro dipendente percepiti nell'anno per le prestazioni di lavoro rese nel settore turistico-alberghiero e della ristorazione, ivi comprese le mance, anche se derivanti da rapporti di lavoro intercorsi con datori di lavoro diversi. La parte eccedente il menzionato limite deve essere assoggettata a tassazione ordinaria.

In generale l'imposta sostitutiva è applicata direttamente dal sostituto d'imposta (in tal caso risulta compilato il punto 652 "Mance assoggettate ad imposta sostitutiva" della Certificazione Unica 2024 e il punto 653 "Imposta sostitutiva" o il punto 654 "Imposta sostitutiva sospesa"), tranne nei casi di espressa rinuncia in forma scritta da parte del lavoratore.

Il contribuente può decidere, però, di modificare la tassazione operata dal sostituto se ritiene quest'ultima meno vantaggiosa e si trova, ad esempio, in una delle seguenti condizioni:

a) avere interesse ad assoggettare a tassazione ordinaria le mance percepite che invece il datore di lavoro ha assoggettato a imposta sostitutiva (punto 652 della Certificazione Unica 2024 compilato). In tal caso il soggetto che presta l'assistenza fiscale farà concorrere alla formazione del reddito complessivo i suddetti compensi considerando le imposte sostitutive trattenute quali ritenute Irpef a titolo d'acconto;

b) avere interesse ad assoggettare a tassazione sostitutiva le mance percepite che il datore di lavoro ha assoggettato a tassazione ordinaria (punto 654 della Certificazione Unica 2024 compilato). Condizione necessaria per esercitare tale opzione è quella di aver percepito nell'anno 2022 un reddito di lavoro dipendente non superiore a 50.000 euro. In tal caso il soggetto che presta l'assistenza fiscale non comprenderà nel reddito complessivo i suddetti ammontari (entro il limite massimo dato dalla somma di tutti gli importi indicati nella colonna 2 del presente rigo di tutti i moduli compilati) e calcolerà sugli stessi l'imposta sostitutiva del 5 per cento.

 Per ulteriori approfondimenti si rinvia alla circolare n. 26/E del 29 agosto 2023.

 L'importo delle mance assoggettato ad imposta sostitutiva rileva in tutte le ipotesi in cui le vigenti disposizioni, per il riconoscimento della spettanza o per la determinazione, in favore del lavoratore, di deduzioni, detrazioni o benefici a qualsiasi titolo facciano riferimento al possesso di requisiti reddituali.

L'indicazione nel rigo C16 delle mance percepite e assoggettate ad imposta sostitutiva è obbligatoria in quanto tale informazione consente la corretta determinazione del trattamento integrativo di cui al rigo C14. Pertanto, il presente rigo va sempre compilato in presenza di una Certificazione Unica 2024 nella quale risulti compilato il punto 651 e uno dei punti tra 652 o 655.

Colonna 1 (Reddito settore turistico): indicare l'importo indicato nel punto 651 della Certificazione Unica.
Colonna 2 (Somme tassazione ordinaria): indicare l'importo indicato nel punto 655 della Certificazione Unica.
Colonna 3 (Somme imposta sostitutiva): indicare l'importo indicato nel punto 652 della Certificazione Unica.
Colonna 4 (Ritenute imposta sostitutiva): indicare l'importo indicato nel punto 653 della Certificazione Unica.
Colonne 5 (Tassazione ordinaria) e 6 (Tassazione sostitutiva):
Le colonne 5 e 6 sono fra loro alternative e, pertanto, non è possibile barrarle entrambe.
È obbligatoria la compilazione di una delle due caselle per esprimere la scelta per il trattamento fiscale delle mance percepite, sia se si intenda modificare la tassazione operata dal datore di lavoro sia se si intenda confermarla.

In presenza di più modelli di Certificazione Unica non conguagliati o di modelli di Certificazione Unica non conguagliati e altri conguagliati la scelta per il trattamento fiscale delle mance percepite va effettuato solo sul primo modulo compilato.

In presenza di più modelli di Certificazione Unica non conguagliati o di modelli di Certificazione Unica non conguagliati e altri conguagliati occorre compilare tanti moduli quante sono le Certificazioni Uniche in possesso del contribuente, avendo cura di indicare in colonna 1 del primo modulo la somma di tutti i redditi del settore turistico indicati nelle Certificazioni Uniche in cui è compilato solo il punto 651.

Si ricorda che il datore di lavoro ha assoggettato queste somme ad imposta sostitutiva tranne nel caso di espressa richiesta da parte del lavoratore per la tassazione ordinaria.

Se si intende confermare la tassazione operata dal datore di lavoro, seguire le indicazioni di seguito riportate.
- **colonna 5**: barrare la casella se nella Certificazione Unica 2024 è compilato il punto 655 e, pertanto, si conferma la tassazione ordinaria delle mance percepite dal personale impiegato nel settore ricettivo e di somministrazione di pasti e bevande;
- **colonna 6**: barrare la casella se nella Certificazione Unica 2024 è compilato il punto 652 e, pertanto, si conferma la tassazione con imposta sostitutiva delle mance percepite dal personale impiegato nel settore ricettivo e di somministrazione di pasti e bevande.

Se si intende modificare la tassazione operata dal datore di lavoro, seguire le indicazioni di seguito riportate:
- **colonna 5**: barrare la casella se nella Certificazione Unica 2024 è compilato il punto 652 e, pertanto, si sceglie la tassazione ordinaria delle mance percepite dal personale impiegato nel settore ricettivo e di somministrazione di pasti e bevande che il datore di lavoro ha assoggettato ad imposta sostitutiva;
- **colonna 6**: barrare la casella se nella Certificazione Unica 2024 è compilato il punto 655 e, pertanto, si sceglie di assoggettare ad imposta sostitutiva le mance percepite dal personale impiegato nel settore ricettivo e di somministrazione di pasti e bevande che il datore di lavoro ha assoggettato a tassazione ordinaria.

Colonna 7 (Assenza requisiti): se si intende modificare la tassazione agevolata operata dal datore di lavoro perché non si è in possesso dei requisiti previsti dalla norma (ad esempio, nel caso di tassazione agevolata delle mance, ad esempio, perché nell'anno precedente sono state percepite somme superiori ad importo 50.000 euro) barrare la presente casella.

8. QUADRO D - Altri redditi

Il **quadro D** è diviso in due Sezioni:
- nella prima vanno indicati i redditi di capitale, i redditi di lavoro autonomo e i redditi diversi;
- nella seconda vanno indicati i redditi soggetti a tassazione separata.

Righi da D3 a D5
Alcuni redditi di lavoro autonomo e diversi (ad esempio i compensi per attività di lavoro autonomo occasionali) da indicare nel quadro D possono essere ricavati dalla Certificazione Unica rilasciata dal sostituto d'imposta.
I redditi diversi derivanti da sublocazione breve e da locazione breve da parte del comodatario indicati nel quadro Certificazione Redditi-Locazioni brevi della Certificazione Unica 2024 vanno indicati nel rigo D4 indicando nella colonna "3" il codice 10, tranne nel caso in cui nel corso del 2023 sono stati locati più di 4 appartamenti. In tal caso il comodatario non può utilizzare il modello 730.
Nella tabella seguente sono indicati i righi del quadro D nei quali vanno esposti i redditi in relazione alla "Causale" presente nel punto 1 della Certificazione Unica 2024 – Lavoro autonomo.

TABELLA DI RACCORDO TRA CERTIFICAZIONE UNICA 2024 – LAVORO AUTONOMO E RIGHI DA D3 A D5 DEL QUADRO D DEL MODELLO 730/2024

"CAUSALE" INDICATA NEL PUNTO 1 DELLA CU	RIGO E CODICE DA INDICARE NEL QUADRO D	TIPOLOGIA DI REDDITO
B	D3 codice 1	Proventi che derivano dall'utilizzazione economica di opere dell'ingegno e di invenzioni industriali da parte dell'autore o inventore
C	D3 codice 3	Redditi che derivano dai contratti di associazione in partecipazione e di cointeressenza agli utili se l'apporto è costituito esclusivamente dalla prestazione di lavoro
D	D3 codice 3	Utili spettanti ai soci promotori ed ai soci fondatori delle società di capitali
E	D3 codice 2	Redditi che derivano dall'attività di levata dei protesti esercitata dai segretari comunali
L	D4 codice 6	Redditi derivanti dall'utilizzazione economica di opere dell'ingegno, di brevetti industriali, percepiti dagli aventi causa a titolo gratuito (ad esempio eredi e legatari)
L1	D4 codice 6	Redditi derivanti dall'utilizzazione economica di opere dell'ingegno, di brevetti industriali, percepiti da soggetti che abbiano acquistato a titolo oneroso i diritti alla loro utilizzazione
M	D5 codice 2	Redditi derivanti da attività di lavoro autonomo occasionale
M1	D5 codice 3	Redditi derivanti dall'assunzione di obblighi di fare, non fare, permettere
M2	D5 codice 2	Redditi derivanti da prestazioni di lavoro autonomo non esercitate abitualmente per le quali sussiste l'obbligo di iscrizione alla Gestione Separata ENPAPI
N	D4 codice 7 (o D4 codice 11 per i residenti a Campione d'Italia)	Indennità di trasferta, rimborsi forfetari di spesa, premi e compensi erogati ai direttori artistici e ai collaboratori tecnici per prestazioni di natura non professionale da parte di cori, bande musicali e filodrammatiche che perseguono finalità dilettantistiche
N1	D4 codice 12 (o D4 codice 13 per i residenti a Campione d'Italia)	Indennità di trasferta, rimborsi forfetari di spesa, premi e compensi erogati ai collaboratori tecnici per prestazioni di natura non professionale da parte di attività sportive dilettantistiche
N2	D3 codice 4	Redditi derivanti da prestazioni sportive oggetto di contratto diverso da quello di lavoro subordinato o da quello di collaborazione coordinata e continuativa, ai sensi del decreto legislativo 28 febbraio 2021, n. 36
N3	D3 codice 5	Redditi derivanti da prestazioni sportive oggetto di contratto diverso da quello di lavoro subordinato o da quello di collaborazione coordinata e continuativa, ai sensi del decreto legislativo 28 febbraio 2021, n. 36, che prevedono particolari soglie di esenzione a seguito di specifiche disposizioni normative
O	D5 codice 2	Redditi derivanti da attività di lavoro autonomo occasionale, per le quali non sussiste l'obbligo di iscrizione alla gestione separata (Cir. INPS n. 104/2001)
O1	D5 codice 3	Redditi derivanti dall'assunzione di obblighi di fare, non fare, permettere, per le quali non sussiste l'obbligo di iscrizione alla gestione separata (Cir. INPS n. 104/2001)
V1	D5 codice 1	Redditi derivanti da attività commerciali non esercitate abitualmente

SEZIONE I - Redditi di capitale, di lavoro autonomo e redditi diversi

Redditi di capitale

A seguito della riforma della tassazione dei redditi di capitale introdotta con la Legge di bilancio 2018 (legge 27 dicembre 2017, n. 205, art. 1, commi da 1003 a 1006), ai fini fiscali, non rileva più la distinzione tra partecipazioni qualificate e non qualificate poiché entrambe le tipologie di partecipazioni sono assoggettate allo stesso regime impositivo che prevede l'effettuazione di una ritenuta a titolo d'imposta da parte dei soggetti che intervengono nella loro riscossione.

Si evidenzia che la legge di bilancio 2018 ha previsto un periodo transitorio durante il quale agli utili prodotti fino all'esercizio in corso al 31 dicembre 2017 e la cui distribuzione è deliberata dal 1° gennaio 2018 al 31 dicembre 2022 continua ad applicarsi la disciplina previgente anche se l'effettiva distribuzione avviene successivamente al 31 dicembre 2022.

A seguito di tale modifica normativa, gli utili e gli altri proventi di natura qualificata o non qualificata formatisi dall'esercizio successivo a quello in corso al 31 dicembre 2017 sono assoggettati a ritenuta a titolo d'imposta e pertanto non vanno indicati nel quadro D.

Sono assoggettati a ritenuta a titolo d'imposta anche gli utili e gli altri proventi equiparati provenienti da imprese o enti residenti o localizzate in Stati o Territori a fiscalità privilegiata, relativi a partecipazioni non qualificate i cui titoli sono negoziati in mercati regolamentati. Per la definizione di mercato regolamentato si rinvia alla circolare n. 32 del 23 dicembre 2020.

A decorrere dal 1° gennaio 2020, l'art. 32-*quater* del D.L. n. 124 del 2019 ha modificato la tassazione degli utili distribuiti alle società semplici in qualsiasi forma e sotto qualsiasi denominazione, anche nei casi di cui all'art. 47, comma 7, del Tuir, dalle società e dagli enti residenti di cui all'art. 73, comma 1, lett. a), b), c) e d), del medesimo testo unico. In particolare, i dividendi corrisposti alla società semplice si intendono percepiti per trasparenza dai rispettivi soci con conseguente applicazione del corrispondente regime fiscale (art. 89 o art. 59 del Tuir). Detti utili, per la quota imputabile alle persone fisiche residenti in relazione a partecipazioni, qualificate e non qualificate, non relative all'impresa ai sensi dell'art. 65 del Tuir, sono soggetti a tassazione con applicazione della ritenuta di cui all'art. 27, comma 1, del d.P.R. n. 600 del 1973.

I righi D1 e D2 devono, pertanto, essere utilizzati per dichiarare i seguenti redditi percepiti nel 2023 indipendentemente dal momento in cui è sorto il diritto a percepirli:

■ gli utili derivanti dalla partecipazione al capitale di società ed enti soggetti all'Ire;

- gli utili distribuiti da società ed enti esteri di ogni tipo provenienti da Paesi a fiscalità privilegiata;
- tutti gli altri redditi di capitale.

Tali proventi sono riportati nella certificazione degli utili (CUPE) o sono desumibili da altra documentazione rilasciata dalle società emittenti, italiane o estere, o dai soggetti intermediari.

Non devono, invece, essere dichiarati in questi righi i redditi di capitale soggetti a ritenuta alla fonte a titolo d'imposta oppure a imposta sostitutiva.

I redditi di capitale concorrono alla formazione del reddito complessivo:
- nella misura del 49,72 per cento se derivano da utili prodotti a partire dall'esercizio successivo a quello in corso al 31 dicembre 2007 e fino all'esercizio in corso al 31 dicembre 2016;
- nella misura del 40 per cento se derivanti da utili prodotti sino all'esercizio in corso al 31 dicembre 2007;
- nella misura del 58,14 per cento se derivanti da utili prodotti a partire dall'esercizio successivo a quello in corso al 31 dicembre 2016 e fino all'esercizio in corso al 31 dicembre 2017.

Concorrono invece integralmente alla formazione del reddito complessivo gli utili e gli altri proventi equiparati provenienti da imprese o enti residenti o localizzate in Stati o Territori a fiscalità privilegiata, tranne quelli derivanti da partecipazioni di natura non qualificata in imprese i cui titoli sono negoziati in mercati regolamentati.

I contribuenti che presentano il Mod. 730 devono presentare anche il quadro RM del Mod. REDDITI Persone fisiche 2024, se hanno percepito nel 2023 redditi di capitale di fonte estera su cui non sono state applicate le ritenute a titolo d'imposta nei casi previsti dalla normativa italiana, oppure interessi, premi e altri proventi delle obbligazioni e titoli similari, pubblici e privati, per i quali non è stata applicata l'imposta sostitutiva prevista dal D.Lgs. 1° aprile 1996, n. 239, e successive modificazioni.

 In Appendice, alla voce "Utili e proventi equiparati prodotti all'estero" sono contenute le informazioni sul trattamento fiscale degli utili prodotti all'estero.

Rigo D1 - Utili ed altri proventi equiparati
Nel rigo D1 indicare gli utili e gli altri proventi equiparati in qualunque forma corrisposti da società di capitali o enti commerciali, residenti e non residenti, riportati nella certificazione rilasciata dalla società emittente o desumibili da altra documentazione.
In questo rigo vanno indicati anche gli utili e i proventi:
- derivanti da contratti di associazione in partecipazione, ad esclusione di quelli in cui l'apporto dell'associato sia costituito esclusivamente dalla prestazione di lavoro;
- derivanti dai contratti di cointeressenza (ossia dalla partecipazione, insieme ad altre persone o aziende a un'operazione economica, che implica la condivisione di utili e perdite);
- conseguiti in caso di recesso, riduzione del capitale esuberante o liquidazione anche concorsuale di società ed enti indipendentemente dal periodo di tempo intercorso tra la costituzione della società e la comunicazione del recesso, la deliberazione di riduzione del capitale o l'inizio della liquidazione.

Nella **colonna 1 (tipo di reddito)** indicare uno dei seguenti codici:
- '**1**' in caso di utili e di altri proventi equiparati di natura qualificata corrisposti da imprese residenti in Italia o residenti o domiciliate in Stati o Territori che hanno un regime fiscale non privilegiato formatisi fino all'esercizio in corso al 31 dicembre 2007;
- '**2**' in caso di utili e di altri proventi equiparati di natura qualificata provenienti da imprese o enti residenti o localizzati in Stati o Territori che hanno un regime fiscale privilegiato. Si considerano provenienti da imprese o enti residenti o localizzati in Stati o territori a regime privilegiato gli utili relativi al possesso di partecipazioni dirette in tali soggetti o di partecipazioni di controllo, ai sensi del comma 2 dell'art. 167 del Tuir in società residenti all'estero che conseguono utili dalla partecipazione in imprese o enti residenti o localizzati in Stati o territori a regime privilegiato e nei limiti di tali utili (art. 47, comma 4, del Tuir). Gli utili e gli altri proventi equiparati prodotti a partire dall'esercizio successivo a quello in corso al 31 dicembre 2017, per i quali è stato rilasciato parere favorevole dall'Agenzia delle Entrate a seguito di interpello (proposto ai sensi del comma 3 dell'art. 47-*bis* del Tuir), devono, invece, essere indicati nella sezione V del quadro RM del Mod. REDDITI Persone fisiche 2024;
- '**3**' in caso di utili e di altri proventi equiparati di natura **non qualificata** provenienti da imprese o enti residenti o localizzati in Stati o Territori che hanno un regime fiscale **privilegiato**, i cui titoli **non sono negoziati in mercati regolamentati**. Se è stato rilasciato parere favorevole dall'Agenzia delle Entrate a seguito di interpello (proposto ai sensi del comma 3 dell'art. 47-*bis* del Tuir), gli utili e gli altri proventi devono, invece, essere indicati nella sezione V del quadro RM del Mod. REDDITI Persone fisiche 2024;
- '**4**' in caso di utili e di altri proventi equiparati di natura qualificata provenienti da imprese o enti residenti o localizzati in Paesi o Territori che hanno un regime fiscale privilegiato, prodotti fino all'esercizio in corso al 31 dicembre 2007, per i quali sia stato dimostrato il rispetto, sin dal primo periodo di possesso della partecipazione, della condizione di cui al comma 2, lett. b, dell'art. 47-*bis* del Tuir e sia stato rilasciato parere favorevole dall'Agenzia delle Entrate a seguito di interpello (proposto ai sensi del comma 3 del medesimo articolo);
- '**5**' in caso di utili e di altri proventi equiparati corrisposti da imprese residenti in Italia oppure residenti in Stati che hanno un regime fiscale non privilegiato formatisi a partire dall'esercizio successivo a quello in corso al 31 dicembre 2007 e fino all'esercizio in corso al 31 dicembre 2016;
- '**6**' in caso di utili e di altri proventi equiparati di natura qualificata provenienti da imprese o enti residenti o localizzati in Paesi o Territori che hanno un regime fiscale privilegiato, per i quali sia stato dimostrato il rispetto, sin dal primo periodo di possesso della partecipazione, della condizione di cui al comma 2, lett. b, dell'art. 47-*bis* del Tuir e sia stato rilasciato parere favorevole dall'Agenzia delle Entrate a seguito di interpello (proposto ai sensi del comma 3 del medesimo articolo), prodotti a partire dall'esercizio successivo a quello in corso al 31 dicembre 2007 e fino all'esercizio in corso al 31 dicembre 2016;

'7' in caso di utili e di altri proventi, che andrebbero indicati con il codice 2, per i quali il contribuente intenda far valere la sussistenza sin dal primo periodo di possesso della partecipazione, della condizione di cui al comma 2, lett. b, dell'art. 47-*bis* del Tuir, qualora non abbia presentato l'istanza di interpello prevista dal comma 3 del medesimo articolo ovvero, avendola presentata, non abbia ricevuto risposta favorevole, formatisi con utili prodotti fino all'esercizio in corso al 31 dicembre 2007;

'8' in caso di utili e di altri proventi, che andrebbero indicati con il codice 2, per i quali il contribuente intenda far valere la sussistenza sin dal primo periodo di possesso della partecipazione, della condizione di cui al comma 2, lett. b, dell'art. 47-*bis* del Tuir, qualora non abbia presentato l'istanza di interpello prevista dal comma 3 del medesimo articolo ovvero, avendola presentata, non abbia ricevuto risposta favorevole, formatisi con utili prodotti a partire dall'esercizio successivo a quello in corso al 31 dicembre 2007 e fino all'esercizio in corso al 31 dicembre 2016;

'9' in caso di utili e di altri proventi equiparati corrisposti da imprese residenti in Italia ovvero residenti in Stati aventi un regime fiscale non privilegiato, formatisi con utili prodotti a partire dall'esercizio successivo a quello in corso al 31 dicembre 2016 e fino all'esercizio in corso al 31 dicembre 2017;

'10' in caso di utili e di altri proventi che andrebbero indicati con il codice 2, ma per i quali sia stato dimostrato il rispetto, sin dal primo periodo di possesso della partecipazione, della condizione di cui al comma 2, lett. b, dell'art. 47-*bis* del Tuir e sia stato rilasciato parere favorevole dall'Agenzia delle entrate a seguito di interpello proposto ai sensi del comma 3 del medesimo articolo, formatisi con utili prodotti a partire dall'esercizio successivo a quello in corso al 31 dicembre 2016 e fino all'esercizio in corso al 31 dicembre 2017;

'11' in caso di utili e di altri proventi, che andrebbero indicati con il codice 2, per i quali il contribuente intenda far valere la sussistenza sin dal primo periodo di possesso della partecipazione, della condizione di cui al comma 2, lett. b, dell'art. 47-*bis* del Tuir, qualora non abbia presentato l'istanza di interpello prevista dal comma 3 del medesimo articolo ovvero, avendola presentata, non abbia ricevuto risposta favorevole, formatisi con utili prodotti a partire dall'esercizio successivo a quello in corso al 31 dicembre 2016 e fino all'esercizio in corso al 31 dicembre 2017.

Colonna 2 (redditi)
Se nella colonna 1 è stato indicato il **codice 1 o 4 o 7**, riportare il **40 per cento** della somma degli utili e degli altri proventi equiparati corrisposti nell'anno 2023, desumibili dalla certificazione degli utili rilasciata dalla società emittente ai punti 28, 31, 34 e 37.
Se nella colonna 1 è stato indicato il **codice 5 o 6 o 8**, riportare il **49,72 per cento** della somma degli utili e degli altri proventi equiparati corrisposti nell'anno 2023, desumibili dalla certificazione degli utili ai punti 29, 32 e 35.
Se nella colonna 1 è stato indicato il **codice 9 o 10 o 11** riportare il **58,14** per cento della somma degli utili e degli altri proventi equiparati corrisposti nell'anno 2023 desumibili dalla relativa certificazione ai punti 30, 33 e 36.
Se nella colonna 1 è stato indicato il **codice 2 o 3**, riportare il **100 per cento** della somma degli utili e degli altri proventi equiparati corrisposti nell'anno 2023, desumibili dalla certificazione degli utili nei punti da 28 a 37.
Nella **colonna 4 (ritenute)** riportare l'importo complessivo delle ritenute d'acconto subite, indicato nel punto 41 della certificazione degli utili.
Se sono state rilasciate più certificazioni contenenti utili e/o proventi con la stessa codifica, si deve compilare un solo rigo D1, riportando nella colonna 2 la somma dei singoli importi relativi agli utili e agli altri proventi equiparati e nella colonna 4 la somma delle ritenute. Se sono stati percepiti utili e/o proventi per i quali è necessario indicare diversi codici occorrerà compilare altri righi D1 utilizzando ulteriori moduli del quadro D.

Rigo D2 - Altri redditi di capitale
Nel rigo D2 vanno riportati gli altri redditi di capitale, percepiti nel 2023, al lordo delle eventuali ritenute a titolo di acconto.
Nella **colonna 1 (tipo di reddito)** indicare uno dei seguenti codici:

'1' in caso di interessi e di altri proventi derivanti da capitali dati a mutuo e da altri contratti (depositi e conti correnti) compresa la differenza tra la somma percepita alla scadenza e quella data a mutuo o in deposito o in conto corrente. Si precisa che questi interessi si presumono percepiti, salvo prova contraria, alle scadenze e nella misura pattuita e che, se le scadenze non risultano stabilite per iscritto, gli interessi si presumono percepiti per l'ammontare maturato nel periodo d'imposta. Se la misura degli interessi non è determinata per iscritto, gli interessi devono essere calcolati al saggio legale;

'2' in caso di rendite perpetue dovute come corrispettivo per il trasferimento di un immobile o per la cessione di un capitale, oppure imposte quali oneri al donatario (art. 1861 c.c.) e di prestazioni annue perpetue a qualsiasi titolo dovute, anche se disposte per testamento (art. 1869 c.c.);

'3' in caso di compensi percepiti per la prestazione di garanzie personali (fideiussioni) o reali (pegni o ipoteche) assunte in favore di terzi;

'4' in caso di redditi corrisposti dalle società o dagli enti che hanno per oggetto la gestione, nell'interesse collettivo di una pluralità di soggetti, di masse patrimoniali costituite con somme di denaro o beni affidati da terzi o provenienti dai relativi investimenti, compresa la differenza tra l'ammontare ricevuto alla scadenza e quello affidato in gestione. Devono essere, inoltre, inclusi i proventi derivanti da organismi di investimento collettivo in valori mobiliari di diritto estero non conformi alle direttive comunitarie;

'5' in caso di:
 – altri interessi, esclusi quelli di natura compensativa, diversi da quelli sopra indicati;
 – ogni altro provento in misura definita che deriva dall'impiego di capitale;
 – altri proventi che derivano da altri rapporti che hanno per oggetto l'impiego del capitale esclusi i rapporti attraverso cui possono essere realizzati differenziali positivi e negativi in dipendenza di un evento incerto;
 – proventi che derivano da operazioni di riporto e pronti contro termine su titoli che concorrono a formare il reddito complessivo del contribuente;
 – proventi che derivano dal mutuo di titoli garantito che concorrono a formare il reddito complessivo del contribuente;
 – interessi di mora;
 – interessi per dilazione di pagamento relativi a redditi di capitale;

'6' in caso di proventi conseguiti in sostituzione dei redditi di capitale, anche per effetto della cessione dei relativi crediti, e delle indennità conseguite, anche in forma assicurativa, a titolo di risarcimento di danni consistenti nella perdita dei redditi stessi;

'7' in caso di utili che derivano da contratti di associazione in partecipazione e cointeressenza di cui all'art. 44, comma 1 lett. f), del Tuir, se dedotti dall'associante in base alle norme del Tuir vigenti prima della riforma dell'imposizione sul reddito delle società (D.Lgs. 344/2003);

'8' in caso di redditi imputati per trasparenza dai fondi immobiliari diversi da quelli di cui al comma 3 dell'art. 32 del decreto legge 31 maggio 2010, n. 78, ai partecipanti, diversi dai soggetti indicati nel suddetto comma 3, che possiedono quote di partecipazione in misura superiore al 5 per cento del patrimonio del fondo alla data del 31 dicembre 2023 o se inferiore al termine del periodo di gestione del fondo.

Devono essere dichiarati nel presente rigo i redditi compresi nelle somme o nel valore normale dei beni attribuiti alla scadenza dei contratti e dei titoli per i quali sono stati indicati i codici 1, 4 e 7 se il periodo di durata dei contratti o dei titoli è inferiore a cinque anni; se invece il periodo di durata è superiore a cinque anni, questi redditi devono essere dichiarati nel rigo D7, indicando il codice 8 (in questo caso i redditi saranno assoggettati a tassazione separata salvo opzione per la tassazione ordinaria).

Nella **colonna 2 (redditi)** riportare l'importo del reddito relativo alla tipologia indicata in colonna 1.

Nella **colonna 4 (ritenute)** indicare l'importo complessivo delle ritenute d'acconto subìte.

Se sono stati percepiti proventi per i quali è necessario indicare diversi codici occorrerà compilare altri righi D2 utilizzando ulteriori moduli del quadro D.

Rigo D3 - Redditi derivanti da attività assimilate al lavoro autonomo

Nel presente rigo devono essere indicati i redditi derivanti da altre attività di lavoro autonomo, che essendo carenti di alcune peculiarità proprie del lavoro autonomo, sono definite come assimilate.

Per tali compensi sono previste delle detrazioni dall'imposta lorda che, se spettanti, verranno riconosciute dal soggetto che presta l'assistenza fiscale. Queste detrazioni, infatti, sono teoriche poiché la loro determinazione dipende dalla situazione reddituale del contribuente (vedere la tabella 8 riportata dopo l'Appendice).

Nella **colonna (Altri dati)** indicare il codice '5' che identifica i redditi prodotti in euro dai residenti a Campione d'Italia se si hanno i requisiti per fruire di tale agevolazione.

Nella **colonna 1 (tipo di reddito)** indicare il tipo di reddito contraddistinto dal codice:

'**1**' per i proventi che derivano dall'utilizzazione economica di opere dell'ingegno e di invenzioni industriali e simili da parte dell'autore o inventore (brevetti, disegni e modelli ornamentali e di utilità, know-how, libri e articoli per riviste o giornali, ecc.), vale a dire i compensi, compresi i canoni, relativi alla cessione di opere e invenzioni, tutelate dalle norme sul diritto d'autore, conseguiti anche in via occasionale, salvo che rientrino nell'oggetto proprio dell'attività. Questi proventi sono contraddistinti dalla lettera "B" nel punto 1 "Causale" della Certificazione Unica 2024 – Lavoro autonomo;

'**2**' per i compensi che derivano dall'attività di levata dei protesti esercitata dai segretari comunali. Questi compensi sono contraddistinti dalla lettera "E" nel punto 1 "Causale" della Certificazione Unica 2024 – Lavoro autonomo;

'**3**' per i redditi che derivano dai contratti di associazione in partecipazione e di cointeressenza agli utili se l'apporto è costituito esclusivamente dalla prestazione di lavoro e per gli utili spettanti ai promotori e ai soci fondatori di società per azioni, in accomandita per azioni e a responsabilità limitata. Questi redditi sono contraddistinti dalla lettera "C" o "D" nel punto 1 "Causale" della Certificazione Unica 2024 – Lavoro autonomo;

'**4**' per i redditi derivanti da prestazioni sportive oggetto di contratto diverso da quello di lavoro subordinato o da quello di collaborazione coordinata e continuativa, ai sensi del decreto legislativo 28 febbraio 2021, n. 36. Questi redditi sono contraddistinti dal codice "N2" nel punto 1 della "Causale" della Certificazione Unica 2024 – Lavoro autonomo;

'**5**' per i redditi derivanti da prestazioni sportive oggetto di contratto diverso da quello di lavoro subordinato o da quello di collaborazione coordinata e continuativa, ai sensi del decreto legislativo 28 febbraio 2021, n. 36, che prevedono particolari soglie di esenzione a seguito di specifiche disposizioni normative. Questi redditi sono contraddistinti dal codice "N3" nel punto 1 della "Causale" della Certificazione Unica 2024 – Lavoro autonomo.

Nella **colonna 2 (redditi)** indicare l'importo del reddito percepito nel 2023 al lordo della relativa riduzione forfetaria che sarà operata da chi presta l'assistenza fiscale e della franchigia che sarà applicata da chi presta l'assistenza fiscale.

Se nella **colonna 1** è stato indicato il codice 1 spetta una riduzione forfetaria del 25 per cento. Se il contribuente ha un'età inferiore a 35 anni, la riduzione verrà operata nella misura del 40 per cento.

Se nella **colonna 1** è stato indicato il codice 2 la riduzione verrà operata nella misura del 15 per cento.

Se nella **colonna 1** è stato indicato il codice 5 spetta un'esenzione di 15.000 euro che sarà riconosciuta da chi presta l'assistenza fiscale. Questi compensi vanno indicati anche se di importo inferiore a **15.000 euro** e se nel corso del 2023 sono stati percepiti redditi da indicare nel rigo D4 con i codici '7', 11, 12 e 13 e altri redditi derivanti da attività sportiva svolta nel settore professionistico e/o dilettantistico da indicare nei righi da C1 a C3.

Nella **colonna 3 (ritenute)** indicare l'importo delle ritenute di acconto subìte.

Le persone fisiche che hanno percepito indennità per la cessazione di rapporto di agenzia sono tenute a compilare il quadro RM del Mod. REDDITI Persone fisiche 2024 (fascicolo 2).

Rigo D4 - Redditi diversi (per i quali non è prevista una detrazione)

Redditi diversi – Locazioni brevi

A partire dal 1° giugno 2017 è stata introdotta un'apposita disciplina fiscale per le locazioni di immobili ad uso abitativo, situati in Italia, la cui durata non supera i 30 giorni, stipulati da persone fisiche al di fuori dell'esercizio di attività d'impresa.

 Da 2021 l'attività di locazione breve si intende svolta nell'esercizio di attività di impresa se sono destinati alla locazione breve più di 4 appartamenti. In tal caso, il relativo reddito non può essere dichiarato utilizzando il modello 730, ma va dichiarato utilizzando il terzo fascicolo del modello REDDITI Persone fisiche. In caso di locazione nel corso del 2023 di più di 4 appartamenti non può essere utilizzato il modello 730.

La disciplina delle locazioni brevi si applica ai soli contratti stipulati a partire dal 1° giugno 2017. Un contratto si considera stipulato a partire dal 1° giugno 2017 se a partire da tale data il locatario ha ricevuto la conferma della prenotazione.

Il termine di 30 giorni deve essere considerato in relazione ad ogni singola pattuizione contrattuale; anche nel caso di più contratti stipulati nell'anno tra le stesse parti, occorre considerare ogni singolo contratto, fermo restando tuttavia che se la durata delle locazioni che intervengono nell'anno tra le medesime parti sia complessivamente superiore a 30 giorni devono essere posti in essere gli adempimenti connessi alla registrazione del contratto.

Il regime fiscale prevede due principali novità per i contribuenti che percepiscono redditi diversi.

La prima è rappresentata dal fatto che si possa optare per l'applicazione della cedolare secca anche per i redditi diversi derivanti da sublocazione breve o da locazione breve dell'immobile ricevuto in comodato.

La seconda è rappresentata dal fatto che i contratti di locazione breve che sono stati conclusi con l'intervento di soggetti che esercitano attività di intermediazione immobiliare, anche attraverso la gestione di portali *on-line*, sono assoggettati ad una ritenuta del 21% se tali soggetti intervengono anche nel pagamento o incassano i canoni o i corrispettivi derivanti dai contratti di locazione breve.

Tale ritenuta è a titolo d'imposta se in dichiarazione dei redditi o all'atto della registrazione del contratto si opta per l'applicazione della cedolare secca.

Si ricorda che il reddito assoggettato alla cedolare secca viene aggiunto al reddito complessivo solo per determinare la condizione di familiare fiscalmente a carico, per calcolare le detrazioni per carichi di famiglia, le detrazioni per redditi di lavoro dipendente, di pensione ed altri redditi, le detrazioni per canoni di locazione e per stabilire la spettanza o la misura di agevolazioni collegate al reddito (ad esempio valore I.S.E.E. e assegni per il nucleo familiare).

 Il reddito derivante dalle locazioni brevi stipulate dal comodatario dell'immobile va indicato dal comodatario stesso e non dal proprietario dell'immobile.

 Per ulteriori chiarimenti e approfondimenti sulle locazioni brevi si possono consultare le istruzioni al quadro B o, sul sito internet dell'Agenzia delle Entrate www.agenziaentrate.gov.it, il provvedimento del Direttore dell'Agenzia delle Entrate 12 luglio 2017 e la circolare n. 24/E del 12 ottobre 2017.

Barrare la **colonna 2 (cedolare secca)** nel caso di opzione per l'applicazione della cedolare secca sulle locazioni brevi. La casella può essere barrata solo se nella colonna 3 è indicato il codice 10.

L'esercizio dell'opzione per il regime della cedolare secca per un contratto di locazione relativo a una porzione dell'unità abitativa vincola all'esercizio dell'opzione per il medesimo regime anche per il reddito derivante dalla contemporanea locazione di altre porzioni della stessa unità abitativa.

Nella **colonna 3 (tipo di reddito)** indicare il tipo di reddito contraddistinto dal codice:

- **'1'** per i corrispettivi percepiti per la vendita, anche parziale, dei terreni o degli edifici a seguito della lottizzazione di terreni o dell'esecuzione di opere volte a rendere i terreni stessi edificabili. Per quanto concerne la nozione tecnica di "lottizzazione" vedere in Appendice la relativa voce;
- **'2'** per i corrispettivi percepiti per la cessione a titolo oneroso di beni immobili acquistati (compresi i terreni agricoli) o costruiti da non più di cinque anni. Sono esclusi i corrispettivi percepiti per la cessione degli immobili acquisiti per successione e per la cessione delle unità immobiliari urbane che per la maggior parte del periodo intercorso tra l'acquisto o la costruzione e la cessione sono state adibite ad abitazione principale del cedente o dei suoi familiari. In caso di cessione a titolo oneroso di immobili ricevuti per donazione, per individuare il periodo di cinque anni occorre far riferimento alla data di acquisto o costruzione degli immobili da parte del donante. Non vanno indicati i corrispettivi delle cessioni se sulle plusvalenze realizzate è stata applicata e versata a cura del notaio, all'atto della cessione, l'imposta sostitutiva;
- **'3'** per i redditi che derivano dalla concessione in usufrutto e dalla sublocazione di beni immobili, dall'affitto, locazione, noleggio o concessione in uso di veicoli, macchine e altri beni mobili. Per le sublocazioni brevi e per la locazione di immobili ricevuti in comodato indicare il codice 10;
- **'4'** per i redditi di natura fondiaria non determinabili catastalmente (censi, decime, quartesi, livelli, altri redditi consistenti in prodotti del fondo o commisurati ai prodotti stessi), compresi quelli dei terreni dati in affitto per usi non agricoli;
- **'5'** per i redditi dei terreni e dei fabbricati situati all'estero (diversi da quelli compresi nel successivo codice 8);
- **'6'** per i redditi che derivano dall'utilizzazione economica di opere dell'ingegno, di brevetti industriali e di processi, formule e informazioni relativi a esperienze acquisite in campo industriale, commerciale o scientifico, che sono percepiti dagli aventi causa a titolo gratuito (ad es. eredi e legatari dell'autore o inventore) o da soggetti che abbiano acquistato a titolo oneroso i diritti alla loro utilizzazione. Questi redditi sono contraddistinti dalla lettera "L" o "L1" nel punto 1 "Causale" della Certificazione Unica 2024– Lavoro autonomo. Chi ha acquisito il reddito a titolo gratuito deve dichiararlo per intero e non ha diritto a deduzioni di spesa. Chi ha acquistato il reddito a titolo oneroso deve dichiarare l'importo percepito, ridotto in misura forfetaria del 25 per cento;
- **'7'** per le indennità di trasferta, i rimborsi forfetari di spesa, i premi e i compensi erogati ai direttori artistici e ai collaboratori tecnici per prestazioni di natura non professionale da parte di cori, bande musicali e filodrammatiche che perseguono finalità dilettantistiche, dal Ministero dell'Agricoltura, della sovranità alimentare e delle foreste (ex Ministero delle politiche agricole alimentari, forestali e del turismo che ha assunto in materia le competenze dell'ex ASSI e di conseguenza quelle dell'ex Unione Nazionale per l'Incremento delle Razze Equine – UNIRE). Queste somme sono contraddistinte dalla lettera "N" nel punto 1 "Causale" della Certificazione Unica 2024 - Lavoro autonomo.
Questi ultimi compensi vanno indicati solo se eccedono complessivamente **10.000 euro** e non sono indicati redditi in questo rigo con il codice 11, 12 e/o 13. Per maggiori informazioni vedere in Appendice la voce "Compensi percepiti per attività sportive dilettantistiche e indennità di trasferta, ecc.";
- **'8'** per i redditi degli immobili situati all'estero non locati per i quali è dovuta l'IVIE e dei fabbricati adibiti ad abitazione principale che in Italia risultano classificati nelle categorie catastali A/1, A/8 e A/9;
- **'9'** per gli altri redditi diversi sui quali non è stata applicata alcuna ritenuta, ad esempio vincite conseguite all'estero per effetto della partecipazione a giochi *on line*;
- **'10'** per i redditi che derivano dalla sublocazione di immobili ad uso abitativo per periodi non superiori a 30 giorni, stipulati da persone fisiche al di fuori dell'esercizio di attività di impresa e dalla locazione, da parte del comodatario, dell'immobile abitativo ricevuto in uso gratuito, per la medesima durata;

'**11**' per i redditi di cui al codice '7' che sono stati prodotti in euro dai residenti a Campione d'Italia;

'**12**' – per le indennità di trasferta, i rimborsi forfetari di spesa, i premi e i compensi erogati nell'esercizio diretto di attività sportive dilettantistiche dal CONI, dalla Società Sport e Salute Spa, dalle federazioni sportive nazionali, dagli enti di promozione sportiva, dagli enti VSS (Verband der Südtiroler Sportvereine - Federazione delle associazioni sportive della Provincia autonoma di Bolzano) e USSA (Unione delle società sportive altoatesine) operanti prevalentemente nella provincia autonoma di Bolzano e da qualunque organismo comunque denominato che persegua finalità sportive dilettantistiche e che da essi sia riconosciuto;
– per i compensi derivanti da rapporti di carattere amministrativo-gestionale di natura non professionale resi in favore di società e associazioni sportive dilettantistiche.

Queste somme sono contraddistinte dalla lettera "N1" nel punto 1 "Causale" della Certificazione Unica 2024 - Lavoro autonomo.
Per maggiori informazioni vedere in Appendice la voce "Compensi percepiti per attività sportive dilettantistiche e indennità di trasferta, ecc.". Questi compensi vanno indicati anche se di importo inferiore a **10.000 euro** e se nel corso del 2023 sono stati percepiti redditi da indicare in questo rigo con il codice '7' e/o 11 e/o 13 e altri redditi derivanti da attività sportiva svolta nel settore professionistico e/o dilettantistico da indicare nei righi da C1 a C3 o nel rigo D3;

'**13**' per i redditi di cui al codice '12' che sono stati prodotti in euro dai residenti a Campione d'Italia.

Nella **colonna 4 (redditi)** indicare il reddito lordo percepito nel 2023.

Nel caso di terreni e fabbricati situati all'estero:
- per gli immobili locati (codice 5 nella colonna 3 di questo rigo D4):
  – se il reddito derivante dalla locazione dell'immobile sito all'estero non è soggetto ad imposta sui redditi nel Paese estero in questa colonna va indicato l'ammontare del canone di locazione percepito ridotto del 15 per cento a titolo di deduzione forfetaria delle spese;
  – se il reddito derivante dalla locazione è invece soggetto ad imposta nello Stato estero, in questa colonna va indicato l'ammontare netto (al netto, cioè, delle spese strettamente inerenti eventualmente riconosciute nello Stato estero) dichiarato in detto Stato per il 2023 (o, in caso di difformità dei periodi d'imposizione, per il periodo d'imposta estero che scade nel corso di quello italiano). In tal caso, spetta il credito d'imposta per le imposte pagate all'estero;
- per gli immobili non locati per i quali è dovuta l'IVIE e per i fabbricati adibiti ad abitazione principale (codice 8 nella colonna 3 di questo rigo D4), il reddito non è assoggettato ad Irpef e alle addizionali. L'immobile non va dichiarato se nello Stato estero non è tassabile e il contribuente non ha percepito alcun reddito; se nello Stato estero l'immobile è tassabile con tariffe d'estimo o criteri simili, va indicato l'importo che risulta dalla valutazione effettuata all'estero, ridotto delle spese eventualmente riconosciute.

Se nella colonna 3 è stato indicato il codice 6 gli acquirenti a titolo gratuito devono indicare il reddito nell'intera misura, senza deduzione di spese, mentre, gli acquirenti a titolo oneroso devono dichiarare l'importo percepito, forfetariamente ridotto del 25 per cento.

Se nella colonna 3 è stato indicato il codice 7 o 11 o 12 o 13, riportare le somme percepite al lordo della quota esente.

Se nella colonna 3 è stato indicato il codice 10, indicare l'importo riportato al punto 19 del quadro Certificazione Redditi – Locazioni brevi della Certificazione Unica 2024 qualora risulti barrata la relativa casella del punto 21 (*locatore non proprietario*).

Se in possesso di più quadri della Certificazione Redditi – Locazioni brevi della Certificazione Unica 2024 o se sono compilati più righi dello stesso quadro, indicare la somma dei corrispettivi lordi incassati nel 2023. È comunque possibile esporre i dati anche in forma analitica indicando i redditi relativi a ciascuna locazione in più moduli.

Nel caso di più importi per locazioni brevi certificati nella "Certificazione redditi – Locazioni brevi" ovvero nel caso di più certificazioni, è necessario sommare gli importi presenti nel punto "*importo corrispettivo*" della Certificazione Unica (punti 19, 119, 219, 319 e 419) per i quali la relativa casella *locatore non proprietario* (punti 21, 121, 221, 321 e 421) risulta barrata.

Nella **colonna 5 (spese)** indicare le spese specificamente inerenti la produzione dei redditi contraddistinti dai codici 1, 2, 3 e 10. Si ricorda che non sono deducibili le spese relative alla c.d. indennità di rinuncia.

Se nella colonna 3 è stato indicato il codice 1 o 2 le spese sono costituite dal prezzo d'acquisto o dal costo di costruzione del bene ceduto, aumentato di ogni altro costo inerente. In particolare, per i terreni che costituiscono oggetto di lottizzazione o di opere volte a renderli edificabili, se gli stessi sono stati acquistati oltre cinque anni prima dell'inizio delle operazioni, si assume come prezzo il valore normale del terreno al quinto anno anteriore. Per i terreni acquisiti a titolo gratuito e per i fabbricati costruiti su terreni acquisiti a titolo gratuito si tiene conto del valore normale del terreno alla data di inizio delle operazioni che danno luogo a plusvalenza. Se la percezione dei corrispettivi non avviene interamente nello stesso periodo d'imposta, le spese vanno calcolate proporzionalmente ai corrispettivi percepiti nel periodo d'imposta, anche se già sostenute, con ulteriore loro scomputo proporzionale in occasione della dichiarazione degli altri importi nei periodi d'imposta in cui ha luogo la relativa percezione.

Le spese e gli oneri da indicare nella colonna 5 non possono superare in ogni caso i relativi corrispettivi e, nell'ambito di ciascun corrispettivo, quelli sostenuti per ognuna delle operazioni eseguite. Il contribuente è tenuto a compilare e a conservare un apposito prospetto nel quale sono indicate, per ciascuno dei redditi contraddistinti dai codici 1, 2 e 3, per ognuna delle operazioni eseguite, l'ammontare lordo dei corrispettivi, l'importo delle spese inerenti a ciascuna delle operazioni e il reddito conseguito. Questo prospetto, se richiesto, dovrà essere esibito o trasmesso all'ufficio dell'Agenzia delle Entrate competente. Relativamente ai redditi contraddistinti dai codici 1 e 2 dovrà essere conservata ed eventualmente esibita anche la perizia giurata di stima.

La colonna 5 non può essere compilata se nella colonna 3 è indicato il codice 10 ed è stata barrata la colonna 2.

Nella **colonna 6 (ritenute)** indicare l'importo delle ritenute di acconto subite.
Se nella colonna 3 è stato indicato il codice 7 o 11 o 12 o 13, esporre il totale delle ritenute, mentre il totale dell'addizionale regionale trattenuta deve essere riportato nella colonna 5 del rigo F2 del quadro F.

Se nella colonna 3 è stato indicato il codice 10, non bisogna indicare l'importo delle relative ritenute in quanto le stesse devono essere riportate nello specifico rigo F8 della Sezione VII del quadro F.

Rigo D5 - Redditi derivanti da attività occasionale (commerciale o di lavoro autonomo) o da obblighi di fare, non fare e permettere
Nel presente rigo devono essere indicati i redditi derivanti da attività commerciali o da attività di lavoro autonomo non esercitate abitualmente o dalla assunzione di obblighi di fare, non fare o permettere.
Per i redditi da indicare nel rigo D5 sono previste delle detrazioni dall'imposta lorda che, se spettanti, verranno riconosciute da chi presta l'assistenza fiscale. Queste detrazioni, infatti, sono teoriche poiché la loro determinazione dipende dalla situazione reddituale del contribuente (vedere la tabella 8 riportata dopo l'Appendice).
Nella **colonna (Altri dati)** indicare il codice '5' che identifica i redditi prodotti in euro dai residenti a Campione d'Italia se si hanno i requisiti per fruire di tale agevolazione e se in colonna 1 sono indicati i codici 1, 2, 3 e 5;
Nella **colonna 1 (tipo di reddito)** indicare il tipo di reddito contraddistinto dal codice:
- **'1'** per i redditi derivanti da attività commerciali non esercitate abitualmente. Questi redditi sono contraddistinti dal codice "V1" nel punto 1 "Causale" della Certificazione Unica 2024 – Lavoro Autonomo, qualora riguardino provvigioni corrisposte per prestazioni occasionali, ad esempio ad un agente o rappresentante di commercio o ad un mediatore o procacciatore d'affari;
- **'2'** per i redditi derivanti da attività di lavoro autonomo non esercitate abitualmente. Questi redditi sono contraddistinti dalla lettera "M" o "M2" od "O" nel punto 1 "Causale" della Certificazione Unica 2024 – Lavoro autonomo;

 Non devono essere dichiarati i compensi percepiti dal coniuge, dai figli, affidati o affiliati, minori di età o permanentemente inabili al lavoro e dagli ascendenti, per prestazioni di lavoro autonomo non esercitate abitualmente rese nei confronti dell'artista o professionista.

- **'3'** per i redditi derivanti dall'assunzione di obblighi di fare, non fare o permettere. Questi redditi sono contraddistinti dalla lettera "M1" od "O1" nel punto 1 "Causale" della Certificazione Unica 2024 – Lavoro autonomo;
- **'4'** per i redditi derivanti dall'attività di noleggio occasionale di imbarcazioni e navi da diporto assoggettati ad imposta sostitutiva del 20 per cento (Quadro RM, Sez. XV, del Mod. REDDITI Persone fisiche 2024). Chi presta l'assistenza fiscale terrà conto di tali redditi al netto delle relative spese, esclusivamente per il calcolo dell'acconto Irpef dovuto per l'anno 2024 (art. 59-ter, comma 5, del D.L. n. 1 del 2012);
- **'5'** per **i compensi derivanti dall'attività di lezioni private e ripetizioni**, non esercitata abitualmente, svolta dai docenti titolari di cattedre nelle scuole di ogni ordine e grado, per cui gli stessi **optano per la tassazione ordinaria**. In tal caso, gli importi dei versamenti degli acconti dell'imposta sostitutiva sono indicati nel quadro F seguendo le istruzioni fornite per l'esposizione degli acconti Irpef;

Nella **colonna 2 (redditi)** indicare il reddito lordo percepito nel 2023.
Nella **colonna 3 (spese)** riportare le spese inerenti la produzione dei redditi.

 Le spese e gli oneri da indicare nella colonna 3 non possono superare in ogni caso i relativi corrispettivi e, nell'ambito di ciascun corrispettivo, quelli sostenuti per ognuna delle operazioni eseguite. Il contribuente è tenuto a compilare e a conservare un apposito prospetto nel quale è indicato, per ciascuno dei redditi per ognuna delle operazioni eseguite, l'importo lordo dei corrispettivi, l'importo delle spese inerenti a ciascuna delle operazioni stesse e il reddito conseguito. Questo prospetto, se richiesto, dovrà essere esibito o trasmesso all'ufficio dell'Agenzia delle Entrate competente.

Nella **colonna 4 (ritenute)** indicare l'importo delle ritenute d'acconto subìte. La colonna non va compilata se in colonna 1 è indicato il codice 4 o il codice 5.

SEZIONE II - Redditi soggetti a tassazione separata
Rigo D6 - Redditi percepiti da eredi e legatari
Nel **rigo D6** devono essere indicati tutti i redditi percepiti nel 2023 dagli eredi e dai legatari a causa della morte dell'avente diritto, ad esclusione dei redditi fondiari, d'impresa e derivanti dall'esercizio di arti e professioni.
Tra i redditi di capitale percepiti dagli eredi e dai legatari rientrano gli utili ed altri proventi equiparati, derivanti dalla partecipazione qualificata in società di capitali ed enti commerciali o non commerciali, residenti o non residenti, prodotti fino all'esercizio in corso al 31 dicembre 2017, compresi i proventi derivanti da organismi di investimento collettivo in valori mobiliari di diritto estero non conformi alle direttive comunitarie, oppure dalla partecipazione di natura non qualificata in imprese o enti residenti o localizzati in Paesi o territori a fiscalità privilegiata, i cui titoli non sono negoziati in mercati regolamentati (vedi circolare n. 32/E del 2020) in qualunque forma corrisposti ed indicati ai punti da 28 a 34 della certificazione degli utili o desumibili da altra documentazione, nonché i redditi conseguiti in caso di recesso, di riduzione del capitale in esubero o di liquidazione anche concorsuale di società ed enti. Se all'erede o legatario sono state rilasciate più certificazioni contenenti utili e/o proventi che hanno la stessa codifica, si deve compilare un solo rigo, sommando i singoli importi relativi agli utili, agli altri proventi equiparati e alle ritenute, riportati nelle singole certificazioni. Se sono stati percepiti utili e/o proventi per i quali è necessario indicare diversi codici occorrerà compilare altri righi D6 utilizzando ulteriori moduli del quadro D.

Non devono essere dichiarati, se erogati da soggetti tenuti ad effettuare le ritenute alla fonte:
- i ratei di pensione e stipendio;
- i trattamenti di fine rapporto e le indennità equipollenti;
- i compensi arretrati di lavoro dipendente e assimilati;
- le indennità percepite per la cessazione dei rapporti di collaborazione coordinata e continuativa, se il diritto all'indennità risulta da atto di data certa precedente all'inizio del rapporto.

Nella **colonna 1 (tipo di reddito)** indicare:
- il **codice 1**, in caso di utili e di altri proventi equiparati di natura qualificata corrisposti da imprese residenti in Italia o residenti o domiciliate in Stati o Territori a regime fiscale non privilegiato prodotti fino all'esercizio in corso al 31 dicembre 2007;

- **il codice 2**, in caso di utili e di altri proventi equiparati di natura qualificata provenienti da imprese o enti residenti o localizzati in Paesi o Territori a regime fiscale privilegiato. Gli utili e gli altri proventi equiparati prodotti a partire dall'esercizio successivo a quello in corso al 31 dicembre 2017, per i quali sia stato rilasciato parere favorevole dall'Agenzia delle Entrate a seguito di interpello (proposto ai sensi del comma 3 dell'art. 47-bis del Tuir), devono, invece, essere indicati nella sezione V del quadro RM del Mod. REDDITI Persone fisiche 2024;
- **il codice 3**, in caso di utili e di altri proventi equiparati di natura non qualificata provenienti da imprese o enti residenti o localizzati in Paesi o Territori a regime fiscale privilegiato, i cui titoli non sono negoziati in mercati regolamentati. In caso di utili e di altri proventi che andrebbero indicati con il codice 3, ma per i quali è stato rilasciato parere favorevole dall'Agenzia delle Entrate a seguito di interpello (proposto ai sensi del comma 3 dell'art. 47-bis del Tuir), questi importi dovranno essere indicati nella sezione V quadro RM del Mod. REDDITI Persone fisiche 2024;
- **il codice 4**, in caso di utili e di altri proventi prodotti fino all'esercizio in corso al 31 dicembre 2007 che andrebbero indicati con il codice 2, per i quali sia stato dimostrato il rispetto, fin dal primo periodo di possesso della partecipazione, della condizione di cui al comma 2, lett. b, dell'art. 47-bis del Tuir e sia stato rilasciato parere favorevole dall'Agenzia delle Entrate a seguito di interpello (proposto ai sensi del comma 3 del medesimo articolo);
- **il codice 5**, per gli altri redditi di capitale;
- **il codice 6**, per redditi di lavoro autonomo non esercitato abitualmente o derivanti dall'assunzione di obblighi di fare, non fare o permettere;
- **il codice 7**, per redditi derivanti da rapporti di collaborazione coordinata e continuativa, escluse le indennità di fine rapporto che non devono essere indicate nella dichiarazione dei redditi;
- **il codice 8**, per i redditi, già maturati in capo al defunto e percepiti nel 2023 dagli eredi o dai legatari a causa di morte degli aventi diritto, derivanti dall'utilizzazione economica di opere dell'ingegno e di invenzioni industriali e simili da parte dell'autore o inventore (brevetti, disegni e modelli ornamentali e di utilità, *know-how*, libri e articoli per riviste o giornali, ecc.);
- **il codice 9**, per i redditi derivanti dall'attività di levata di protesti esercitata dai segretari comunali;
- **il codice 10**, per gli altri redditi percepiti nel 2023, ad esclusione dei redditi fondiari, d'impresa e derivanti dall'esercizio di arti e professioni e dei redditi già elencati ai precedenti codici.
- **il codice 11**, per gli utili e gli altri proventi equiparati corrisposti da imprese residenti in Italia o in Stati a regime fiscale non privilegiato prodotti a partire dall'esercizio successivo a quello in corso al 31 dicembre 2007 e fino all'esercizio in corso al 31 dicembre 2016;
- **il codice 12**, in caso di utili e di altri proventi, che andrebbero indicati con il codice 2, per i quali sia stato dimostrato il rispetto, fin dal primo periodo di possesso della partecipazione, della condizione di cui al comma 2, lett. b, dell'art. 47-bis del Tuir e sia stato rilasciato parere favorevole dall'Agenzia delle Entrate a seguito di interpello proposto ai sensi del comma 3 del medesimo articolo, prodotti a partire dall'esercizio successivo a quello in corso al 31 dicembre 2007 e fino all'esercizio in corso al 31 dicembre 2016;
- **il codice 13** in caso di utili e di altri proventi equiparati corrisposti da imprese residenti in Italia ovvero residenti in Stati aventi un regime fiscale non privilegiato, formatisi con utili prodotti a partire dall'esercizio successivo a quello in corso al 31 dicembre 2016 e fino all'esercizio in corso al 31 dicembre 2017;
- **il codice 14** in caso di utili e di altri proventi che andrebbero indicati con il codice 2, per i quali sia stato dimostrato il rispetto, fin dal primo periodo di possesso della partecipazione, della condizione di cui al comma 2, lett. b, dell'art. 47-bis del Tuir e sia stato rilasciato parere favorevole dall'Agenzia delle entrate a seguito di interpello proposto ai sensi del comma 3 del medesimo articolo, formatisi con utili prodotti a partire dall'esercizio successivo a quello in corso al 31 dicembre 2016 e fino all'esercizio in corso al 31 dicembre 2017;
- **il codice 15** in caso di utili e di altri proventi, che andrebbero indicati con il codice 2, per i quali il contribuente intenda far valere la sussistenza sin dal primo periodo di possesso della partecipazione, della condizione di cui al comma 2, lett. b, dell'art. 47-bis del Tuir qualora non abbia presentato l'istanza di interpello prevista dal comma 3 del medesimo articolo ovvero, avendola presentata, non abbia ricevuto risposta favorevole, formatisi con utili prodotti a partire dall'esercizio successivo a quello in corso al 31 dicembre 2016 e fino all'esercizio in corso al 31 dicembre 2017.

Nella **colonna 2 (opzione per la tassazione ordinaria)** barrare la casella in caso di opzione per la tassazione ordinaria. Tale opzione è possibile solo per alcuni dei redditi contraddistinti dal codice 10.
Nella **colonna 3 (anno)** indicare l'anno di apertura della successione.

Colonna 4 (reddito)
Se nella colonna 1 è stato indicato il **codice 1 o 4**, riportare il 40% della somma degli utili e degli altri proventi equiparati percepiti dall'erede o dal legatario desumibili dalla relativa certificazione degli utili ai punti 28, 31, 34 e 37.
Se nella colonna 1 è stato indicato il **codice 11 o 12**, riportare il 49,72% della somma degli utili e degli altri proventi equiparati percepiti nell'anno 2023 desumibili dalla relativa certificazione degli utili ai punti 29, 32 e 35.
Se nella colonna 1 è stato indicato il **codice 13 o 14 o 15** riportare il 58,14 per cento della somma degli utili e degli altri proventi equiparati corrisposti nell'anno 2023 desumibili dalla relativa certificazione ai punti 30, 33 e 36;
Se nella colonna 1 è stato indicato il **codice 2 o 3**, riportare il 100% della somma degli utili e degli altri proventi equiparati percepiti dall'erede o dal legatario desumibili dalla certificazione degli utili nei punti da 28 a 37.
Se nella colonna 1 è stato indicato il **codice 5**, riportare le somme relative ad altri redditi di capitale.
Se nella colonna 1 è stato indicato il **codice 6**, riportare l'importo dei corrispettivi, ripartendo fra gli eredi il totale dei corrispettivi del deceduto.
Se nella colonna 1 è stato indicato il **codice 7, 8 o 9**, riportare l'importo dei compensi o dei proventi, in denaro o natura, anche sotto forma di partecipazione agli utili, al lordo della riduzione forfetaria, ripartendo fra gli eredi il totale dei compensi o dei proventi del deceduto.
Se nella colonna 1 è stato indicato il **codice 10**, riportare la quota di reddito percepito dall'erede o dal legatario determinata secondo le disposizioni proprie della categoria di appartenenza con riferimento al defunto.

Nella **colonna 5 (reddito totale del deceduto)** indicare l'importo totale dei compensi spettanti al deceduto se a colonna 1 è stato indicato il codice 7.
Nella **colonna 6 (quota imposta sulle successioni)** indicare la quota dell'imposta sulle successioni proporzionale ai redditi dichiarati.
Nella **colonna 7 (ritenute)** indicare l'importo delle eventuali ritenute d'acconto relative ai redditi dichiarati.

Rigo D7 - Imposte ed oneri rimborsati nel 2023 e altri redditi soggetti a tassazione separata
Nella **colonna 1 (tipo di reddito)** indicare il tipo di reddito contraddistinto dai seguenti codici:

'1' compensi arretrati di lavoro dipendente, nonché eventuali indennità sostitutive di reddito, corrisposti da un soggetto non obbligato per legge ad effettuare le ritenute d'acconto;

'2' indennità spettanti a titolo di risarcimento, anche in forma assicurativa, dei danni consistenti nella perdita di redditi di lavoro dipendente e assimilati e degli altri redditi indicati nel quadro D, relativi a più anni;

'3' somme ricevute a titolo di rimborso di imposte o oneri, compresi il contributo al Servizio sanitario nazionale dedotti in anni precedenti dal reddito complessivo quali oneri deducibili, che nell'anno 2023 sono stati oggetto di sgravio, rimborso o comunque restituzione (anche sotto forma di credito d'imposta) da parte degli uffici finanziari o di terzi, compreso il sostituto d'imposta nell'ambito della procedura di assistenza fiscale. Con il codice '3' vanno indicati anche i canoni di locazione non assoggettati a tassazione negli anni precedenti e che sono stati percepiti nel corso del 2023;

'4' somme conseguite a titolo di rimborso di oneri che hanno dato diritto a una detrazione e, nell'anno 2023, sono stati oggetto di rimborso o comunque restituzione da parte di terzi compreso datore di lavoro o ente pensionistico. Rientrano in tali somme anche i contributi erogati, non in conto capitale, a fronte di mutui ipotecari, corrisposti in un periodo d'imposta successivo a quello in cui il contribuente ha usufruito della detrazione relativamente agli interessi passivi senza tener conto di questi contributi. Rientra, inoltre, in queste somme la quota di interessi passivi per cui il contribuente ha usufruito della detrazione in anni precedenti, a fronte di mutui contratti per interventi di recupero edilizio, riferiti all'importo del mutuo non utilizzato per sostenere le spese relative agli interventi di recupero;

'5' somme conseguite a titolo di rimborso di spese di recupero del patrimonio edilizio e risparmio energetico per le quali si è fruito della detrazione;

'6' plusvalenze realizzate mediante cessione a titolo oneroso di terreni edificabili secondo gli strumenti urbanistici vigenti al momento della cessione. Per terreni edificabili si intendono quelli qualificati come edificabili dal piano regolatore generale o, in mancanza, dagli altri strumenti urbanistici vigenti al momento della cessione. In questa ipotesi la plusvalenza si realizza anche se il terreno è stato acquisito per successione o donazione oppure se è stato acquistato a titolo oneroso da più di cinque anni;

'7' plusvalenze ed altre somme percepite a titolo di indennità di esproprio o ad altro titolo nel corso del procedimento espropriativi (art. 11, commi da 5 a 8, della legge 30 dicembre 1991, n. 413). L'indicazione nella dichiarazione di questo reddito interessa solo i contribuenti che hanno percepito somme assoggettate alla ritenuta alla fonte a titolo d'imposta e intendono optare per la tassazione di tali plusvalenze nei modi ordinari (tassazione separata o per opzione tassazione ordinaria), scomputando conseguentemente la ritenuta alla fonte operata che in questo caso si considera a titolo di acconto. Per approfondimenti consultare in Appendice la voce "Indennità di esproprio";

'8' redditi compresi nelle somme o nel valore normale dei beni attribuiti alla scadenza dei contratti e dei titoli indicati alle lett. a), b), f) e g), comma 1, dell'art. 44 del Tuir, quando non sono soggetti a ritenuta alla fonte a titolo d'imposta o ad imposta sostitutiva, se il periodo di durata del contratto o del titolo è superiore a cinque anni.

Nella **colonna 2 (opzione per la tassazione ordinaria)** barrare la casella in caso di opzione per la tassazione ordinaria. L'opzione non è consentita se nella colonna 1 è stato indicato il codice 1;
Nella **colonna 3 (anno)** indicare:
- l'anno in cui è sorto il diritto a percepire il reddito, se in colonna 1 è stato indicato il codice 1, 2, 6, 7 o 8;
- l'anno d'imposta con riferimento al quale si è fruito della deduzione o della detrazione, se in colonna 1 è stato indicato il codice 3 o 4;
- l'anno in cui sono state sostenute le spese di recupero del patrimonio edilizio, se in colonna 1 è stato indicato il codice 5.

Nella **colonna 4 (reddito)** indicare l'importo del reddito percepito.
Le somme di cui al **codice 3 o 4** vanno indicate nella misura in cui sono state percepite o hanno formato oggetto di sgravio e fino a concorrenza dell'importo a suo tempo dedotto o sulle quali è stata calcolata la detrazione d'imposta. Se si è indicato il codice 4 e l'onere rimborsato è relativo a spese sanitarie per le quali nella precedente dichiarazione si è optato per la rateizzazione in quattro rate, in questo rigo deve essere riportato l'importo rimborsato diviso quattro. Per le restanti tre rate il contribuente dovrà indicare nel rigo E6, a partire dalla presente dichiarazione, il totale della spesa rateizzata ridotto dell'importo rimborsato.
Se in colonna 1 è stato indicato il **codice 5** va riportata la parte della somma rimborsata per la quale negli anni precedenti si è beneficiato della detrazione.
Ad esempio, se la spesa è stata sostenuta nel 2018 per 20.000,00 euro di cui 5.000,00 euro sono stati oggetto di rimborso nel 2023 e se si è optato per la rateizzazione in dieci rate, la quota da indicare in questo rigo è data dal risultato della seguente operazione:

$$\frac{5.000 \times 5 \text{ (numero di rate detratte nel 2018, 2019, 2020, 2021, 2022)}}{10} = 2.500 \text{ euro}$$

Per le restanti cinque rate il contribuente indicherà a partire dalla presente dichiarazione, nel quadro E sez. III la spesa inizialmente sostenuta ridotta degli oneri rimborsati (nell'esempio 20.000 – 5.000 = 15.000 euro).
Se a colonna 1 è stato indicato il **codice 6 o 7** indicare l'ammontare dell'indennità o delle plusvalenze determinate secondo i criteri indicati alla voce in Appendice "Calcolo delle plusvalenze".
Nella **colonna 7 (ritenute)** indicare l'importo delle ritenute d'acconto subite in relazione ai redditi dichiarati in colonna 4.

9. QUADRO E - Oneri e spese

Nel quadro E vanno indicate le spese sostenute nell'anno 2023 che danno diritto a una detrazione d'imposta o a una deduzione dal reddito.

Cos'è la detrazione
Alcune spese, come ad esempio quelle sostenute per motivi di salute, per l'istruzione o per gli interessi sul mutuo dell'abitazione, possono essere utilizzate per diminuire l'imposta da pagare. In questo caso si parla di detrazioni. La misura di queste agevolazioni varia a seconda del tipo di spesa (19 per cento per le spese sanitarie, 50 per cento per le spese di ristrutturazione edilizia, ecc.). In caso di incapienza, cioè quando l'imposta dovuta è inferiore alle detrazioni alle quali si ha diritto, la parte di detrazione che supera l'imposta non può essere rimborsata. Esiste un'eccezione per le detrazioni sui canoni di locazione (sezione V di questo quadro) e l'ulteriore detrazione per figli a carico (rigo 23 del modello 730-3), per le quali, in alcuni casi, si può avere il rimborso.

Cos'è la deduzione
Una serie di spese, come per esempio i contributi previdenziali e assistenziali obbligatori e volontari o le erogazioni liberali in favore degli enti non profit, può ridurre il reddito complessivo su cui calcolare l'imposta dovuta. In questo caso si parla di deduzioni.
In entrambi i casi, chi presta l'assistenza fiscale (Caf, professionista o sostituto d'imposta) calcola l'importo della detrazione o della deduzione e lo indica nel prospetto di liquidazione, Mod. 730-3, che rilascia al dichiarante dopo avere effettuato il calcolo delle imposte.

Spese sostenute per familiari a carico
Alcuni oneri e spese (ad esempio le spese sanitarie, i premi di assicurazione, le spese per la frequenza di corsi di istruzione secondaria e universitaria, i contributi previdenziali e assistenziali, le spese per l'abbonamento al trasporto pubblico, le spese in favore dei figli con disturbi specifici dell'apprendimento - DSA) danno diritto alla detrazione o alla deduzione anche se sono stati sostenuti nell'interesse delle persone fiscalmente a carico (v. le istruzioni del paragrafo 2 *"Familiari a carico"*). In questo caso, la detrazione o deduzione spetta anche se non si fruisce delle detrazioni per carichi di famiglia, che invece sono attribuite interamente ad un altro soggetto (nel prospetto "Familiari a carico" sono indicati il codice fiscale del familiare e il numero dei mesi a carico, ma la percentuale di detrazione è pari a zero) o perché il figlio ha meno di 21 anni. Il documento che certifica la spesa deve essere intestato al contribuente o al figlio fiscalmente a carico. In quest'ultima ipotesi le spese devono essere suddivise tra i due genitori nella misura in cui sono state effettivamente sostenute. Se i genitori intendono ripartire le spese in misura diversa dal 50 per cento devono annotare la percentuale di ripartizione nel documento che comprova la spesa. Se uno dei due coniugi è fiscalmente a carico dell'altro, l'intera spesa sostenuta può essere attribuita al coniuge non a carico.
Più in generale, la detrazione spetta al contribuente che ha sostenuto la spesa nell'interesse dei familiari a carico anche nell'ipotesi in cui i documenti di spesa siano intestati ad un altro familiare anch'esso fiscalmente a carico del soggetto che ha sostenuto la spesa, fermo restando le specifiche ipotesi in materia di acquisto di autovetture per persone con disabilità e spese per la frequenza di asili nido.
Per i contributi e i premi versati alle forme pensionistiche complementari e individuali e ai fondi integrativi del Servizio sanitario nazionale versati nell'interesse delle persone fiscalmente a carico, la deduzione spetta per la sola parte da questi ultimi non dedotta.

Spese sostenute per familiari non a carico con patologie esenti
Le spese sanitarie sostenute nell'interesse dei familiari non a carico, con patologie che danno diritto all'esenzione dalla partecipazione alla spesa sanitaria pubblica (ticket), danno diritto alla detrazione per la parte che non trova capienza nell'imposta dovuta dal familiare non a carico (v. istruzioni del rigo E2).

Spese sostenute dagli eredi
Gli eredi hanno diritto alla detrazione d'imposta (oppure alla deduzione dal proprio reddito complessivo) per le spese sanitarie sostenute per il defunto dopo il decesso.

Oneri sostenuti dalle società semplici
I soci di società semplici hanno diritto di fruire, in misura proporzionale, secondo quanto stabilito dall'art. 5 del Tuir, della corrispondente detrazione di imposta (oppure della deduzione dal proprio reddito complessivo) per alcuni oneri sostenuti dalla società. Questi sono specificati in Appendice alla voce "Oneri sostenuti dalle società semplici" e vanno indicati nei corrispondenti righi del quadro E.

Il quadro E è suddiviso nelle seguenti sezioni:
- **Sezione I - (righi da E1 a E14):** spese per le quali spetta la **detrazione d'imposta del 19 per cento** (per esempio spese sanitarie) o **del 26 per cento o del 30** (erogazioni liberali alle ONLUS o alle APS) **per cento o del 35 per cento** (erogazioni liberali alle OV) o del 90 per cento (premi per rischio eventi calamitosi per assicurazioni stipulate contestualmente alla cessione del sismabonus al 110 per cento ad un'impresa di assicurazione);
- **Sezione II - (righi da E21 a E36):** spese e oneri per i quali spetta la **deduzione** dal reddito complessivo (per esempio, contributi previdenziali);
- **Sezione III A - (righi da E41 a E43):** spese per le quali spetta la **detrazione** d'imposta per gli **interventi di recupero del patrimonio edilizio e per misure antisismiche**;
  Sezione III B - (righi da E51 a E53): dati catastali identificativi degli immobili e altri dati per fruire della detrazione;
  Sezione III C - (righi da E56 a E59): detrazione d'imposta del **50 per cento** per il riscatto dei periodi non coperti da contribuzione, l'installazione delle infrastrutture di ricarica, l'acquisto di mobili per **l'arredo di immobili e IVA** per acquisto abitazione classe A o B e le detrazioni d'imposta al **110 per cento** per l'installazione delle infrastrutture di ricarica eseguite congiuntamente ad alcuni interventi superbonus;
- **Sezione IV - (righi da E61 a E62):** spese per le quali spetta la detrazione d'imposta per gli interventi di risparmio energetico;
- **Sezione V - (righi da E71 a E72):** dati per fruire delle **detrazioni d'imposta per canoni di locazione**;
- **Sezione VI - (righi da E81 a E83):** dati per fruire di **altre detrazioni d'imposta** (per esempio, spese per il mantenimento dei cani guida).

SEZIONE I - Spese per le quali spetta la detrazione d'imposta del 19, del 26, del 30, del 35 e del 90 per cento

In questa sezione vanno indicate le spese per le quali spetta la detrazione d'imposta del 19 per cento, del 26 per cento del 30 per cento, del 35 per cento o del 90 per cento (quest'ultima aliquota si applica ai premi relativi ad assicurazioni per il rischio sismico stipulate contestualmente alla cessione all'impresa assicurativa della detrazione al 110 per cento).

 Dall'anno d'imposta 2020 la detrazione dall'imposta lorda nella misura del 19 per cento degli oneri, spetta a condizione che l'onere sia sostenuto con versamento bancario o postale ovvero mediante altri sistemi di pagamento tracciabili. La disposizione non si applica alle detrazioni spettanti in relazione alle spese sostenute per l'acquisto di medicinali e di dispositivi medici, nonché alle detrazioni per prestazioni sanitarie rese dalle strutture pubbliche o da strutture private accreditate al Servizio sanitario nazionale.

Il contribuente dimostra l'utilizzo del mezzo di pagamento «tracciabile» mediante prova cartacea della transazione/pagamento con ricevuta bancomat, estratto conto, copia bollettino postale o del MAV e dei pagamenti con PagoPA. In mancanza, l'utilizzo del mezzo di pagamento «tracciabile» può essere documentato mediante l'annotazione in fattura, ricevuta fiscale o documento commerciale, da parte del percettore delle somme che cede il bene o effettua la prestazione di servizio.

Nelle tabelle che seguono, con riferimento a ciascuna spesa, è indicato il rigo dove riportare l'importo pagato e il codice attribuito. Quest'ultimo coincide con quello indicato nella Certificazione Unica se il datore di lavoro ha considerato la relativa spesa nel calcolo delle ritenute. In questo caso le spese indicate nei punti 342, 344, 346, 348, 350 e 352 della Certificazione Unica devono essere comunque riportate nei righi da E1 a E10.

SPESE PER LE QUALI SPETTA LA DETRAZIONE DEL 19 PER CENTO

CODICE	DESCRIZIONE	RIGO	CODICE	DESCRIZIONE	RIGO
	Spese sanitarie	E1	24	Erogazioni liberali a favore della società di cultura Biennale di Venezia	da E8 a E10
	Spese sanitarie per familiari non a carico affetti da patologie esenti	E2	25	Spese relative a beni soggetti a regime vincolistico	"
	Spese sanitarie per persone con disabilità	E3	26	Erogazioni liberali per attività culturali ed artistiche	"
	Spese veicoli per persone con disabilità	E4	27	Erogazioni liberali a favore di enti operanti nello spettacolo	"
	Spese per l'acquisto di cani guida	E5	28	Erogazioni liberali a favore di fondazioni operanti nel settore musicale	"
	Totale spese sanitarie per le quali è stata richiesta la rateizzazione nella precedente dichiarazione	E6	29	Spese veterinarie	"
	Interessi per mutui ipotecari per acquisto abitazione principale	E7	30	Spese sostenute per servizi di interpretariato dai soggetti riconosciuti sordi	"
8	Interessi per mutui ipotecari per acquisto altri immobili	da E8 a E10	31	Erogazioni liberali a favore degli istituti scolastici di ogni ordine e grado	"
9	Interessi per mutui contratti nel 1997 per recupero edilizio	"	32	Spese relative ai contributi versati per il riscatto degli anni di laurea dei familiari a carico	"
10	Interessi per mutui ipotecari per costruzione abitazione principale stipulati fino al 31 dicembre 2021	"	33	Spese per asili nido	"
11	Interessi per prestiti o mutui agrari stipulati fino al 31 dicembre 2021	"	35	Erogazioni liberali al fondo per l'ammortamento di titoli di Stato	"
12	Spese per istruzione diverse da quelle universitarie	"	36	Premi per assicurazioni sulla vita e contro gli infortuni	"
13	Spese per istruzione universitaria	"	38	Premi per assicurazioni per tutela delle persone con disabilità grave	"
14	Spese funebri	"	39	Premi per assicurazioni per rischio di non autosufficienza	"
15	Spese per addetti all'assistenza personale	"	40	Spese sostenute per l'acquisto di abbonamenti ai servizi di trasporto pubblico locale, regionale e interregionale	"
16	Spese per attività sportive per ragazzi (palestre, piscine e altre strutture sportive)	"	43	Premi per assicurazioni per il rischio di eventi calamitosi	"
17	Spese per intermediazione immobiliare	"	44	Spese per minori o maggiorenni con DSA	"
18	Spese per canoni di locazione sostenute da studenti universitari fuori sede	"	45	Spese per iscrizione annuale o abbonamento AFAM per ragazzi	"
20	Erogazioni liberali a favore delle popolazioni colpite da calamità pubbliche o eventi straordinari	"	46	Interessi per mutui ipotecari per costruzione abitazione principale stipulati dal 1° gennaio 2022	"
21	Erogazioni liberali alle società ed associazioni sportive dilettantistiche	"	47	Interessi per prestiti o mutui agrari stipulati dal 1° gennaio 2022	"
22	Contributi associativi alle società di mutuo soccorso	"	99	Altre spese detraibili	"

SPESE PER LE QUALI SPETTA LA DETRAZIONE DEL 26 PER CENTO

CODICE	DESCRIZIONE	RIGO	CODICE	DESCRIZIONE	RIGO
61	Erogazioni liberali a favore delle ONLUS	da E8 a E10	62	Erogazioni liberali a favore dei partiti politici	da E8 a E10

SPESE PER LE QUALI SPETTA LA DETRAZIONE DEL 30 E DEL 35 PER CENTO

CODICE	DESCRIZIONE DETRAZIONE DEL 30 PER CENTO	RIGO	CODICE	DESCRIZIONE DETRAZIONE DEL 35 PER CENTO	RIGO
71	Erogazioni liberali in denaro o natura a favore delle ONLUS, APS e ETS	da E8 a E10	76	Erogazioni liberali in denaro o natura a favore delle organizzazioni di volontariato (OV) e degli ETS	da E8 a E10

SPESE PER LE QUALI SPETTA LA DETRAZIONE DEL 90 PER CENTO

CODICE	DESCRIZIONE	RIGO
81	Premi per rischio eventi calamitosi per assicurazioni stipulate contestualmente alla cessione del credito d'imposta relativo agli interventi sisma bonus al 110% ad un'impresa di assicurazione	da E8 a E10

 Dall'anno d'imposta 2020 la detrazione d'imposta per alcune delle spese indicate in questa sezione varia in base all'importo del reddito complessivo. In particolare, essa spetta per intero ai titolari di reddito complessivo fino a 120.000 euro. In caso di superamento del predetto limite, il credito decresce fino ad azzerarsi al raggiungimento di un reddito complessivo pari a 240.000 euro. Per la verifica del limite reddituale si tiene conto anche dei redditi assoggettati a cedolare secca.

SPESE PER LE QUALI LA DETRAZIONE VARIA IN BASE AL REDDITO

CODICE	DESCRIZIONE	RIGO	CODICE	DESCRIZIONE	RIGO
12	Spese d'istruzione	da E8 a E10	31	Erogazioni liberali a favore degli istituti scolastici di ogni ordine e grado	da E8 a E10
13	Spese universitarie	"	35	Erogazioni liberali al fondo per l'ammortamento di titoli di Stato	"
14	Spese funebri	"	36	Premi per assicurazioni sulla vita e contro gli infortuni	"
15	Spese per assistenza personale	"	38	Premi per assicurazioni per tutela delle persone con disabilità grave	"
16	Attività sportive dei ragazzi	"	39	Premi per assicurazioni per rischio di non autosufficienza	"
17	Intermediazioni immobiliare	"	40	Spese sostenute per l'acquisto di abbonamenti ai servizi di trasporto pubblico locale, regionale e interregionale	"
18	Spese per canoni di locazione sostenute da studenti universitari fuori sede	"	43	Premi per assicurazioni aventi per il rischio di eventi calamitosi	"
21	Erogazioni liberali alle società ed associazioni sportive dilettantistiche	"	44	Spese per minori o maggiorenni con DSA	"
25	Spese relative a beni soggetti a regime vincolistico	"	45	Spese per iscrizione annuale o abbonamento AFAM per ragazzi	"
26	Erogazioni liberali per attività culturali e artistiche	"	61	Erogazioni liberali a favore delle ONLUS	"
27	Erogazioni liberali a favore di enti operanti nello spettacolo	"	81	Premi per rischio eventi calamitosi per assicurazioni stipulate contestualmente alla cessione del credito d'imposta relativo agli interventi sisma bonus al 110% ad un'impresa di assicurazione	"
29	Spese veterinarie	"		Spese per canoni di leasing di immobili da adibire ad abitazione principale	E14
30	Spese sostenute per servizi di interpretariato dai soggetti riconosciuti sordi	"			

ISTRUZIONI COMUNI AI RIGHI DA E1 A E4

Spese sanitarie rimborsate

Non possono essere indicate le spese sanitarie sostenute nel 2023 che nello stesso anno sono state rimborsate, come ad esempio:
- le spese risarcite dal danneggiante o da altri per suo conto, nel caso di danni alla persona arrecati da terzi;
- le spese sanitarie rimborsate a fronte di contributi per assistenza sanitaria versati dal datore di lavoro o ente pensionistico o dal contribuente a enti o casse con fine esclusivamente assistenziale, sulla base di contratti, accordi o regolamenti aziendali, e che, fino all'importo complessivo di 3.615,20 euro, non hanno contribuito a formare il reddito imponibile di lavoro dipendente. La presenza di questi contributi è segnalata al punto 441 della Certificazione Unica. Se nel punto 442 della Certificazione Unica viene indicata la quota di contributi sanitari che, essendo superiore al limite di 3.615,20 euro, ha concorso a formare il reddito, le spese sanitarie eventualmente rimborsate possono, invece, essere indicate proporzionalmente a tale quota. Nella determinazione della proporzione si deve tener conto anche di quanto eventualmente riportato nel punto 575 e/o 595 della Certificazione Unica 2024;
- le spese per l'acquisto degli occhiali da vista ovvero di lenti a contatto correttive per cui si è ottenuto il bonus vista.

Il medesimo principio si applica anche nell'ipotesi di contributi associativi versati alle società di mutuo soccorso, detraibili nel limite di 1300 euro. L'erogazione dei sussidi da parte delle predette società per il rimborso delle spese sanitarie sostenute dai soci comporta che tali spese non siano rimaste a carico dei soci medesimi. Qualora i contributi associativi versati risultino di ammontare superiore all'importo sul quale è possibile calcolare la detrazione, le spese sanitarie rimborsate possono considerarsi rimaste a carico sulla base della percentuale risultante dal rapporto tra i contributi eccedenti il predetto limite e il totale dei contributi versati. Ciò anche se i contributi associativi non abbiano un'univoca destinazione al rimborso delle spese sanitarie.

Le spese sanitarie sostenute nel 2023 e che saranno rimborsate in anni successivi possono essere portate in detrazione già al netto dell'importo che verrà rimborsato oppure possono essere detratte per l'intero importo, salvo poi indicare l'importo ricevuto nel rigo D7 codice 4 nella dichiarazione dei redditi relativa all'anno d'imposta in cui si percepirà il rimborso.

Possono, invece, essere indicate le spese rimaste a carico del contribuente, come per esempio:
- le spese sanitarie rimborsate per effetto di premi di assicurazioni sanitarie da lui versati (per i quali non spetta la detrazione d'imposta del 19 per cento);
- le spese sanitarie rimborsate sulla base di assicurazioni sanitarie stipulate dal datore di lavoro o ente pensionistico o pagate direttamente dallo stesso con o senza trattenuta a carico del dipendente. L'esistenza di premi versati dal datore di lavoro o dal dipendente per queste assicurazioni è segnalata al punto 444 della Certificazione Unica;
- l'ammontare delle spese sostenute per l'acquisto degli occhiali da vista ovvero di lenti a contatto correttive al netto dell'importo del bonus vista.

Ulteriori informazioni sulle spese sanitarie, comprese quelle relative agli autoveicoli e motoveicoli, e chiarimenti sulle spese sostenute all'estero sono riportate in Appendice alla voce "Spese sanitarie".

Spese che possono essere rateizzate
Se le spese sanitarie indicate nei **righi E1, E2** ed **E3** superano complessivamente i **15.493,71** euro la detrazione può essere ripartita in quattro quote annuali costanti e di pari importo.
A questo scopo è sufficiente barrare l'apposita casella, dato che il calcolo della rateizzazione e, quindi, della detrazione spettante verrà eseguito da chi presta l'assistenza fiscale (Caf, professionista o sostituto).
I contribuenti che nelle precedenti dichiarazioni hanno richiesto la rateizzazione delle spese sanitarie devono compilare il rigo E6.

Rigo E1 - Spese sanitarie
Colonna 2 (Spese sanitarie): indicare l'intero importo delle spese sanitarie sostenute nell'interesse proprio e dei familiari a carico.
Chi presta l'assistenza fiscale calcolerà la detrazione del 19 per cento solo sulla parte che supera l'importo di 129,11 euro.
Per le spese sanitarie relative all'acquisto di medicinali, la detrazione spetta se la spesa è certificata da fattura o da scontrino fiscale (c.d. "scontrino parlante") in cui devono essere specificati la natura e la quantità dei prodotti acquistati, il codice alfanumerico (identificativo della qualità del farmaco) posto sulla confezione del medicinale e il codice fiscale del destinatario.
In Appendice, alla voce "Spese sanitarie", è riportato un elenco delle spese che danno diritto alla detrazione, insieme ad alcune informazioni sulla documentazione da conservare e sulle spese sostenute all'estero.
L'importo da indicare nel rigo E1, colonna 2, deve comprendere le spese sanitarie indicate nella sezione "Oneri detraibili" (punti da 341 a 352) della Certificazione Unica con il codice onere 1.
Le spese sanitarie relative patologie esenti, per le quali è possibile che la detrazione spettante sia superiore all'imposta dovuta, vanno indicate nella colonna 1 di questo rigo.
Colonna 1 (Spese per patologie esenti): indicare le spese sanitarie relative a patologie esenti dalla spesa sanitaria pubblica.
Si tratta di alcune malattie e condizioni patologiche per le quali il Servizio Sanitario Nazionale ha riconosciuto l'esenzione dal ticket in relazione a particolari prestazioni sanitarie. Per un elenco completo si può consultare la banca dati del Ministero della Salute disponibile sul sito www.salute.gov.it.
Le spese indicate in questa colonna non possono essere comprese tra quelle indicate nella colonna 2 di questo rigo.
Per queste spese spetta un'agevolazione che consiste nella possibilità di non perdere la parte di detrazione che non ha trovato capienza nell'imposta dovuta. L'eccedenza verrà indicata da chi presta l'assistenza fiscale nello spazio riservato ai messaggi del prospetto di liquidazione, Mod. 730-3, per consentire al familiare che ha sostenuto le spese per patologie esenti di fruire della restante quota di detrazione (v. istruzioni del rigo E2).

Rigo E2 - Spese sanitarie per familiari non a carico con patologie esenti: indicare l'importo della spesa sanitaria sostenuta nell'interesse del familiare non fiscalmente a carico con patologie esenti la cui detrazione non ha trovato capienza nell'imposta lorda da questi dovuta.
La parte di detrazione che non ha trovato capienza nell'imposta del familiare è desumibile dalle annotazioni del Mod. 730-3 o dal quadro RN del Mod. REDDITI Persone fisiche 2024 di quest'ultimo.
L'ammontare massimo delle spese sanitarie indicate in questo rigo non può superare 6.197,48 euro.
La detrazione che spetta sulla somma delle spese indicate nei righi E1 ed E2 sarà calcolata da chi presta l'assistenza fiscale (Caf, professionista o sostituto) solo sulla parte che supera l'importo di 129,11 euro.

Rigo E3 - Spese sanitarie per persone con disabilità: indicare l'importo delle spese sanitarie sostenute per persone con disabilità e, in particolare:
- per i mezzi necessari all'accompagnamento, deambulazione, locomozione e sollevamento;
- per i sussidi tecnici e informatici che facilitano l'autosufficienza e l'integrazione.

Per queste spese la detrazione del 19 per cento spetta sull'intero importo.
Sono considerati persone con disabilità coloro che, avendo una minorazione fisica, psichica o sensoriale, stabilizzata o progressiva che causa difficoltà di apprendimento, relazione o integrazione lavorativa e determina un processo di svantaggio sociale o di emarginazione, e che per tali motivi hanno ottenuto il riconoscimento dalla Commissione medica (istituita ai sensi dell'art. 4 della L. n. 104 del 1992), o da altre commissioni mediche pubbliche che hanno l'incarico di certificare l'invalidità civile, di lavoro, di guerra, ecc.
I grandi invalidi di guerra (art. 14 del T.U. n. 915 del 1978) e le persone a essi equiparate sono considerati persone con disabilità e non sono assoggettati agli accertamenti sanitari della Commissione medica istituita ai sensi dell'art. 4 della L. n. 104 del 1992. In questo caso è sufficiente la documentazione rilasciata agli interessati dai ministeri competenti quando sono stati concessi i benefici pensionistici.
Le persone con disabilità possono attestare le loro condizioni personali anche con un'autocertificazione (dichiarazione sostitutiva di atto notorio, la cui sottoscrizione può non essere autenticata se accompagnata da copia fotostatica del documento di identità del sottoscrittore).
Altre informazioni sono riportate in Appendice alla voce "Spese sanitarie per persone con disabilità".
L'importo da indicare nel rigo E3 deve comprendere le spese indicate nella sezione "Oneri detraibili" (punti da 341 a 352) della Certificazione Unica con il codice onere 3.

Rigo E4 - Spese veicoli per persone con disabilità: indicare le spese sostenute per l'acquisto:
- di motoveicoli e autoveicoli, anche se prodotti in serie e adattati in funzione delle limitazioni permanenti alle capacità motorie delle persone con disabilità;
- di autoveicoli, anche non adattati, per il trasporto di ciechi, sordi, persone con disabilità psichica o mentale di gravità tale da avere determinato il riconoscimento dell'indennità di accompagnamento, invalidi con grave limitazione della capacità di deambulazione e persone con pluriamputazioni.

La detrazione, nel limite di spesa di **18.075,99 euro**, spetta con riferimento a un solo veicolo (auto o moto), a patto che sia utilizzato in via esclusiva o prevalente a beneficio della persona con disabilità.

La detrazione spetta una sola volta in un periodo di quattro anni, a meno che il veicolo non sia stato cancellato dal pubblico registro automobilistico. Se il veicolo è stato rubato e non ritrovato, dal limite di 18.075,99 euro va detratto l'eventuale rimborso dell'assicurazione.

In caso di trasferimento a titolo oneroso o gratuito del veicolo prima che siano trascorsi due anni dall'acquisto, è dovuta la differenza tra l'imposta che sarebbe stata determinata in assenza dell'agevolazione e quella agevolata, a meno che la cessione non sia avvenuta in seguito a un mutamento della disabilità che comporta per la persona la necessità di acquistare un altro veicolo sul quale effettuare nuovi e diversi adattamenti.

La detrazione può essere ripartita in quattro quote annuali di pari importo: in questo caso indicare nel rigo E4 l'intero importo della spesa sostenuta e, nell'apposita casella, il numero 1 per segnalare che si vuol fruire della prima rata.

Se, invece, la spesa è stata sostenuta nel 2020, nel 2021 o nel 2022 e nella relativa dichiarazione si è scelto di ripartire la detrazione in quattro rate annuali di pari importo, indicare:
- l'intero importo della spesa (identico a quello indicato nel Mod. 730 relativo agli anni 2020, 2021 o 2022);
- il numero della rata che si utilizza per il 2023 (4, 3 o 2) nell'apposita casella.

La detrazione spetta anche per le spese di riparazione che non rientrano nell'ordinaria manutenzione, con esclusione, quindi, dei costi di esercizio (come, ad esempio, il premio assicurativo, il carburante e il lubrificante). Queste spese devono essere sostenute entro quattro anni dall'acquisto e concorrono, insieme al costo di acquisto del veicolo, al raggiungimento del limite massimo consentito di euro 18.075,99.

Se vengono compilati due righi E4, uno per l'acquisto dell'autoveicolo e l'altro per la manutenzione straordinaria la detrazione può essere ripartita in quattro quote annuali solo per l'acquisto e non per la manutenzione straordinaria.

Altre informazioni sono riportate in Appendice alla voce "Spese sanitarie per persone con disabilità".

L'importo da indicare nel rigo E4 deve comprendere le spese indicate nella sezione "Oneri detraibili" (punti da 341 a 352) della Certificazione Unica con il codice onere 4.

Rigo E5 - Spese per l'acquisto di cani guida: indicare la spesa sostenuta dai ciechi per l'acquisto del cane guida.

La detrazione spetta per l'intero ammontare del costo sostenuto ma con riferimento all'acquisto di un solo cane e una sola volta in un periodo di quattro anni, salvo i casi di perdita dell'animale.

La detrazione può essere ripartita in quattro rate annuali di pari importo, indicando nell'apposita casella del rigo il numero corrispondente alla rata di cui si vuole fruire e l'intero importo della spesa sostenuta.

L'importo da indicare nel rigo E5 deve comprendere le spese indicate nella sezione "Oneri detraibili" (punti da 341 a 352) della Certificazione Unica con il codice onere 5.

Rigo E6 - Spese sanitarie rateizzate in precedenza: questo rigo è riservato ai contribuenti che negli anni 2020 e/o 2021 e/o 2022 hanno sostenuto spese sanitarie superiori a 15.493,71 euro ed hanno scelto la rateizzazione nelle precedenti dichiarazioni dei redditi. Se in più di una delle precedenti dichiarazioni è stata scelta la rateizzazione, è necessario compilare più righi E6 utilizzando distinti modelli.

Nella **colonna 1** indicare il numero della rata di cui si intende fruire. Il numero delle rate va da 2 a 4.

Nella **colonna 2** indicare l'importo delle spese di cui è stata chiesta la rateizzazione.

In particolare se nelle precedenti dichiarazioni è stato utilizzato il Mod. 730:
- per le spese sostenute nel 2022 l'importo da indicare nella colonna 2 è desumibile dal rigo 136 del prospetto 730-3/2023, mentre nella casella delle rate va indicato il numero 2;
- per le spese sostenute nel 2020 e/o nel 2021 l'importo da indicare nella colonna 2 è desumibile dal rigo E6 del quadro E del Mod. 730/2023.

Se, invece, nelle precedenti dichiarazioni è stato utilizzato il modello REDDITI Persone Fisiche:
- per le spese sostenute nel 2022 l'importo da indicare nella colonna 2 è desumibile dal rigo RN47, colonna 55, del Mod. REDDITI Persone Fisiche 2023 mentre nella casella delle rate va indicato il numero 2;
- per le spese sostenute nel 2020 e/o nel 2021 l'importo da indicare nella colonna 2 è pari all'importo indicato nel rigo RP6 del quadro RP del Mod. REDDITI Persone Fisiche 2023 moltiplicato per quattro.

L'importo da indicare nel rigo E6 deve comprendere le spese indicate nella sezione "Oneri detraibili" (punti da 341 a 352) della Certificazione Unica con il codice onere 6.

Interessi passivi - Rigo E7 e codici 8, 9, 10 e 11 nei righi da E8 a E10

In questi righi vanno indicati gli importi degli interessi passivi, degli oneri accessori e delle quote di rivalutazione pagati nel 2023 per i mutui, a prescindere dalla scadenza della rata.

In caso di mutuo ipotecario sovvenzionato con contributi concessi dallo Stato o da enti pubblici, non erogati in conto capitale, gli interessi passivi danno diritto alla detrazione solo per l'importo effettivamente rimasto a carico del contribuente.

Nel caso in cui il contributo venga erogato in un periodo d'imposta successivo a quello in cui il contribuente ha fruito della detrazione per l'intero importo degli interessi passivi, l'ammontare del contributo percepito deve essere assoggettato a tassazione separata a titolo di "onere rimborsato".

Non danno diritto alla detrazione gli interessi derivanti da:
- mutui stipulati nel 1991 o nel 1992 per motivi diversi dall'acquisto della propria abitazione (ad esempio per la ristrutturazione);
- mutui stipulati a partire dal 1993 per motivi diversi dall'acquisto dell'abitazione principale (ad esempio per l'acquisto di una residenza secondaria). Sono esclusi da questa limitazione i mutui stipulati nel 1997 per ristrutturare gli immobili e i mutui ipotecari stipulati a partire dal 1998 per la costruzione e la ristrutturazione edilizia dell'abitazione principale.

Non danno comunque diritto alla detrazione gli interessi pagati a seguito di aperture di credito bancarie, di cessione di stipendio e, in generale, gli interessi derivanti da tipi di finanziamento diversi da quelli relativi a contratti di mutuo, anche se con garanzia ipotecaria su immobili.

Se il mutuo eccede il costo sostenuto per l'acquisto dell'immobile, possono essere portati in detrazione gli interessi relativi alla parte del mutuo che copre questo costo, aumentato delle spese notarili e degli altri oneri accessori relativi all'acquisto. Per determinare la parte di interessi da detrarre può essere utilizzata la seguente formula:

$$\frac{\text{costo di acquisizione dell'immobile} \times \text{interessi pagati}}{\text{capitale dato in mutuo}}$$

Se il mutuo è intestato a più persone, ogni cointestatario può fruire della detrazione unicamente per la propria quota di interessi.

Gli oneri accessori sui quali è consentito calcolare la detrazione sono le spese necessarie alla stipula del contratto di mutuo. Tra questi oneri sono compresi: l'intero importo delle maggiori somme corrisposte a causa delle variazioni del cambio per mutui stipulati in altra valuta, la commissione spettante agli istituti per la loro attività di intermediazione, gli oneri fiscali (compresa l'imposta per l'iscrizione o la cancellazione di ipoteca e l'imposta sostitutiva sul capitale prestato), la cosiddetta "provvigione" per scarto rateizzato, le spese di istruttoria, notarili e di perizia tecnica, la penalità per anticipata estinzione del mutuo, ecc. Le spese notarili includono sia l'onorario del notaio per la stipula del contratto di mutuo (con esclusione di quelle sostenute per il contratto di compravendita) sia le spese sostenute dal notaio per conto del cliente come, ad esempio, l'iscrizione e la cancellazione dell'ipoteca.

Il rigo E7 e il codice 8 nei righi da E8 a E10 devono comprendere gli interessi passivi sui mutui ipotecari rispettivamente indicati nella sezione "Oneri detraibili" (punti da 341 a 352) della Certificazione Unica con i codici onere 7 e 8.

Rigo E7 - Interessi per mutui ipotecari per l'acquisto dell'abitazione principale: indicare gli interessi passivi, gli oneri accessori e le quote di rivalutazione dipendenti da clausole di indicizzazione per mutui ipotecari contratti per l'acquisto di immobili adibiti ad abitazione principale. **Nella colonna 1** indicare gli importi corrisposti nel 2023 e dovuti per contratti di mutuo stipulati entro il 31 dicembre 2021. L'importo indicato in colonna 1 deve comprendere gli interessi passivi sui mutui ipotecari indicati nella sezione "Oneri detraibili" (punti da 341 a 352) della Certificazione Unica con il codice onere "7". **Nella colonna 2** indicare gli importi pagati nel 2023 e dovuti per contratti di mutuo stipulati a partire dal 1° gennaio 2022 e l'importo degli interessi relativi ai mutui per cui dal 1° gennaio 2022 è intervenuto un accollo/subentro/rinegoziazione. In questi casi per data di stipula del mutuo è da intendersi la data di stipula del contratto di accollo/subentro/rinegoziazione/ del mutuo. L'importo indicato in colonna 2 deve comprendere gli interessi passivi sui mutui ipotecari indicati nella sezione "Oneri detraibili" (punti da 341 a 352) della Certificazione Unica con il codice onere "**48**".

Per abitazione principale si intende quella nella quale il contribuente o i suoi familiari dimorano abitualmente. Pertanto, la detrazione spetta al contribuente acquirente e intestatario del contratto di mutuo, anche se l'immobile è adibito ad abitazione principale di un suo familiare (coniuge, parenti entro il terzo grado e affini entro il secondo grado).

In caso di separazione legale, anche il coniuge separato, finché non interviene l'annotazione della sentenza di divorzio, rientra tra i familiari. In caso di divorzio, al coniuge che ha trasferito la propria dimora abituale spetta comunque la detrazione per la quota di competenza, se nell'immobile hanno la propria dimora abituale i suoi familiari.

La detrazione spetta su un **importo massimo di 4.000,00 euro**.

In caso di contitolarità del contratto o di più contratti di mutuo, questo limite si riferisce all'ammontare complessivo degli interessi, oneri accessori e quote di rivalutazione sostenuti (per esempio i coniugi non fiscalmente a carico l'uno dell'altro cointestatari in parti uguali del mutuo che grava sulla abitazione principale acquistata in comproprietà possono indicare al massimo un importo di 2.000,00 euro ciascuno). Se invece il mutuo è cointestato con il coniuge fiscalmente a carico, il coniuge che sostiene interamente la spesa può fruire della detrazione per entrambe le quote di interessi passivi.

La detrazione spetta anche se il mutuo è stato stipulato per acquistare un'ulteriore quota di proprietà dell'unità immobiliare ed è ammessa anche per i contratti di mutuo stipulati con soggetti residenti nel territorio di uno Stato membro dell'Unione europea.

La detrazione spetta a condizione che l'immobile sia adibito ad abitazione principale entro un anno dall'acquisto, e che l'acquisto sia avvenuto nell'anno antecedente o successivo al mutuo. Non si tiene conto delle variazioni dell'abitazione principale derivanti da ricoveri permanenti in istituti di ricovero o sanitari, a condizione che l'immobile non sia locato.

Per i mutui stipulati prima del 1° gennaio 2001 la detrazione è ammessa a condizione che l'unità immobiliare sia stata adibita ad abitazione principale entro sei mesi dall'acquisto, a meno che al 1° gennaio 2001 non fosse già decorso il termine semestrale previsto dalla disciplina previgente. Per i soli mutui stipulati nel corso dell'anno 1993 la detrazione spetta purché l'unità immobiliare sia stata adibita ad abitazione principale entro l'8 giugno 1994.

Non si tiene conto del periodo intercorrente tra la data di acquisto e quella del mutuo, se l'originario contratto di mutuo per l'acquisto dell'abitazione principale viene estinto e ne viene stipulato uno nuovo, anche con una banca diversa, compresa l'ipotesi di surrogazione per volontà del debitore (art. 120-*quater*, comma 8, decreto legislativo 1° settembre 1993, n. 385). In questa ipotesi, come pure in caso di rinegoziazione del mutuo (vedi in Appendice la voce "Rinegoziazione del contratto di mutuo"), il diritto alla detrazione spetta per un importo non superiore a quello che risulterebbe con riferimento alla quota residua di capitale del vecchio mutuo, maggiorata delle spese e degli oneri accessori correlati con l'estinzione del vecchio mutuo e l'accensione del nuovo.

Se l'immobile acquistato è sottoposto a ristrutturazione edilizia, la detrazione spetta dalla data in cui viene adibito ad abitazione principale, purché questo avvenga sempre entro due anni dall'acquisto.

Se è stato acquistato un immobile locato, la detrazione spetta, a partire dalla prima rata di mutuo corrisposta, a condizione che entro tre mesi dall'acquisto, l'acquirente notifichi al locatario l'intimazione di sfratto per finita locazione e che entro un anno dal rilascio l'immobile sia adibito ad abitazione principale.

Si ha diritto alla detrazione anche se l'unità immobiliare non è adibita ad abitazione principale entro un anno a causa di un trasferimento per motivi di lavoro avvenuto dopo l'acquisto.

Il diritto alla detrazione viene meno a partire dal periodo d'imposta successivo a quello in cui l'immobile non è più utilizzato come abitazione principale (ad eccezione del trasferimento per motivi di lavoro o del ricovero permanente in istituti di ricovero o sanitari). Tuttavia, se il contribuente torna ad adibire l'immobile ad abitazione principale, può fruire nuovamente della detrazione in relazione alle rate pagate a decorrere da quel momento.

La detrazione non compete nel caso in cui il mutuo sia stato stipulato autonomamente per acquistare una pertinenza dell'abitazione principale.

La detrazione è anche riconosciuta per gli interessi passivi corrisposti da soggetti appartenenti al personale in servizio permanente delle Forze armate e Forze di polizia a ordinamento militare, nonché a quello dipendente dalle Forze di polizia a ordinamento civile, per i mutui ipotecari relativi all'acquisto dell'unica abitazione di proprietà, a prescindere dal requisito della dimora abituale.

Contratti di mutuo stipulati prima del 1993

Per i contratti di mutuo stipulati prima del 1993, la detrazione spetta su un importo massimo di **4.000,00 euro** per ciascun intestatario del mutuo ed è ammessa a condizione che l'unità immobiliare sia stata adibita ad abitazione principale alla data dell'8 dicembre 1993 e che, nella rimanente parte dell'anno e negli anni successivi, il contribuente non abbia variato l'abitazione principale per motivi diversi da quelli di lavoro.

Se nel corso dell'anno l'immobile non è più utilizzato come abitazione principale (per motivi diversi da quelli di lavoro), a partire dallo stesso anno, la detrazione spetta solo sull'importo massimo di **2.065,83 euro** per ciascun intestatario del mutuo.

Anche in questo caso permane il diritto alla detrazione nel caso di rinegoziazione del contratto di mutuo e si continua ad applicare la disciplina fiscale relativa al mutuo che viene estinto (vedi la voce "Rinegoziazione di un contratto di mutuo" in Appendice).

Righi da E8 a E10 - Altre spese: indicare le spese desumibili dalla sezione "Oneri detraibili" della Certificazione Unica contraddistinte dai codici da 8 a 48 e 99, per le quali spetta la detrazione d'imposta del 19 per cento, le spese contraddistinte dai codici 61 e 62, per le quali spetta la detrazione d'imposta del 26 per cento, le spese contraddistinte dal codice 71, per le quali spetta la detrazione del 30 per cento, le spese contraddistinte dal codice 76, per le quali spetta la detrazione del 35 per cento, le spese contraddistinte dal codice 81, per le quali spetta la detrazione del 90 per cento.

Per indicare più di tre codici, occorre compilare un ulteriore modulo, secondo le istruzioni fornite nel paragrafo "Modelli aggiuntivi", parte II, capitolo 7.

 L'elenco dei codici è riportato nelle tabelle "Spese per le quali spetta la detrazione del 19 per cento"; "Spese per le quali spetta la detrazione del 26 per cento", "Spese per le quali spetta la detrazione del 30 per cento", "Spese per le quali spetta la detrazione del 35 per cento", Spese per le quali spetta la detrazione del 90 per cento", presenti all'inizio delle istruzioni relative alla Sezione I del quadro E.

Indicare:
- nella **colonna 1** il codice che identifica la spesa;
- nella **colonna 2** la spesa sostenuta.

I codici che identificano le spese per le quali spetta la **detrazione del 19 per cento** sono i seguenti:

'8' per gli **interessi relativi a mutui ipotecari per l'acquisto di altri immobili. L'importo non può essere superiore a 2.065,83 euro** per ciascun intestatario del mutuo. La detrazione riguarda gli interessi passivi, gli oneri accessori e le quote di rivalutazione dipendenti da clausole di indicizzazione per mutui ipotecari su immobili diversi da quelli utilizzati come abitazione principale stipulati prima del 1993.

Per i mutui stipulati nel 1991 e nel 1992 la detrazione spetta solo per l'acquisto di immobili da adibire a propria abitazione diversa da quella principale (per la quale valgono invece le istruzioni relative al rigo E7) e per i quali non sia variata tale condizione (per esempio se l'immobile viene dato in locazione).

Di conseguenza, vanno indicate nel rigo E7 o con il codice 8 nei righi da E8 a E10 le somme pagate dagli acquirenti di unità immobiliari di nuova costruzione alla cooperativa o all'impresa costruttrice a titolo di rimborso degli interessi passivi, oneri accessori e quote di rivalutazione, relativi a mutui ipotecari contratti dalla cooperativa stessa e ancora indivisi.

Per avere diritto alla detrazione, anche se le somme sono state pagate dagli assegnatari di alloggi cooperativi destinati a proprietà divisa, vale non il momento del formale atto di assegnazione redatto dal notaio o quello dell'acquisto, ma il momento della delibera di assegnazione dell'alloggio, con conseguente assunzione dell'obbligo di pagamento del mutuo e di immissione nel possesso. In tal caso, il pagamento degli interessi relativi al mutuo può essere anche certificato dalla documentazione rilasciata dalla cooperativa intestataria del mutuo.

Se un contribuente si è accollato un mutuo, anche per successione a causa di morte, dopo il 1° gennaio 1993, ha diritto alla detrazione se ricorrono nei suoi confronti le condizioni previste per i mutui stipulati a partire da quella data. In questi casi per data di stipulazione del contratto di mutuo deve intendersi quella di stipulazione del contratto di accollo del mutuo.

La detrazione compete anche al coniuge superstite, se contitolare insieme a quello deceduto del mutuo contratto per l'acquisto dell'abitazione principale, a condizione che provveda a regolarizzare l'accollo del mutuo e che sussistano gli altri requisiti. Ciò vale sia nel caso di subentro nel rapporto di mutuo da parte degli eredi, sia se il reddito dell'unità immobiliare è dichiarato da un soggetto diverso. È ancora possibile fruire della detrazione nel caso di rinegoziazione del contratto di mutuo (v. la voce "Rinegoziazione di un contratto di mutuo" in Appendice);

'9' per gli **interessi relativi a mutui contratti nel 1997 per recupero edilizio**.
La detrazione riguarda gli interessi passivi, gli oneri e le quote di rivalutazione dipendenti da clausole di indicizzazione per mutui (anche non ipotecari) contratti nel 1997 per effettuare interventi di manutenzione, restauro e ristrutturazione degli edifici.
La detrazione spetta su un **importo massimo di 2.582,28 euro**.
In caso di contitolarità del contratto o di più contratti di mutuo, questo limite si riferisce all'ammontare complessivo degli interessi, oneri accessori e quote di rivalutazione sostenuti.
Se il contratto di mutuo è stipulato da un condominio, la detrazione spetta a ciascun condomino in base ai millesimi di proprietà.
L'importo deve comprendere gli interessi passivi sui mutui indicati nella sezione "Oneri detraibili" (punti da 341 a 352) della Certificazione Unica con il codice onere 9;

'10' per gli **interessi relativi a mutui ipotecari per la costruzione dell'abitazione principale** per contratti stipulati fino al 31 dicembre 2021. La detrazione riguarda gli interessi passivi, gli oneri accessori e le quote di rivalutazione dipendenti da clausole di indicizzazione per mutui ipotecari contratti a partire dal 1998 e fino al 31 dicembre 2021 per la costruzione e la ristrutturazione edilizia di unità immobiliari da adibire ad abitazione principale. Gli importi corrisposti per mutui ipotecari stipulati a partire dal 1° gennaio 2022 vanno indicati con il codice **'46'**. Con questo codice vanno indicati anche gli interessi relativi ai mutui per cui dal 1° gennaio 2022 è intervenuto un accollo/subentro/rinegoziazione. In questi casi per data di stipula del mutuo è da intendersi la data di stipula del contratto di accollo/subentro/rinegoziazione/ del mutuo.
La detrazione è ammessa a condizione che la stipula del contratto di mutuo da parte del possessore a titolo di proprietà o di altro diritto reale dell'unità immobiliare avvenga nei sei mesi antecedenti, o nei diciotto mesi successivi all'inizio dei lavori di costruzione.
La detrazione spetta su un **importo massimo di 2.582,28 euro**.
La detrazione è anche riconosciuta per gli interessi passivi corrisposti da soggetti appartenenti al personale in servizio permanente delle Forze armate e Forze di polizia a ordinamento militare, nonché a quello dipendente dalle Forze di polizia a ordinamento civile, per i mutui ipotecari relativi alla costruzione dell'unica abitazione di proprietà, a prescindere dal requisito della dimora abituale.
L'importo indicato con il codice '10' deve comprendere gli interessi passivi sui mutui ipotecari indicati nella sezione "Oneri detraibili" (punti da 341 a 352) della Certificazione Unica con il codice onere 10. L'importo indicato con il codice '46' deve comprendere gli interessi passivi sui mutui ipotecari indicati nella sezione "Oneri detraibili" (punti da 341 a 352) della Certificazione Unica con il codice onere '46'.

 Per ulteriori informazioni vedere in Appendice la voce "Mutuo ipotecario relativo alla costruzione e ristrutturazione edilizia dell'abitazione principale"

'11' per gli **interessi relativi a prestiti o mutui agrari** stipulati fino al 31 dicembre 2021. Gli importi corrisposti per mutui agrari stipulati a partire dal 1° gennaio 2022 vanno indicati con il codice **'47'**. Con questo codice vanno indicati anche gli interessi relativi ai mutui per cui dal 1° gennaio 2022 è intervenuto un accollo/subentro/rinegoziazione. In questi casi per data di stipula del mutuo è da intendersi la data di stipula del contratto di accollo/subentro/rinegoziazione/ del mutuo.
La detrazione riguarda gli interessi passivi e relativi oneri accessori, nonché le quote di rivalutazione dipendenti da clausole di indicizzazione per prestiti e mutui agrari di ogni specie. La detrazione, indipendentemente dalla data di stipula del mutuo, viene calcolata su un importo non superiore a quello dei redditi dei terreni dichiarati.
L'importo indicato con il codice '11' deve comprendere gli interessi passivi sui mutui indicati nella sezione "Oneri detraibili" (punti da 341 a 352) della Certificazione Unica con il codice onere '11'. L'importo indicato con il codice '47' deve comprendere gli interessi passivi sui mutui ipotecari indicati nella sezione "Oneri detraibili" (punti da 341 a 352) della Certificazione Unica con il codice onere '47'.

'12' per le **spese di istruzione** sostenute per la frequenza di scuole dell'infanzia, del primo ciclo di istruzione e della scuola secondaria di secondo grado del sistema nazionale di istruzione (articolo 1 della legge 10 marzo 2000, n. 62), per un importo annuo non superiore a 800 euro per ciascun alunno o studente. La detrazione spetta per le spese sostenute sia per i familiari fiscalmente a carico sia per il contribuente stesso.
Se la spesa riguarda più di un alunno, occorre compilare più righi da E8 a E10 riportando in ognuno di essi il codice 12 e la spesa sostenuta con riferimento a ciascun ragazzo.
L'importo deve comprendere le spese indicate nella sezione "Oneri detraibili" (punti da 341 a 352) della Certificazione Unica con il codice onere 12. Non possono essere indicate le spese sostenute nel 2023 che nello stesso anno sono state rimborsate dal datore di lavoro in sostituzione delle retribuzioni premiali e indicate nella sezione "Rimborsi di beni e servizi non soggetti a tassazione – art. 51 Tuir" (punti da 701 a 706) della Certificazione Unica con il codice onere 12.
Tra i contributi volontari detraibili sono compresi, ad esempio:
– le spese per la mensa scolastica e per i servizi scolastici integrativi quali l'assistenza al pasto e il pre e post scuola;
– le spese per le gite scolastiche e per l'assicurazione della scuola;
– le spese per il servizio di trasporto scolastico;
– i contributi finalizzati all'ampliamento dell'offerta formativa deliberati dagli organi d'istituto (ad esempio corsi di lingua e di teatro, svolti anche al di fuori dell'orario scolastico e senza obbligo di frequenza)."

 Questa detrazione non è cumulabile con quella prevista per le erogazioni liberali alle istituzioni scolastiche per l'ampliamento dell'offerta formativa che sono indicate con il codice 31.

'13' per le **spese di istruzione** sostenute per la frequenza di corsi di istruzione universitaria presso università statali e non statali, di perfezionamento e/o di specializzazione universitaria, tenuti presso università o istituti pubblici o privati, italiani o stranieri. Le spese possono riferirsi anche a più anni, compresa l'iscrizione fuori corso, e, per le università non statali italiane e straniere, non devono essere superiori a quelle stabilite annualmente per ciascuna facoltà universitaria con decreto del Ministero dell'istruzione, dell'università e della ricerca, tenendo conto degli importi medi delle tasse e contributi dovuti alle università statali.

L'importo deve comprendere le spese indicate nella sezione "Oneri detraibili" (punti da 341 a 352) della Certificazione Unica con il codice onere 13. Non possono essere indicate le spese sostenute nel 2023 che nello stesso anno sono state rimborsate dal datore di lavoro in sostituzione delle retribuzioni premiali e indicate nella sezione "Rimborsi di beni e servizi non soggetti a tassazione – art. 51 Tuir" (punti da 701 a 706) della Certificazione Unica con il codice onere 13.

'14' per le **spese funebri** sostenute per la morte di persone, indipendentemente dall'esistenza di un vincolo di parentela con esse. L'importo, riferito a ciascun decesso, non può essere superiore a **1.550,00 euro**. Tale limite resta fermo anche se più soggetti sostengono la spesa. Nel caso di più eventi occorre compilare più righi da E8 a E10 riportando in ognuno di essi il codice 14 e la spesa relativa a ciascun decesso.

L'importo deve comprendere le spese indicate nella sezione "Oneri detraibili" (punti da 341 a 352) della Certificazione Unica con il codice onere 14.

'15' per le **spese** sostenute **per gli addetti all'assistenza personale** nei casi di non autosufficienza nel compimento degli atti della vita quotidiana. Sono considerate non autosufficienti nel compimento degli atti della vita quotidiana le persone che non sono in grado, per esempio, di assumere alimenti, di espletare le funzioni fisiologiche e provvedere all'igiene personale, di deambulare, di indossare gli indumenti.

Inoltre, può essere considerata non autosufficiente anche la persona che necessita di sorveglianza continuativa.

Lo stato di non autosufficienza deve risultare da certificazione medica.

La detrazione per le spese di assistenza non spetta, dunque, quando la non autosufficienza non si ricollega all'esistenza di patologie (come, per esempio, nel caso di assistenza ai bambini).

La detrazione spetta anche per le spese sostenute per i familiari non a carico (v. l'elenco dei familiari nel paragrafo 2 "Familiari a carico").

Il contribuente può fruire della detrazione, fino a un **importo massimo di 2.100 euro**, solo se il reddito complessivo non supera i 40.000 euro. Nel limite di reddito deve essere computato anche il reddito dei fabbricati assoggettato alla cedolare secca sulle locazioni.

Il limite di 2.100 euro è riferito al singolo contribuente a prescindere dal numero delle persone cui si riferisce l'assistenza. Ad esempio, se un contribuente ha sostenuto spese per sé e per un familiare, l'importo da indicare in questo rigo non può superare 2.100 euro.

Se più familiari hanno sostenuto spese per assistere lo stesso familiare, il limite massimo di 2.100, euro deve essere ripartito tra coloro che hanno sostenuto la spesa.

Le spese devono risultare da idonea documentazione, che può anche consistere in una ricevuta debitamente firmata, rilasciata dall'addetto all'assistenza, e deve contenere gli estremi anagrafici e il codice fiscale di chi effettua il pagamento e di chi presta l'assistenza. Se la spesa è sostenuta in favore di un familiare, nella ricevuta devono essere indicati anche gli estremi anagrafici e il codice fiscale di quest'ultimo.

L'importo deve comprendere le spese indicate nella sezione "Oneri detraibili" (punti da 341 a 352) della Certificazione Unica con il codice onere 15. Non possono essere indicate le spese sostenute nel 2023 che nello stesso anno sono state rimborsate dal datore di lavoro in sostituzione delle retribuzioni premiali e indicate nella sezione "Rimborsi di beni e servizi non soggetti a tassazione – art. 51 Tuir" (punti da 701 a 706) della Certificazione Unica con il codice onere 15.

'16' per **le spese per attività sportive praticate dai ragazzi**.

La detrazione riguarda le spese sostenute per l'iscrizione annuale e l'abbonamento, per i ragazzi di età compresa tra 5 e 18 anni (anche se compiuti nel corso del 2023 la detrazione spetta per l'intero anno d'imposta – circolare n. 34/E del 4 aprile 2008), ad associazioni sportive, palestre, piscine ed altre strutture e impianti sportivi destinati alla pratica sportiva dilettantistica.

La detrazione spetta anche se le spese sono state sostenute per i familiari fiscalmente a carico (ad esempio figli).

L'importo da considerare non può essere superiore per ciascun ragazzo a **210,00 euro**.

La detrazione può essere ripartita tra gli aventi diritto (ad esempio i genitori). In questo caso sul documento di spesa va indicata la quota detratta da ognuno di essi. La spesa complessiva non può comunque superare 210 euro per ciascun ragazzo.

Se la spesa riguarda più di un ragazzo, occorre compilare più righi da E8 a E10 riportando in ognuno di essi il codice 16 e la spesa sostenuta con riferimento a ciascun ragazzo.

L'importo deve comprendere le spese indicate nella sezione "Oneri detraibili" (punti da 341 a 352) della Certificazione Unica con il codice onere 16.

Per fruire della detrazione il contribuente deve acquisire e conservare il bollettino bancario o postale, o la fattura, ricevuta o quietanza di pagamento da cui risulti:

- la ditta, denominazione o ragione sociale e la sede legale, o, se persona fisica, il nome cognome e la residenza, nonché il codice fiscale dei soggetti che hanno reso la prestazione;
- la causale del pagamento;
- l'attività sportiva esercitata;
- l'importo pagato;
- i dati anagrafici di chi pratica l'attività sportiva e il codice fiscale di chi effettua il pagamento.

'17' per i **compensi**, comunque denominati, **pagati a soggetti di intermediazione immobiliare** per l'acquisto dell'immobile da adibire ad abitazione principale.

L'importo da indicare nel rigo non può essere superiore a **1.000 euro**.

Se l'unità immobiliare è acquistata da più persone, la detrazione, nel limite di 1.000 euro, va ripartita tra i comproprietari in base alla percentuale di proprietà.

L'importo deve comprendere le spese indicate nella sezione "Oneri detraibili" (punti da 341 a 352) della Certificazione Unica con il codice onere 17.

'18' per le **spese sostenute dagli studenti universitari** iscritti a un corso di laurea di un'università situata in un Comune diverso da quello di residenza per **canoni di locazione** derivanti da contratti stipulati o rinnovati in base alla legge che disciplina le locazioni di immobili ad uso abitativo (legge 9 dicembre 1998, n. 431), o per canoni relativi ai contratti di ospitalità, nonché agli atti di assegnazione in godimento o locazione, stipulati con enti per il diritto allo studio, università, collegi universitari legalmente riconosciuti, enti senza fini di lucro e cooperative.

Per fruire della detrazione l'università deve essere ubicata in un Comune distante almeno 100 chilometri dal Comune di residenza dello studente e comunque in una Provincia diversa oppure nel territorio di uno Stato membro dell'Unione europea o in uno degli Stati aderenti all'Accordo sullo spazio economico europeo con i quali sia possibile lo scambio di informazioni.

La detrazione spetta anche se le spese sono state sostenute per i familiari fiscalmente a carico.

L'importo da indicare nel rigo non può essere superiore a **2.633 euro**.

L'importo deve comprendere le spese indicate nella sezione "Oneri detraibili" (punti da 341 a 352) della Certificazione Unica con il codice onere 18.

'**20**' per le **erogazioni liberali in denaro, per un importo non superiore a 2.065,83 euro annui, a favore delle popolazioni colpite da calamità pubbliche o da altri eventi straordinari**, anche se avvenuti in altri Stati, effettuate esclusivamente tramite:
- Onlus;
- organizzazioni internazionali di cui l'Italia è membro;
- altre fondazioni, associazioni, comitati ed enti il cui atto costitutivo o statuto sia redatto per atto pubblico o scrittura privata autenticata o registrata, che prevedano tra le proprie finalità interventi umanitari in favore delle popolazioni colpite da calamità pubbliche o da altri eventi straordinari;
- amministrazioni pubbliche statali, regionali e locali, enti pubblici non economici;
- associazioni sindacali di categoria.

Per la verifica del limite di spesa si deve tenere conto anche dell'importo indicato con il codice '61' nei righi da E8 a E10.

Le erogazioni devono essere effettuate con versamento postale o bancario, o con carte di debito, carte di credito, carte prepagate, assegni bancari e circolari. Per le erogazioni liberali effettuate tramite carta di credito è sufficiente la tenuta e l'esibizione, in caso di eventuale richiesta dell'amministrazione finanziaria, dell'estratto conto della società che gestisce la carta.

L'importo deve comprendere le erogazioni indicate nella sezione "Oneri detraibili" (punti da 341 a 352) della Certificazione Unica con il codice onere 20.

'**21**' per le **erogazioni liberali in denaro effettuate a favore delle società e associazioni sportive dilettantistiche.** L'importo da indicare non può essere superiore a **1.500,00 euro**.

L'importo deve comprendere le erogazioni indicate nella sezione "Oneri detraibili" (punti da 341 a 352) della Certificazione Unica con il codice onere 21.

'**22**' per i **contributi associativi alle società di mutuo soccorso**. Sono tali i contributi associativi versati dai soci alle società di mutuo soccorso che operano per assicurare ai soci un sussidio nei casi di malattia, di impotenza al lavoro o di vecchiaia o, in caso di decesso, un aiuto alle loro famiglie (art. 1 della legge 15 aprile 1886, n. 3818). Danno diritto alla detrazione soltanto i contributi versati con riferimento alla propria posizione. L'importo da indicare non può essere superiore a **1.300 euro**.

Le erogazioni indicate con i codici 21 e 22 devono essere effettuate con versamento postale o bancario, o con carte di debito, carte di credito, carte prepagate, assegni bancari e circolari. Per le erogazioni liberali effettuate tramite carta di credito è sufficiente la tenuta e l'esibizione, in caso di eventuale richiesta dell'amministrazione finanziaria, dell'estratto conto della società che gestisce la carta.

'**24**' per le **erogazioni in denaro, a favore della Società di cultura "La Biennale di Venezia"**. Chi presta l'assistenza fiscale (Caf, professionista o sostituto) calcolerà la detrazione spettante su un importo non superiore al 30 per cento del reddito complessivo (che in tal caso comprende anche il reddito dei fabbricati assoggettato a cedolare secca).

L'importo deve comprendere le erogazioni indicate nella sezione "Oneri detraibili" (punti da 341 a 352) della Certificazione Unica con il codice onere 24.

'**25**' per le **spese relative ai beni soggetti a regime vincolistico**. Si tratta delle spese sostenute dai contribuenti obbligati alla manutenzione, protezione o restauro dei beni soggetti a regime vincolistico, secondo le disposizioni del Codice dei beni culturali e del paesaggio (D. Lgs. 22 gennaio 2004, n. 42) e del DPR 30 settembre 1963, n. 1409, e successive modificazioni, nella misura effettivamente rimasta a carico. La documentazione finalizzata a documentare la necessità di effettuare le spese, quando non siano obbligatorie per legge, deve risultare da un'apposita dichiarazione sostitutiva dell'atto di notorietà (art. 47 D.P.R. n. 445/2000) presentata al Ministero per la cultura (ex Ministero per i beni e le attività culturali), relativa alle spese effettivamente sostenute per le quali si ha diritto alla detrazione.

L'importo deve comprendere le erogazioni indicate nella sezione "Oneri detraibili" (punti da 341 a 352) della Certificazione Unica con il codice onere 25.

Questa detrazione è cumulabile con quella del 50 per cento per le spese di ristrutturazione, ma in tal caso è ridotta del 50 per cento. Quindi, le spese per le quali si è chiesto di fruire della detrazione possono essere indicate anche in questo rigo nella misura ridotta del 50 per cento.

Per i contribuenti che hanno iniziato i lavori negli anni precedenti il limite di 48.000 o 96.000 euro deve tenere conto anche di quanto speso nelle annualità precedenti. Le spese superiori ai limiti previsti, per le quali non spetta più la detrazione del 36 o del 50 per cento, possono essere riportate per il loro intero ammontare.

Questa detrazione non è cumulabile con la fruizione del Credito di imposta per interventi conservativi sugli immobili di interesse storico e artistico di cui all'art. 65-*bis*, decreto-legge 25 maggio 2021, n. 73, convertito, con modificazioni, dalla legge 23 luglio 2021, n. 106.

'26' per le **erogazioni liberali in denaro a favore delle attività culturali ed artistiche.** Si tratta delle erogazioni a favore dello Stato, delle regioni, degli enti locali territoriali, di enti o istituzioni pubbliche, di comitati organizzatori appositamente istituiti con decreto del Ministero per la cultura (ex Ministro per i Beni e le Attività Culturali), di fondazioni e associazioni legalmente riconosciute senza scopo di lucro, che svolgono o promuovono attività di studio, di ricerca e di documentazione di rilevante valore culturale e artistico o che organizzano e realizzano attività culturali, in base ad apposita convenzione, per l'acquisto, la manutenzione, la protezione o il restauro delle cose di interesse artistico, storico, archeologico o etnografico individuate dal Codice dei beni culturali e del paesaggio (D. Lgs. 22 gennaio 2004, n. 42) e dal D.P.R. 30 settembre 1963, n. 1409, e successive modificazioni. Sono comprese anche le erogazioni effettuate per l'organizzazione in Italia e all'estero di mostre e di esposizioni di rilevante interesse scientifico-culturale delle cose elencate sopra, e per gli studi e le ricerche eventualmente necessari a questo scopo, nonché per ogni altra manifestazione di rilevante interesse scientifico-culturale anche a scopo didattico-promozionali, compresi gli studi, le ricerche, la documentazione e la catalogazione, e le pubblicazioni relative ai beni culturali. Le iniziative culturali devono essere autorizzate dal Ministero per la cultura (ex Ministro per i Beni e le Attività Culturali). Rientra in questa agevolazione anche il costo specifico o, in mancanza, il valore normale dei beni ceduti gratuitamente, in base ad apposita convenzione. La documentazione richiesta per fruire della detrazione è sostituita da una dichiarazione sostitutiva dell'atto di notorietà, presentata al Ministero per la cultura (ex Ministero per i beni e le attività culturali) e relativa alle spese effettivamente sostenute per le quali si ha diritto alla detrazione.
L'importo deve comprendere le erogazioni indicate nella sezione "Oneri detraibili" (punti da 341 a 352) della Certificazione Unica con il codice onere 26.

 Questa detrazione spetta solo per le liberalità che non sono ricomprese nel credito d'imposta previsto per le erogazioni liberali a sostegno della cultura, "art - bonus", da indicare nel rigo G9.

'27' per le **erogazioni liberali a favore degli enti dello spettacolo.** Si tratta delle erogazioni sostenute a favore di enti o istituzioni pubbliche, fondazioni e associazioni legalmente riconosciute e senza scopo di lucro che svolgono esclusivamente attività nello spettacolo, effettuate per la realizzazione di nuove strutture, per il restauro e il potenziamento delle strutture esistenti, nonché per la produzione nei vari settori dello spettacolo. Chi presta l'assistenza fiscale calcolerà la detrazione spettante su un importo non superiore al 2 per cento del reddito complessivo (che in tal caso comprende anche il reddito dei fabbricati assoggettato a cedolare secca).
L'importo indicato nel rigo deve comprendere le erogazioni indicate nella sezione "Oneri detraibili" (punti da 341 a 352) della Certificazione Unica con il codice onere 27.

 Questa detrazione spetta solo per le liberalità che non sono ricomprese nel credito d'imposta previsto per le erogazioni liberali a sostegno della cultura, "art - bonus", da indicare nel rigo G9.

'28' per le **erogazioni liberali in denaro a favore di fondazioni operanti nel settore musicale.** Si tratta delle erogazioni sostenute a favore degli enti di prioritario interesse nazionale operanti nel settore musicale, per i quali è prevista la trasformazione in fondazioni di diritto privato (art. 1 del D.Lgs. 29 giugno 1996, n. 367). Chi presta l'assistenza fiscale calcolerà la detrazione spettante su un importo non superiore al 2 per cento del reddito complessivo (che in tal caso comprende anche il reddito dei fabbricati assoggettato a cedolare secca). Il limite è elevato al 30 per cento per le somme versate:
- al patrimonio della fondazione dai privati al momento della loro partecipazione;
- come contributo alla gestione dell'ente nell'anno in cui è pubblicato il decreto di approvazione della delibera di trasformazione in fondazione;
- come contributo alla gestione della fondazione per i tre periodi d'imposta successivi alla data di pubblicazione del sopraindicato decreto. In questo caso per fruire della detrazione il contribuente deve impegnarsi con atto scritto a versare una somma costante per i tre periodi di imposta successivi alla pubblicazione del decreto di approvazione della delibera di trasformazione in fondazione. In caso di mancato rispetto dell'impegno le somme indebitamente detratte verranno recuperate.

L'importo deve comprendere le erogazioni indicate nella sezione "Oneri detraibili" (punti da 341 a 352) della Certificazione Unica con il codice onere 28.

 Questa detrazione spetta solo per le liberalità che non sono ricomprese nel credito d'imposta previsto per le erogazioni liberali a sostegno della cultura, "art-bonus", da indicare nel rigo G9.

'29' per le **spese veterinarie** sostenute per la cura di animali legalmente detenuti per compagnia o per pratica sportiva.
L'importo da indicare nel rigo non può essere superiore a 550 euro. La detrazione sarà calcolata sulla parte che supera l'importo di 129,11 euro.
Ad esempio, per spese veterinarie sostenute per un totale di 600 euro, nel rigo andranno indicati 550 euro e la detrazione del 19 per cento sarà calcolata su un importo di 421 euro.
L'importo deve comprendere le erogazioni indicate nella sezione "Oneri detraibili" (punti da 341 a 352) della Certificazione Unica con il codice onere 29.

'30' per le **spese sostenute dai sordi per i servizi di interpretariato.** Si considerano sordi (in base alla legge 26 maggio 1970, n. 381) i minorati sensoriali dell'udito affetti da sordità congenita o acquisita durante l'età evolutiva che abbia compromesso il normale apprendimento del linguaggio parlato, purché la patologia non sia di natura esclusivamente psichica o dipendente da causa di guerra, di lavoro o di servizio (legge n. 95 del 20 febbraio 2006).
L'importo deve comprendere le erogazioni indicate nella sezione "Oneri detraibili" (punti da 341 a 352) della Certificazione Unica con il codice onere 30. Non possono essere indicate le spese sostenute nel 2023 che nello stesso anno sono state rimborsate dal datore di lavoro in sostituzione delle retribuzioni premiali e indicate nella sezione "Rimborsi di beni e servizi non soggetti a tassazione – art. 51 Tuir" (punti da 701 a 706) della Certificazione Unica con il codice onere 30.

MODELLO 730/2024 ■ ISTRUZIONI PER LA COMPILAZIONE

'**31**' per le **erogazioni liberali a favore degli istituti scolastici di ogni ordine e grado**, statali e paritari senza scopo di lucro, che appartengono al sistema nazionale d'istruzione (legge 10 marzo 2000, n. 62), nonché a favore degli istituti tecnici superiori di cui al decreto del Presidente del Consiglio dei Ministri 25 gennaio 2008, delle istituzioni dell'alta formazione artistica, musicale e coreutica, delle università e degli ITS Academy, finalizzate all'innovazione tecnologica, all'edilizia scolastica e universitaria e all'ampliamento dell'offerta formativa.

La detrazione spetta a condizione che il pagamento venga effettuato con versamento postale o bancario o con carte di debito, carte di credito, carte prepagate, assegni bancari e circolari.

L'importo deve comprendere le erogazioni indicate nella sezione "Oneri detraibili" (punti da 341 a 352) della Certificazione Unica con il codice onere 31.

'**32**' per i **contributi versati per il riscatto del corso di laurea o del corso ITS Academy dei familiari a carico**. Il riscatto degli anni di laurea, pertanto, è possibile anche per le persone che non hanno ancora iniziato l'attività lavorativa e non sono iscritti ad alcuna forma obbligatoria di previdenza.

Se, invece, i contributi sono stati versati direttamente dall'interessato che ha percepito un reddito sul quale sono dovute le imposte, possono essere dedotti dal reddito di quest'ultimo (v. istruzioni del rigo E21). L'importo deve comprendere le erogazioni indicate nella sezione "Oneri detraibili" (punti da 341 a 352) della Certificazione Unica con il codice onere 32.

'**33**' per le **spese sostenute dai genitori per pagare le rette relative alla frequenza di asili nido,** pubblici o privati, per un importo complessivamente non superiore a 632 euro annui per ogni figlio fiscalmente a carico.

La detrazione va divisa tra i genitori sulla base dell'onere da ciascuno sostenuto. Se il documento di spesa è intestato al bambino, o ad uno solo dei coniugi, è comunque possibile annotare sullo stesso la percentuale di ripartizione.

Se la spesa riguarda più di un figlio, occorre compilare più righi da E8 a E10 riportando in ognuno di essi il codice 33 e la spesa sostenuta con riferimento a ciascun figlio.

L'importo deve comprendere le somme indicate nella sezione "Oneri detraibili" (punti da 341 a 352) della Certificazione Unica con il codice onere 33. Non possono essere indicate le spese sostenute nel 2023 che nello stesso anno sono state rimborsate dal datore di lavoro in sostituzione delle retribuzioni premiali e indicate nella sezione "Rimborsi di beni e servizi non soggetti a tassazione – art. 51 Tuir" (punti da 701 a 706) della Certificazione Unica con il codice onere 33. Non possono essere indicate le spese sostenute nel 2023, se nello stesso periodo si è fruito del bonus asili nido.

'**35**' per le **erogazioni liberali in denaro al Fondo per l'ammortamento dei titoli di Stato.**

La detrazione è ammessa se le erogazioni liberali in denaro derivano da donazioni o da disposizioni testamentarie destinate al conseguimento delle finalità del fondo. Il Fondo per l'ammortamento dei titoli di Stato, istituito presso la Banca d'Italia, ha lo scopo di ridurre la consistenza dei titoli di Stato in circolazione.

Per avvalersi della detrazione è necessario che tali erogazioni siano effettuate mediante versamento bancario o postale. Con apposito decreto del Ministro dell'economia e delle finanze, possono essere previste ulteriori modalità di effettuazione di tali erogazioni liberali. L'importo deve comprendere le erogazioni indicate nella sezione "Oneri detraibili" (punti da 341 a 352) della Certificazione Unica con il codice onere 35.

'**36**' per i **premi relativi alle assicurazioni sulla vita e contro gli infortuni.** La detrazione riguarda:
- per i contratti stipulati o rinnovati fino al 31 dicembre 2000, i premi per le assicurazioni sulla vita e contro gli infortuni, anche se versati all'estero o a compagnie estere. La detrazione è ammessa a condizione che il contratto abbia durata non inferiore a cinque anni e non consenta la concessione di prestiti nel periodo di durata minima;
- per i contratti stipulati o rinnovati a partire dal 1° gennaio 2001, i premi per le assicurazioni aventi per oggetto il rischio di morte, di invalidità permanente non inferiore al 5 per cento (da qualunque causa derivante).

L'importo non deve complessivamente superare **530,00 euro** e deve comprendere anche i premi di assicurazione indicati nella sezione "Oneri detraibili" (punti da 341 a 352) della Certificazione Unica con il codice onere 36.

'**38**' per **premi relativi alle assicurazioni finalizzate alla tutela delle persone con disabilità grave** come definita dall'articolo 3, comma 3, della legge 5 febbraio 1992, n. 104, accertata dalle unità sanitarie locali mediante le commissioni mediche di cui all'articolo 1 della legge 15 ottobre 1990, n. 295, che sono integrate da un operatore sociale e da un esperto nei casi da esaminare, in servizio presso le unità sanitarie locali.

L'importo per i premi, non deve complessivamente superare **750,00 euro** al netto dei premi per le assicurazioni aventi per oggetto il rischio di morte o di invalidità permanente (codice 36), e deve comprendere anche i premi di assicurazione indicati nella sezione "Oneri detraibili" (punti da 341 a 352) della Certificazione Unica con il codice onere 38. Tale importo **deve** comprendere anche i premi **relativi alle assicurazioni sulla vita e contro gli infortuni** indicati nella sezione "Oneri detraibili" (punti da 341 a 352) della Certificazione Unica con il codice onere 36.

'**39**' per i **premi relativi alle assicurazioni aventi per oggetto il rischio di non autosufficienza nel compimento degli atti della vita quotidiana**. La detrazione riguarda i premi per le assicurazioni aventi per oggetto il rischio di non autosufficienza nel compimento degli atti della vita quotidiana. La detrazione spetta a condizione che l'impresa di assicurazione non possa recedere dal contratto. Con decreto del Ministero delle finanze, sentito l'Istituto per la vigilanza sulle assicurazioni private (ISVAP), sono stabilite le caratteristiche alle quali devono rispondere i contratti che assicurano il rischio di non autosufficienza.

L'importo non deve complessivamente superare **1.291,14 euro,** al netto dei premi per le assicurazioni aventi per oggetto il rischio di morte o di invalidità permanente (codice 36) e dei premi per le assicurazioni finalizzate alla tutela delle persone con disabilità grave (codice 38), e deve comprendere anche i premi di assicurazione indicati nella sezione "Oneri detraibili" (punti da 341 a 352) della Certificazione Unica con il codice onere 39.

'**40**' per **le spese sostenute per l'acquisto degli abbonamenti ai servizi di trasporto pubblico locale, regionale e interregionale.** La detrazione spetta per le spese sostenute sia per i familiari fiscalmente a carico sia per il contribuente stesso per un importo complessivo non superiore a 250 euro.

L'importo deve comprendere le spese indicate nella sezione "Oneri detraibili" (punti da 341 a 352) della Certificazione Unica con il codice onere 40. Non possono essere indicate le spese sostenute nel 2023 che nello stesso anno sono state rimborsate dal datore di lavoro in sostituzione delle retribuzioni premiali e indicate nella sezione "Rimborsi di beni e servizi non soggetti a tassazione – art. 51 Tuir" (punti da 701 a 706) della Certificazione Unica con il codice onere 40. Se per queste spese il contribuente ha beneficiato del bonus 60 euro per l'acquisto di abbonamenti al trasporto pubblico, la detrazione può essere fruita solo per la parte di spesa rimasta effettivamente a suo carico;

'43' per i **premi relativi alle assicurazioni aventi per oggetto il rischio di eventi calamitosi** stipulate a decorrere dal 1° gennaio 2018 e relative a unità immobiliari ad uso abitativo.

L'importo deve comprendere le spese indicate nella sezione "Oneri detraibili" (punti da 341 a 352) della Certificazione Unica con il codice onere 43.

'44' per **le spese sostenute in favore dei minori o di maggiorenni con disturbo specifico dell'apprendimento (DSA)**. La detrazione spetta fino al completamento della scuola secondaria di secondo grado, per l'acquisto di strumenti compensativi e di sussidi tecnici informatici di cui alla legge 8 ottobre 2010, n. 170, necessari all'apprendimento, nonché per l'uso di strumenti compensativi che favoriscano la comunicazione verbale e che assicurino ritmi graduali di apprendimento delle lingue straniere.

La detrazione spetta per le spese sostenute sia per i familiari fiscalmente a carico sia per il contribuente stesso.

L'importo deve comprendere le spese indicate nella sezione "Oneri detraibili" (punti da 341 a 352) della Certificazione Unica con il codice onere 44.

'45' per **le spese sostenute per l'iscrizione annuale e l'abbonamento di ragazzi di età compresa tra 5 e 18 anni a conservatori di musica, a istituzioni di alta formazione artistica, musicale e coreutica (AFAM)** legalmente riconosciute ai sensi della legge 21 dicembre 1999, n. 508, a scuole di musica iscritte nei registri regionali nonché a cori, bande e scuole di musica riconosciuti da una pubblica amministrazione, per lo studio e la pratica della musica.

Il contribuente può fruire della detrazione, fino ad un importo non superiore per ciascun ragazzo a 1.000 euro, solo se il reddito complessivo non supera i 36.000 euro. Nel limite di reddito deve essere computato anche il reddito dei fabbricati assoggettato alla cedolare secca sulle locazioni.

La detrazione spetta anche se le spese sono state sostenute per i familiari fiscalmente a carico (ad esempio i figli). La detrazione può essere ripartita tra gli aventi diritto (ad esempio i genitori). In questo caso sul documento di spesa va indicata la quota detratta da ognuno di essi. La spesa complessiva non può comunque superare 1.000 euro per ciascun ragazzo.

Se la spesa riguarda più di un ragazzo, occorre compilare più righi da E8 a E10 riportando in ognuno di essi il codice 45 e la spesa sostenuta con riferimento a ciascun ragazzo.

Per fruire della detrazione il contribuente deve effettuare il pagamento con versamento postale o bancario, ovvero con carte di debito, carte di credito, carte prepagate, assegni bancari e circolari.

L'importo deve comprendere le spese indicate nella sezione "Oneri detraibili" (punti da 341 a 352) della Certificazione Unica con il codice onere 45.

'99' per le **altre spese per le quali spetta la detrazione d'imposta del 19 per cento**.

L'importo deve comprendere le somme indicate nella sezione "Oneri detraibili" (punti da 341 a 352) della Certificazione Unica con il codice onere 99.

I codici, da indicare nei righi da E8 a E10, che identificano le spese per le quali spetta la **detrazione del 26 per cento** sono i seguenti:

'61' per le **erogazioni liberali in denaro per un importo non superiore a 30.000 euro annui a favore delle** organizzazioni non lucrative di utilità sociale (ONLUS), delle **iniziative umanitarie, religiose o laiche**, gestite da fondazioni, associazioni, comitati ed enti individuati con decreto del Presidente del Consiglio dei ministri, nei Paesi non appartenenti all'Organizzazione per la cooperazione e lo sviluppo economico (OCSE).

Per la verifica del limite di spesa si deve tenere conto anche dell'importo indicato con il codice '20' nei righi da E8 a E10.

Le erogazioni devono essere effettuate con versamento postale o bancario, o con carte di debito, carte di credito, carte prepagate, assegni bancari e circolari. Per le erogazioni liberali effettuate tramite carta di credito è sufficiente la tenuta e l'esibizione, in caso di eventuale richiesta dell'amministrazione finanziaria, dell'estratto conto della società che gestisce la carta.

L'importo deve comprendere le erogazioni indicate nella sezione "Oneri detraibili" (punti da 341 a 352) della Certificazione Unica con il codice onere 61.

Il contribuente che fruisce della detrazione in argomento, non può fruire, sia per le medesime erogazioni che per erogazioni analoghe effettuate anche a diversi beneficiari, sempreché ricompresi nell'ambito di applicazione dell'articolo 15, comma 1.1. del Tuir, delle agevolazioni previste per il cod. 71, il cod. 76, il rigo E36 e il rigo E26, cod. 7.

'62' per le **erogazioni liberali in denaro in favore dei partiti politici** iscritti nella prima sezione del registro nazionale di cui all'art. 4 del decreto-legge 28 dicembre 2013, n.149, per importi compresi tra 30 euro e 30.000 euro. Le medesime erogazioni continuano a considerarsi detraibili anche quando i relativi versamenti sono effettuati, anche in forma di donazione, dai candidati e dagli eletti alle cariche pubbliche in conformità a previsioni regolamentari o statutarie deliberate dai partiti o movimenti politici beneficiari delle erogazioni medesime. L'agevolazione si applica anche alle erogazioni in favore dei partiti o delle associazioni promotrici di partiti effettuate prima dell'iscrizione al registro e dell'ammissione ai benefici, a condizione che entro la fine dell'esercizio tali partiti risultino iscritti al registro e ammessi ai benefici. Le erogazioni devono essere effettuate tramite banca o ufficio postale o mediante altri sistemi di pagamento (ad esempio carte di debito, di credito e prepagate, assegni bancari e circolari), o secondo ulteriori modalità idonee a garantire la tracciabilità dell'operazione e l'esatta identificazione soggettiva e reddituale del contribuente.

L'importo deve comprendere le erogazioni indicate nella sezione "Oneri detraibili" (punti da 341 a 352) della Certificazione Unica con il codice onere 62.

Il codice, da indicare nei righi da E8 a E10, che identifica le spese per le quali spetta la **detrazione del 30 per cento** è il seguente:
'71' **per le erogazioni liberali in denaro o in natura a favore delle organizzazioni non lucrative di utilità sociale (ONLUS) e delle associazioni di promozione sociale** iscritte nel registro nazionale, per un importo complessivo in ciascun periodo d'imposta non superiore a 30.000 euro.

L'importo deve comprendere le erogazioni indicate nella sezione "Oneri detraibili" (punti da 341 a 352) della Certificazione Unica con il codice onere '71'.

Con decreto del Ministro del lavoro e delle politiche sociali 28 novembre 2019, pubblicato nella Gazzetta Ufficiale n. 24 del 30 gennaio 2020, sono state individuate le tipologie di beni che danno diritto alla detrazione dall'imposta o alla deduzione dalla base imponibile ai fini delle imposte sui redditi e sono stabiliti i criteri e le modalità di valorizzazione dei beni che possono formare oggetto delle erogazioni liberali in natura.

A decorrere dall'operatività del Registro unico nazionale del Terzo settore, la detrazione è riconosciuta anche per le erogazioni liberali in denaro o in natura a favore degli enti del Terzo settore (ETS) iscritti nel medesimo Registro (RUNTS).

Il contribuente che fruisce della detrazione in argomento, non può fruire, sia per le medesime erogazioni che per erogazioni analoghe effettuate anche a diversi beneficiari, sempreché ricompresi nell'ambito di applicazione dell'articolo 83, comma 1, primo periodo, del codice del Terzo Settore, delle agevolazioni previste per il cod. 61, il cod. 76, il rigo E36 e il rigo E26, cod. 7.

Il codice, da indicare nei righi da E8 a E10, che identifica le spese per le quali spetta la **detrazione del 35 per cento** è il seguente:
'76' **per le erogazioni liberali a favore delle organizzazioni del volontariato**, per un importo complessivo in ciascun periodo d'imposta non superiore a 30.000 euro. L'importo deve comprendere le erogazioni indicate nella sezione "Oneri detraibili" (punti da 341 a 352) della Certificazione Unica con il codice onere '76'.

A decorrere dall'operatività del Registro unico nazionale del Terzo settore, la detrazione è riconosciuta anche per le erogazioni liberali in denaro o in natura a favore degli enti del Terzo settore (ETS) iscritti nel medesimo Registro (RUNTS).

Le erogazioni in denaro indicate con i codici 71 e 76 devono essere effettuate con versamento postale o bancario, o con carte di debito, carte di credito, carte prepagate, assegni bancari e circolari. Per le erogazioni liberali effettuate tramite carta di credito è sufficiente la tenuta e l'esibizione, in caso di eventuale richiesta dell'amministrazione finanziaria, dell'estratto conto della società che gestisce la carta. È possibile fruire delle detrazioni a condizione che le liberalità ricevute siano utilizzate dagli ETS per lo svolgimento dell'attività statutaria volta al perseguimento di finalità civiche, solidaristiche e di utilità sociale.

Il contribuente che fruisce della detrazione in argomento, non può fruire, sia per le medesime erogazioni che per erogazioni analoghe effettuate anche a diversi beneficiari, sempreché ricompresi nell'ambito di applicazione dell'articolo 83, comma 1, secondo periodo, del codice del Terzo Settore, delle agevolazioni previste per il cod. 61, il cod. 71 e il rigo E36.

Il codice, da indicare nei righi da E8 a E10, che identifica le spese per le quali spetta la **detrazione del 90 per cento** è il seguente:
'81' **per i premi relativi alle assicurazioni aventi per oggetto il rischio di eventi calamitosi** stipulate contestualmente alla cessione ad un'impresa di assicurazione del credito d'imposta relativo agli interventi sisma bonus per cui si può fruire della percentuale di detrazione del 110 per cento. Non è possibile fruire di questa agevolazione per gli edifici ubicati nella zona sismica 4 di cui all'ordinanza del Presidente del Consiglio dei ministri n. 3274 del 20 marzo 2003, pubblicata nel supplemento ordinario alla Gazzetta Ufficiale n. 105 dell'8 maggio 2003. Per ulteriori informazioni si rinvia alla sezione III A, dedicata alle spese per gli interventi di recupero del patrimonio edilizio, per misure antisismiche, per il bonus facciate, per il superbonus e bonus verde, e alle voci d'Appendice "Superbonus".

L'importo deve comprendere le spese indicate nella sezione "Oneri detraibili" (punti da 341 a 352) della Certificazione Unica con il codice onere '81'.

Rigo E14 - Spese per canoni di leasing di immobile da adibire ad abitazione principale
Ai titolari dei contratti di locazione finanziaria su unità immobiliari stipulati dal 1 gennaio 2016 e fino al 31 dicembre 2020 spetta una detrazione dall'imposta.

La detrazione riguarda i canoni e i relativi oneri accessori derivanti da contratti di locazione finanziaria su unità immobiliari, anche da costruire, da adibire ad abitazione principale entro un anno dalla consegna, sostenuti da contribuenti con un reddito complessivo non superiore a 55.000 euro all'atto della stipula del contratto di locazione finanziaria che non sono titolari di diritti di proprietà su immobili a destinazione abitativa.

La detrazione spetta nella misura del 19 per cento e alle medesime condizioni previste per la detrazione degli interessi per mutui ipotecari per l'acquisto di abitazione principale di cui al rigo E7 a cui si rinvia.

Colonna 1 (Data stipula leasing): indicare la data di stipula del contratto di locazione finanziaria dell'immobile da adibire ad abitazione principale.

Colonna 2 (Numero anno): indicare il numero di anno per cui si fruisce dell'agevolazione. Per l'anno d'imposta 2020 indicare il numero 4.

Colonna 3 (Importo canone di leasing): indicare l'ammontare dei canoni di leasing pagati nel 2023. L'importo dei canoni di leasing non può superare:
- il limite di 8.000 euro annui se alla data di stipula del contratto di leasing il contribuente aveva **meno di 35 anni**;
- il limite di 4.000 euro annui se a tale data il contribuente aveva **un'età uguale o superiore a 35 anni**.

Colonna 4 (Prezzo di riscatto): indicare l'importo del prezzo di riscatto pagato nel 2023 per acquistare la proprietà dell'immobile da adibire ad abitazione principale oggetto del contratto di locazione finanziaria. Il prezzo di riscatto non può superare:
- il limite di 20.000 euro se alla data di stipula del contratto di leasing il contribuente aveva **meno di 35 anni**;
- il limite di 10.000 euro se a tale data il contribuente aveva **un'età uguale o superiore a 35 anni**.

SEZIONE II - Spese e oneri per i quali spetta la deduzione dal reddito complessivo
In questa sezione vanno indicate:
- le spese e gli oneri per i quali è prevista la deduzione dal reddito complessivo;
- le somme tassate dal datore di lavoro, ma che non avrebbero dovuto essere conteggiate tra i redditi di lavoro dipendente e assimilati.

 In questa sezione non vanno riportati gli oneri e le spese già considerati dal datore di lavoro nella determinazione del reddito di lavoro dipendente o assimilato. L'ammontare totale di questi oneri è indicato nel punto 431 della Certificazione Unica. Nei punti da 432 a 437 della Certificazione Unica sono fornite le informazioni di dettaglio in merito al tipo di onere e al relativo ammontare già considerato dal datore di lavoro. Per quanto riguarda gli oneri deducibili certificati ai punti 411 e seguenti della Certificazione Unica, vedi le istruzioni dei righi da E27 a E30.

Rigo E21 - Contributi previdenziali e assistenziali
Indicare l'importo dei contributi previdenziali e assistenziali obbligatori e volontari versati all'ente pensionistico di appartenenza. La deduzione spetta anche se gli oneri sono stati sostenuti per i familiari fiscalmente a carico.
Rientrano tra queste spese anche:
- i contributi agricoli unificati versati all'Inps – Gestione ex Scau – per costituire la propria posizione previdenziale e assistenziale (è indeducibile la parte dei contributi che si riferisce ai lavoratori dipendenti).
- i contributi versati per l'assicurazione obbligatoria Inail contro gli infortuni domestici (c.d. assicurazione casalinghe);
- i contributi previdenziali e assistenziali versati facoltativamente all'ente pensionistico di appartenenza, compresi quelli per la ricongiunzione di periodi assicurativi, per il riscatto degli anni di laurea e degli anni di frequenza degli ITS Academy (sia ai fini pensionistici sia ai fini della buonuscita), per la prosecuzione volontaria e per il cosiddetto "fondo casalinghe".

Rigo E22 - Assegno periodico corrisposto al coniuge
Colonna 1: indicare il codice fiscale del coniuge al quale sono stati corrisposti gli assegni periodici.
Colonna 2: indicare gli assegni periodici, compresi gli importi stabiliti a titolo di spese per il canone di locazione e spese condominiali, disposti dal giudice (c.d. "contributo casa") corrisposti al coniuge, anche se residente all'estero in seguito alla separazione legale ed effettiva o allo scioglimento o annullamento o alla cessazione degli effetti civili del matrimonio come indicato nel provvedimento dell'autorità giudiziaria. Nell'importo non devono essere considerati gli assegni destinati al mantenimento dei figli. Se il provvedimento non distingue la quota per l'assegno periodico destinata al coniuge da quella per il mantenimento dei figli, l'assegno si considera destinato al coniuge per metà del suo ammontare. Inoltre, non sono deducibili le somme corrisposte in un'unica soluzione al coniuge separato.

Rigo E23 - Contributi per gli addetti ai servizi domestici e familiari: indicare i contributi previdenziali e assistenziali versati per gli addetti ai servizi domestici e all'assistenza personale o familiare (es. colf, baby-sitter e assistenti delle persone anziane), per la parte a carico del datore di lavoro. Non possono essere indicate le spese sostenute nel 2023 che nello stesso anno sono state rimborsate dal datore di lavoro in sostituzione delle retribuzioni premiali e indicate nella sezione "Rimborsi di beni e servizi non soggetti a tassazione - art. 51 Tuir" (punti da 701 a 706) della Certificazione Unica con il codice onere 3.
L'importo massimo deducibile è di **1.549,37 euro**.

Rigo E24 - Contributi ed erogazioni a favore di istituzioni religiose: indicare le erogazioni liberali in denaro a favore delle seguenti istituzioni religiose:
- Istituto centrale per il sostentamento del clero della Chiesa cattolica italiana
- Unione italiana delle Chiese cristiane avventiste del 7° giorno, per il sostentamento dei ministri di culto e dei missionari e specifiche esigenze di culto e di evangelizzazione;
- Ente morale Assemblee di Dio in Italia, per il sostentamento dei ministri di culto e per esigenze di culto, di cura delle anime e di amministrazione ecclesiastica;
- Chiesa Evangelica Valdese, Unione delle Chiese metodiste e valdesi per fini di culto, istruzione e beneficenza che le sono propri e per gli stessi fini delle Chiese e degli enti che fanno parte dell'ordinamento valdese;
- Unione Cristiana Evangelica Battista d'Italia per fini di culto, istruzione e beneficenza che le sono propri e per gli stessi fini delle Chiese e degli enti che fanno parte dell'Unione;
- Chiesa Evangelica Luterana in Italia e Comunità a essa collegate per fini di sostentamento dei ministri di culto e per specifiche esigenze di culto e di evangelizzazione;
- Unione delle Comunità ebraiche italiane, per cui sono deducibili anche i contributi annuali;
- Sacra arcidiocesi ortodossa d'Italia ed Esarcato per l'Europa Meridionale, enti da essa controllati e comunità locali, per i fini di culto, istruzione, assistenza e beneficenza;
- Ente patrimoniale della Chiesa di Gesù Cristo dei Santi degli ultimi giorni per attività di religione o di culto, per attività dirette alla predicazione del Vangelo, celebrazione di riti e cerimonie religiose, svolgimento dei servizi di culto, attività missionarie e di evangelizzazione, educazione religiosa, cura delle necessità delle anime, rimborso delle spese dei ministri di culto e dei missionari;
- Chiesa Apostolica in Italia ed enti e opere da essa controllati, per i fini di culto, istruzione, assistenza e beneficenza;
- Unione Buddhista Italiana e gli organismi civilmente riconosciuti da essa rappresentati, per il sostentamento dei ministri di culto e le attività di religione o di culto;
- Unione Induista Italiana e gli organismi civilmente riconosciuti da essa rappresentati, per il sostentamento dei ministri di culto, le esigenze di culto e le attività di religione o di culto;
- Istituto Buddista Italiano Soka Gakkai (IBISG), per la realizzazione delle finalità istituzionali dell'Istituto e delle attività indicate all'articolo 12, comma 1, lettera a) della legge 28 giugno 2016, n. 130;

■ Associazione "Chiesa d'Inghilterra", degli enti da essa controllati e delle comunità locali, per i fini di culto, istruzione, assistenza e beneficenza. Le modalità di deduzione sono determinate con decreto del Ministro dell'economia e delle finanze.

Ciascuna di queste erogazioni, deducibile fino ad un importo di **1.032,91 euro**, deve essere effettuata tramite versamento bancario o postale, carta di debito, di credito, prepagate, assegno bancario o circolare e può essere documentata conservando le ricevute di versamento bancario o postale ovvero, in caso di pagamento con carta di credito, carta di debito o carta prepagata, dall'estratto conto della società che gestisce la carta. È necessario inoltre che dalla documentazione attestante il versamento sia possibile individuare il carattere di liberalità del versamento.

Le erogazioni liberali effettuate nei confronti della Chiesa Evangelica Valdese, Unioni delle Chiese metodiste e valdesi, possono risultare anche dall'attestazione o certificazione rilasciata dalla Tavola Valdese, su appositi stampati da questa predisposti e numerati che devono contenere il numero progressivo dell'attestazione o certificazione, cognome, nome e comune di residenza del donante, l'importo dell'erogazione liberale e la relativa causale. Le medesime precisazioni fornite per le erogazioni liberali a favore della Tavola Valdese devono ritenersi valide anche per le erogazioni liberali effettuate a favore: dell'Istituto centrale per il sostentamento del clero della Chiesa cattolica italiana, dell'Unione italiana delle Chiese cristiane avventiste del 7° giorno, per il sostentamento dei ministri di culto e dei missionari e specifiche esigenze di culto e di evangelizzazione, dell'Unione Cristiana Evangelica Battista d'Italia, della Chiesa Evangelica Luterana in Italia, dell' Unione delle Comunità ebraiche italiane.

Per ulteriori informazioni circa le modalità di versamento e di documentazione delle erogazioni si rimanda a quanto precisato nella circolare n. 7/E del 24 aprile 2018 dell'Agenzia delle entrate e nella risoluzione 19 giugno 2017, n. 72.

Rigo E25 - Spese mediche e di assistenza specifica per le persone con disabilità: indicare l'importo delle spese mediche generiche e di quelle di assistenza specifica necessarie nei casi di grave e permanente invalidità o menomazione sostenute dalle persone con disabilità. Per una definizione delle persone con disabilità si vedano le istruzioni del rigo E3 della sezione I di questo quadro.

Le spese di assistenza specifica sostenute dalle persone con disabilità sono quelle relative a:
■ assistenza infermieristica e riabilitativa;
■ personale in possesso della qualifica professionale di addetto all'assistenza di base o di operatore tecnico assistenziale esclusivamente dedicato all'assistenza diretta della persona;
■ personale di coordinamento delle attività assistenziali di nucleo;
■ personale con la qualifica di educatore professionale;
■ personale qualificato addetto ad attività di animazione e/o di terapia occupazionale.

Le prestazioni sanitarie rese alla persona dalle figure professionali sopraelencate sono deducibili anche senza una specifica prescrizione da parte di un medico, a condizione che dal documento attestante la spesa risulti la figura professionale e la prestazione resa dal professionista sanitario (circolare dell'Agenzia delle Entrate n. 19/E del 1° giugno 2012).

Se la persona con disabilità viene ricoverata in un istituto di assistenza, non è possibile portare in deduzione l'intera retta pagata, ma solo la parte che riguarda le spese mediche e le paramediche di assistenza specifica che deve risultare distintamente nella documentazione rilasciata dall'istituto.

Le spese sanitarie per l'acquisto di medicinali sono deducibili se certificate da fattura o scontrino fiscale (c.d. "scontrino parlante"), in cui devono essere specificati la natura e la quantità dei prodotti acquistati, il codice alfanumerico (identificativo della qualità del farmaco) posto sulla confezione del medicinale e il codice fiscale del destinatario.

Le spese indicate in questo rigo sono deducibili anche se sostenute per i seguenti familiari, anche se non fiscalmente a carico:

■ coniuge;
■ figli, compresi quelli adottivi
■ discendenti dei figli;
■ genitori (compresi quelli adottivi);
■ generi e nuore;
■ suoceri e suocere;
■ fratelli e sorelle (anche unilaterali);
■ nonni e nonne.

 Le spese chirurgiche per prestazioni specialistiche, per protesi dentarie e sanitarie, nonché per i mezzi di accompagnamento, locomozione, deambulazione, sollevamento e per i sussidi tecnici e informatici volti a facilitare l'autosufficienza e l'integrazione sostenute dalle persone con disabilità vanno indicate nei righi E1, E2, E3 e E4 della Sezione I.

Rigo E26 - Altri oneri deducibili: indicare gli oneri deducibili diversi da quelli riportati nei righi precedenti.
Colonna 1: indicare il codice che identifica l'onere sostenuto;
Colonna 2: indicare l'importo pagato.
I codici che identificano gli oneri da indicare in questi righi sono:
'6' per **i contributi versati ai fondi integrativi del Servizio sanitario nazionale** per un importo complessivo non superiore a **3.615,20 euro**. Con questo codice possono essere indicati esclusivamente i contributi versati ai **fondi integrativi del Servizio sanitario nazionale** (art. 10, comma 1, lettera e-*ter* del Tuir). Per tali contributi la deduzione spetta **anche** se la spesa è stata sostenuta **per le persone fiscalmente a carico** (v. paragrafo "Familiari a carico" del capitolo "Guida alla compilazione della dichiarazione") per la parte non dedotta da queste ultime.
Nella verifica del limite di **3.615,20 euro** concorre anche l'importo indicato con il codice '13' e anche quello riportato nel punto 441 della Certificazione Unica 2024, che è già stato dedotto dal datore di lavoro e che non deve pertanto essere indicato in questo rigo. L'importo indicato nel punto 441 della Certificazione Unica concorre per l'intero ammontare alla verifica del limite di **3.615,20 euro**, anche se parte di esso è relativo a contributi di assistenza sanitaria versati ad enti o casse aventi esclusivamente fine assistenziale in conformità a disposizioni di contratto o di accordo o di regolamento aziendale, anche in favore di familiari non fiscalmente a carico del lavoratore.

Modalità di versamento delle erogazioni identificate dai successivi codici 7, 8 e 9
Queste erogazioni sono deducibili se effettuate con versamento postale o bancario, carte di debito, carte di credito, carte prepagate, assegni bancari e circolari. Per le erogazioni liberali fatte con carta di credito, in caso di eventuale richiesta dell'amministrazione finanziaria, è sufficiente esibire l'estratto conto della società che gestisce la carta.

'7' per **i contributi, le donazioni e le oblazioni erogate alle organizzazioni non governative (ONG) riconosciute idonee, che operano nel campo della cooperazione con i Paesi in via di sviluppo.**

Chi presta l'assistenza fiscale porterà in deduzione questi importi nella misura massima del 2 per cento del reddito complessivo (che in tal caso comprende anche il reddito dei fabbricati assoggettato a cedolare secca).

È necessario conservare le ricevute di versamento in conto corrente postale, le quietanze liberatorie e le ricevute dei bonifici bancari relativi alle somme erogate.

Per consultare l'elenco delle ONG riconosciute idonee si può consultare il sito *www.esteri.it*.

Il contribuente che fruisce di tale deduzione, non può fruire, sia per le medesime erogazioni che per erogazioni analoghe effettuate anche a diversi beneficiari, sempreché ricompresi nell'ambito di applicazione dell'articolo 10, comma 1, lett. g) del Tuir, delle agevolazioni previste per i codici 61, 71 e 76 da indicare nei righi da E8 a E10 e quelle previste per il rigo E36.

'8' per **le erogazioni liberali in denaro o in natura a favore di alcune fondazioni e associazioni riconosciute.**

Queste liberalità possono essere dedotte se erogate in favore di:
- fondazioni e associazioni riconosciute che hanno per oggetto statutario la tutela, la promozione e la valorizzazione dei beni di interesse artistico, storico e paesaggistico (decreto legislativo 22 gennaio 2004, n. 42);
- fondazioni e associazioni riconosciute che hanno per scopo statutario lo svolgimento o la promozione di attività di ricerca scientifica, individuate dal D.P.C.M. 9 ottobre 2023 (G.U. n. 209 del 17 novembre 2023).

Chi presta l'assistenza fiscale dedurrà gli importi nel limite del 10 per cento del reddito complessivo (che in tal caso comprende anche il reddito dei fabbricati assoggettato a cedolare secca) e, comunque, nella misura massima di 70.000 euro.

Si ricorda che i soggetti che fruiscono dell'agevolazione in argomento non possono fruire per le medesime erogazioni liberali, sia per erogazioni analoghe, anche se effettuate a diversi beneficiari, sempreché siano ricompresi tra quelli previsti dall'articolo 14 del decreto-legge n. 35 del 2005, di altre agevolazioni fiscali a titolo di detrazione o di deduzione di imposta contenute in altre disposizioni di legge;

'9' per **le erogazioni liberali in denaro a favore di enti universitari, di ricerca pubblica e vigilati, nonché degli enti parco regionali e nazionali.**

Queste liberalità possono essere dedotte se erogate in favore di:
- università e fondazioni universitarie;
- istituzioni universitarie pubbliche;
- enti di ricerca pubblici ed enti di ricerca vigilati dal ministero dell'Istruzione, dell'Università e della ricerca, compresi l'Istituto superiore di sanità e l'Istituto superiore per la prevenzione e la sicurezza del lavoro;
- enti parco regionali e nazionali.

I soggetti che fruiscono dell'agevolazione in argomento non possono fruire sia per le medesime erogazioni liberali, sia per erogazioni liberali analoghe, anche se effettuate a soggetti diversi, sempreché ricompresi tra quelli cui si applica l'articolo 10, comma 1, lett. l- *quater***) del Tuir, di altre agevolazioni fiscali a titolo di detrazione o di deduzione di imposta contenute in altre disposizioni di legge.**

'12' per **le erogazioni liberali, le donazioni e gli altri atti a titolo gratuito a favore di trust o fondi speciali.**

Queste liberalità possono essere dedotte nel limite del 20 per cento del reddito complessivo dichiarato, e comunque nella misura massima di 100.000 euro annui, se erogate in favore di:
- trust
- fondi speciali composti di beni sottoposti a vincolo di destinazione e disciplinati con contratto di affidamento fiduciario anche a favore di ONLUS riconosciute come persone giuridiche, che operano nel settore della beneficenza. Si considera attività di beneficenza anche la concessione di erogazioni gratuite in denaro con utilizzo di somme provenienti dalla gestione patrimoniale o da donazioni appositamente raccolte, a favore di enti senza scopo di lucro che operano prevalentemente nei settori dell'assistenza sociale e socio sanitaria, dell'assistenza sanitaria, beneficenza, istruzione, formazione e sport dilettantistico, per la realizzazione diretta di progetti di utilità sociale;

'13' per **i contributi versati** direttamente **dai lavoratori in quiescenza**, anche per i familiari non a carico, **a casse di assistenza sanitaria aventi esclusivamente fini assistenziali** (art. 51, comma 2, lett. a, del Tuir), che prevedono la possibilità per gli ex lavoratori, che a tali casse hanno aderito durante il rapporto di lavoro, di rimanervi iscritti anche dopo la cessazione del rapporto di lavoro, continuando a corrispondere in proprio il contributo previsto senza alcun onere a carico del datore di lavoro. Tali versamenti devono essere d'importo complessivo non superiore a **3.615,20 euro**. Nella verifica del limite di **3.615,20 euro** concorre anche l'importo indicato con il codice '6';

'21' per **gli altri oneri deducibili.**

Tra questi oneri, diversi da quelli contraddistinti dai precedenti codici, rientrano:
- gli assegni periodici (rendite, vitalizi, ecc.) corrisposti dal dichiarante in base a un testamento o a una donazione modale e, nella misura in cui risultano da provvedimenti dell'autorità giudiziaria, gli assegni alimentari versati ai familiari (indicati nell'art. 433 del codice civile);
- i canoni, livelli, censi e altri oneri gravanti sui redditi degli immobili che concorrono a formare il reddito complessivo, compresi i contributi ai consorzi obbligatori per legge o in dipendenza di provvedimenti della pubblica amministrazione, esclusi i contributi agricoli unificati. Sono deducibili anche i contributi obbligatori relativi ad immobili non locati e non affittati, il cui reddito non concorre al complessivo in conseguenza dell'effetto di sostituzione dell'Irpef da parte dell'Imu, sempreché il contributo obbligatorio non sia stato già

considerato nella determinazione della rendita catastale. La deduzione dei contributi ai consorzi obbligatori non è invece ammessa in relazione agli immobili ad uso abitativo locati con opzione per la cedolare secca (vedi risoluzione n. 44/E del 4 luglio 2013);
- le indennità per la perdita dell'avviamento corrisposte per disposizioni di legge al conduttore in caso di cessazione della locazione di immobili urbani non adibiti ad abitazione;
- le somme che non avrebbero dovuto concorrere a formare i redditi di lavoro dipendente e assimilati e che, invece, sono state assoggettate a tassazione;
- il 50 per cento delle imposte sul reddito dovute per gli anni anteriori al 1974 (esclusa l'imposta complementare) iscritte nei ruoli la cui riscossione ha avuto inizio nel 2023 (art. 20, comma 2, del decreto del Presidente della Repubblica 4 febbraio 1988, n. 42);
- le erogazioni liberali per oneri difensivi delle persone che fruiscono del patrocinio legale gratuito dello Stato;
- il 50 per cento delle spese sostenute dai genitori adottivi per l'espletamento delle procedure di adozione di minori stranieri (per maggiori informazioni vedere in Appendice la voce "Adozione di minori stranieri").

Righi da E27 a E30 - Contributi e premi per forme pensionistiche complementari e individuali e ai sottoconti PEPP: in questi righi vanno indicati i contributi versati alle forme pensionistiche complementari, relativi sia a fondi negoziali sia a fondi, e ai sottoconti di prodotti pensionistici individuali paneuropei (PEPP).

Il contribuente non è tenuto alla compilazione dei righi da E27 a E30 se non ha contributi per previdenza complementare da far valere in dichiarazione. Questa situazione si verifica se, in assenza di ulteriori versamenti per contributi o premi non dedotti, relativi ad altre forme di previdenza integrativa, non è indicato alcun importo al punto 413 della Certificazione Unica 2024.

I contributi versati a forme pensionistiche complementari, comprese quelle istituite negli Stati membri dell'Unione europea e negli Stati aderenti all'Accordo sullo spazio economico europeo, e i contributi versati ai sottoconti italiani di PEPP, inclusi quelli esteri, sono deducibili dal reddito complessivo per un **importo complessivo non superiore a 5.164,57 euro.**
Il limite non si applica ai contribuenti iscritti alle forme pensionistiche per le quali è stato accertato lo squilibrio finanziario e approvato il piano di riequilibrio da parte del ministero del Lavoro e della Previdenza sociale, che possono dedurre tutti i contributi versati nell'anno d'imposta.
Per consentire a chi presta l'assistenza fiscale di determinare la deduzione effettivamente spettante, il contribuente deve compilare il rigo corrispondente alla forma pensionistica a cui risulta iscritto. Se il contribuente ha aderito a più di un fondo pensione o anche a sottoconti di PEPP, versando contributi per i quali è applicabile un diverso limite di deducibilità, deve compilare più di un rigo.

Rigo E27 - Contributi a deducibilità ordinaria: indicare, entro il limite di **5.164,57 euro**, le somme versate alle forme pensionistiche complementari relative sia a fondi negoziali sia alle forme pensionistiche individuali e le somme versati ai sottoconti PEPP; nel suddetto limite si devono considerare i versamenti a carico del contribuente e del datore di lavoro. Per i contributi versati ai fondi negoziali e ai sottoconti PEPP tramite il sostituto di imposta, se al punto 411 della Certificazione Unica è indicato il codice 1, i dati da indicare sono quelli riportati nei punti 412 e 413 della Certificazione Unica. Per i contributi versati ai fondi negoziali, nonché alle forme pensionistiche individuali, senza il tramite del sostituto di imposta, si dovrà indicare l'ammontare dei versamenti di cui si richiede la deduzione.
Dall'anno d'imposta 2018 anche i dipendenti pubblici compilano questo rigo per indicare tutti i contributi versati ai fondi pensione, inclusi i fondi negoziali a essi riservati, e i contributi ai sottoconti PEPP.
In particolare:
- **colonna 1**: riportare l'importo dei contributi che il datore di lavoro ha dedotto dall'imponibile, indicato nel punto 412 della Certificazione Unica. Se è stato compilato il punto 421 della Certificazione Unica – previdenza per familiari a carico – la cifra da riportare nella colonna 1 è pari alla differenza tra gli importi indicati nei seguenti punti della Certificazione Unica: punto 412 e punto 422 (contributo dedotto dal reddito e riferito alla previdenza complementare per familiari a carico);
- **colonna 2**: riportare l'importo degli oneri di previdenza complementare dei quali si chiede la deduzione in dichiarazione:
  - contributi versati tramite il sostituto di imposta, indicati nel punto 413 della Certificazione Unica. Se è stato compilato il punto 421 della Certificazione Unica – previdenza per familiari a carico – la cifra da riportare nella colonna 2 è pari alla differenza tra gli importi indicati nei seguenti punti della Certificazione Unica: punto 413 e punto 423 (contributo non dedotto dal reddito e riferito alla previdenza complementare per familiari a carico);
  - somme versate sia ai fondi negoziali e sia alle forme pensionistiche individuali senza il tramite del sostituto di imposta.

Rigo E28 - Contributi versati da lavoratori di prima occupazione: i lavoratori di prima occupazione, successiva al 1° gennaio 2007, oppure i contribuenti che a quella data non avevano una posizione contributiva aperta presso un qualsiasi ente di previdenza obbligatoria possono dedurre i contributi versati entro il limite di **5.164,57 euro**. Se nei primi cinque anni di partecipazione alle forme pensionistiche complementari o di apertura di sottoconti italiani di PEPP hanno effettuato versamenti di importo inferiore, possono godere di un maggior limite di deducibilità, a partire dal sesto anno di partecipazione alle forme pensionistiche e di apertura dei sottoconti italiani di PEPP e per i venti anni successivi, nella misura annuale di 5.164,57 euro incrementata di un importo pari alla differenza positiva tra 25.822,85 euro e i contributi effettivamente versati nei primi cinque anni e, comunque, incrementata di un importo non superiore ad 2.582,29 euro. Ai fini del calcolo dei predetti limiti concorrono le deduzioni fruite con riferimento ai contributi versati alle forme pensionistiche complementari e quelli versati ai sottoconti italiani di PEPP. A partire dall'anno 2012, per i lavoratori iscritti dal 2007 alle forme pensionistiche obbligatorie, è possibile usufruire per la prima volta di tale incentivo. Se nel punto 411 della Certificazione Unica 2024 è indicato il codice 3, i dati da indicare in questo rigo sono quelli riportati nei punti 412, 413 e 417 della Certificazione Unica 2024.

In particolare:
- **colonna 1**: riportare l'importo dei contributi che il datore di lavoro ha dedotto dall'imponibile, risultante dalla somma degli importi indicati nei punti 412 e 417 della Certificazione Unica 2024;

- **colonna 2**: riportare l'importo dei contributi che il datore di lavoro non ha dedotto dall'imponibile, indicato nel punto 413 della Certificazione Unica 2024, e le somme versate ai fondi negoziali, nonché alle forme pensionistiche individuali e ai sottoconti italiani di PEPP, senza il tramite del datore di lavoro.

Rigo E29 - Contributi versati a fondi in squilibrio finanziario: per i contributi versati a fondi in squilibrio finanziario non è previsto alcun limite di deducibilità. Se nel punto 411 della Certificazione Unica 2024 è indicato il codice 2, i dati da indicare in questo rigo sono riportati nei punti 412 e 413 della Certificazione Unica 2024.
In particolare:
- **colonna 1**: riportare l'importo dei contributi che il datore di lavoro ha dedotto dall'imponibile, indicato nel punto 412 della Certificazione Unica 2024;
- **colonna 2**: riportare l'importo dei contributi che il datore di lavoro non ha dedotto dall'imponibile, indicato nel punto 413 della Certificazione Unica 2024.

Rigo E30 - Contributi versati per familiari a carico: indicare le somme versate per i familiari fiscalmente a carico per la parte da questi non dedotta. Sono considerati a carico coloro che possiedono un reddito complessivo non superiore a 2.840,51 euro. Sono considerati a carico anche i figli di età non superiore a 24 anni che possiedono un reddito complessivo non superiore a 4.000 euro.
Se i contributi per familiari a carico sono stati versati tramite il datore di lavoro e, quindi, è compilato il punto 421 della Certificazione Unica 2024, indicare:
- nella **colonna 1**, l'importo dei contributi che il datore di lavoro ha dedotto dall'imponibile, desumibile dal punto 422 della Certificazione Unica 2024;
- nella **colonna 2**, l'importo dei contributi che il datore di lavoro non ha dedotto dall'imponibile, desumibile dal punto 423 della Certificazione Unica 2024.

Rigo E32 - Spese per l'acquisto o la costruzione di abitazioni date in locazione
Ai soggetti titolari del diritto di proprietà dell'unità immobiliare, in relazione alla quota di proprietà, che acquistano o costruiscono immobili abitativi da destinare alla locazione, è riconosciuta una deduzione dal reddito complessivo.
L'agevolazione riguarda:
- l'acquisto, dal 1° gennaio 2014 al 31 dicembre 2017, di unità immobiliari a destinazione residenziale di nuova costruzione, invendute al 12 novembre 2014;
- l'acquisto, dal 1° gennaio 2014 al 31 dicembre 2017, di unità immobiliari a destinazione residenziale oggetto di interventi di ristrutturazione edilizia, o di restauro e di risanamento conservativo;
- la costruzione, da ultimarsi entro il 31 dicembre 2017, di unità immobiliari a destinazione residenziale su aree edificabili già possedute dal contribuente prima dell'inizio dei lavori o sulle quali sono già riconosciuti diritti edificatori, per cui prima del 12 novembre 2014 sia stato rilasciato il titolo abilitativo edilizio, comunque denominato.

Per fruire dell'agevolazione l'immobile acquistato deve essere destinato, entro sei mesi dall'acquisto alla locazione per almeno otto anni. Se l'acquisto è avvenuto prima del 3 dicembre 2015, il periodo di sei mesi decorre da tale data.
Nel caso di costruzione di unità immobiliari il periodo di sei mesi decorre dal rilascio del certificato di agibilità o dalla data di formazione del silenzio assenso al rilascio di tale certificato.
La deduzione è pari al 20 per cento del prezzo di acquisto dell'immobile risultante dall'atto di compravendita, nonché degli interessi passivi dipendenti da mutui contratti per l'acquisto delle unità immobiliari medesime, oppure, nel caso di costruzione, delle spese sostenute per prestazioni di servizi, dipendenti da contratti d'appalto, attestate dall'impresa che esegue i lavori. Il limite massimo complessivo di spesa, anche nel caso di acquisto o costruzione di più immobili, è pari a 300.000 euro, comprensivi di IVA.
La deduzione è ripartita in otto quote annuali di pari importo, a partire dall'anno nel quale avviene la stipula del contratto di locazione e non è cumulabile con altre agevolazioni fiscali previste da altre disposizioni di legge per le medesime spese.
Per altre informazioni sulle condizioni necessarie per il riconoscimento della deduzione, vedere in Appendice la voce "Acquisto o costruzione di abitazioni nuove o ristrutturate da dare in locazione".
Colonna 1 (Data stipula locazione): indicare la data di stipula del contratto di locazione dell'immobile acquistato o costruito.
Colonna 2 (Spesa acquisto/costruzione): indicare la spesa sostenuta per l'acquisto o la costruzione dell'immobile dato in locazione, entro il limite di 300.000 euro.
Colonna 3 (Interessi passivi sui mutui): indicare l'importo degli interessi passivi pagati nell'anno e dipendenti dai mutui contratti per l'acquisto delle unità immobiliari oggetto dell'agevolazione.
Se la deduzione spetta per l'acquisto o la costruzione di più immobili è necessario compilare un rigo per ciascun immobile utilizzando ulteriori moduli, secondo le istruzioni fornite nella parte II, paragrafo "Modelli aggiuntivi". L'ammontare complessivo delle spese indicate non può comunque essere superiore a 300.000 euro.

Rigo E33 - Somme restituite al soggetto erogatore in periodi d'imposta diversi da quello in cui sono state assoggettate a tassazione
A partire dall'anno d'imposta in corso al 31 dicembre 2013, l'ammontare delle somme restituite al soggetto erogatore in un periodo d'imposta diverso da quello in cui sono state assoggettate a tassazione, anche separata, possono essere portate in deduzione dal reddito complessivo nell'anno di restituzione o, se in tutto o in parte non dedotto nel periodo d'imposta di restituzione, nei periodi d'imposta successivi; in alternativa, è possibile chiedere il rimborso dell'imposta corrispondente all'importo non dedotto secondo modalità definite con decreto del Ministro dell'economia e delle finanze. Può trattarsi, oltre che dei redditi di lavoro dipendente anche di compensi di lavoro autonomo professionale, di redditi diversi (lavoro autonomo occasionale o altro).

 Non costituiscono oneri deducibili le somme restituite al netto della ritenuta subita al momento dell'erogazione. Non è possibile chiedere il rimborso dell'imposta corrispondente all'importo non dedotto delle somme restituite al netto della ritenuta subita.

Colonna 1 (Somme restituite nell'anno): indicare l'ammontare residuo indicato al punto 440 della Certificazione Unica o, nel caso in cui non si è chiesto al sostituto di effettuare la deduzione, l'importo delle somme restituite nel 2023 al soggetto erogatore. Non vanno indicate le somme restituite al netto della ritenuta subita;

Colonna 2 (Residuo precedente dichiarazione): questa colonna va compilata se il sostituto non ha operato la deduzione degli importi non dedotti nel 2021. In tal caso indicare l'ammontare riportato nel rigo 149 del prospetto di liquidazione Mod. 730-3/2023 (colonna 1 per il dichiarante, colonna 2 per il coniuge) oppure nel rigo RN47, colonna 36, del modello REDDITI Persone fisiche 2023.

Rigo E36 - Erogazioni liberali in denaro o in natura in favore delle organizzazioni non lucrative di utilità sociale (ONLUS), delle organizzazioni di volontariato, delle associazioni di promozione sociale e degli enti del terzo settore (ETS)

A partire dall'anno d'imposta 2018 le liberalità in denaro o in natura erogate a favore delle organizzazioni non lucrative di utilità sociale (ONLUS), delle organizzazioni di volontariato e delle associazioni di promozione sociale sono deducibili dal reddito complessivo netto del soggetto erogatore nel limite del 10 per cento del reddito complessivo dichiarato.

Dal 2022 la stessa agevolazione è prevista anche per le erogazioni in denaro o in natura erogate a favore degli enti del terzo settore (ETS) iscritti nel Registro unico del terzo settore (RUNTS).

È possibile fruire della deduzione a condizione che le liberalità ricevute siano utilizzate dagli ETS per lo svolgimento dell'attività statutaria volta al perseguimento di finalità civiche, solidaristiche e di utilità sociale.

Qualora la deduzione sia di ammontare superiore al reddito complessivo dichiarato l'eccedenza può essere computata in aumento dell'importo deducibile dal reddito complessivo dei periodi d'imposta successivi, ma non oltre il quarto, fino a concorrenza del suo ammontare.

Con decreto del Ministro del lavoro e delle politiche sociali 28 novembre 2019, pubblicato nella Gazzetta Ufficiale n. 24 del 30 gennaio 2020, sono state individuate le tipologie di beni che danno diritto alla detrazione dall'imposta o alla deduzione dalla base imponibile ai fini delle imposte sui redditi e sono stabiliti i criteri e le modalità di valorizzazione dei beni che possono formare oggetto delle erogazioni liberali in natura.

Colonna 1 (Importo): riportare l'importo delle erogazioni liberali effettuate nel corso del 2023.

Colonna 2 (Residuo 2022): indicare l'importo riportato nel rigo 153, colonna 4 (8 per il coniuge), del prospetto di liquidazione (Mod. 730-3) del Mod. 730/2023 o quello indicato nel rigo RN47, colonna 38, del Mod. REDDITI PF 2023.

Colonna 3 (Residuo 2021): indicare l'importo riportato nel rigo 153, colonna 3 (7 per il coniuge), del prospetto di liquidazione (Mod. 730-3) del Mod. 730/2023 o quello indicato nel rigo RN47, colonna 37, del Mod. REDDITI PF 2023.

Colonna 4 (Residuo 2020): indicare l'importo riportato nel rigo 153, colonna 2 (6 per il coniuge), del prospetto di liquidazione (Mod. 730-3) del Mod. 730/2023 o quello indicato nel rigo RN47, colonna 43, del Mod. REDDITI PF 2023.

Colonna 5 (Residuo 2019): indicare l'importo riportato nel rigo 153, colonna 1 (5 per il coniuge), del prospetto di liquidazione (Mod. 730-3) del Mod. 730/2023 o quello indicato nel rigo RN47, colonna 47, del Mod. REDDITI PF 2023

Il contribuente che fruisce della deduzione in argomento, non può fruire, sia per le medesime erogazioni che per erogazioni analoghe effettuate anche a diversi beneficiari, sempreché ricompresi nell'ambito di applicazione dell'articolo 83, comma 2, del codice del Terzo Settore, delle agevolazioni previste per i codici 61, 71 e 76 da indicare nei righi da E8 a E10 e quelle previste per il rigo E26, cod. 7.

SEZIONE III A - Spese per gli interventi di recupero del patrimonio edilizio, per misure antisismiche anche quelle per cui è possibile fruire del superbonus, spese per cui è possibile fruire del bonus facciate e del bonus verde

In questa sezione vanno indicate le spese sostenute nell'anno 2023 o negli anni precedenti per gli interventi di recupero del patrimonio edilizio e in particolare:

- per la ristrutturazione di immobili;
- le spese sostenute per gli interventi relativi all'adozione di misure antisismiche e all'esecuzione di opere per la messa in sicurezza statica. È possibile indicare anche le spese sostenute dal 1° luglio 2020 per l'installazione di sistemi monitoraggio strutturale continuo a fini antisismici se l'installazione avviene congiuntamente con l'effettuazione di interventi antisismici per cui è possibile fruire della detrazione del Superbonus;
- per l'acquisto o l'assegnazione di immobili facenti parte di edifici ristrutturati;
- per la sistemazione del verde (bonus verde);
- per il recupero o restauro della facciata degli edifici esistenti (bonus facciate);
- per l'installazione di impianti fotovoltaici connessi alla rete elettrica e l'installazione dei sistemi di accumulo integrati negli impianti fotovoltaici;
- per l'installazione di impianti fotovoltaici da parte delle comunità energetiche cui aderiscono i condomini;

Non possono essere indicate in questa sezione le spese sostenute nel 2023 che sono state indicate con i codici da 13 a 20 e 26, 27, 28 e 32 nella Comunicazione per l'esercizio delle opzioni di cessione o sconto e relative alle detrazioni spettanti per gli interventi di ristrutturazione edilizia, recupero o restauro della facciata degli edifici, riduzione del rischio sismico, installazione di impianti solari fotovoltaici. Dal 17 febbraio 2023 non è più possibile fruire dello sconto in fattura o della cessione del credito derivante dal Superbonus e dagli altri bonus edilizi, fatte salve le specifiche deroghe (per maggiori dettagli si veda la voce d'appendice "Superbonus - Deroghe al divieto di cessione o sconto") e fatte salve le spese per barriere architettoniche (codice 32 da indicare nella Comunicazione per l'esercizio delle opzioni di cessione o sconto) per cui è possibile fruire dello sconto o cedere la relativa detrazione fino al 31 dicembre 2023.

TABELLA DI RACCORDO TRA I CODICI DEL MODELLO DI COMUNICAZIONE ONLINE CESSIONE O SCONTO E 730/2024

INTERVENTI	ARTICOLI DECRETO-LEGGE N. 34/2020	CODICI DEL MODELLO COMUNICAZIONE ONLINE CESSIONE O SCONTO	CODICI RECUPERO DEL PATRIMONIO EDILIZIO (Righi da E41 a E43)
Interventi antisismici	Art. 119 - Comma 4 e 4-bis	13	5
		14	6 e 8
		15	7 e 9
Impianti solari fotovoltaici, bonus facciate e altri interventi	Art. 119 - Comma 16-bis e 16-ter	16	18 (quota spesa fino a 20 Kw)
			19 (quota spesa oltre i 20 Kw e fino a 200)
	Art. 121	17	Righi da E41 ad E43 senza compilazione colonna 2
		18	15
	Art. 119 - Comma 5	19	16
	Art. 119 - Comma 6	20	17
Acquisto di unità immobiliari antisismiche	Art. 119 - Comma 4	26	10
		27	11
Abbattimento barriere architettoniche	Art. 119 - Commi 2 e 4	28	20
Superamento ed eliminazione barriere architettoniche	Art.119-ter	32	21 e 22

Spese sostenute per la ristrutturazione di immobili
La detrazione spetta in relazione alle spese sostenute per i seguenti interventi di recupero del patrimonio edilizio:
- interventi di manutenzione straordinaria sulle singole unità immobiliari residenziali di qualsiasi categoria catastale, anche rurali e sulle loro pertinenze;
- interventi di manutenzione ordinaria e straordinaria sulle parti comuni di edifici residenziali;
- interventi di restauro e risanamento conservativo;
- interventi necessari alla ricostruzione o al ripristino dell'immobile danneggiato a seguito di eventi calamitosi, a condizione che sia stato dichiarato lo stato di emergenza;
- interventi finalizzati alla cablatura degli edifici, al contenimento dell'inquinamento acustico, all'adozione di misure di sicurezza statica e antisismica degli edifici, all'esecuzione di opere interne;
- interventi relativi alla realizzazione di autorimesse o posti auto pertinenziali, anche a proprietà comune;
- ulteriori interventi quali, ad esempio, quelli di bonifica dall'amianto o quelli finalizzati alla prevenzione di atti illeciti da parte di terzi o all'eliminazione delle barriere architettoniche, oppure interventi di esecuzione di opere volte ad evitare gli infortuni domestici;
- interventi di sostituzione del gruppo elettrogeno di emergenza esistente con generatori di emergenza a gas di ultima generazione;
- interventi finalizzati al recupero o al restauro delle facciate degli edifici esistenti (bonus facciate).

La detrazione spetta anche in relazione alle spese sostenute per gli interventi finalizzati al conseguimento di risparmi energetici, compresa l'installazione di impianti basati sull'impiego delle fonti rinnovabili di energia, tra i quali rientrano gli impianti fotovoltaici per la produzione di energia elettrica.

Per le spese sostenute dal 1° gennaio 2022, per la realizzazione di interventi direttamente finalizzati al superamento e all'eliminazione di barriere architettoniche in edifici già esistenti, spetta una detrazione dall'imposta lorda, da ripartire in 5 rate, nella misura del 75% del limite di spesa calcolato in funzione del numero delle unità immobiliari di cui l'edificio è composto. Per usufruire dell'agevolazione, gli interventi devono rispettare i requisiti previsti dal decreto del Ministro dei lavori pubblici n. 236 del 14 giugno 1989. Dal 30 dicembre 2023 il rispetto dei requisiti deve risultare da apposita asseverazione rilasciata da tecnici abilitati. Fino al 29 dicembre 2023, salvo che ricorrano le condizioni elencate più avanti, la detrazione spetta anche per gli interventi di automazione degli impianti degli edifici e delle singole unità immobiliari funzionali ad abbattere le barriere architettoniche nonché, in caso di sostituzione dell'impianto, per le spese relative allo smaltimento e alla bonifica dei materiali e dell'impianto sostituito. Qualora le spese sostenute nel 2023, rappresentino una prosecuzione di interventi già iniziati in anni precedenti per le quali spetta la detrazione al 110%, fermi restando tutti i requisiti richiesti per l'applicazione di tale agevolazione, il contribuente può scegliere se continuare a fruire del *Superbonus* nel limite di spesa di 96.000 euro, comprensivo anche delle spese sostenute nel 2022 per il medesimo intervento, oppure fruire della nuova detrazione nella misura del 75 per cento delle spese sostenute e comunque nei limiti di spesa previsti dalla norma.

Per le spese sostenute dal 30 dicembre 2023 la detrazione spetta per gli interventi volti all'eliminazione delle barriere architettoniche in edifici già esistenti e aventi ad oggetto esclusivamente scale, rampe e l'installazione di ascensori, servoscala e piattaforme elevatrici, salvo che entro il 29 dicembre 2023:
– risulti presentata la richiesta del titolo abilitativo, ove necessario;
– per gli interventi per i quali non è prevista la presentazione di un titolo abilitativo, siano già iniziati i lavori oppure, nel caso in cui i lavori non siano ancora iniziati, sia già stato stipulato un accordo vincolante tra le parti per la fornitura dei beni e dei servizi oggetto dei lavori e sia stato versato un acconto sul prezzo.

Può fruire della detrazione chi possiede o detiene l'immobile sul quale sono stati effettuati gli interventi di recupero edilizio sulla base di un titolo idoneo (ad esempio proprietà, altro diritto reale, concessione demaniale, locazione o comodato).

Ha diritto alla detrazione anche il familiare convivente del possessore o detentore dell'immobile oggetto dell'intervento, purché abbia sostenuto le spese e le fatture e i bonifici siano a lui intestati. È ammessa la detrazione anche nei casi in cui le fatture e i bonifici non siano intestati al familiare convivente, purché la percentuale della spesa sostenuta dallo stesso sia indicata nella fattura (per approfondimenti si veda la circolare 11/E del 21 maggio 2014).

Per le spese sostenute dal 1° gennaio 2016, la detrazione spetta al convivente *more uxorio* del possessore o detentore dell'immobile anche in assenza di un contratto di comodato, alla stregua di quanto chiarito per i familiari conviventi.

Condizioni per fruire della detrazione

- Pagamenti effettuati con bonifico bancario o postale da cui risultino:
    - causale del versamento (per le spese sostenute dal 1° gennaio 2014 va indicato l'art. 16-*bis* del Tuir);
    - codice fiscale del soggetto che effettua il pagamento;
    - codice fiscale o numero di partita Iva del beneficiario del pagamento.
- Indicazione nella dichiarazione dei redditi (righi da E51 a E53) delle seguenti informazioni:
    - dati catastali identificativi dell'immobile;
    - estremi di registrazione dell'atto che ne costituisce titolo (ad esempio, contratto di affitto), se i lavori sono effettuati dal detentore;
    - altri dati richiesti ai fini del controllo della detrazione.
- Il contribuente deve, inoltre, conservare ed esibire, a richiesta dell'Ufficio, i documenti individuati dal Provvedimento del Direttore dell'Agenzia delle Entrate del 2 novembre 2011 (ad esempio le fatture e le ricevute fiscali relative alle spese sostenute).

Documenti da trasmettere

La Legge di Bilancio 2018, per consentire il monitoraggio e la valutazione del risparmio energetico ottenuto grazie alla realizzazione degli interventi edilizi e tecnologici che comportano risparmio energetico e/o l'utilizzo delle fonti rinnovabili di energia e che accedono alle detrazioni fiscali previste per le ristrutturazioni edilizie, ha introdotto l'obbligo di trasmettere all'ENEA le informazioni sui lavori effettuati, analogamente a quanto già previsto per le detrazioni fiscali per gli interventi di riqualificazione energetica (Ecobonus).

Al fine di garantire la corretta attuazione del Piano nazionale di ripresa e resilienza, in materia di «Ecobonus e Sismabonus fino al 110 per cento per l'efficienza energetica e la sicurezza degli edifici», nonché al fine di effettuare il monitoraggio degli interventi di ristrutturazione edilizia e acquisto mobili e grandi elettrodomestici, compresa la valutazione del risparmio energetico da essi conseguito, in analogia a quanto già previsto in materia di detrazioni fiscali per la riqualificazione energetica degli edifici (Ecobonus), sono trasmesse per via telematica all'ENEA le informazioni sugli interventi effettuati alla conclusione degli stessi.

La trasmissione dei dati dovrà avvenire entro il termine di 90 giorni a partire dalla data di ultimazione dei lavori o del collaudo. Per gli interventi terminati nel 2022 la comunicazione va trasmessa entro 90 giorni dalla data di fine lavori, attraverso il sito https://bonusfiscali.enea.it/. Se la data di fine lavori è compresa tra il 1° gennaio e il 31 marzo 2022, il termine di 90 giorni decorre dal 1° aprile 2022, giorno di messa on line del sito medesimo. Per gli interventi terminati nel 2023 la comunicazione va trasmessa entro 90 giorni dalla data di fine lavori, attraverso il sito di cui sopra. Se la data di fine lavori è compresa tra il 1° e il 31 gennaio 2023, il termine di 90 giorni decorre dal 1° febbraio 2023, giorno di messa on line del sito in questione. Se la data di fine lavori è compresa tra il 1° e il 31 gennaio 2024, il termine di 90 giorni decorre dal 26 gennaio 2024, data di messa *on line* del menzionato sito. La mancata o tardiva trasmissione delle informazioni non comporta la perdita del diritto alla detrazione.

Sul sito internet www.acs.enea.it è disponibile una guida rapida, denominata "Detrazioni ristrutturazioni", in cui sono elencati gli interventi edilizi e tecnologici per cui vi è l'obbligo della comunicazione all'ENEA.

Possono usufruire della detrazione anche gli **acquirenti di box o posti auto pertinenziali** già realizzati, tuttavia la detrazione spetta esclusivamente con riferimento alle spese sostenute per la realizzazione, a condizione che siano attestate dal venditore. Anche in questo caso nella dichiarazione dei redditi devono essere indicati i dati catastali dell'immobile.

Per gli acquisti effettuati fino al 2017, non si ha diritto alla detrazione per l'importo dell'IVA relativa alle spese di realizzazione del box o dei posti auto pertinenziali e per il quale il contribuente si sia avvalso dell'agevolazione che consente di detrarre il 50 per cento dell'IVA pagata al costruttore (rigo E59).

La **detrazione d'imposta** che verrà calcolata da chi presta l'assistenza fiscale è pari al **50 per cento** per le spese sostenute dal 1° gennaio 2014 fino al 31 dicembre 2023, per alcuni interventi (antisismici e di recupero e restauro delle facciate) è possibile fruire di una maggiore detrazione.

La detrazione viene ripartita in **10 rate di pari importo** da chi presta l'assistenza fiscale.

La spesa su cui applicare la percentuale non può superare il **limite di 96.000 euro** per le spese sostenute dal 1° gennaio 2014 al 31 dicembre 2023.

Il limite va riferito alla singola unità immobiliare sulla quale sono stati effettuati i lavori. Quindi, se più persone hanno diritto alla detrazione (comproprietari ecc.), il limite va ripartito tra loro.

In caso di vendita o di donazione dell'unità immobiliare sulla quale sono stati realizzati gli interventi prima che sia trascorso il periodo di godimento della detrazione, le quote di detrazione non utilizzate sono trasferite, salvo diverso accordo delle parti, all'acquirente persona fisica o al donatario.

In caso di morte del titolare, il diritto alla detrazione si trasmette esclusivamente all'erede che conserva la detenzione materiale e diretta dell'immobile.

L'inquilino o il comodatario che hanno sostenuto le spese conservano il diritto alla detrazione anche quando la locazione o il comodato terminano.

Conserva il diritto alla detrazione anche **il familiare convivente** del proprietario dell'immobile anche se viene ceduta l'unità immobiliare sulla quale sono stati eseguiti gli interventi.

In caso di costituzione del diritto di usufrutto, sia a titolo oneroso che gratuito, le quote di detrazione non fruite non si trasferiscono all'usufruttuario ma rimangono al nudo proprietario.

In caso di vendita dell'immobile sul quale sono stati eseguiti i lavori e contestuale costituzione del diritto di usufrutto le quote di detrazione non fruite dal venditore si trasferiscono al nudo proprietario in quanto a quest'ultimo si trasferisce la titolarità dell'immobile.

Interventi antisismici in zone ad alta pericolosità le cui procedure autorizzatorie sono state attivate entro il 31 dicembre 2016
Per le spese sostenute dal 1° agosto 2014 al 31 dicembre 2016 per gli interventi relativi all'adozione di misure antisismiche e all'esecuzione di opere per la messa in sicurezza statica (articolo 16-*bis*, comma 1, lettera i, del Tuir), le cui procedure autorizzatorie sono state attivate dopo il 4 agosto 2013 ed entro il 31 dicembre 2016, su edifici ricadenti nelle zone sismiche ad alta pericolosità (zone 1 e 2) di cui all'ordinanza del Presidente del Consiglio dei ministri n. 3274 del 20 marzo 2003, pubblicata nel supplemento ordinario n. 72 alla Gazzetta Ufficiale n. 105 dell'8 maggio 2003, riferite a costruzioni adibite ad abitazione principale (nella quale il contribuente o i suoi familiari dimorano abitualmente) o ad attività produttive, spetta una detrazione d'imposta nella misura del **65 per cento**, fino ad un ammontare complessivo di spesa non superiore a **96.000 euro** per unità immobiliare. Per fruire di questa maggior percentuale di detrazione è necessario indicare il codice '4' nella colonna 2 dei righi da E41 a E43.

Interventi antisismici in zone ad alta pericolosità le cui procedure autorizzatorie sono state attivate dopo il 1° gennaio 2017 ovvero, dal 1° gennaio 2021, sia stato rilasciato il titolo edilizio
Spetta una detrazione dall'imposta lorda per le spese sostenute dal 1° gennaio 2019 al 31 dicembre 2023 per gli interventi di misure antisismiche e all'esecuzione di opere per la messa in sicurezza statica (articolo 16-*bis*, comma 1, lettera i, del Tuir) e per la classificazione e verifica sismica degli immobili, le cui procedure autorizzatorie sono iniziate dopo il 1° gennaio 2017, su edifici ubicati nelle zone sismiche ad alta pericolosità (zone 1 e 2) e nelle zone sismiche 3 di cui all'ordinanza del Presidente del Consiglio dei ministri n. 3274 del 20 marzo 2003, pubblicata nel supplemento ordinario n. 72 alla Gazzetta Ufficiale n. 105 dell'8 maggio 2003, riferite a costruzioni adibite ad abitazione e ad attività produttive.

Per le spese sostenute dal 1° luglio 2020, per gli interventi di riduzione del rischio sismico effettuati dalle persone fisiche, al di fuori dell'esercizio di attività di impresa, arte o professione, su edifici residenziali, o su edifici non residenziali che al termine dei lavori diventino a destinazione residenziale, trova applicazione la disciplina del Superbonus, non sussistendo la possibilità per il contribuente di scegliere quale agevolazione applicare (Parere del Consiglio Superiore dei Lavori Pubblici del 02/02/2021, prot. n. 1156).

Dal 30 dicembre 2023 per i lavori oggetto della disciplina del Superbonus effettuati nei comuni dei territori colpiti da eventi sismici verificatisi a partire dal 1° aprile 2009, dove sia stato dichiarato lo stato di emergenza, in relazione a spese per interventi avviati successivamente al 30 dicembre 2023, i beneficiari sono tenuti a stipulare entro un anno dalla conclusione dei lavori oggetto delle suddette agevolazioni, contratti assicurativi a copertura dei danni cagionati ai relativi immobili da calamità naturali ed eventi catastrofali verificatisi sul territorio nazionale. Con apposito decreto del Ministro dell'economia e delle finanze e del Ministro delle imprese e del made in Italy saranno stabilite le modalità di attuazione del menzionato obbligo.

La **detrazione d'imposta** che verrà calcolata da chi presta l'assistenza fiscale è pari al:
- **50 per cento**;
- **70 per cento** se dalla realizzazione degli interventi derivi una riduzione del rischio sismico che determini il passaggio ad una classe di rischio inferiore;
- **80 per cento** se dalla realizzazione degli interventi derivi una riduzione del rischio sismico che determini il passaggio a due classi di rischio inferiore.

La detrazione viene ripartita in **5 rate di pari importo** da chi presta l'assistenza fiscale.
La spesa su cui applicare la percentuale non può superare il **limite di 96.000 euro** per unità immobiliare per ciascun anno.

Per quanto riguarda l'ammontare complessivo della spesa agevolabile in caso di effettuazione sul medesimo immobile di interventi antisismici, di interventi di manutenzione straordinaria e di interventi di riqualificazione energetica si precisa che il limite di spesa di euro 96.000 è unico in quanto riferito al singolo immobile. Nel predetto limite di spesa non sono compresi, invece, gli interventi di riqualificazione globale dell'edificio, gli interventi su strutture opache e infissi e sostituzioni impianti termici per i quali il contribuente può beneficiare della detrazione del 65 per cento nei limiti specifici (Risoluzione n. 147/E del 29 novembre 2017).

Qualora gli interventi siano realizzati **sulle parti comuni di edifici condominiali**, le detrazioni dall'imposta che verranno calcolate da chi presta l'assistenza fiscale sono pari al:
- **75 per cento** se dalla realizzazione degli interventi derivi una riduzione del rischio sismico che determini il passaggio ad una classe di rischio inferiore;
- **85 per cento** se dalla realizzazione degli interventi derivi una riduzione del rischio sismico che determini il passaggio a due classi di rischio inferiore.

La detrazione viene ripartita in **5 rate di pari importo** da chi presta l'assistenza fiscale.
La spesa su cui applicare la percentuale non può superare il **limite di 96.000 euro** moltiplicato per il numero delle unità immobiliari di ciascun edificio.

Per le spese sostenute dal 1° luglio 2020, per gli interventi di riduzione del rischio sismico effettuati dai condomini, trova applicazione la disciplina del Superbonus (descritta nei paragrafi successivi a cui si rinvia per gli eventuali approfondimenti), non sussistendo la possibilità per il contribuente di scegliere quale agevolazione applicare (Parere del Consiglio Superiore dei Lavori Pubblici del 02/02/2021, prot. n. 1156).

Qualora gli interventi siano realizzati **nei comuni ricadenti nelle zone classificate a rischio sismico 1, 2 e 3** ai sensi dell'ordinanza del Presidente del Consiglio dei ministri n. 3519 del 28 aprile 2006, pubblicata nella Gazzetta Ufficiale n. 108 dell'11 maggio 2006, mediante

demolizione e ricostruzione di interi edifici, allo scopo di ridurne il rischio sismico, anche con variazione volumetrica rispetto all'edificio preesistente, ove le norme urbanistiche vigenti consentano tale aumenti, eseguiti da imprese di costruzione o ristrutturazione immobiliare, che provvedono, entro 30 mesi dalla data di conclusione dei lavori, alla successiva alienazione dell'immobile, la detrazione dell'imposta che verrà calcolata da chi presta l'assistenza fiscale è pari al:
- **75 per cento** del prezzo della singola unità immobiliare, risultante nell'atto pubblico di compravendita, se dalla realizzazione degli interventi derivi una riduzione del rischio sismico che determini il passaggio ad una classe di rischio inferiore;
- **85 per cento** del prezzo della singola unità immobiliare, risultante nell'atto pubblico di compravendita, se dalla realizzazione degli interventi derivi una riduzione del rischio sismico che determini il passaggio a due classi di rischio inferiore.

La detrazione viene ripartita in **5 rate di pari importo** da chi presta l'assistenza fiscale.
La spesa su cui applicare la percentuale non può superare il **limite di 96.000 euro** per unità immobiliare per ciascun anno.

Interventi antisismici in zone ad alta pericolosità le cui procedure autorizzatorie sono state attivate dopo il 1° gennaio 2017 ovvero, dal 1° gennaio 2021, sia stato rilasciato il titolo edilizio e le spese sono state sostenute dal 1° luglio 2020.
Per le spese sostenute dal 1° luglio 2020, la detrazione prevista dall'articolo 16, commi da 1-*bis* a 1-*septies*, del decreto-legge n. 63 del 2013 è elevata al **110 per cento**.

Si tratta, nello specifico, degli interventi antisismici per la messa in sicurezza statica delle parti strutturali di edifici o di complessi di edifici collegati strutturalmente, le cui procedure autorizzatorie sono iniziate dopo il 1° gennaio 2017, relativi a edifici ubicati nelle zone sismiche 1, 2 e 3 di cui all'ordinanza del Presidente del Consiglio dei ministri n. 3274 del 20 marzo 2003, inclusi quelli dai quali deriva la riduzione di una o due classi di rischio sismico, anche realizzati sulle parti comuni di edifici in condominio (commi da 1-*bis* a 1-*sexies* dell'art. 16 del D.L. n. 63 del 2013 - codici da 5 a 9 da indicare nella colonna 2 dei righi da E41 ad E43).
L'aliquota più elevata si applica, infine, anche alle spese sostenute dagli acquirenti delle cd. case antisismiche, vale a dire delle unità immobiliari facenti parte di edifici ubicati in zone classificate a rischio sismico 1, 2 e 3 (individuate dall'ordinanza del Presidente del Consiglio dei ministri n. 3519 del 28 aprile 2006) oggetto di interventi antisismici effettuati mediante demolizione e ricostruzione dell'immobile da parte di imprese di costruzione o ristrutturazione immobiliare che entro 30 mesi dal termine dei lavori provvedano alla successiva rivendita (comma 1-*septies* dell'art. 16 del D.L. n. 63 del 2013 – codici 10 e 11 da indicare nella colonna 2 dei righi da E41 ad E43).
Il Superbonus spetta anche per la realizzazione di sistemi di monitoraggio strutturale continuo a fini antisismici, eseguita congiuntamente ad uno dei citati interventi antisismici (commi da 1-*bis* a 1-*septies* dell'art. 16 del D.L. n. 63 del 2013) nel rispetto dei limiti di spesa previsti per tali interventi.
I limiti di spesa ammessi al Superbonus sono i medesimi di quelli indicati per interventi antisismici per la messa in sicurezza statica delle parti strutturali di edifici o di complessi di edifici collegati strutturalmente, le cui procedure autorizzatorie sono iniziate dopo il 1° gennaio 2017.
La detrazione viene ripartita in **5 rate di pari importo** da chi presta l'assistenza fiscale se le spese sono state sostenute fino al 31/12/2021; per le spese sostenute a partire dal 1° gennaio 2022, la detrazione viene ripartita in 4 quote annuali di pari importo.
Se il credito corrispondente alla detrazione spettante è ceduto ad un'impresa di assicurazione e **contestualmente viene stipulata una polizza** che copre il rischio di eventi calamitosi, la detrazione spettante per i premi assicurativi versati prevista **nella misura del 19 per cento è elevata al 90 per cento**.
Al riguardo si precisa che la detrazione per i premi assicurativi non può essere ceduta. In sostanza, l'impresa di assicurazione potrà acquisire il credito corrispondente al Sismabonus ma non il credito corrispondente alla detrazione spettante per il premio assicurativo.
Inoltre, per espressa previsione normativa, gli interventi antisismici possono essere effettuati su tutte le unità abitative, anche in numero superiore alle due unità in quanto, l'unico requisito richiesto è che tali unità si trovino nelle zone sismiche 1, 2 e 3.
In aggiunta agli adempimenti ordinariamente previsti ai fini della detrazione antisismici per la messa in sicurezza statica delle parti strutturali di edifici o di complessi di edifici collegati strutturalmente, le cui procedure autorizzatorie sono iniziate dopo il 1° gennaio 2017, relativi a edifici ubicati nelle zone sismiche 1, 2 e 3, è inoltre necessario ai fini del Superbonus, acquisire l'asseverazione del rispetto dei requisiti tecnici degli interventi effettuati nonché della congruità delle spese sostenute in relazione agli interventi agevolati. In particolare, per gli interventi relativi alla adozione di misure antisismiche ammessi al Superbonus, i professionisti incaricati della progettazione strutturale, della direzione dei lavori delle strutture e del collaudo statico, secondo le rispettive competenze professionali, iscritti agli ordini o ai collegi professionali di appartenenza, nel rispetto della normativa di settore applicabile, attestano la corrispondente congruità delle spese sostenute in relazione agli interventi agevolati.

Dal 1° gennaio 2021, nei comuni dei territori colpiti da eventi sismici verificatisi a far data dal 1° aprile 2009 dove sia stato dichiarato lo stato di emergenza, gli incentivi fiscali sisma bonus e quelli per l'abbattimento delle barriere architettoniche spettano per l'importo eccedente il contributo previsto per la ricostruzione.

Per altre informazioni sull'agevolazione, vedere in appendice le voci "Superbonus" e la tabella 13.

Spese sostenute per l'acquisto o l'assegnazione di immobili facenti parte di edifici ristrutturati
La detrazione d'imposta spetta anche nel caso di acquisto o assegnazione di unità immobiliari facenti parte di un edificio interamente sottoposto ad interventi di restauro e risanamento conservativo eseguiti da imprese di costruzione o ristrutturazione immobiliare o da cooperative edilizie.
All'acquirente o assegnatario dell'immobile spetta una detrazione da calcolare su un ammontare forfetario pari al 25 per cento del prezzo di vendita o di assegnazione dell'immobile, risultante dall'atto di acquisto o di assegnazione.
La detrazione è riconosciuta agli acquirenti in relazione alla quota di proprietà dell'immobile e spetta a condizione che la vendita o l'assegnazione dell'immobile sia effettuata entro 18 mesi dal termine dei lavori di ristrutturazione.

Per le spese sostenute dal 1° gennaio 2014 al 31 dicembre 2023, la detrazione spetta all'acquirente o assegnatario nella misura del 50 per cento. L'importo pari al 25 per cento del prezzo di acquisto o assegnazione non può superare il limite di 96.000 euro.
Il limite di spesa su cui applicare la percentuale va riferito solo alla singola unità immobiliare e, quindi, se più persone hanno diritto alla detrazione (comproprietari ecc.) il limite di spesa va ripartito tra loro.

Gli acconti, per i quali si è usufruito in anni precedenti della detrazione, concorrono al raggiungimento del limite massimo. Pertanto, nell'anno in cui viene stipulato il rogito, l'ammontare sul quale calcolare la detrazione sarà costituito dal limite massimo diminuito degli acconti già considerati per il riconoscimento del beneficio.

È possibile fruire della detrazione anche se il rogito è stato stipulato prima della fine dei lavori riguardanti l'intero fabbricato. In tal caso, la detrazione può essere fruita solo dall'anno d'imposta in cui detti lavori siano stati ultimati.

Per gli acquisti effettuati fino al 2017, se si intende fruire anche della detrazione del 50 per cento dell'IVA pagata al costruttore (rigo E59), dall'importo delle spese sostenute per l'acquisto va sottratto l'importo del 50 per cento dell'IVA pagata.

La detrazione è ripartita in 10 rate annuali di pari importo da chi presta l'assistenza fiscale.

Interventi di "sistemazione a verde" delle aree private scoperte

Per gli anni dal 2018 al 2023 spetta una detrazione dall'imposta lorda per un importo pari al **36 per cento** delle spese documentate di ammontare complessivo non superiore a 5.000 euro per unità immobiliare ad uso abitativo.

Sono detraibili le spese sostenute ed effettivamente rimaste a carico dei contribuenti che possiedono o detengono, sulla base di un titolo idoneo, l'immobile sul quale sono effettuati gli interventi relativi alla:
a) "sistemazione a verde" di aree scoperte private di edifici esistenti, unità immobiliari, pertinenze o recinzioni, impianti di irrigazione e realizzazione pozzi;
b) realizzazione di coperture a verde e di giardini pensili.

La detrazione spetta anche per le spese sostenute **per interventi effettuati sulle parti comuni** esterne degli edifici condominiali, fino ad un importo massimo complessivo di 5.000 euro per unità immobiliare ad uso abitativo. In tale ipotesi la detrazione spetta al singolo condomino nel limite della quota a lui imputabile a condizione che la stessa sia stata effettivamente versata al condominio entro i termini di presentazione della dichiarazione dei redditi.

Tra le spese sono comprese anche quelle di progettazione e manutenzione connesse all'esecuzione di tali interventi.

La detrazione spetta a condizione che i pagamenti siano effettuati con strumenti idonei a consentire la tracciabilità delle operazioni ed è ripartita in dieci quote annuali costanti e di pari importo nell'anno di sostenimento delle spese e in quelli successivi.

Bonus facciate

Per le spese documentate, sostenute negli anni **2020 e 2021** relative agli interventi, ivi inclusi quelli di sola pulitura o tinteggiatura esterna, finalizzati al recupero o restauro della facciata esterna degli edifici esistenti ubicati in zona A o B ai sensi del decreto del Ministro dei lavori pubblici 2 aprile 1968, n. 1444, spetta una detrazione dall'imposta lorda pari al **90 per cento** dell'intera spesa sostenuta ed effettivamente rimasta a carico del contribuente. Per le spese **sostenute nel 2022**, la detrazione compete nella misura **del 60 per cento.**

Resta fermo il potere dell'amministrazione, nell'ambito dell'attività di controllo, di verificare la congruità tra il costo delle spese sostenute oggetto di detrazione e il valore dei relativi interventi eseguiti.

Ferme restando le agevolazioni già previste dalla legislazione vigente in materia edilizia e di riqualificazione energetica, sono ammessi al bonus facciate esclusivamente gli interventi sulle strutture opache della facciata, su balconi o su ornamenti e fregi.

La detrazione è ripartita in dieci quote annuali costanti e di pari importo nell'anno di sostenimento delle spese e in quelli successivi. La detrazione spetta fino a concorrenza dell'imposta lorda.

Installazione degli impianti fotovoltaici connessi alla rete elettrica

Per le spese sostenute dal 1° luglio 2020 per l'installazione degli impianti fotovoltaici si applica la percentuale di detrazione Superbonus nei seguenti casi:
- per l'installazione di impianti solari fotovoltaici connessi alla rete elettrica su edifici pubblici e privati di cui all'art. 1, comma 1, lettere a), b), c) e d) del regolamento di cui al decreto del Presidente della Repubblica 26 agosto 1993, n. 412, ovvero, dal 1° gennaio 2021, per l'installazione di impianti solari fotovoltaici su strutture pertinenziali degli edifici;
- installazione contestuale o successiva di sistemi di accumulo integrati negli impianti solari fotovoltaici.

L'applicazione della percentuale maggiore è subordinata alla:
- installazione degli impianti eseguita **congiuntamente** ad uno degli interventi "**trainanti**" di isolamento termico delle superfici opache (interventi indicati con i codici 30, 31 nella sezione IV del quadro E) o di sostituzione degli impianti di climatizzazione (interventi indicati con i codici 32 e 33 nella sezione IV del quadro E) e sempreché assicurino, nel loro complesso, il miglioramento di due classi energetiche oppure, ove non possibile, il conseguimento della classe energetica più alta e a condizione che gli interventi siano effettivamente conclusi, nonché di adozione di misure antisismiche che danno diritto al Superbonus (interventi indicati con i codici da 5 a 11 nella presente sezione del quadro E);
- cessione in favore del Gestore dei servizi energetici (GSE) S.p.A. dell'energia non auto-consumata in sito ovvero non condivisa per l'autoconsumo.

Con riferimento alla condizione richiesta dalla norma che, ai fini dell'applicazione dell'aliquota più elevata, gli interventi "trainati" siano effettuati congiuntamente agli interventi "trainanti" ammessi al Superbonus, tale condizione si considera soddisfatta se le date delle spese sostenute per gli interventi trainati, sono ricomprese nell'intervallo di tempo individuato dalla data di inizio e dalla data di fine dei lavori per la realizzazione degli interventi trainanti.

Ciò implica che, ai fini dell'applicazione del Superbonus, le spese sostenute per gli interventi "trainanti" devono essere effettuate nell'arco temporale di vigenza dell'agevolazione, mentre le spese per gli interventi "trainati" devono essere sostenute nel periodo di vigenza dell'agevolazione e nell'intervallo di tempo tra la data di inizio e la data di fine dei lavori per la realizzazione degli interventi "trainanti".

La detrazione è calcolata su un ammontare complessivo delle spese non superiore a 48.000 euro e, comunque, nel limite di spesa di 2.400 euro per ogni kW di potenza nominale dell'impianto solare fotovoltaico.

La detrazione è riconosciuta anche in caso di installazione, contestuale o successiva, di sistemi di accumulo integrati nei predetti impianti solari fotovoltaici ammessi al Superbonus, alle stesse condizioni, negli stessi limiti di importo e ammontare complessivo previsti per gli interventi di installazione di impianti solari e, comunque, nel limite di spesa di 1.000 euro per ogni kW di capacità di accumulo dei predetti sistemi.

Il limite di spesa per l'installazione dell'impianto fotovoltaico e del sistema di accumulo è ridotto ad euro 1.600 per ogni kW di potenza nel caso in cui sia contestuale ad un intervento di ristrutturazione edilizia, di nuova costruzione o di ristrutturazione urbanistica, di cui all'art. 3, comma 1, lettera d), e) e f) del decreto del Presidente della Repubblica 6 giugno 2001, n. 380.

Il limite di 48.000 euro va distintamente riferito agli interventi di installazione degli impianti solari fotovoltaici e dei sistemi di accumulo integrati nei predetti impianti.

La detrazione non è cumulabile con altri incentivi pubblici o altre forme di agevolazione di qualsiasi natura previste dalla normativa europea, nazionale e regionale, compresi i fondi di garanzia e di rotazione di cui all'articolo 11, comma 4, del decreto legislativo 3 marzo 2011, n. 28, e gli incentivi per lo scambio sul posto di cui all'articolo 25-*bis* del decreto-legge 24 giugno 2014, n. 91, convertito, con modificazioni, dalla legge 11 agosto 2014, n. 116.

Per altre informazioni sull'agevolazione, vedere in appendice le voci "Superbonus" e la tabella 13.

Maggiorazione limiti di spesa per gli interventi di ricostruzione riguardanti i fabbricati danneggiati da eventi sismici
I limiti delle spese ammesse alla fruizione degli incentivi fiscali eco bonus, sostenute entro il 31 dicembre 2023, sono aumentate del 50 per cento per gli interventi di ricostruzione riguardanti i fabbricati danneggiati dal sisma del 24 agosto 2016 nelle regioni Abruzzo, Lazio, Marche e Umbria (i fabbricati devono essere ubicati nei comuni di cui agli elenchi allegati al decreto-legge 17 ottobre 2016, n. 189, convertito, con modificazioni, dalla legge 15 dicembre 2016, n. 229) e dagli eventi sismici nella regione Abruzzo nel mese di aprile 2009 (i fabbricati devono essere ubicati nei comuni di cui agli elenchi allegati al decreto-legge 28 aprile 2009, n. 39, convertito con modificazioni, dalla legge 24 giugno 2009, n. 77), nonché, a partire dal 1° gennaio 2021, dai fabbricati situati nei comuni interessati da tutti gli eventi sismici verificatisi dopo l'anno 2008 dove sia stato dichiarato lo stato di emergenza. In tal caso, gli incentivi sono alternativi al contributo per la ricostruzione e sono fruibili per tutte le spese necessarie al ripristino dei fabbricati danneggiati, comprese le case diverse dalla prima abitazione, con esclusione degli immobili destinati alle attività produttive.

Per altre informazioni sull'agevolazione, vedere in appendice le voci "Superbonus" e la tabella 13.

Righi da E41 a E43: per ogni anno e per ogni unità immobiliare oggetto di interventi di recupero del patrimonio edilizio va compilato un rigo diverso. Anche per gli interventi di recupero del patrimonio edilizio effettuati sulle parti comuni di edifici residenziali va compilato un rigo a parte.

Se i righi disponibili nel modello non sono sufficienti occorre seguire le istruzioni fornite nella parte II, paragrafo "Modelli aggiuntivi".

Colonna 1 (Anno): indicare l'anno in cui sono state sostenute le spese (dal 2014 al 2023) o, nel caso di acquisto di unità immobiliari facenti parte di fabbricati interamente ristrutturati, la data di fine lavori, se successiva alla data del rogito.

Colonna 2 (Tipologia): compilare questa colonna solo nei seguenti casi: spese sostenute per interventi relativi all'adozione di misure antisismiche dal 2014 al 2023 e spese di sistemazione a verde sostenute dal 2018 al 2023 e dal 2020 spese per bonus facciate, per installazione di impianti fotovoltaici e altri interventi riguardanti il Superbonus.

Indicare uno dei seguenti codici:

'4' spese sostenute dal 1° gennaio 2014 al 31 dicembre 2016 per interventi relativi all'adozione di **misure antisismiche** su edifici ricadenti nelle zone sismiche ad alta pericolosità, riferite a costruzioni adibite ad abitazione principale o ad attività produttive (detrazione del 65%);

'5' spese sostenute dal 2019 al 2023 per interventi relativi all'adozione di **misure antisismiche** su edifici ricadenti nelle zone sismiche ad alta pericolosità (detrazione del 50%) e nella zona sismica 3. Se si ha diritto anche alla percentuale di detrazione del Superbonus, le spese sostenute dal 1° luglio 2020, sono indicate in un rigo separato avendo cura di compilare la casella di colonna 7;

'6' spese sostenute dal 2019 al 2023 per interventi relativi all'adozione di **misure antisismiche** su edifici ricadenti nelle zone sismiche ad alta pericolosità e nella zona sismica 3, dalla cui adozione derivi una riduzione del rischio sismico che determini **il passaggio ad una classe di rischio inferiore** (detrazione del 70%). Se si ha diritto anche alla percentuale di detrazione del Superbonus, le spese sostenute dal 1° luglio 2020, sono indicate in un rigo separato avendo cura di compilare la casella di colonna 7;

'7' spese sostenute dal 2019 al 2023 per interventi relativi all'adozione di **misure antisismiche** su edifici ricadenti nelle zone sismiche ad alta pericolosità e nella zona sismica 3, dalla cui adozione derivi una riduzione del rischio sismico che determini **il passaggio a due classi di rischio inferiore** (detrazione dell'80%). Se si ha diritto anche alla percentuale di detrazione del Superbonus le spese sostenute dal 1° luglio 2020, sono indicate in un rigo separato avendo cura di compilare la casella di colonna 7;

'8' spese sostenute dal 2019 al 2023 per interventi relativi all'adozione di **misure antisismiche sulle parti comuni di edifici condominiali** ricadenti nelle zone sismiche ad alta pericolosità e nella zona sismica 3, dalla cui adozione derivi una riduzione del rischio sismico che determini **il passaggio ad una classe di rischio inferiore** (detrazione del 75%). Se si ha diritto anche alla percentuale di detrazione del Superbonus, le spese sostenute dal 1° luglio 2020, sono indicate in un rigo separato avendo cura di compilare la casella di colonna 7;

'9' spese sostenute dal 2019 al 2023 per interventi relativi all'adozione di **misure antisismiche sulle parti comuni di edifici condominiali** ricadenti nelle zone sismiche ad alta pericolosità e nella zona sismica 3, riferite a costruzioni adibite ad abitazione o ad attività produttive, dalla cui adozione derivi una riduzione del rischio sismico che determini **il passaggio a due classi di rischio inferiore** (detrazione dell'85%). Se si ha diritto anche alla percentuale di detrazione del Superbonus, le spese sostenute dal 1° luglio 2020, sono indicate in un rigo separato avendo cura di compilare la casella di colonna 7;

'10' spese sostenute dal 2019 al 2023 per **l'acquisto di unità immobiliari facenti parte di edifici ricostruiti** ricadenti nelle zone classificate a rischio sismico 1, 2 e 3 ai sensi dell'ordinanza del Presidente del Consiglio dei ministri n. 3519 del 28 aprile 2006, pubblicata nella Gazzetta Ufficiale n. 108 dell'11 maggio 2006, la cui ricostruzione ha comportato **il passaggio ad una classe di rischio inferiore** (detrazione del 75%). Se si ha diritto anche alla percentuale di detrazione del Superbonus, le spese sostenute dal 1° luglio 2020 al 30 giugno 2022, sono indicate in un rigo separato avendo cura di compilare la casella di colonna 7. In tal caso, sussistendo le condizioni di cui all'art. 119, comma 4, terzo periodo, D.L. n. 34 del 2020, l'atto di compravendita poteva essere concluso entro il 31 dicembre 2022;

'**11**' spese sostenute dal 1° gennaio 2019 al 31 dicembre 2023 per **l'acquisto di unità immobiliari facenti parte di edifici ricostruiti** ricadenti nelle zone classificate a rischio sismico 1, 2 e 3 ai sensi dell'ordinanza del Presidente del Consiglio dei ministri n. 3519 del 28 aprile 2006, pubblicata nella Gazzetta Ufficiale n. 108 dell'11 maggio 2006, la cui ricostruzione ha comportato **il passaggio a due classi di rischio inferiore** (detrazione dell'85%). Se si ha diritto anche alla percentuale di detrazione del Superbonus, le spese sostenute dal 1° luglio 2020 al 30 giugno 2022, sono indicate in un rigo separato avendo cura di compilare la casella di colonna 7. In tal caso, sussistendo le condizioni di cui all'art. 119, comma 4, terzo periodo, D.L. n. 34 del 2020, l'atto di compravendita poteva essere concluso entro il 31 dicembre 2022;

'**12**' spese sostenute dal 1° gennaio 2018 al 31 dicembre 2023 per le spese di "**sistemazione a verde**" di aree scoperte private di edifici esistenti, unità immobiliari, pertinenze o recinzioni, impianti di irrigazione e realizzazione pozzi; realizzazione di coperture a verde e di giardini pensili;

'**13**' spese sostenute dal 1° gennaio 2018 al 31 dicembre 2023 per spese di "**sistemazione a verde**" sostenute **per interventi effettuati sulle parti comuni** esterne degli edifici condominiali;

'**15**' spese sostenute dal 1° gennaio 2020 al 31 dicembre 2022 per interventi finalizzati al **recupero o restauro della facciata esterna** degli edifici esistenti, di qualsiasi categoria catastale, compresi gli immobili strumentali. Gli edifici devono trovarsi nelle zone A e B, individuate dal decreto ministeriale n. 1444/1968, o in zone a queste assimilabili in base alla normativa regionale e ai regolamenti edilizi comunali. Sono ammessi al beneficio esclusivamente gli interventi sulle strutture opache della facciata, su balconi o su ornamenti e fregi, compresi quelli di sola pulitura o tinteggiatura esterna. Il bonus non spetta, invece, per gli interventi effettuati sulle facciate interne dell'edificio, se non visibili dalla strada o da suolo ad uso pubblico (detrazione del **90%**), per le spese sostenute nel **2022**, la detrazione compete nella misura del **60%**;

'**16**' spese sostenute dal 1° luglio 2020 al 31 dicembre 2023 per l'installazione di impianti solari fotovoltaici connessi alla rete elettrica su edifici esistenti, eseguita congiuntamente a uno degli interventi "trainanti" di isolamento termico delle superfici opache (interventi indicati con i codici 30, 31 nella sezione IV del quadro E) o di sostituzione degli impianti di climatizzazione (interventi indicati con i codici 32 e 33 nella sezione IV del quadro E) o antisismici in zona sismica 1, 2 e 3 che danno diritto alla percentuale di detrazione del Superbonus (codici da 5 a 11);

'**17**' spese sostenute dal 1° luglio 2020 al 31 dicembre 2023 per l'installazione di sistemi di accumulo integrati negli impianti solari fotovoltaici agevolati se contestuale o successiva agli interventi di cui al codice 16;

'**18**' quota di spese corrispondente alla potenza fino a 20kW sostenute dal 1° luglio 2020 al 31 dicembre 2023 per gli impianti a fonte rinnovabile gestiti da condomini che aderiscono alle configurazioni energetiche di cui all'articolo 42-*bis* del decreto-legge 30 dicembre 2019, n. 162, convertito, con modificazioni, dalla legge 28 febbraio 2020, n. 8;

'**19**' quota di spese corrispondente alla potenza eccedente i 20kW e fino a 200 kW sostenute dal 1° luglio 2020 al 31 dicembre 2023 da parte dei condomini che aderiscono alle configurazioni energetiche di cui all'articolo 42-*bis* del decreto-legge 30 dicembre 2019, n. 162, convertito, con modificazioni, dalla legge 28 febbraio 2020, n. 8;

'**20**' spese sostenute dal 1° gennaio 2021 al 31 dicembre 2023 per interventi di eliminazione delle barriere architettoniche previsti dall'articolo 16-*bis*, comma 1, lettera e), del testo unico di cui al decreto del Presidente della Repubblica 22 dicembre 1986, n. 917, anche ove effettuati in favore di persone di età superiore a sessantacinque anni, a condizione che siano eseguiti congiuntamente ad almeno uno degli interventi trainanti Superbonus (codici 30, 31, 32 e 33 della sezione IV-Spese per interventi finalizzati al risparmio energetico) o, per le spese sostenute dal 1° giugno 2021, per interventi Sismabonus (codici da 5 a 11). Qualora l'edificio sia sottoposto ad almeno uno dei vincoli previsti dal codice dei beni culturali e del paesaggio, di cui al decreto legislativo 22 gennaio 2004, n. 42, o gli interventi di cui ai codici 30, 31, 32 e 33 della sezione IV-Spese per interventi finalizzati al risparmio energetico siano vietati da regolamenti edilizi, urbanistici e ambientali, la detrazione si applica anche se gli interventi di eliminazione delle barriere architettoniche non sono eseguiti congiuntamente ad almeno uno degli interventi di cui ai codici 30, 31, 32 e 33, fermi restando i requisiti di cui al comma 3 dell'art. 119 del decreto-legge 19 maggio 2020, n. 34;

'**21**' spese sostenute dal 1° gennaio 2022 al 31 dicembre 2023 per la realizzazione di interventi direttamente finalizzati al superamento e all'eliminazione di barriere architettoniche in edifici già esistenti. La detrazione spetta nella misura del **75 %** delle spese sostenute nel limite di euro **50.000** per gli interventi effettuati su **edifici unifamiliari** o su unità immobiliari situate all'interno di edifici plurifamiliari che siano funzionalmente independenti e dispongano di uno o più accessi autonomi dall'esterno.

Per le spese sostenute dal 30 dicembre 2023 la detrazione spetta per gli interventi volti all'eliminazione delle barriere architettoniche in edifici già esistenti e aventi ad oggetto esclusivamente scale, rampe e l'installazione di ascensori, servoscala e piattaforme elevatrici;

'**22**' spese sostenute dal 1° gennaio 2022 al 31 dicembre 2023 per la realizzazione di interventi direttamente finalizzati al superamento e all'eliminazione di barriere architettoniche in edifici già esistenti. La detrazione spetta nella misura del **75 %** delle spese sostenute nel limite di euro **40.000** moltiplicati per il numero delle unità immobiliari che compongono l'edificio, **per gli edifici composti da 2 a 8 unità immobiliari oppure** euro **30.000**, moltiplicati per il numero delle unità immobiliari che compongono l'edificio, per gli **edifici composti da più di 8 unità immobiliari.**

Per le spese sostenute dal 30 dicembre 2023 la detrazione spetta per gli interventi volti all'eliminazione delle barriere architettoniche in edifici già esistenti e aventi ad oggetto esclusivamente scale, rampe e l'installazione di ascensori, servoscala e piattaforme elevatrici.

Colonna 3 (Codice fiscale): la colonna va compilata solo nei seguenti casi:

- *Lavori su parti comuni condominiali*

    Per gli interventi su parti comuni di edifici residenziali, i singoli condomini devono indicare il codice fiscale del condominio e devono barrare la casella di colonna 2 "Condominio" di uno dei righi da E51 a E53, senza riportare i dati catastali identificativi dell'immobile. Tali dati saranno indicati dall'amministratore di condominio nel quadro K o AC della propria dichiarazione dei redditi.

    Per gli interventi su parti comuni di un condominio minimo per cui non è stato richiesto il codice fiscale, i contribuenti, per beneficiare della detrazione per gli interventi edilizi e per gli interventi di riqualificazione energetica, per la quota di spettanza, indicano il codice fiscale del condomino che ha effettuato il bonifico.

In tal caso, il contribuente esibirà al CAF o agli altri intermediari abilitati, oltre alla documentazione ordinariamente richiesta per comprovare il diritto alla detrazione, un'autocertificazione che attesti la natura dei lavori effettuati e indichi i dati catastali delle unità immobiliari facenti parte del condominio.

▪ *Interventi da parte di soggetti di cui all'articolo 5 del Tuir*

Per gli interventi effettuati dal 14 maggio 2011 da parte di uno dei soggetti di cui all'articolo 5 del Tuir (es. società di persone), i soggetti cui si imputano i redditi a norma dello stesso articolo devono indicare in questa colonna il codice fiscale della società o ente e devono riportare i dati catastali identificativi dell'immobile nella sezione III-B del quadro E.

▪ *Acquisto o assegnazione di immobili ristrutturati*

Per l'acquisto o l'assegnazione di unità immobiliari che fanno parte di edifici ristrutturati deve essere indicato il codice fiscale dell'impresa di costruzione o ristrutturazione o della cooperativa che ha effettuato i lavori.

Colonna 4 (Interventi particolari): la colonna va compilata solo in presenza dei seguenti interventi particolari indicando il codice:

'**1**' nel caso in cui le **spese relative ad un singolo intervento siano state sostenute in più anni.** Per calcolare il limite massimo di spesa detraibile occorre tenere conto delle spese sostenute negli anni precedenti;

'**4**' nel caso di spese sostenute per **l'acquisto o assegnazione di immobili** che fanno parte di edifici **ristrutturati.** La detrazione spetta su un importo pari al 25 per cento del prezzo di vendita o di assegnazione dell'immobile.

Il contribuente che non rientra nei casi precedenti non dovrà indicare alcun codice.

Colonna 5 (Acquisto, eredità o donazione): indicare il codice:

'**4**' se il contribuente nell'anno 2023 ha ereditato, acquistato o ricevuto in donazione l'immobile da una persona che aveva rateizzato la spesa, sostenuta in anni precedenti.

Colonna 6 (Maggiorazione sisma): barrare la casella se in colonna 2 sono indicati i codici da 5 a 11 e si possiedono le condizioni per fruire dell'aumento del limite di spesa del 50 per cento.

Colonna 7 (Percentuale): la casella va compilata se in colonna 2 sono indicati i codici da '5' a '11', 16, 17, 18 e 20 e le spese per i relativi interventi sono state sostenute a partire dal 1° luglio 2020 e si hanno i requisiti per fruire della detrazione. del Superbonus, in particolare indicare:

'**1**' se ricorrono le condizioni per l'applicazione della percentuale di detrazione del 110 per cento;

'**2**' se ricorrono le condizioni per l'applicazione della percentuale di detrazione del 90 per cento.

Colonna 8 (Numero rata): indicare il numero della rata che il contribuente utilizza per il 2023. Per le spese sostenute nel 2023 va indicato il numero '1'.

Su opzione del contribuente, per le spese sostenute nel **2022**, è possibile ripartire la spesa in dieci quote annuali di pari importo a condizione che la menzionata spesa non sia già stata indicata nel 730/2023 o nel modello REDDITI PF 2023. L'opzione si intende esercitata con l'indicazione del numero '1' in questa colonna e dell'anno '2022' nella colonna '1';

Colonna 9 (Importo spesa): indicare l'intero importo delle spese sostenute nell'anno riportato in colonna 1. Nel caso di acquisto di immobili ricostruiti (codice '10' o codice '11' in colonna 2), l'importo da indicare è pari al prezzo della singola unità immobiliare, risultante nell'atto pubblico di compravendita. Nel caso di acquisto o assegnazione di immobili ristrutturati (codice '4' in colonna 4), l'importo da indicare è pari al 25 per cento del prezzo di acquisto. Nel caso di spese sostenute per lavori che proseguono in più anni (codice '1' in colonna 4), se le spese sostenute nel 2023 riguardano la prosecuzione di un intervento iniziato in anni precedenti, su una singola unità immobiliare posseduta da un unico proprietario, l'importo da indicare nella colonna 9 non può essere superiore alla differenza tra 96.000 euro e quanto speso negli anni pregressi dal contribuente, in relazione allo stesso intervento. Per gli acquisti o le assegnazioni di immobili facenti parte di edifici ristrutturati e per la realizzazione di box o posti auto pertinenziali, effettuati fino al 2017, se si intende fruire anche della detrazione del 50 per cento dell'IVA pagata al costruttore (rigo E59), dall'importo delle spese sostenute va sottratto l'importo del 50 per cento dell'IVA pagata.

Colonna 10 (N. d'ordine immobile): per le spese sostenute nel 2023 devono essere compilate questa colonna e la successiva sezione III-B, relativa ai dati identificativi dell'immobile oggetto dei lavori.

Nella presente colonna 10 va indicato un numero progressivo per identificare l'immobile oggetto degli interventi di ristrutturazione. Riportare lo stesso numero anche nella colonna 1 della seguente sezione III-B.

Se sono stati effettuati più interventi sullo stesso immobile e quindi sono stati compilati più righi della sezione III-A, va riportato lo stesso numero d'ordine identificativo nella colonna 10 di tutti i righi compilati per il medesimo immobile e va compilato un unico rigo nella sezione III-B.

Gli interventi su parti comuni condominiali devono comunque essere individuati con uno specifico numero progressivo.

Esempi di compilazione

Esempio 1   Spese di ristrutturazione sostenute nel 2022: 30.000,00 euro;
spese di ristrutturazione sostenute nel 2023, in prosecuzione del medesimo intervento: 10.000,00 euro.
L'importo da indicare in colonna 9 è di 10.000,00 euro.

Esempio 2   Spese di ristrutturazione sostenute nel 2021: 30.000,00 euro;
spese di ristrutturazione sostenute nel 2022, in prosecuzione del medesimo intervento: 10.000,00 euro;
spese di ristrutturazione sostenute nel 2023, in prosecuzione del medesimo intervento: 60.000,00 euro.

In questo caso, essendo stato superato il limite massimo di 96.000,00 euro, **l'importo da indicare** in **colonna 9 è di 56.000,00 euro,** dato dalla seguente operazione:

96.000,00 (limite massimo) − 40.000,00 (somma complessiva sostenuta negli anni 2021 e 2022).

MODELLO 730/2024 ■ ISTRUZIONI PER LA COMPILAZIONE

SEZIONE III B - Dati catastali identificativi degli immobili e altri dati per fruire della detrazione
Per gli interventi di recupero del patrimonio edilizio iniziati a partire dal 2011, nella dichiarazione dei redditi vanno indicati i dati catastali identificativi degli immobili e gli altri dati necessari per fruire della detrazione.
La presente sezione deve essere compilata per le spese sostenute nel 2023. Per le spese sostenute dal 2014 al 2023 non è obbligatorio indicare nuovamente i dati identificativi degli immobili, se questi sono già stati riportati nelle dichiarazioni dei redditi presentate con riferimento a tali anni d'imposta.
Se i righi disponibili nel modello non sono sufficienti occorre compilare dei moduli aggiuntivi secondo le istruzioni fornite nel paragrafo "Modelli aggiuntivi", parte II, capitolo 7.
Oltre alla presente sezione deve essere compilata anche la colonna 10 della precedente sezione III-A.

Righi E51 e E52 - Dati catastali identificativi dell'immobile
Colonna 1 (N. d'ordine immobile): riportare il numero progressivo, che identifica l'immobile oggetto degli interventi di ristrutturazione, indicato nella colonna 10 della Sezione III A del quadro E. Nel caso in cui siano stati effettuati più interventi con riferimento allo stesso immobile e quindi siano stati compilati più righi della Sezione III-A indicando lo stesso numero d'ordine nella colonna 10, nella presente sezione deve essere compilato un solo rigo.
Colonna 2 (Condominio): la casella deve essere barrata nel caso di interventi effettuati su parti comuni condominiali. I singoli condomini, barrando questa casella, dichiarano che la spesa riportata nella sezione III-A del quadro E si riferisce ad interventi effettuati su parti comuni condominiali. In questo caso nella colonna 3 della sezione III-A va riportato il codice fiscale del condominio o del condomino che ha effettuato il bonifico se si tratta del così detto "condominio minimo" per cui non è stato richiesto il codice fiscale. Non devono essere compilate le successive colonne dei righi E51 e E52, relative ai dati catastali dell'immobile, in quanto tali dati saranno indicati dall'amministratore di condominio, ove nominato, nel quadro K (o AC se utilizza il Mod. REDDITI 2024) della propria dichiarazione dei redditi.
Colonna 3 (Codice Comune): indicare il codice catastale del comune dove è situata l'unità immobiliare. Il codice Comune può essere a seconda dei casi di quattro o cinque caratteri come indicato nel documento catastale.
Colonna 4 (Terreni/Urbano): indicare: 'T' se l'immobile è censito nel catasto terreni; 'U' se l'immobile è censito nel catasto edilizio urbano.
Colonna 5 (Sezione Urbana/Comune Catastale): riportare le lettere o i numeri indicati nel documento catastale, se presenti. Per gli immobili siti nelle zone in cui vige il sistema tavolare indicare il codice "Comune catastale".
Colonna 6 (Foglio): riportare il numero di foglio indicato nel documento catastale.
Colonna 7 (Particella): riportare il numero di particella, indicato nel documento catastale, che può essere composto da due parti, rispettivamente di cinque e quattro cifre, separato da una barra spaziatrice. Se la particella è composta da una sola serie di cifre, quest'ultima va riportata nella parte a sinistra della barra spaziatrice.
Colonna 8 (Subalterno): riportare, se presente, il numero di subalterno indicato nel documento catastale.

Rigo E53 - Altri dati (estremi di registrazione del contratto e dati della domanda di accatastamento):
se i lavori sono effettuati dal conduttore (o comodatario), devono essere indicati, oltre ai dati catastali identificativi dell'immobile (righi E51 e E52) anche gli estremi di registrazione del contratto di locazione o di comodato (colonne da 3 a 6 del rigo E53 ovvero colonna 7 se in possesso del codice identificativo del contratto).
Se l'immobile non è ancora stato censito al momento di presentazione della dichiarazione devono essere riportati gli estremi della domanda di accatastamento (colonne da 8 a 10 del rigo E53).
Colonna 1 (N. d'ordine immobile): riportare il numero progressivo, che identifica l'immobile oggetto degli interventi di ristrutturazione, indicato nella colonna 10 della sezione III A del quadro E. Nel caso in cui siano stati effettuati più interventi con riferimento allo stesso immobile e quindi siano stati compilati più righi della sezione III A indicando lo stesso numero d'ordine nella colonna 10, nella presente sezione deve essere compilato un solo rigo.
Colonna 2 (Condominio): seguire le istruzioni relative alla colonna 2 dei righi E51 e E52. Se è barrata questa casella non devono essere compilate le successive colonne del rigo E53.

Conduttore - Estremi di registrazione del contratto di locazione o comodato
Le colonne da 3 a 6 vanno compilate se il contratto di locazione è stato registrato presso l'Ufficio.
Se il contratto di locazione è stato registrato tramite Siria, Iris, Locazioni web o Contratti online oppure tramite il nuovo modello RLI, in alternativa può essere compilata la colonna 7 (Codice identificativo del contratto).
Colonna 3 (Data): indicare la data di registrazione del contratto.
Colonna 4 (Serie): indicare il codice relativo alla modalità di registrazione:
'1T' registrazione telematica tramite pubblico ufficiale;
'3'   registrazione del contratto presso un ufficio dell'Agenzia delle Entrate;
'3P' registrazione telematica tramite Siria e Iris;
'3T' registrazione telematica tramite altre applicazioni (Locazioni Web, Contratti online e modello RLI);
'3A' e '3B' codici di serie in uso in passato presso gli uffici.
Colonna 5 (Numero e sottonumero): indicare il numero e l'eventuale sottonumero di registrazione del contratto.
Colonna 6 (Codice Ufficio Agenzia Entrate): indicare il codice identificativo dell'Ufficio dell'Agenzia delle Entrate presso il quale è stato registrato il contratto. I codici degli uffici dell'Agenzia delle Entrate sono reperibili sul sito www.agenziaentrate.gov.it nella apposita tabella presente nella sezione relativa ai contratti di locazione.
Colonna 7 (Codice identificativo del contratto), indicare il codice identificativo del contratto composto da 16 o 17 caratteri e reperibile nella copia del modello di richiesta di registrazione del contratto restituito dall'ufficio o, per i contratti registrati per via telematica, nella ricevuta di registrazione. Se sono state compilate le colonne da 3 a 6 questa colonna non va compilata.

Domanda di accatastamento
Se l'immobile non è ancora stato censito al momento di presentazione della dichiarazione devono essere riportati gli estremi della domanda di accatastamento.
Colonna 8 (Data): indicare la data di presentazione della domanda di accatastamento.
Colonna 9 (Numero): indicare il numero della domanda di accatastamento.
Colonna 10 (Provincia Ufficio Agenzia Entrate): indicare la sigla della Provincia in cui è situato l'ufficio dell'Agenzia delle Entrate presso il quale è stata presentata la domanda.

SEZIONE III C - Altre spese per le quali spetta la detrazione del 50%, del 90% e del 110%

In questa sezione vanno indicate le spese sostenute per le quali spetta la detrazione d'imposta del 50 per cento, del 90 per cento e del 110 per cento in particolare:
- le spese per il riscatto dei periodi non coperti da contribuzione (c.d. "pace contributiva") e per l'installazione delle infrastrutture di ricarica dei veicoli elettrici;
- le spese per l'arredo degli immobili ristrutturati;
- le spese per arredo dell'abitazione principale delle giovani coppie;
- l'importo dell'IVA pagata per l'acquisto di unità immobiliari a destinazione residenziale di classe energetica A o B cedute dalle imprese costruttrici.

Rigo E56 - Pace contributiva o colonnine per ricarica
Indicare le spese sostenute per il riscatto di periodi non coperti da contribuzione (c.d. "pace contributiva") e quelle per l'installazione infrastrutture di ricarica dei veicoli elettrici.
Indicare:
- nella **colonna 1** il codice che identifica la spesa;
- nella **colonna 2** l'anno in cui è stata sostenuta la spesa;
- nella **colonna 3** la spesa sostenuta;
- nella **colonna 4**, se in colonna 2 è indicato l'anno 2023 e in colonna 1 è stato indicato il codice '3', '4' o '5', indicare il codice '1' se si applica la percentuale di detrazione del 110 per cento, indicare il codice '2', se si applica la percentuale di detrazione del 90 per cento;
- nella **colonna 5,** se in colonna 2 è indicato l'anno 2022 e in colonna 1 è stato indicato il codice '3' o il codice '4' o il codice '5', indicare il numero della rata che il contribuente utilizza per il 2023.

Su opzione del contribuente, per le spese sostenute nel **2022**, è possibile ripartire la spesa in dieci quote annuali di pari importo a condizione che la menzionata spesa non sia già stata indicata nel 730/2023 o nel modello REDDITI PF 2023. L'opzione si intende esercitata con l'indicazione del numero '1' in questa colonna e dell'anno '2022' nella colonna '2'

I codici che identificano le spese per le quali spetta la detrazione del 50 per cento sono i seguenti:

'1' per il **riscatto di periodi non coperti da contribuzione (c.d. "pace contributiva")**. Possono fruire del riscatto dei periodi non coperti da contribuzione coloro che al 31 dicembre 1995 non avevano anzianità contributiva. La detrazione spetta anche ai superstiti dell'assicurato o dai suoi parenti ed affini entro il secondo grado che hanno presentato domanda e sostenuto l'onere per conto dell'assicurato stesso. La detrazione spetta sull'ammontare effettivamente versato nel corso dell'anno d'imposta ed è ripartita in 5 rate di pari importo. Non può essere indicata la spesa sostenuta nel 2023 che nello stesso anno è stata fruita in sostituzione delle retribuzioni premiali e indicata nel punto 581 e/o 601 della Certificazione Unica 2024.
Non possono essere indicate in questo rigo le somme per cui spetta la detrazione prevista per gli inoccupati (Righi da E8 a E10, codice 32) o per cui spetta la deduzione dal reddito complessivo (rigo E21);

'2' per l'acquisto e posa in opera di **strutture di ricarica dei veicoli alimentati ad energia elettrica**. La detrazione spetta per le spese sostenute dal 1° marzo 2019 al 31 dicembre 2021, relative all'acquisto e alla posa in opera di infrastrutture di ricarica dei veicoli alimentati ad energia elettrica, ivi inclusi i costi iniziali per la richiesta di potenza addizionale fino ad un massimo di 7 kW, incluse le opere strettamente funzionali alla realizzazione dell'intervento. Deve trattarsi di infrastrutture dotate di uno o più punti di ricarica di potenza standard e non accessibili al pubblico. Le spese devono essere di ammontare non superiore a 3.000 euro e la detrazione è ripartita in 10 rate di pari importo. Possono beneficiare della detrazione i contribuenti che sostengono le spese per gli interventi agevolabili, se le spese sono rimaste a loro carico, e possiedono o detengono l'immobile o l'area in base ad un titolo idoneo. La detrazione si applica anche alle spese documentate rimaste a carico del contribuente, per l'acquisto e la posa in opera di infrastrutture di ricarica sulle parti comuni degli edifici condominiali.
I pagamenti sono effettuati dai contribuenti con bonifico bancario o postale ovvero con altri mezzi di pagamento tracciabili quali, ad esempio, carte di debito, di credito e prepagate, assegni bancari e circolari. Tali modalità di pagamento non sono richieste per i versamenti da effettuarsi con modalità obbligate in favore di pubbliche amministrazioni. Il contribuente è tenuto a conservare ed esibire, previa richiesta degli uffici finanziari, le fatture, le ricevute fiscali, la ricevuta del bonifico e altra idonea documentazione comprovante le spese effettivamente sostenute.

I codici che identificano le spese per le quali spetta la detrazione del Superbonus sono i seguenti:

'3' per l'acquisto e posa in opera di **strutture di ricarica dei veicoli alimentati ad energia elettrica eseguite congiuntamente agli interventi Superbonus**. Questo codice va utilizzato esclusivamente per le spese sostenute dal 1° luglio 2020 **congiuntamente** a uno degli interventi c.d. trainanti e individuati con i codici '30', '31', '32' e '33' della sezione IV. In tal caso la detrazione è ripartita in 5 quote annuali. Questo codice va utilizzato anche per le spese sostenute nel 2023 per lavori iniziati nel 2020 e proseguiti negli anni successivi. Per le spese sostenute dal 2022 la detrazione va ripartita in 4 quote annuali. Per ulteriori informazioni vedere le istruzioni alla sezione IV, dedicata alle spese per interventi finalizzati al risparmio energetico, e le voci d'appendice "Superbonus";

'4' per l'acquisto e posa in opera di **strutture di ricarica dei veicoli alimentati ad energia elettrica in edifici unifamiliari eseguite congiuntamente agli interventi Superbonus**. Questo codice va utilizzato esclusivamente per le spese sostenute dal **1° gennaio**

2021 congiuntamente a uno degli interventi c.d. trainanti e individuati con i codici '30', '31', '32' e '33' della sezione IV per gli interventi su edifici unifamiliari o per le unità immobiliari situate all'interno di edifici plurifamiliari che siano funzionalmente indipendenti e dispongano di uno o più accessi autonomi dall'esterno. In tal caso la detrazione è ripartita in 5 quote annuali e il limite di spesa è pari a 2.000 euro. Per ulteriori informazioni vedere le istruzioni alla sezione IV, dedicata alle spese per interventi finalizzati al risparmio energetico, e le voci d'appendice "Superbonus". Per le spese sostenute dal 2022 la detrazione va ripartita in quattro quote annuali di pari importo;

'5' per l'acquisto e posa in opera di **strutture di ricarica dei veicoli alimentati ad energia elettrica in edifici plurifamiliari o condomini eseguite congiuntamente agli interventi Superbonus**. Questo codice va utilizzato esclusivamente per le spese sostenute dal 1° gennaio 2021 **congiuntamente** a uno degli interventi c.d. trainanti e individuati con i codici '30', '31', '32' e '33' della sezione IV per gli interventi su edifici plurifamiliari o i condomini. In tal caso la detrazione è ripartita in 5 quote annuali e il limite di spesa è pari a 1.500 euro per un numero massimo di otto colonnine, è pari a 1.200 euro per il numero delle colonnine eccedenti le prime otto. L'agevolazione si intende riferita a una sola colonnina di ricarica per unità immobiliare. Per ulteriori informazioni vedere le istruzioni alla sezione IV, dedicata alle spese per interventi finalizzati al risparmio energetico, e le voci d'appendice "Superbonus". Per le spese sostenute dal 2022 la detrazione va ripartita in quattro quote annuali di pari importo.

Rigo E57 - Spese per l'arredo degli immobili ristrutturati

Ai contribuenti che fruiscono della detrazione del 50 per cento prevista per gli interventi di recupero del patrimonio edilizio (sezione III-A), è riconosciuta una **detrazione del 50 per cento** per l'acquisto di **mobili** e di **grandi elettrodomestici** di classe non inferiore alla A+, nonché A per i forni, per le apparecchiature per le quali sia prevista l'etichetta energetica, **finalizzati all'arredo dell'immobile oggetto di ristrutturazione**. Per le spese sostenute dal 2022 si deve tener conto delle nuove etichette energetiche previste per gli elettrodomestici e, pertanto, la detrazione spetta per l'acquisto di mobili e di grandi elettrodomestici, finalizzati all'arredo dell'immobile oggetto di ristrutturazione, di classe non inferiore alla classe A per i forni, alla classe E per le lavatrici, le lavasciugatrici e le lavastoviglie, alla classe F per i frigoriferi e i congelatori, per le apparecchiature per le quali sia prevista l'etichetta energetica. Le spese per l'acquisto di mobili e di grandi elettrodomestici sono computate, ai fini della fruizione della detrazione di imposta, indipendentemente dall'importo delle spese sostenute per i lavori di ristrutturazione.

La detrazione spetta solo se sono state sostenute spese per i seguenti interventi di recupero del patrimonio edilizio:
- manutenzione ordinaria effettuati sulle parti comuni di edificio residenziale;
- manutenzione straordinaria, restauro, risanamento conservativo e ristrutturazione edilizia sulle parti comuni di edificio residenziale e su singole unità immobiliari residenziali;
- ricostruzione o ripristino dell'immobile danneggiato a seguito di eventi calamitosi;
- ristrutturazione di interi fabbricati, da parte di imprese di costruzione o ristrutturazione immobiliare e da cooperative edilizie, che provvedono entro sei mesi dal termine dei lavori all'alienazione o assegnazione dell'immobile.

Ulteriori interventi riconducibili alla manutenzione straordinaria sono quelli finalizzati al risparmio energetico volti all'utilizzo di fonti rinnovabili di energia e/o alla sostituzione di componenti essenziali degli impianti tecnologici.

Nel caso di interventi effettuati sulle parti comuni condominiali è ammessa la detrazione solo per gli acquisti dei beni agevolati finalizzati all'arredo delle parti comuni (ad esempio, guardiole, appartamento del portiere).

La data di inizio dei lavori di ristrutturazione deve essere anteriore a quella in cui sono sostenute le spese per l'acquisto di mobili e di grandi elettrodomestici, ma non è necessario che le spese di ristrutturazione siano sostenute prima di quelle per l'arredo dell'abitazione. Qualora l'acquisto dei mobili e grandi elettrodomestici è destinato ad un unico immobile facente parte di un edificio interamente ristrutturato da imprese di costruzione o ristrutturazione immobiliare e da cooperative edilizie, per data "inizio lavori" si intende la data di acquisto o di assegnazione dell'immobile.

La detrazione spetta per le spese sostenute per l'acquisto di mobili o grandi elettrodomestici nuovi.

In particolare, rientrano tra i grandi elettrodomestici: frigoriferi, congelatori, lavatrici, asciugatrici, lavastoviglie, apparecchi per la cottura, stufe elettriche, piastre riscaldanti elettriche, forni a microonde, apparecchi elettrici di riscaldamento, radiatori elettrici, ventilatori elettrici. È consentito portare in detrazione anche le spese di trasporto e di montaggio dei beni acquistati.

La detrazione spetta su un ammontare massimo di **10.000 euro** per le spese di arredo sostenute nel periodo compreso tra il 6 giugno 2013 e il 31 dicembre 2016 se le spese per gli interventi di recupero del patrimonio edilizio sono state sostenute a decorrere dal 26 giugno 2012. A partire dall'anno d'imposta 2017 e fino al 31 dicembre 2020, la detrazione spetta su un ammontare massimo di **10.000** euro per le spese di arredo sostenute in ciascun anno, purché i connessi interventi di recupero del patrimonio edilizio siano iniziati non prima del 1° gennaio dell'anno precedente. Per gli interventi di ristrutturazione effettuati nel corso dell'anno d'imposta oggetto della dichiarazione ovvero iniziati nell'anno precedente e proseguiti nell'anno d'imposta oggetto della dichiarazione, nella definizione del limite di 10.000 euro concorrono anche le spese di arredo sostenute nell'anno precedente per le quali si è già fruito della detrazione.

Ad esempio, la detrazione spetta su un ammontare massimo di **10.000** euro per le spese di arredo sostenute nel 2020 se gli interventi di recupero del patrimonio edilizio sono iniziati nel periodo compreso tra il 1° gennaio 2019 e il 31 dicembre 2020. Per gli interventi di ristrutturazione effettuati nel 2019 ovvero iniziati nel 2019 e proseguiti nel 2020, nella definizione del limite di 10.000 euro concorrono anche le spese di arredo sostenute nel 2019 per le quali si è già fruito della detrazione

Dal 1° gennaio 2021 al 31 dicembre 2021, la detrazione spetta su un ammontare massimo di spesa non superiore a **16.000** euro.
Dal 1° gennaio 2022 al 31 dicembre 2022, la detrazione spetta su un ammontare massimo di spesa non superiore a **10.000** euro.
Dal 1° gennaio 2023 al 31 dicembre 2023, la detrazione spetta su un ammontare massimo di spesa non superiore a **8.000** euro.

La detrazione è ripartita in **10 rate** di pari importo. I limiti di spesa sono riferiti alla singola unità immobiliare, comprensiva delle pertinenze, o alla parte comune dell'edificio oggetto di ristrutturazione, a prescindere dal numero dei contribuenti che partecipano alla spesa.

Il pagamento delle spese deve essere effettuato mediante bonifici bancari o postali (in tal caso non è necessario utilizzare l'apposito bonifico soggetto a ritenuta previsto per le spese di ristrutturazione edilizia) oppure mediante carte di credito o carte di debito. In questo caso, la data di pagamento è individuata nel giorno di utilizzo della carta di credito o di debito da parte del titolare, evidenziata nella ricevuta telematica di avvenuta transazione. Non è consentito, invece, effettuare il pagamento mediante assegni bancari, contanti o altri mezzi di pagamento.

È necessario conservare la documentazione attestante l'effettivo pagamento (ricevute dei bonifici, ricevute di avvenuta transazione per i pagamenti mediante carte di credito o di debito, documentazione di addebito sul conto corrente) e le fatture di acquisto dei beni con la specificazione della natura, qualità e quantità dei beni e servizi acquisiti.

È ammessa la detrazione anche per l'acquisto di mobili e grandi elettrodomestici acquistati con il finanziamento a rate.

Per ulteriori informazioni si rinvia alle circolari n. 29/E del 18 settembre 2013, n. 11/E del 21 maggio 2014, n. 12/E dell'8 aprile 2016 e n. 28/E del 25 luglio 2022.

Documenti da trasmettere

La Legge di Bilancio 2018, per consentire il monitoraggio e la valutazione del risparmio energetico ottenuto grazie alla realizzazione degli interventi edilizi e tecnologici che comportano risparmio energetico e/o l'utilizzo delle fonti rinnovabili di energia e che accedono alle detrazioni fiscali perviste per le ristrutturazioni edilizie, ha introdotto l'obbligo di trasmettere all'ENEA le informazioni sui lavori effettuati, analogamente a quanto già previsto per le detrazioni fiscali per gli interventi di riqualificazione energetica (Ecobonus).

Al fine di garantire la corretta attuazione del Piano nazionale di ripresa e resilienza, in materia di «Ecobonus e Sismabonus fino al 110 per cento per l'efficienza energetica e la sicurezza degli edifici», nonché al fine di effettuare il monitoraggio degli interventi di ristrutturazione edilizia e acquisto mobili e grandi elettrodomestici, compresa la valutazione del risparmio energetico da essi conseguito, in analogia a quanto già previsto in materia di detrazioni fiscali per la riqualificazione energetica degli edifici (Ecobonus), sono trasmesse per via telematica all'ENEA le informazioni sugli interventi effettuati alla conclusione degli stessi.

La trasmissione dei dati dovrà avvenire entro il termine di 90 giorni a partire dalla data di ultimazione dei lavori o del collaudo. Per gli interventi terminati nel 2022 la comunicazione va trasmessa entro 90 giorni dalla data di fine lavori, attraverso il sito https://bonusfiscali.enea.it/. Se la data di fine lavori è compresa tra il 1° gennaio e il 31 marzo 2022, il termine di 90 giorni decorre dal 1° aprile 2022, giorno di messa on line del sito medesimo. Per gli interventi terminati nel 2023 la comunicazione va trasmessa entro 90 giorni dalla data di fine lavori, attraverso il sito di cui sopra. Se la data di fine lavori è compresa tra il 1° e il 31 gennaio 2023, il termine di 90 giorni decorre dal 1° febbraio 2023, giorno di messa on line del sito in questione. Se la data di fine lavori è compresa tra il 1° e il 31 gennaio 2024, il termine di 90 giorni decorre dal 26 gennaio 2024, data di messa *on line* del menzionato sito. La mancata o tardiva trasmissione delle informazioni non comporta la perdita del diritto alla detrazione.

Sul sito internet *www.acs.enea.it* è disponibile una guida rapida denominata "Detrazioni ristrutturazioni" in cui sono elencati gli interventi edilizi e tecnologici per cui vi è l'obbligo della comunicazione all'ENEA.

Colonna 1 e 3 (Numero rata): indicare per ciascuna unità abitativa oggetto di ristrutturazione il numero di rata;

Colonna 2 e 4 (Spesa arredo immobile): indicare la spesa sostenuta entro il limite di 8.000 euro per le spese sostenute nel 2023, 10.000 euro per le spese sostenute fino al 31 dicembre 2020 o nel 2022, e 16.000 euro per le spese sostenute nel 2021.

Ad esempio, se nel 2014 sono state sostenute spese per l'arredo di un immobile pari a 15.000 euro, indicare '10' nella colonna 1 "Numero rata" e 10.000 nella colonna 2 "Spesa arredo immobile".

In presenza di più di un immobile ristrutturato va compilato un quadro aggiuntivo ricordando di numerare progressivamente la casella "Mod. N." posta in alto a destra del Modello.

Rigo E58 (Spese per l'arredo degli immobili giovani coppie)

Alle giovani coppie è riconosciuta una detrazione del 50 per cento delle spese sostenute nel **2016** per l'acquisto di mobili nuovi destinati all'arredo dell'abitazione principale. **La detrazione non compete per l'acquisto di grandi elettrodomestici.**

 La detrazione "per l'arredo degli immobili giovani coppie" non è cumulabile con il bonus "arredo immobili ristrutturati" (rigo E57) e pertanto non è consentito fruire di entrambe le agevolazioni per l'arredo della medesima unità abitativa.

Per fruire dell'agevolazione era necessario:
- essere una coppia coniugata nell'anno 2016;
- oppure essere una coppia di fatto, convivente da almeno tre anni, e tale condizione doveva risultare soddisfatta nell'anno 2016. Tale condizione doveva essere attestata o dall'iscrizione dei due componenti nello stesso stato di famiglia o mediante un'autocertificazione resa ai sensi del D.P.R. 28 dicembre 2000, n. 445;
- almeno uno dei due componenti la coppia doveva avere una età non superiore ai 35 anni al 31 dicembre 2016;
- avere acquistato a titolo oneroso o gratuito un'unità immobiliare da adibire ad abitazione principale della giovane coppia nel 2015 o nel 2016. L'acquisto poteva essere effettuato da entrambi i coniugi o conviventi o da uno solo di essi purché chi ha effettuato l'acquisto non aveva superato il trentacinquesimo anno di età;
- l'unità immobiliare doveva essere stata destinata ad abitazione principale della coppia.

L'acquisto dei mobili poteva essere effettuato anche prima che si verificassero i requisiti sopra elencati sempreché essi si siano verificati nel corso del 2016 e l'unità immobiliare sia stata destinata ad abitazione principale al momento di presentazione della dichiarazione dei redditi relativa all'anno d'imposta 2016. Con la circolare n. 7/E del 31 marzo 2017 è stato chiarito che per consentire la fruizione della detrazione delle spese per arredo degli immobili delle giovani coppie, la destinazione ad abitazione principale dell'unità immobiliare acquistata doveva sussistere al momento di presentazione della dichiarazione dei redditi.

La detrazione spetta su un ammontare massimo di 16.000 euro ed è ripartita in dieci rate annuali di pari importo. Il limite di 16.000 euro è riferito alla coppia pertanto se le spese sostenute superano il predetto importo la detrazione deve essere calcolata sull'ammontare massimo di 16.000 euro e ripartita fra i coniugi o i conviventi in base all'effettivo sostenimento della spesa da parte di ciascuno.

Il pagamento delle spese doveva essere effettuato mediante bonifico bancario o postale, senza la necessità di utilizzare l'apposito bonifico previsto per le spese di ristrutturazione edilizia, o carta di credito o di debito. In tal caso la data di pagamento è individuata nel giorno di utilizzo della carta di credito o di debito da parte del titolare, evidenziato nella ricevuta telematica di avvenuta transazione. Se il pagamento era stato effettuato con bonifico bancario o postale non era necessario utilizzare l'apposito bonifico previsto per le spese di ristrutturazione edilizia (bonifico soggetto a ritenuta). Non è consentito, invece, effettuare il pagamento mediante assegni bancari, contanti o altri mezzi di pagamento.

È necessario conservare la documentazione attestante l'effettivo pagamento (ricevute dei bonifici, ricevute di avvenuta transazione per i pagamenti mediante carte di credito o di debito, documentazione di addebito sul conto corrente) e le fatture di acquisto dei beni con la specificazione della natura, qualità e quantità dei beni e servizi acquisiti o gli scontrini parlanti.

Per ulteriori informazioni si rinvia alla circolare n. 7/E del 31 marzo 2017.

Colonna 1 (Meno di 35 anni): barrare la casella se il requisito anagrafico è posseduto dal coniuge o dal convivente more uxorio nel 2016.
Colonna 2 (Spesa sostenuta nel 2016): indicare la spesa sostenuta nel 2016 per l'arredo dell'immobile entro il limite di 16.000 euro.

Rigo E59 (Iva per acquisto abitazione classe energetica A o B)

Ai soggetti che hanno acquistato dal 1° gennaio 2016 al 31 dicembre 2017 unità immobiliari a destinazione residenziale, di classe energetica A o B, è riconosciuta una detrazione del 50 per cento dell'IVA pagata. La detrazione è ripartita in dieci quote annuali.

Il beneficio spetta anche per l'acquisto della pertinenza purché tale acquisto avvenga contestualmente all'acquisto dell'unità abitativa e l'atto di acquisto dia evidenza del vincolo pertinenziale (cfr. circolare n. 20/E del 18 maggio 2016).

All'importo dell'IVA per la quale il contribuente abbia fruito della nuova detrazione, non può essere applicata l'agevolazione prevista per le spese sostenute per l'acquisto o assegnazione di immobili facenti parte di edifici ristrutturati o quella prevista per l'acquisto di box o posti auto pertinenziali. Ciò perché non è possibile far valere due agevolazioni sulla medesima spesa.

Per ulteriori informazioni si rinvia alla circolare n. 20/E del 18 maggio 2016, paragrafo 10 e alla circolare n. 12/E dell'8 aprile 2016, paragrafo 7.1, e alla circolare n. 7/E del 31 marzo 2017.

La detrazione spetta anche per gli acquisti di unità immobiliari a destinazione residenziale, di classe energetica A o B, effettuati nel 2023.

Colonna 1 (Numero rata): indicare il numero di rata che per gli acquisti effettuati nel 2016 sarà pari a 8 e per quelli effettuati nel 2017 sarà pari a 7. Per gli acquisti effettuati nel 2023 il numero di rata sarà pari a 1.
Colonna 2 (Importo IVA pagata): indicare l'importo dell'IVA pagata all'impresa da cui è stato acquistato l'immobile.

SEZIONE IV - Spese per interventi finalizzati al risparmio energetico

In questa sezione vanno indicate le spese sostenute dal 2008 al 2023 per interventi finalizzati al risparmio energetico degli edifici esistenti, di qualsiasi categoria catastale, anche rurale.

Non possono essere indicate in questa sezione le spese sostenute nel 2023 che sono state indicate con i codici da 1 a 12 e da 22 a 25 nella Comunicazione per l'esercizio delle opzioni di cessione o sconto e relative alle detrazioni spettanti per gli interventi di ristrutturazione edilizia, recupero o restauro della facciata degli edifici, riduzione del rischio sismico, installazione di impianti solari fotovoltaici. Dal 17 febbraio 2023 non è più possibile fruire dello sconto in fattura o della cessione del credito derivante dal Superbonus e dagli altri bonus edilizi, fatte salve le specifiche deroghe *(V. la voce d'appendice "Superbonus – Deroghe al divieto di cessione o sconto").*

Per le spese sostenute dal 2014 al 2023 la detrazione è ripartita in **dieci rate annuali** di pari importo (entro il limite massimo previsto per ciascuna tipologia di intervento effettuato) da chi presta l'assistenza fiscale.

Le spese sostenute nel 2008 possono essere ancora detratte se dal 2014 al 2017 si è acquistato, ricevuto in donazione o ereditato un immobile, oggetto di lavori nel corso del 2008, e se si è provveduto a rideterminare il numero delle rate (dieci) scelte da chi aveva sostenuto la spesa.

Per le **spese Superbonus** sostenute fino al 2021 la detrazione è ripartita in 5 rate annuali. Dal 2022 la detrazione è ripartita in 4 rate annuali. Per le spese sostenute nel 2022 è possibile optare per la rateizzazione in dieci rate annuali purché le spese non siano state indicate nel modello 730/2023 o nel modello REDDITI PF 2023.

In appendice sono disponibili delle tabelle contenenti l'elenco delle spese per cui spetta la detrazione suddivise in base alle varie percentuali di detrazione:
Tabella 14: Interventi Superbonus (110% - 90%) - Risparmio energetico;
Tabella 15: Interventi per i quali spetta la detrazione del 65 per cento;
Tabella 16: Interventi per i quali spetta la detrazione del 70 e del 75 per cento;
Tabella 17: Interventi effettuati sulle parti comuni degli edifici per i quali spetta la detrazione dell'80 e dell'85 per cento;
Tabella 18: Interventi per i quali spetta la detrazione del 50 per cento.

La prova dell'esistenza dell'edificio è fornita dall'iscrizione in catasto oppure dalla richiesta di accatastamento, oltre che dal pagamento dell'Ici o dell'Imu, se dovuta. Sono esclusi gli interventi effettuati durante la fase di costruzione dell'immobile.

Possono fruire della detrazione sia coloro che possiedono o detengono sulla base di un titolo idoneo (ad esempio proprietà, altro diritto reale, concessione demaniale, locazione o comodato) l'immobile sul quale sono stati effettuati gli interventi per conseguire il risparmio energetico, sia i condòmini nel caso di interventi effettuati sulle parti comuni condominiali. Ha diritto alla detrazione anche il familiare convivente del possessore o detentore dell'immobile oggetto dell'intervento, purché abbia sostenuto le spese e le fatture e i bonifici siano intestati a lui.

In caso di vendita o di donazione dell'unità immobiliare sulla quale sono stati realizzati gli interventi prima che sia trascorso il periodo di godimento della detrazione, le quote di detrazione non utilizzate sono trasferite, salvo diverso accordo delle parti, all'acquirente persona fisica o al donatario.

Nel caso di morte del titolare, il diritto alla detrazione si trasmette esclusivamente all'erede che conserva la detenzione materiale e diretta dell'immobile.

In questi casi, l'acquirente o gli eredi possono rideterminare il numero di quote in cui ripartire la detrazione residua a condizione che le spese siano state sostenute nell'anno 2008.

L'inquilino o il comodatario che hanno sostenuto le spese conservano il diritto alla detrazione anche se la locazione o il comodato cessano.

Conserva il diritto alla detrazione anche il familiare convivente del proprietario dell'immobile anche se viene ceduta l'unità immobiliare sulla quale sono stati eseguiti gli interventi.

In caso di costituzione del diritto di usufrutto, sia a titolo oneroso che gratuito, le quote di detrazione non fruite non si trasferiscono all'usufruttuario ma rimangono al nudo proprietario.

In caso di vendita dell'immobile sul quale sono stati eseguiti i lavori e contestuale costituzione del diritto di usufrutto le quote di detrazione non fruite dal venditore si trasferiscono al nudo proprietario in quanto a quest'ultimo si trasferisce la titolarità dell'immobile.

Si ricorda che la detrazione per gli interventi di risparmio energetico non è cumulabile con altre agevolazioni fiscali previste per gli stessi interventi, come ad esempio la detrazione per il recupero del patrimonio edilizio.

La detrazione fiscale per gli interventi di risparmio energetico, se compatibile con specifici incentivi disposti a livello comunitario o a livello locale da regioni, province e comuni, può essere richiesta per la parte di spesa eccedente gli incentivi concessi dagli enti territoriali.

Sono comprese tra le spese detraibili quelle relative alle prestazioni professionali (rese sia per la realizzazione degli interventi sia per la certificazione indispensabile per fruire della detrazione) e alle opere edilizie funzionali all'intervento destinato al risparmio energetico.

Il **pagamento** delle spese deve essere effettuato tramite bonifico bancario o postale da cui risultino la causale del versamento, il codice fiscale del contribuente e il numero di partita IVA o il codice fiscale del beneficiario del bonifico.

Il **limite massimo di detrazione** spettante va riferito all'unità immobiliare e, pertanto, va suddiviso tra i detentori o possessori dell'immobile che partecipano alla spesa, in base all'importo effettivamente sostenuto. Anche per gli interventi su parti condominiali l'ammontare massimo di detrazione deve essere riferito a ogni unità immobiliare che compone l'edificio, a eccezione del caso in cui l'intervento si riferisca all'intero edificio e non a parti di esso.

Documenti necessari per ottenere la detrazione

Per fruire della detrazione è necessario acquisire i seguenti documenti:

- la **fattura** dell'impresa che esegue i lavori;
- l'**asseverazione** di un tecnico abilitato che attesti la rispondenza degli interventi effettuati ai requisiti tecnici richiesti. In caso di più interventi sullo stesso edificio l'asseverazione può fornire i dati e le informazioni richieste in modo unitario. Inoltre, nel caso di sostituzione di finestre comprensive di infissi o di sostituzione di caldaie a condensazione con potenza non superiore a 100 kW, l'asseverazione può essere sostituita da una certificazione dei produttori. L'asseverazione può essere sostituita da una certificazione dei produttori anche nei seguenti casi: caldaie a condensazione con potenza minore di 100 KW, pompe di calore di potenza elettrica assorbita minore di 100 KW e dei sistemi di dispositivi multimediali. Inoltre, l'asseverazione può essere:
  – sostituita da quella resa dal direttore dei lavori sulla conformità al progetto delle opere realizzate (D.M. 6 agosto 2009);
  – esplicitata nella relazione attestante la rispondenza alle prescrizioni per il contenimento del consumo di energia degli edifici e relativi impianti termici da depositare presso le amministrazioni competenti insieme alla denuncia dei lavori, da parte del proprietario dell'immobile o di chi ne ha titolo.

  Inoltre, nelle ipotesi di autocostruzione dei pannelli solari, è sufficiente l'attestato di partecipazione ad un apposito corso di formazione;

- l'**attestato di certificazione (o qualificazione) energetica** che contiene i dati relativi all'efficienza energetica dell'edificio ed è prodotta successivamente all'esecuzione degli interventi, in base alle procedure indicate dai Comuni o dalle Regioni. In assenza di tali procedure, dopo l'esecuzione dei lavori, può essere prodotto l'attestato di "qualificazione energetica", in luogo di quello di "certificazione energetica" predisposto secondo lo schema riportato in allegato al decreto interministeriale del 19 febbraio 2007 come modificato dal decreto interministeriale del 7 aprile 2008 e dal decreto interministeriale del 6 agosto 2009. Dal 6 giugno 2013 l'attestato di certificazione energetica (ACE) è stato soppresso ed è stato introdotto, in sua sostituzione, l'attestato di prestazione energetica (APE), che deve essere redatto da un tecnico non coinvolto nei lavori e deve essere conservato dal contribuente.

  Per le spese effettuate dal 1° gennaio 2008, per la sostituzione di finestre in singole unità immobiliari e per l'installazione di pannelli solari non occorre più presentare l'attestato di prestazione energetica.

  Tale certificazione non è più richiesta per gli interventi, realizzati a partire dal 15 agosto 2009, riguardanti la sostituzione degli impianti di climatizzazione invernale.

  L'attestato di prestazione energetica non è richiesto:
  – per l'acquisto e la posa in opera delle schermature solari;
  – per l'installazione di impianti di climatizzazione dotati di generatori di calore alimentati da biomasse combustibili se le detrazioni sono richieste ai sensi del comma 347 della legge 27 dicembre 2006, n. 296;
  – per l'acquisto e l'installazione di dispositivi multimediali;

- la **scheda informativa** relativa agli interventi realizzati, redatta secondo lo schema riportato nell'allegato E del decreto attuativo, se l'intervento riguarda la sostituzione di finestre comprensive di infissi in singole unità immobiliari o l'installazione di pannelli solari. La scheda descrittiva dell'intervento di cui all'allegato F può essere compilata anche dall'utente finale. Per gli interventi terminati nell'anno 2018 e successivi deve essere compilata la scheda descrittiva relativa agli interventi realizzati, che sostituisce gli allegati E ed F che andavano utilizzati in precedenza. La scheda deve contenere: i dati identificativi del soggetto che ha sostenuto le spese, dell'edificio su cui i lavori sono stati eseguiti, la tipologia di intervento eseguito ed il risparmio di energia che ne è conseguito, nonché il relativo costo, specificando quello delle spese professionali, e l'importo utilizzato per il calcolo della detrazione. Le informazioni contenute nell'attestato di prestazione energetica sono comunicate attraverso la sezione "dati da APE" della scheda descrittiva.

L'asseverazione, l'attestato di certificazione/qualificazione/prestazione energetica e la scheda informativa devono essere rilasciati da tecnici abilitati alla progettazione di edifici ed impianti nell'ambito delle competenze ad essi attribuite dalla legislazione vigente, iscritti ai rispettivi ordini e collegi professionali: ingegneri, architetti, geometri, periti industriali, dottori agronomi, dottori forestali e i periti agrari. Tutti i documenti sopraindicati possono essere redatti anche da un unico tecnico abilitato.

Documenti da trasmettere

Entro 90 giorni dalla fine dei lavori, devono essere trasmessi all'ENEA telematicamente (attraverso il sito internet www.acs.enea.it, ottenendo ricevuta informatica) i dati contenuti nell'attestato di certificazione energetica o di qualificazione energetica o di prestazione energetica, nonché la scheda informativa relativa agli interventi realizzati. Se la data di fine lavori è compresa tra il 1° gennaio e il 31 marzo 2022, il termine di 90 giorni decorre dal 1° aprile 2022, giorno di messa on line del sito https://bonusfiscali.enea.it. Per gli interventi terminati nel 2023 la comunicazione va trasmessa entro 90 giorni dalla data di fine lavori, attraverso il sito https://bonusfiscali.enea.it. Se la data di fine lavori è compresa tra il 1°gennaio e il 31 gennaio 2023, il termine di 90 giorni decorre dal 1° febbraio 2023, giorno di messa on line del sito https://bonusfiscali.enea.it. Se la data di fine lavori è compresa tra il 1° e il 31 gennaio 2024, il termine di 90 giorni decorre dal 26 gennaio 2024, data di messa on line del menzionato sito.

La data di fine lavori, dalla quale decorre il termine per l'invio della documentazione all'Enea, coincide con il giorno del cosiddetto "collaudo" (e non di effettuazione dei pagamenti). Se, in considerazione del tipo di intervento, non è richiesto il collaudo, il contribuente può provare la data di fine lavori con altra documentazione emessa da chi ha eseguito i lavori (o dal tecnico che compila la scheda informativa). Non è ritenuta valida, a tal fine, una dichiarazione del contribuente resa in sede di autocertificazione.

Se la complessità dei lavori eseguiti non trova adeguata descrizione negli schemi resi disponibili dall'ENEA, la documentazione può essere inviata, in copia, entro 90 giorni a mezzo raccomandata con ricevuta semplice, ad ENEA, Dipartimento ambiente, cambiamenti globali e sviluppo sostenibile, via Anguillarese 301, 00123, Santa Maria di Galeria (Roma), specificando come riferimento: "Detrazioni fiscali - riqualificazione energetica".

Documenti da conservare

Per fruire dell'agevolazione fiscale è necessario conservare ed esibire, su richiesta, all'amministrazione finanziaria l'asseverazione, la ricevuta dell'invio della documentazione all'ENEA, le fatture o le ricevute fiscali relative alle spese effettuate e le ricevute del bonifico che attesta il pagamento. Se gli interventi riguardano parti comuni di edifici deve essere acquisita e conservata copia della delibera assembleare e della tabella millesimale di ripartizione delle spese. Se le spese sono state sostenute dal detentore (locatario o comodatario) deve essere acquisita e conservata la dichiarazione di consenso all'esecuzione dei lavori resa dal possessore (proprietario o titolare di altro diritto reale).

Per ulteriori informazioni sulle agevolazioni fiscali per il risparmio energetico si rinvia al decreto interministeriale del 19 febbraio 2007, così come modificato dal decreto interministeriale del 7 aprile 2008, e alle circolari dell'Agenzia delle entrate n. 29/E del 18 settembre 2013, n. 7/E del 4 aprile 2017, n. 7/E del 27 aprile 2018 e n. 13/E del 31 maggio 2019.

Bonus facciate influente dal punto di vista termico

I lavori di rifacimento della facciata, non di sola pulitura o tinteggiatura esterna, che influiscono anche dal punto di vista termico o interessano oltre il 10% dell'intonaco della superficie disperdente lorda complessiva dell'edificio, devono soddisfare specifici requisiti per essere ammessi al bonus:

- i "requisiti minimi" previsti dal decreto del Ministro dello Sviluppo economico del 26 giugno 2015 (decreto "*requisiti minimi*") che definisce le modalità di applicazione della metodologia di calcolo delle prestazioni energetiche degli edifici, ivi incluso l'utilizzo delle fonti rinnovabili, nonché le prescrizioni e i requisiti minimi in materia di prestazioni energetiche degli edifici e delle unità immobiliari;
- i valori limite di trasmittanza termica delle strutture componenti l'Involucro edilizio stabiliti dal decreto del Ministro dello Sviluppo economico dell'11 marzo 2008 (tabella 2 dell'allegato B), aggiornato dal decreto ministeriale del 26 gennaio 2010.

Per godere del bonus è comunque necessario che i valori delle trasmittanze termiche delle strutture opache verticali da rispettare siano quelli inferiori tra i valori indicati nell'Allegato B alla Tabella 2 del citato decreto 11 marzo 2008 e quelli riportati nell'appendice B all'allegato 1 del decreto 26 giugno 2015. La detrazione spetta per le spese sostenute dal 1° gennaio 2022, nella misura del 60%, si ricorda che per le spese sostenute negli anni 2020 e 2021 la detrazione spettava nella misura del 90%.

Superbonus

È riconosciuta una detrazione nella misura del **110 per cento** delle spese sostenute dal 1° luglio 2020 per i seguenti interventi di efficienza energetica:

- di isolamento termico delle superfici opache verticali, orizzontali e inclinate che interessano l'involucro degli edifici, compresi quelli unifamiliari, con un'incidenza superiore al 25 per cento della superficie disperdente lorda dell'edificio medesimo o dell'unità immobiliare funzionalmente indipendente e che disponga di uno o più accessi autonomi dall'esterno, sita all'interno di edifici plurifamiliari. La detrazione è calcolata su un ammontare complessivo delle spese non superiore a euro 50.000. La detrazione è calcolata su un ammontare complessivo delle spese non superiore a euro 40.000 moltiplicati per il numero delle unità immobiliari che compongono l'edificio per gli edifici composti da due a otto unità immobiliari; a euro 30.000 moltiplicati per il numero delle unità immobiliari che compongono l'edificio per gli edifici composti da più di otto unità immobiliari. I materiali isolanti utilizzati devono rispettare i criteri ambientali minimi di cui al decreto del Ministro dell'ambiente e della tutela del territorio e del mare 11 ottobre 2017, pubblicato nella Gazzetta Ufficiale n. 259 del 6 novembre 2017;
- di sostituzione degli impianti di climatizzazione invernale esistenti con impianti centralizzati per il riscaldamento, il raffrescamento o la fornitura di acqua calda sanitaria sulle parti comuni degli edifici, o con impianti per il riscaldamento, il raffrescamento o la fornitura di acqua calda sanitaria sugli edifici unifamiliari o sulle unità immobiliari funzionalmente indipendenti e che dispongano di uno o più accessi autonomi dall'esterno site all'interno di edifici plurifamiliari. La detrazione è calcolata su un ammontare complessivo delle spese non superiore a euro 20.000 moltiplicati per il numero delle unità immobiliari che compongono l'edificio per gli edifici composti fino a otto unità immobiliari ovvero a euro 15.000 moltiplicati per il numero delle unità immobiliari che compongono l'edificio per gli edifici composti da più di otto

unità immobiliari ed **è riconosciuta anche** per **le spese** relative allo **smaltimento e alla bonifica** dell'impianto sostituito. Nel caso di interventi sugli edifici unifamiliari o sulle unità immobiliari funzionalmente indipendenti e che dispongano di uno o più accessi autonomi dall'esterno site all'interno di edifici plurifamiliari, la detrazione è calcolata su un ammontare complessivo delle spese non superiore a euro 30.000 ed è riconosciuta anche per le spese relative allo smaltimento e alla bonifica dell'impianto sostituito.

La detrazione del 110 per cento è riconosciuta anche a fronte delle spese sostenute per gli altri interventi di efficientamento energetico (indicati con i codici tra 2 e 7 e tra 12 e 14 e 16 della presente sezione), nei limiti di detrazione o di spesa previsti per ciascun intervento, se eseguiti congiuntamente agli interventi di isolamento termico delle superfici opache verticali, orizzontali e inclinate e di sostituzione degli impianti di climatizzazione invernale esistenti che danno diritto all'applicazione della detrazione nella misura del 110 per cento (interventi indicati con i codici 30, 31, 32 e 33 nella presente sezione).

Con riferimento alla condizione richiesta che, ai fini dell'applicazione dell'aliquota più elevata, gli altri interventi di riqualificazione energetica ("trainati") siano effettuati congiuntamente agli interventi "trainanti" ammessi al Super bonus, tale condizione si considera soddisfatta se le date delle spese sostenute per gli interventi trainati, sono ricomprese nell'intervallo di tempo individuato dalla data di inizio e dalla data di fine dei lavori per la realizzazione degli interventi "trainanti". Ciò implica che, ai fini dell'applicazione del Superbonus, le spese sostenute per gli interventi "trainanti" devono essere effettuate nell'arco temporale di vigenza dell'agevolazione, mentre le spese per gli interventi "trainati" devono essere sostenute nel periodo di vigenza dell'agevolazione e nell'intervallo di tempo tra la data di inizio e la data di fine dei lavori per la realizzazione degli interventi "trainanti".

Per aver diritto al super bonus, gli interventi devono essere realizzati:
- su parti comuni di edifici residenziali in "condominio" (sia trainanti, sia trainati);
- su edifici residenziali unifamiliari e relative pertinenze (sia trainanti, sia trainati);
- su unità immobiliari residenziali funzionalmente indipendenti e con uno o più accessi autonomi dall'esterno site all'interno di edifici plurifamiliari e relative pertinenze (sia trainanti, sia trainati);
- su singole unità immobiliari residenziali e relative pertinenze all'interno di edifici in condominio (solo trainati).

Per le spese sostenute fino al 31 dicembre 2021 la detrazione è ripartita **in 5 rate annuali** di pari importo (entro il limite massimo previsto per ciascuna tipologia di intervento effettuato) da chi presta l'assistenza fiscale. A partire dall'anno d'imposta 2022 la detrazione è ripartita in quattro rate di pari importo.

Per altre informazioni sull'agevolazione Superbonus, vedere in appendice le voci "Superbonus".

Maggiorazione limiti di spesa per gli interventi di ricostruzione riguardanti i fabbricati danneggiati da eventi sismici
I limiti delle spese ammesse alla fruizione degli incentivi fiscali eco bonus, sostenute entro il 31 dicembre 2023, sono aumentate del 50 per cento per gli interventi di ricostruzione riguardanti i fabbricati danneggiati dal sisma del 24 agosto 2016 nelle regioni Abruzzo, Lazio, Marche e Umbria (i fabbricati devono essere ubicati nei comuni di cui agli elenchi allegati al decreto-legge 17 ottobre 2016, n. 189, convertito, con modificazioni, dalla legge 15 dicembre 2016, n. 229) e dagli eventi sismici nella regione Abruzzo nel mese di aprile 2009 (i fabbricati devono essere ubicati nei comuni di cui agli elenchi allegati al decreto-legge 28 aprile 2009, n. 39, convertito con modificazioni, dalla legge 24 giugno 2009, n. 77), nonché, a partire dal 1° gennaio 2021, dai fabbricati situati nei comuni interessati da tutti gli eventi sismici verificatisi dopo l'anno 2008 dove sia stato dichiarato lo stato di emergenza. In tal caso gli incentivi sono alternativi al contributo per la ricostruzione e sono fruibili per tutte le spese necessarie al ripristino dei fabbricati danneggiati, comprese le case diverse dalla prima abitazione, con esclusione degli immobili destinati alle attività produttive.

Dal 1° gennaio 2023 la detrazione Superbonus spetta nella percentuale del **90 per cento** per le spese sostenute entro il **31 dicembre 2023** dai condomìni e dalle persone fisiche, al di fuori dell'esercizio di attività di impresa, arti o professioni, con riferimento agli interventi su edifici composti da due a quattro unità immobiliari distintamente accatastate, anche se posseduti da un unico proprietario o in comproprietà da più persone fisiche. La detrazione si applica anche alle spese sostenute dalle persone fisiche per gli interventi effettuati sulle singole unità immobiliari all'interno dello stesso condominio o dello stesso edificio, nonché quelli effettuati su edifici oggetto di demolizione e di ricostruzione di cui all'articolo 3, comma 1, lettera d), del testo unico delle disposizioni legislative e regolamentari in materia edilizia, di cui al decreto del Presidente della Repubblica 6 giugno 2001, n.380 (T.U. edilizia). La detrazione spetta ai medesimi soggetti nella misura del **70 per cento** per le spese sostenute **nell'anno 2024 e del 65 per cento** per quelle sostenute **nell'anno 2025.**

Si applica nella misura del **90 per cento** anche alle spese sostenute entro il **31 dicembre 2023** relative agli interventi avviati dal **1° gennaio 2023**, a condizione che il contribuente sia titolare del diritto di proprietà o di diritto reale di godimento sull'unità immobiliare, che la stessa sia adibita ad abitazione principale e che il contribuente abbia un reddito di riferimento non superiore a 15.000 (per la determinazione del reddito di riferimento v. la voce d'appendice "Superbonus – reddito di riferimento")

La detrazione del **110 per cento** continua ad applicarsi fino al **31 dicembre 2023** nei seguenti casi:
- interventi diversi da quelli effettuati dai condomìni, per i quali la comunicazione di inizio lavori asseverata (CILA) risulti presentata alla data del 25 novembre 2022;
- interventi effettuati dai condomìni per i quali la CILA risulti presentata alla data del 31 dicembre 2022 e la delibera assembleare che ha approvato l'esecuzione dei lavori risulti adottata in data antecedente al 18 novembre 2022. La data della delibera assembleare deve essere attestata con apposita dichiarazione sostitutiva dell'atto di notorietà rilasciata dall'amministratore di condominio, ovvero dal condomino che ha presieduto l'assemblea, nel caso dei c.d. mini condomìni nei quali non vi sia l'obbligo di nominare l'amministratore e i condòmini non vi abbiano provveduto;
- interventi effettuati dai condomìni per i quali la CILA risulti presentata alla data del 25 novembre 2022 e la delibera assembleare che ha approvato l'esecuzione dei lavori risulti adottata tra il 19 novembre 2022 e il 24 novembre 2022. La data della delibera assembleare deve essere attestata con apposita dichiarazione sostitutiva dell'atto di notorietà rilasciata dall'amministratore di condominio, ovvero dal condomino che ha presieduto l'assemblea, nel caso dei c.d. mini condomìni nei quali non vi sia l'obbligo di nominare l'amministratore e i condòmini non vi abbiano provveduto;
- interventi che comportano la demolizione e la ricostruzione degli edifici per i quali al 31 dicembre 2022 risulti presentata l'istanza per l'acquisizione del titolo abilitativo.

La mancata presentazione della CILA nei termini sopra indicati preclude di poter fruire della detrazione secondo le disposizioni previgenti con percentuale del 110 per cento sino al 31 dicembre 2023. Le ipotesi di deroga sopra elencate sono tassative ed escludono pertanto casi non riconducibili a quelli elencati.

Il Superbonus continua ad applicarsi nella misura del **110 per cento** per le spese sostenute entro il **31 dicembre 2023** per gli interventi effettuati dalle persone fisiche, al di fuori dell'esercizio di attività d'impresa arti e professioni, su edifici residenziali unifamiliari e relative pertinenze e su unità immobiliari residenziali funzionalmente indipendenti e con uno o più accessi autonomi dall'esterno, site all'interno di edifici plurifamiliari e relative pertinenze, a condizione che alla data del **30 settembre 2022** siano stati effettuati lavori per almeno il 30 per cento dell'intervento complessivo.

Si applica la percentuale di detrazione del **110 per cento** delle spese sostenute per interventi effettuati su edifici residenziali o a prevalente destinazione residenziale, ivi compresi gli edifici unifamiliari, situati in uno dei Comuni di cui alle Regioni interessate da eventi sismici verificatisi a far data dal 1° aprile 2009, per le quali è stato dichiarato lo stato di emergenza.

Per altre informazioni sull'agevolazione, vedere in appendice le voci "Superbonus".

Righi da E61 a E62
Per indicare più di due codici, occorre compilare un ulteriore modulo, secondo le istruzioni fornite nel paragrafo "Modelli aggiuntivi", parte II, capitolo 7.

L'elenco dei codici è riportato nelle tabelle presenti all'inizio delle istruzioni relative alla Sezione IV del quadro E.

Colonna 1 (Tipo intervento): indicare il codice che individua il tipo di intervento effettuato:

'1' **Interventi di riqualificazione energetica di edifici esistenti.** Sono gli interventi diretti alla riduzione del fabbisogno di energia primaria necessaria per soddisfare i bisogni connessi a un uso standard dell'edificio, che permettono di conseguire un indice di prestazione energetica per la climatizzazione invernale non superiore ai valori definiti dal decreto del Ministro dello Sviluppo economico dell'11 marzo 2008 - Allegato A. Rientrano in questo tipo di intervento la sostituzione o l'installazione di climatizzatori invernali anche con generatori di calore non a condensazione, con pompe di calore, con scambiatori per teleriscaldamento, con caldaie a biomasse, gli impianti di cogenerazione, rigenerazione, gli impianti geotermici e gli interventi di coibentazione che non hanno le caratteristiche richieste per la loro inclusione negli interventi descritti ai punti successivi;

'2' **Interventi sull'involucro degli edifici esistenti.** Sono gli interventi su edifici esistenti o parti di essi relativi a strutture opache verticali (pareti), orizzontali (coperture e pavimenti), fornitura e posa in opera di materiale coibente, materiale ordinario, nuove finestre comprensive di infissi, miglioramento termico di componenti vetrati esistenti, demolizione e ricostruzione dell'elemento costruttivo a condizione che siano rispettati i requisiti richiesti di trasmittanza termica U, espressa in W/m2K, definiti nell'allegato B del decreto del Ministro dello sviluppo economico 11 marzo 2008 e successivamente modificati dal decreto 6 gennaio 2010. Dall'anno d'imposta 2018 gli interventi relativi all'acquisto e posa in opera di finestre comprensive di infissi vanno indicati con il codice 12;

'3' **Installazione di pannelli solari.** Sono gli interventi per l'installazione di pannelli solari, anche realizzati in autocostruzione, bollitori, accessori e componenti elettrici ed elettronici utilizzati per la produzione di acqua calda ad uso domestico;

'4' **Sostituzione di impianti di climatizzazione invernale.** Sono gli interventi di sostituzione, integrale o parziale, di impianti di climatizzazione invernale esistenti con impianti dotati di caldaie a condensazione e contestuale messa a punto del sistema di distribuzione. Dal 1° gennaio 2008 vi rientrano anche i lavori di sostituzione, integrale o parziale, di impianti di climatizzazione invernale con impianti dotati di pompa di calore ad alta efficienza o con impianti geotermici a bassa entalpia. Dal 1° gennaio 2012 sono compresi anche gli interventi di sostituzione di scaldacqua tradizionali con scaldacqua a pompa di calore dedicati alla produzione di acqua calda sanitaria. Dall'anno d'imposta 2018 vi rientrano anche gli interventi finalizzati alla sostituzione con impianti dotati di apparecchi ibridi e le spese sostenute per l'acquisto e posa in opera di generatori d'aria calda a condensazione. Dall'anno d'imposta 2018 non è più possibile fruire dell'agevolazione per la sostituzione con caldaie a condensazione di classe inferiore alla A. Gli interventi relativi alla sostituzione con caldaie a condensazioni almeno pari alla classe A vanno indicati con il codice 13. Gli interventi di sostituzione con caldaie a condensazione almeno pari alla classe A e contestuale installazione di sistemi di termoregolazione evoluti possono continuare a essere indicati con il codice 4;

'5' **Acquisto e posa in opera di schermature solari.** Sono gli interventi effettuati fino al 31 dicembre 2017 per l'acquisto e la posa in opera delle schermature solari a protezione di una superficie vetrata, applicate in modo solidale con l'involucro edilizio e non liberamente montabili e smontabili dall'utente. Possono essere applicate, rispetto alla superficie vetrata, all'interno, all'esterno o integrate purché siano mobili e "tecniche". Non fruiscono dell'agevolazione le schermature solari autonome (aggettanti) applicate a superfici vetrate esposte a nord (art. 14, comma 2, lett. b), del decreto-legge n. 63 del 2013, come modificato dall'art. 1, comma 74, della legge n. 208 del 2015). Agli interventi effettuati dal 1° gennaio 2018 si applica la percentuale del 50 per cento;

'6' **Acquisto e posa in opera di impianti di climatizzazione invernale a biomasse.** Sono gli interventi effettuati fino al 31 dicembre 2017 per l'acquisto e la posa in opera di impianti di climatizzazione invernale con impianti dotati di generatori di calore alimentati da biomasse combustibili (art. 14, comma 2-*bis*, del decreto-legge n. 63 del 2013, come modificato dall'art. 1, comma 74, della legge n. 208 del 2015). Agli interventi effettuati dal 1° gennaio 2018 si applica la percentuale del 50 per cento;

'7' **Acquisto, installazione e messa in opera di dispositivi multimediali per controllo da remoto.** Sono gli interventi per l'acquisto, installazione e messa in opera di dispositivi multimediali per il controllo da remoto degli impianti di riscaldamento e/o produzione di acqua calda e/o climatizzazione delle unità abitative, che garantiscono un funzionamento efficiente degli impianti, nonché dotati di specifiche caratteristiche. Tali dispositivi devono, in particolare:
- mostrare attraverso canali multimediali i consumi energetici, mediante la fornitura periodica dei dati;
- mostrare le condizioni di funzionamento correnti e la temperatura di regolazione degli impianti;
- consentire l'accensione, lo spegnimento e la programmazione settimanale degli impianti da remoto.

La detrazione spetta con riferimento alle spese sostenute a partire dal 1° gennaio 2016.
Il decreto interministeriale del 6 agosto 2020, pubblicato nella Gazzetta Ufficiale n. 246 del 05 ottobre 2020, ha previsto che l'importo della detrazione per l'acquisto, installazione e messa in opera di dispositivi multimediali per controllo da remoto non può essere superiore a 15.000 euro. Tali spese vanno indicate con il codice 16;

'8' **Interventi sull'involucro di parti comuni degli edifici condominiali esistenti.** Sono interventi di riqualificazione energetica di parti comuni degli edifici condominiali che interessino l'involucro dell'edificio con un'incidenza superiore al 25 per cento della superficie disperdente lorda dell'edificio medesimo;

'9' **Interventi di riqualificazione energetica di parti comuni degli edifici condominiali esistenti.** Sono interventi di riqualificazione energetica di parti comuni degli edifici condominiali finalizzati a migliorare la prestazione energetica invernale ed estiva e che conseguano almeno la qualità media di cui al decreto del Ministero dello Sviluppo economico del 26 giugno 2015;

'10' **Interventi sulle parti comuni di edifici di riqualificazione energetica e misure antisismiche con passaggio ad una classe di rischio inferiore.** Sono interventi su parti comuni di edifici condominiali ricadenti nelle zone sismiche 1, 2 e 3 finalizzati congiuntamente alla riduzione del rischio sismico e alla riqualificazione energetica che determinano il passaggio ad una classe di rischio inferiore (la fruizione di tale detrazione è alternativa a quella prevista per gli interventi sull'involucro di parti comuni degli edifici condominiali esistenti di cui al precedente codice 8 e alla detrazione prevista per gli interventi di riduzione del rischio sismico di cui al codice 8 da indicare nei righi da E41 a E43);

'11' **Interventi sulle parti comuni di edifici di riqualificazione energetica e misure antisismiche con passaggio a due classi di rischio inferiore.** Sono interventi su parti comuni di edifici condominiali ricadenti nelle zone sismiche 1, 2 e 3 finalizzati congiuntamente alla riduzione del rischio sismico e alla riqualificazione energetica che determinano il passaggio a due classi di rischio inferiore(la fruizione di tale detrazione è alternativa a quella prevista per gli interventi di riqualificazione energetica di parti comuni degli edifici condominiali esistenti di cui al precedente codice 9 e alla detrazione prevista per gli interventi di riduzione del rischio sismico di cui al codice 9 da indicare nei righi da E41 a E43);

'12' **Acquisto e posa in opera di finestre comprensive di infissi;**

'13' **Acquisto e posa in opera di caldaie a condensazione.** Sono interventi di sostituzione di impianti di climatizzazione invernale con impianti dotati di caldaie a condensazione, con efficienza almeno pari alla classe A;

'14' **Acquisto e posa in opera di micro-cogeneratori.** Sono gli interventi di acquisto e posa in opera di micro-cogeneratori in sostituzione di impianti esistenti. Per poter beneficiare della detrazione gli interventi devono condurre a un risparmio di energia primaria (PES) pari almeno al 20 per cento;

'15' **Bonus facciate.** Sono gli interventi sulle strutture opache della facciata influenti dal punto di vista termico o che interessino oltre il 10 per cento dell'intonaco della superficie disperdente lorda complessiva dell'edificio di qualsiasi categoria catastale, compresi gli immobili strumentali. Gli edifici devono trovarsi nelle zone A e B, individuate dal decreto ministeriale n. 1444/1968, o in zone a queste assimilabili in base alla normativa regionale e ai regolamenti edilizi comunali. Il bonus non spetta, invece, per gli interventi effettuati sulle facciate interne dell'edificio, se non visibili dalla strada o da suolo ad uso pubblico;

'16' **Acquisto, installazione e messa in opera di dispositivi multimediali per controllo da remoto con limite spesa.** Sono gli interventi per l'acquisto, installazione e messa in opera di dispositivi multimediali per il controllo da remoto degli impianti di riscaldamento e/o produzione di acqua calda e/o climatizzazione delle unità abitative, che garantiscono un funzionamento efficiente degli impianti, nonché dotati di specifiche caratteristiche di cui al codice '7' a cui si applica il limite di spesa di 23.077 e detrazione di 15.000 euro di cui al decreto interministeriale del 6 agosto 2020, pubblicato nella Gazzetta Ufficiale n. 246 del 05 ottobre 2020;

'30' **Interventi di isolamento termico che interessano l'involucro dell'edificio con un'incidenza superiore al 25% effettuati sugli edifici unifamiliari o per le unità immobiliari in edifici plurifamiliari.** Sono gli interventi di isolamento termico delle superfici opache verticali, orizzontali e inclinate che interessano l'involucro dell'edificio con un'incidenza superiore al 25 per cento della superficie disperdente lorda dell'edificio o dell'unità immobiliare situata all'interno di edifici plurifamiliari che sia funzionalmente indipendente e disponga di uno o più accessi autonomi dall'esterno;

'31' **Interventi di isolamento termico che interessano l'involucro dell'edificio con un'incidenza superiore al 25% effettuati su unità immobiliari facenti parte di condomini.** Sono gli interventi di isolamento termico delle superfici opache verticali, orizzontali e inclinate che interessano l'involucro dell'edificio con un'incidenza superiore al 25 per cento della superficie disperdente lorda dell'edificio;

'32' **Interventi sulle parti comuni degli edifici per la sostituzione degli impianti di climatizzazione invernale esistenti.** Sono gli interventi sulle parti comuni degli edifici per la sostituzione degli impianti di climatizzazione invernale esistenti **con impianti centralizzati** per il riscaldamento, il raffrescamento o la fornitura di acqua calda sanitaria, a condensazione, con efficienza **almeno pari alla classe A** di prodotto prevista dal regolamento delegato (UE) n. 811/2013 della Commissione, del 18 febbraio 2013, a pompa di calore, ivi compresi gli impianti ibridi o geotermici, **anche abbinati** all'installazione di impianti fotovoltaici connessi alla reti elettrica (v. art. 119, comma 5, decreto-legge 19 maggio 2020, n. 34) e relativi sistemi di accumulo (di cui al comma 6 del citato art. 119), ovvero con impianti di microcogenerazione o a collettori solari, nonché, **esclusivamente per i comuni montani non interessati dalle procedure** europee di **infrazione** n. 2014/2147 del 10 luglio 2014 o n. 2015/2043 del 28 maggio 2015 per l'inottemperanza dell'Italia agli obblighi previsti dalla direttiva 2008/50/CE, l'allaccio a sistemi di teleriscaldamento efficiente, definiti ai sensi dell'articolo 2, comma 2, lettera tt), del decreto legislativo 4 luglio 2014, n. 102. Con questo codice vanno indicate anche le spese sostenute per l'installazione di sonde geotermiche utilizzati per impianti geotermici;

'33' **Interventi sugli edifici unifamiliari o sulle unità immobiliari in edifici plurifamiliari per la sostituzione degli impianti di climatizzazione invernale esistenti.** Sono gli interventi sugli edifici **unifamiliari** o sulle **unità immobiliari** situate all'interno di edifici plurifamiliari che siano funzionalmente indipendenti e dispongano di uno o più accessi autonomi dall'esterno per **la sostituzione degli impianti di climatizzazione invernale** esistenti con impianti per il riscaldamento, il raffrescamento o la fornitura di acqua calda sanitaria, a condensazione, con efficienza almeno pari alla classe A di prodotto prevista dal regolamento delegato (UE) n. 811/2013 della Commissione, del 18 febbraio 2013, a pompa di calore, ivi compresi gli impianti ibridi o geotermici, anche abbinati all'installazione di impianti fotovoltaici connessi alla reti elettrica (v. art. 119, comma 5, decreto-legge 19 maggio 2020, n. 34) e relativi sistemi di accumulo (di cui al comma 6 del citato art. 119), ovvero con impianti di microcogenerazione, a collettori solari o, esclusivamente per le aree non metanizzate nei comuni non interessati dalle procedure europee di infrazione n. 2014/2147 del 10 luglio 2014 o n. 2015/2043 del 28 maggio 2015 per l'inottemperanza dell'Italia agli obblighi previsti dalla direttiva 2008/50/CE, con caldaie a biomassa aventi prestazioni emissive con i valori previsti almeno per la classe 5 stelle individuata ai sensi del regolamento di cui al decreto del Ministro dell'ambiente e della tutela del territorio e del mare 7 novembre 2017, n. 186, nonché, esclusivamente per i comuni montani non interessati dalle procedure europee di infrazione n. 2014/2147 del 10 luglio 2014 o n. 2015/2043 del 28 maggio 2015 per l'inottemperanza dell'Italia agli obblighi previsti dalla direttiva 2008/50/CE, l'allaccio a sistemi di teleriscaldamento efficiente, definiti ai sensi dell'articolo 2, comma 2, lettera tt), del decreto legislativo 4 luglio 2014, n. 102. Con questo codice vanno indicate anche le spese sostenute per l'installazione di sonde geotermiche utilizzati per impianti geotermici.

Colonna 2 (Anno): indicare l'anno in cui sono state sostenute le spese;

Colonna 4 (Casi particolari) indicare il codice:

'**1**' nel caso di spese sostenute per lavori iniziati tra il 2009 e il 2022 e ancora in corso nel 2023;

'**2**' nel caso in cui le spese sostenute in anni precedenti al 2023 riguardino un immobile ereditato, acquistato o ricevuto in donazione nel 2023;

'**3**' nel caso in cui siano presenti entrambe le ipotesi descritte dai codici '1' e '2' (lavori che proseguono in più anni ed immobile ereditato, acquistato o ricevuto in donazione);

Colonna 5 (Periodo 2008 - Rideterminazione rate): i contribuenti che dal 2014 al 2017 hanno acquistato, ricevuto in donazione o ereditato un immobile, oggetto di lavori nel corso del 2008, se hanno rideterminato il numero delle rate scelte da chi ha sostenuto la spesa, indicano in questa colonna il numero delle rate in cui è stata inizialmente ripartita la detrazione.

Colonna 6 (Percentuale): la casella va compilata, per le spese sostenute dal 1° luglio 2020, se in colonna 1 sono indicati i codici degli interventi c.d. trainati individuati dai codici: da '2' a '7' e da '12' a '14' e '16' e sempreché tali interventi siano stati eseguiti **congiuntamente** a uno degli interventi c.d. trainanti, individuati dai codici '30', '31', '32' e '33', in particolare indicare:

'**1**' se ricorrono le condizioni per l'applicazione della percentuale di detrazione del 110 per cento;

'**2**' se ricorrono le condizioni per l'applicazione della percentuale di detrazione del 90 per cento.

Se l'anno in cui sono state sostenute le spese è il **2023** la casella 'percentuale' va compilata anche per gli interventi trainanti individuati dai codici '30', '31', '32' e '33'

Colonna 7 (Numero rata): indicare il numero della rata che il contribuente utilizza nell'anno 2023.

Ad esempio, indicare 3 per le spese sostenute nel 2021, 2 per le spese del 2022 e 1 per le spese del 2023;

Per le spese sostenute nel periodo compreso **tra il 1° gennaio e il 31 dicembre 2022**, è possibile, su opzione del contribuente e a condizione che la spesa relativa al **periodo d'imposta 2022** non sia già stata indicata nella dichiarazione 2023, ripartire la spesa in dieci quote annuali di pari importo. In tal caso indicare '1' in questa colonna e '2022' nella colonna '1' relativa all'anno

Colonna 8 (Importo spesa): indicare l'ammontare della spesa sostenuta che, ad eccezione delle spese indicate con il codice "7" e "15", dovranno essere indicate entro determinati limiti per il cui importo si rinvia alle tabelle presenti all'inizio della sezione. Se sullo stesso immobile sono stati realizzati interventi:

- sull'involucro degli edifici esistenti **(codice "2")** e di installazione degli infissi **(codice 12)** l'ammontare della spesa indicato dovrà essere tale che il totale della detrazione spettante non superi i 60.000 euro;
- per la sostituzione di impianti di climatizzazione invernale **(codice "4")** e per la sostituzione di impianti di climatizzazione invernale con caldaie a condensazione almeno pari alla classe A **(codice 13)** l'ammontare della spesa indicato dovrà essere tale che il totale della detrazione spettante non superi i 30.000 euro;

Colonna 9 (Maggiorazione sisma): barrare la casella se in colonna 1 sono indicati i codici di 2, 3, 4, 5, 6, 7, 12, 13, 14, 16, 30, 31, 32 e 33 e si possiedono le condizioni per fruire dell'aumento del limite di spesa del 50 per cento.

SEZIONE V - Detrazioni per gli inquilini con contratto di locazione

Sono previste delle detrazioni per gli inquilini che stipulano contratti di locazione di immobili adibiti ad abitazione principale. Queste detrazioni vengono riconosciute e graduate in relazione all'ammontare del reddito complessivo (aumentato del reddito dei fabbricati locati assoggettati alla cedolare secca). Dal 2022 ai giovani fino ai 31 anni non compiuti è riconosciuta una detrazione per i primi 4 anni di locazione di immobili o parti di essi da adibire a residenza. Le detrazioni saranno calcolate da chi presta l'assistenza fiscale sulla base degli importi indicati nella tabella 2 "Detrazioni per canoni di locazione", riportata dopo l'Appendice.

Se la detrazione risulta superiore all'imposta lorda, diminuita delle detrazioni per carichi di famiglia e delle altre detrazioni relative a particolari tipologie di reddito, chi presta l'assistenza fiscale riconoscerà un credito pari alla quota della detrazione che non ha trovato capienza nell'imposta.

Le detrazioni non sono cumulabili, ma il contribuente ha la facoltà di scegliere quella a lui più favorevole. Se, invece, nel corso dell'anno il contribuente si trova in situazioni diverse, può beneficiare di più detrazioni. Per indicare nel rigo E71 più tipologie di detrazioni contraddistinte da codici diversi, va compilato un quadro aggiuntivo per ogni codice ricordando di numerare progressivamente la casella "Mod. N." posta in alto a destra del Modello. In tale caso la somma dei giorni indicati nelle colonne 2 del rigo E71 e nella colonna 1 del rigo E72 non può essere superiore a 365.

Rigo E71 - Inquilini di alloggi adibiti ad abitazione principale

Colonna 1 (Tipologia): indicare il codice relativo alla detrazione.

'**1**' **Detrazione per gli inquilini di alloggi adibiti ad abitazione principale.** Questo codice deve essere indicato dai contribuenti che hanno stipulato o rinnovato il contratto di locazione di immobili destinati ad abitazione principale, in base alla legge che disciplina le locazioni di immobili ad uso abitativo (legge 9 dicembre 1998, n. 431).

'**2**' **Detrazione per gli inquilini di alloggi adibiti ad abitazione principale locati con contratti in regime convenzionale.** Questo codice deve essere indicato dai contribuenti intestatari di contratti di locazione di unità immobiliari adibite ad abitazione principale, stipulati o rinnovati sulla base di appositi accordi definiti in sede locale fra le organizzazioni della proprietà edilizia e le organizzazioni dei conduttori maggiormente rappresentative a livello nazionale (c.d. contratti convenzionali - art. 2, comma 3, e art. 4, commi 2 e 3 della legge n. 431 del 1998).

Si ricorda che per fruire di tale agevolazione, nel caso di contratti di locazione a canone concordato "non assistiti" occorre verificare la necessità dell'attestazione rilasciata dalle organizzazioni firmatarie dell'accordo, con la quale viene confermata la rispondenza del contenuto economico e normativo del contratto di locazione all'Accordo Territoriale. Per ulteriori informazioni si rimanda a quanto precisato nella circolare n. 7/E del 27 aprile 2018 dell'Agenzia delle Entrate.

In virtù della modifica introdotta dall'art. 7 del D.L. n. 73 del 2022, l'attestazione può essere fatta valere per tutti i contratti di locazione, stipulati successivamente al suo rilascio, aventi il medesimo contenuto del contratto per cui è stata rilasciata, fino a che non intervengano eventuali variazioni delle caratteristiche dell'immobile o dell'accordo territoriale del comune a cui essa si riferisce.

In altri termini, qualora non sia intervenuto un nuovo accordo territoriale, oppure non siano variate le caratteristiche dell'immobile locato (superficie, posto auto, balconi, terrazze, ascensore, ecc.), la stipula di un nuovo contratto non richiede il rilascio di una nuova attestazione atteso che non sono considerate rilevanti le variazioni del conduttore o del canone di locazione, purché rimanga entro il limite stabilito dall'accordo territoriale indicato nell'attestazione stessa (confronta Circolare n. 15/E del 19 giugno 2023);

'**4**' **Detrazione per canoni di locazione spettante ai giovani per l'abitazione destinata a propria residenza.** Questo codice va indicato dai giovani di età compresa fra i 20 e i 31 anni non compiuti, che hanno stipulato un contratto di locazione, ai sensi della legge n. 431 del 1998, per l'unità immobiliare o per una porzione di essa da destinare a propria residenza purché il contratto sia stipulato prima del compimento del trentunesimo anno d'età. In tal caso la detrazione spetta solo fino all'anno d'imposta in cui si sono compiuti i 31 anni. Se i 31 anni sono compiuti il 1° gennaio 2023, per il 2023 la detrazione non spetta. Il requisito dell'età è soddisfatto se ricorre anche per una parte dell'anno in cui si intende fruire della detrazione. È necessario che l'immobile affittato sia diverso dall'abitazione principale dei genitori o di coloro cui sono affidati dagli organi competenti ai sensi di legge. La detrazione spetta per i primi quattro anni dalla stipula del contratto. Ad esempio, se il contratto è stato stipulato nel 2023 la detrazione può essere fruita fino al 2026. La detrazione spetta nella misura del 20% del canone di locazione fino ad un massimo di 2.000 euro. Essa non può essere inferiore a 991,60 euro.

Colonna 2 (n. giorni): indicare il numero dei giorni nei quali l'unità immobiliare locata è stata adibita ad abitazione principale.

Colonna 3 (percentuale): indicare la percentuale di detrazione spettante. Ad esempio, due contribuenti cointestatari del contratto di locazione dell'abitazione principale devono indicare '50'. Se il contratto di locazione è stato stipulato da una sola persona va, invece, indicato '100'.

Colonna 4 (canone): indicare l'ammontare del canone di locazione. La colonna va compilata se in colonna 1 è indicato il codice '4'.

Rigo E72 - Lavoratori dipendenti che trasferiscono la residenza per motivi di lavoro

Questo rigo va compilato dai lavoratori dipendenti che hanno trasferito o trasferiscono la propria residenza nel comune di lavoro o in uno di quelli limitrofi nei tre anni antecedenti quello di richiesta della detrazione e siano titolari di qualunque tipo di contratto di locazione di unità immobiliari adibite ad abitazione principale situate nel nuovo comune di residenza a non meno di 100 Km di distanza dal precedente e comunque al di fuori della propria regione.

La detrazione può essere fruita nei primi tre anni dal trasferimento della residenza. Ad esempio, se il trasferimento della residenza è avvenuto nel 2021, si può beneficiare della detrazione per gli anni d'imposta 2021, 2022 e 2023.

La detrazione spetta esclusivamente ai lavoratori dipendenti anche se la variazione di residenza è la conseguenza di un contratto di lavoro appena stipulato. Sono esclusi i percettori di redditi assimilati a quelli di lavoro dipendente.

Se il contribuente, nel corso del periodo di spettanza della detrazione, cessa di essere lavoratore dipendente, perde il diritto alla detrazione a partire dall'anno d'imposta successivo a quello nel quale non sussiste più tale qualifica.

Colonna 1 (n. giorni): indicare il numero dei giorni nei quali l'unità immobiliare locata è stata adibita ad abitazione principale.

Colonna 2 (percentuale): indicare la percentuale di detrazione spettante. Ad esempio, due contribuenti cointestatari del contratto di locazione dell'abitazione principale devono indicare '50'. Se il contratto di locazione è stato stipulato da una sola persona va, invece, indicato '100'.

SEZIONE VI - Dati per fruire di altre detrazioni d'imposta

Rigo E81 - Detrazione per le spese di mantenimento dei cani guida: barrare la casella per usufruire della detrazione forfetaria di **1.000 euro**. La detrazione spetta esclusivamente al cieco (e non anche alle persone di cui questi risulti fiscalmente a carico) a prescindere dalla documentazione della spesa effettivamente sostenuta. Dall'anno d'imposta 2020 la fruizione di questa detrazione varia in base all'importo del reddito complessivo. In particolare essa spetta per intero ai titolari di reddito complessivo fino a 120.000 euro. In caso di superamento del predetto limite, il credito decresce fino ad azzerarsi al raggiungimento di un reddito complessivo pari a 240.000 euro. Per la verifica del limite reddituale si tiene conto anche dei redditi assoggettati a cedolare secca.

Rigo E83 - Altre detrazioni: indicare le altre detrazioni diverse da quelle riportate nei precedenti righi contraddistinte dal relativo codice. In particolare:

- con il **codice 1** deve essere indicato l'importo della borsa di studio assegnata dalle regioni o dalle province autonome di Trento e Bolzano, a sostegno delle famiglie per le spese di istruzione. Possono fruire di questo beneficio le persone che al momento della richiesta hanno scelto di avvalersi della detrazione fiscale, secondo quanto previsto dal decreto del Presidente del Consiglio dei Ministri 14 febbraio 2001, n. 106;
- con il **codice 2** deve essere indicato l'importo delle donazioni effettuate all'ente ospedaliero "Ospedali Galliera" di Genova finalizzate all'attività del Registro nazionale dei donatori di midollo osseo. Chi presta l'assistenza fiscale riconoscerà questa detrazione nei limiti del 30 per cento dell'imposta lorda.

10. QUADRO F - Acconti, ritenute, eccedenze e altri dati

Nel quadro F vanno indicati:

- i versamenti di acconto e i saldi relativi all'Irpef, alle addizionali regionale e comunale e alla cedolare secca sulle locazioni;
- le eventuali eccedenze che risultano dalle precedenti dichiarazioni, nonché i crediti non rimborsati dal datore di lavoro per l'Irpef e per le addizionali regionale e comunale e il credito d'imposta sostitutiva sui redditi diversi di natura finanziaria;
- le ritenute e gli acconti che sono stati sospesi a causa di eventi eccezionali;

MODELLO 730/2024 ■ ISTRUZIONI PER LA COMPILAZIONE

- gli importi dell'acconto Irpef, dell'addizionale comunale all'Irpef e della cedolare secca sulle locazioni per il 2023, che il contribuente può chiedere di trattenere in misura inferiore rispetto a quanto risulta dalla liquidazione della dichiarazione, e il numero di rate per la rateizzazione dei versamenti delle imposte risultanti dalla liquidazione della dichiarazione;
- i dati da indicare nel modello integrativo;
- le soglie di esenzione dell'addizionale comunale fissate da alcuni comuni;
- altri dati (es. ritenute relative a redditi percepiti tramite pignoramento presso terzi);
- le ritenute del 21 per cento, applicate sull'importo del canone o corrispettivo lordo indicato nel contratto, relative ai contratti di locazione breve conclusi con l'intervento di soggetti che esercitano attività di intermediazione immobiliare, anche attraverso la gestione di portali *on-line*, se tali soggetti intervengono anche nel pagamento o incassano i canoni o i corrispettivi derivanti dai contratti di locazione breve.

SEZIONE I - Acconti IRPEF, Addizionale comunale e Cedolare secca relativi al 2023

Rigo F1: indicare l'importo dei versamenti di acconto relativi all'anno 2023, senza considerare le maggiorazioni dovute per la rateazione o il ritardato pagamento.

 Dichiarazione congiunta: **i contribuenti che presentano la dichiarazione congiunta devono compilare ciascuno nel proprio modello il rigo F1, indicando l'importo degli acconti versati con riferimento alla propria Irpef e alla propria addizionale comunale all'Irpef e alla propria cedolare secca.**
Se anche la precedente dichiarazione è stata presentata in forma congiunta è possibile ricavare dalla Certificazione Unica 2024 gli importi degli acconti dovuti dal dichiarante e dal coniuge.

Colonna 1 (Prima rata di acconto Irpef 2023)
Se nell'anno 2023 è stato presentato il modello 730/2023, riportare l'importo indicato nel punto 121 (321 per il coniuge) della Certificazione Unica 2024 (acconto trattenuto con il modello 730/2023).
Se nell'anno 2023 il versamento di acconto è stato eseguito autonomamente, ad esempio perché è stato presentato il modello REDDITI PF 2023, riportare l'importo indicato nel modello di pagamento F24 con il codice tributo 4033 e l'anno 2023.

Casi particolari
- Se nell'anno 2023 è stato presentato un modello 730/2023 senza sostituto riportare l'importo indicato nel rigo 141 del modello 730-3/2023 aumentato dell'importo eventualmente versato con il modello F24 con il codice tributo 4033 e l'anno 2023.
Se risulta compilato il rigo 114 del prospetto di liquidazione modello 730-3/2023, il versamento effettuato con il Mod. F24 va imputato tra i due coniugi in misura proporzionale agli importi indicati nei righi 94 e 114 del prospetto di liquidazione modello 730-3/2023.
- Se il rimborso risultante dal modello 730/2023 invece che dal sostituto è stato erogato dall'Agenzia delle Entrate, riportare l'importo indicato nel rigo 94 (114 per il coniuge) del prospetto di liquidazione modello 730-3/2023.

Colonna 2 (Seconda o unica rata di acconto Irpef 2023)
Se nell'anno 2023 è stato presentato il modello 730/2023 riportare l'importo indicato nel punto 122 (322 per il coniuge) della Certificazione Unica 2024 (acconto trattenuto con il modello 730/2023).
Se il rimborso risultante dal modello 730/2023 con sostituto è stato erogato dall'Agenzia delle entrate o se nell'anno 2023 è stato presentato un modello 730/2023 senza sostituto o è stato presentato un modello REDDITI PF 2023, riportare l'importo indicato nel modello di pagamento F24 con il codice tributo 4034 e l'anno 2023 (versamento di acconto eseguito autonomamente);

Colonna 3 (Acconto addizionale comunale 2023)
Se nell'anno 2023 è stato presentato il modello 730/2023 riportare l'importo indicato nel punto 124 (324 per il coniuge) della Certificazione Unica 2024 (acconto trattenuto con il modello 730/2023).
Se nell'anno 2023 il versamento di acconto è stato eseguito autonomamente, ad esempio perché è stato presentato il modello REDDITI PF 2023, riportare l'importo indicato nel modello di pagamento F24 con il codice tributo 3843 e l'anno 2023.

Casi particolari
- Se nell'anno 2023 è stato presentato un modello 730/2023 senza sostituto riportare l'importo indicato nel rigo 142 del modello 730-3/2023 aumentato dell'importo eventualmente versato con il modello F24 con il codice tributo 3843 e l'anno 2023.
Se risulta compilato il rigo 117 del prospetto di liquidazione modello 730-3/2022, l'eventuale versamento effettuato con il Mod. F24 va imputato tra i due coniugi in misura proporzionale agli importi indicati nei righi 97 e 117 del prospetto di liquidazione modello 730-3/2023.
Se risulta compilato anche il rigo 243 (domicilio diverso tra dichiarante e coniuge) del prospetto di liquidazione modello 730-3/2023, ciascun coniuge dovrà indicare l'importo effettivamente versato con il modello F24 per il proprio comune di residenza.
- Se il rimborso risultante dal modello 730/2023 con sostituto è stato erogato dall'Agenzia delle entrate riportare l'importo indicato nel rigo 97 (117 per il coniuge) del prospetto di liquidazione modello 730-3/2023.

Colonna 5 (Prima rata di acconto cedolare secca 2023)
Se nell'anno 2023 è stato presentato il modello 730/2023 riportare l'importo indicato nel punto 126 (326 per il coniuge) della Certificazione Unica 2024 (acconto trattenuto con il modello 730/2023).
Se nell'anno 2023 il versamento di acconto è stato eseguito autonomamente, ad esempio perché è stato presentato il modello REDDITI PF 2023, riportare l'importo indicato nel modello di pagamento F24 con il codice tributo 1840 e l'anno 2023.

Casi particolari
- Se nell'anno 2023 è stato presentato un modello 730/2023 senza sostituto riportare l'importo indicato nel rigo 143 del modello 730-3/2023 aumentato dell'importo eventualmente versato con il modello F24 con il codice tributo 1840 e l'anno 2023.

Se risulta compilato il rigo 120 del prospetto di liquidazione modello 730-3/2023, l'eventuale versamento effettuato con il Mod. F24 va imputato tra i due coniugi in misura proporzionale agli importi indicati nei righi 100 e 120 del prospetto di liquidazione modello 730-3/2023.
- Se il rimborso risultante dal modello 730/2023 con sostituto è stato erogato dall'Agenzia delle entrate riportare l'importo indicato nel rigo 100 (120 per il coniuge) del prospetto di liquidazione modello 730-3/2023.

Colonna 6 (Seconda o unica rata di acconto cedolare secca 2023)
Se nell'anno 2023 è stato presentato il modello 730/2023 riportare l'importo indicato nel punto 127 (327 per il coniuge) della Certificazione Unica 2024 (acconto trattenuto con il modello 730/2023).
Se il rimborso risultante dal modello 730/2023 con sostituto è stato erogato dall'Agenzia delle entrate o se nell'anno 2023 è stato presentato un modello 730/2023 senza sostituto o è stato presentato un modello REDDITI PF 2023, riportare l'importo indicato nel modello di pagamento F24 con il codice tributo 1841 e l'anno 2023.
Devono essere indicati anche gli acconti dell'Irpef e della cedolare secca che non sono stati versati per effetto delle disposizioni emanate a seguito di eventi eccezionali. Al riguardo, vedere in Appendice la voce "Eventi eccezionali". L'importo di questi acconti sarà versato dal contribuente con le modalità e i termini che saranno previsti dall'apposito decreto per la ripresa della riscossione delle somme sospese.

SEZIONE II - Altre ritenute subite

Rigo F2: indicare le altre ritenute subite.
Colonna 1: indicare il codice che identifica il tipo di ritenuta subita:
- il codice 1 per quelle relative ai trattamenti assistenziali erogati dall'Inail;
- il codice 2 per quelle relative ai contributi erogati dal Ministero dell'Agricoltura, della sovranità alimentare e delle foreste (ex Ministero delle politiche agricole alimentari, forestali e del turismo che ha assunto in materia le competenze dell'ex ASSI e di conseguenza quelle dell'ex UNIRE) agli allevatori come incentivi all'allevamento e altro.

Colonne 2, 3 e 4: indicare rispettivamente le ritenute Irpef a titolo d'acconto, le addizionali regionali e le addizionali comunali diverse da quelle indicate nei quadri C e D di questo modello 730/2024.
Se gli importi da indicare nelle colonne 2, 3 e 4 sono relativi a più tipologie di ritenute occorre compilare più righi F2 riportando in ognuno di essi il codice specifico per ogni tipologia di ritenuta e l'importo delle relative ritenute.

Colonna 5: indicare il totale dell'addizionale regionale trattenuta che risulta nei punti 12 e 13 della Certificazione Unica – Lavoro autonomo rilasciata da chi ha erogato somme per attività sportive dilettantistiche, per prestazioni di natura non professionale da parte di cori, bande musicali e filodrammatiche che perseguono finalità dilettantistiche. La colonna deve essere compilata se è stato indicato il codice 7 o 11 o 12 o 13 nella colonna 3 del rigo D4 o se sono stati indicati i codici 4 e 5 nella colonna 1 del rigo D3.

Colonna 6: indicare il totale dell'addizionale comunale trattenuta che risulta nei punti 15 e 16 della Certificazione Unica – Lavoro autonomo rilasciata da chi ha erogato somme per attività sportive dilettantistiche, per prestazioni di natura non professionale da parte di cori, bande musicali e filodrammatiche che perseguono finalità dilettantistiche. La colonna deve essere compilata se è stato indicato il codice 7 o 11 o 12 o 13 nella colonna 3 del rigo D4 o se sono stati indicati i codici 4 e 5 nella colonna 1 del rigo D3..

Colonna 7: indicare le ritenute Irpef sui compensi percepiti dai lavoratori socialmente utili in regime agevolato. Queste informazioni si trovano nel punto 498 della Certificazione Unica. Si rimanda alle indicazioni fornite con riferimento alla colonna 1 dei righi da C1 a C3 per il codice 3.

Colonna 8: indicare l'addizionale regionale all'Irpef sui compensi percepiti dai lavoratori socialmente utili in regime agevolato. L'informazione si trova nel punto 499 della Certificazione Unica. Si rimanda alle indicazioni fornite con riferimento alla colonna 1 dei righi da C1 a C3 del quadro C per il codice 3.

SEZIONE III - Eccedenze risultanti dalle precedenti dichiarazioni

 Per ulteriori informazioni vedere in Appendice la voce "Eccedenze risultanti dalla precedente dichiarazione".

Rigo F3 - Eccedenze che risultano dalla precedente dichiarazione
Colonna 1: riportare l'eventuale credito Irpef che risulta dalla dichiarazione relativa ai redditi 2022, indicato nella colonna 5 del rigo RX1 del Mod. REDDITI PF 2023 o nel punto 64 della Certificazione Unica 2024 (credito Irpef non rimborsato dal sostituto), oppure nelle dichiarazioni degli anni precedenti se il contribuente, ricorrendo le condizioni di esonero, non ha presentato la dichiarazione per l'anno 2022.
In caso di comunicazione dell'Agenzia delle Entrate relativa al controllo della dichiarazione REDDITI PF 2023 con la quale è stato evidenziato un credito diverso da quello dichiarato (rigo RX1 colonna 5):
- se il credito comunicato è maggiore dell'importo dichiarato, va riportato l'importo comunicato;
- se il credito comunicato (es: 800,00 euro) è inferiore all'importo dichiarato (es: 1.000,00 euro), bisogna riportare l'importo inferiore (nell'esempio 800,00 euro). Se a seguito della comunicazione, il contribuente ha versato con il Mod. F24 la differenza tra il credito dichiarato e il credito riconosciuto (nell'esempio 200,00 euro), deve essere indicato l'intero credito dichiarato (nell'esempio 1.000,00 euro).

Se lo scorso anno è stato presentato il modello 730/2023 e si è verificata almeno una delle seguenti situazioni:
- richiesta di utilizzo del credito che risulta dalla dichiarazione per il pagamento con il Mod. F24 delle imposte non comprese nel modello 730;
- presenza di un credito non superiore a 12 euro nel caso di modello 730 presentato in assenza di sostituto;

e tali crediti non sono stati utilizzati in compensazione con il Mod. F24, anche solo in parte, va riportata in questa colonna 1 anche la somma degli importi indicati nelle colonne 4 e 5 del rigo 191 (rigo 211 per il coniuge) del prospetto di liquidazione Mod. 730-3/2023.
Inoltre, nella colonna 2 di questo rigo F3 va indicato l'eventuale credito utilizzato in compensazione con il Mod. F24.

Colonna 2: indicare l'importo dell'eccedenza Irpef eventualmente utilizzato in compensazione con il modello F24. In questa colonna deve essere compreso anche l'eventuale maggior credito riconosciuto con comunicazione dell'Agenzia delle Entrate e ugualmente utilizzato in compensazione.

Colonna 3: indicare l'eventuale credito d'imposta sostitutiva sui redditi diversi di natura finanziaria (quadro RT del Mod. REDDITI PF 2023), riportato nella colonna 5 del rigo RX20 del Mod. REDDITI PF 2023.
Colonna 4: indicare l'importo del credito d'imposta sostitutiva eventualmente utilizzato in compensazione con il modello F24.
Colonna 5: riportare l'eventuale credito di cedolare secca che risulta dalla dichiarazione relativa ai redditi 2022, indicato nella colonna 5 del rigo RX4 del Mod. REDDITI PF 2023 o nel punto 94 della Certificazione Unica 2024 (credito cedolare secca non rimborsato dal sostituto).
Se lo scorso anno è stato presentato il modello 730/2023 e si è verificata almeno una delle seguenti situazioni:
- richiesta di utilizzo del credito che risulta dalla dichiarazione per il pagamento con il Mod. F24 delle imposte non comprese nel modello 730;
- presenza di un credito non superiore a 12 euro nel caso di modello 730 presentato in assenza di sostituto;

e tali crediti non sono stati utilizzati in compensazione con il Mod. F24, anche solo in parte, va riportata in questa colonna 5 anche la somma degli importi indicati nelle colonne 4 e 5 del rigo 194 (rigo 214 per il coniuge) del prospetto di liquidazione Mod. 730-3/2023.
Inoltre nella colonna 6 di questo rigo F3 va indicato l'eventuale credito utilizzato in compensazione con il Mod. F24.
Colonna 6: indicare l'importo dell'eccedenza di cedolare secca eventualmente utilizzato in compensazione con il modello F24.
Colonna 7: indicare il codice regione relativo al domicilio 1° gennaio 2022. Questa indicazione è obbligatoria solo se sono compilate le successive colonne di questo rigo. Per il codice regione vedere in Appendice la voce "Tabella Codici Regione".
Colonna 8: riportare l'eventuale eccedenza dell'addizionale regionale all'Irpef che risulta dalla dichiarazione relativa ai redditi 2022, indicata nella colonna 5 del rigo RX2 del Mod. REDDITI PF 2023 o nel punto 74 della Certificazione Unica 2024 (credito addizionale regionale non rimborsato dal sostituto). Se lo scorso anno è stato presentato il Mod. 730/2023 e si è verificata almeno una delle seguenti situazioni:
- richiesta di utilizzo del credito che risulta dalla dichiarazione per il pagamento con il Mod. F24 delle imposte non comprese nel modello 730;
- presenza di un credito non superiore a 12 euro nel caso di modello 730 presentato in assenza di sostituto;

e tali crediti non sono stati utilizzati in compensazione con il Mod. F24, anche solo in parte, va riportata in questa colonna 8 anche la somma degli importi indicati nelle colonne 4 e 5 del rigo 192 (rigo 212 per il coniuge) del prospetto di liquidazione Mod. 730-3/2023.
Inoltre, nella colonna 9 di questo rigo F3 va indicato l'eventuale credito per addizionale regionale utilizzato in compensazione con il Mod. F24.
Colonna 9: indicare l'eccedenza dell'addizionale regionale all'Irpef eventualmente utilizzata in compensazione con il modello F24.
Colonna 10: indicare il codice Comune relativo al domicilio fiscale al 1° gennaio 2022. Questa indicazione è obbligatoria solo se sono compilate le successive colonne di questo rigo. Per il codice comune vedere dopo l'Appendice l'elenco dei "Codici Catastali Comunali".
Colonna 11: riportare l'eventuale eccedenza dell'addizionale comunale all'Irpef che risulta dalla dichiarazione relativa ai redditi 2022, indicata nella colonna 5 del rigo RX3 del Mod. REDDITI PF 2023 o nel punto 84 della Certificazione Unica 2024 (credito addizionale comunale non rimborsato dal sostituto).
Se lo scorso anno è stato presentato il modello 730/2023 e si è verificata almeno una delle seguenti situazioni:
- richiesta di utilizzo del credito che risulta dalla dichiarazione per il pagamento con il Mod. F24 delle imposte non comprese nel modello 730;
- presenza di un credito non superiore a 12 euro nel caso di modello 730 presentato in assenza di sostituto;

e tali crediti non sono stati utilizzati in compensazione con il Mod. F24, anche solo in parte, va riportata in questa colonna 11 anche la somma degli importi indicati nelle colonne 4 e 5 del rigo 193 (rigo 213 per il coniuge) del prospetto di liquidazione Mod. 730-3/2023.
Inoltre, nella colonna 12 di questo rigo F3 va indicato l'eventuale credito per addizionale comunale utilizzato in compensazione con il Mod. F24.
Colonna 12: indicare l'eccedenza dell'addizionale comunale all'Irpef eventualmente utilizzata in compensazione con il modello F24.
Colonna 13: riportare le eccedenze risultanti dalla precedente dichiarazione relative ai premi di risultato.
Colonna 14: riportare l'importo delle eccedenze, già indicate in colonna 13, eventualmente utilizzate in compensazione con il modello F24.

Rigo F4 - Eccedenze che risultano da dichiarazioni integrative a favore presentate oltre l'anno successivo

Il rigo è compilato dai soggetti che, nel corso del 2023, hanno presentato una o più dichiarazioni integrative a favore oltre il termine previsto per la presentazione della dichiarazione relativa al periodo d'imposta successivo a quello di riferimento della dichiarazione integrativa.
L'eccedenza a credito (derivante da minor debito o da maggiore credito), non già chiesta a rimborso e risultante dalle dichiarazioni integrative a favore ultrannuali, deve essere indicata nella dichiarazione relativa al periodo d'imposta in cui è presentata la dichiarazione integrativa a favore.
Ad esempio, il rigo può essere utilizzato dai contribuenti che nel corso del 2023 hanno presentato una dichiarazione integrativa a favore per l'anno d'imposta 2018 utilizzando il modello REDDITI Persone fisiche 2019. L'eccedenza di credito, risultante da tale dichiarazione, non chiesta a rimborso, va indicata nel modello 730/2024 o nel modello REDDITI Persone fisiche 2024.
Tale eccedenza concorre alla liquidazione della corrispondente imposta, a debito o a credito, risultante dalla presente dichiarazione.

L'eventuale eccedenza a credito risultante dalle dichiarazioni integrative presentate nel corso del 2023 per l'anno d'imposta 2022 va indicata nel rigo F3.

Nelle colonne 2, 3, 4, 6, 8 e 9 va indicato solo l'importo corrispondente al maggior credito o al minor debito, non già chiesto a rimborso, risultante dalla dichiarazione integrativa ultrannuale.

Colonna 1: indicare l'anno d'imposta (2017, 2018, 2019, 2020 e 2021) per cui nel corso del 2023 è stata presentata la dichiarazione integrativa a favore.
Colonna 2: riportare l'eventuale **eccedenza a credito Irpef** risultante dalla dichiarazione integrativa presentata nel corso del 2023 e relativa al periodo d'imposta indicato in colonna 1.
Nel caso in cui, nel corso del 2023, siano state presentate più dichiarazione integrative a favore relative a differenti periodi d'imposta occorre compilare un distinto rigo per ciascun periodo d'imposta.
Colonna 3: riportare l'eventuale **eccedenza a credito d'imposta sostitutiva sui redditi di natura finanziaria** risultante dalla dichiarazione integrativa presentata nel corso del 2023 e relativa al periodo d'imposta indicato in colonna 1.

Nel caso in cui, nel corso del 2023, siano state presentate più dichiarazione integrative a favore relative a differenti periodi d'imposta occorre compilare un distinto rigo per ciascun periodo d'imposta.

Colonna 4: riportare l'eventuale **eccedenza a credito di cedolare secca** risultante dalla dichiarazione integrativa presentata nel corso del 2023 e relativa al periodo d'imposta indicato in colonna 1.

Nel caso in cui, nel corso del 2023, siano state presentate più dichiarazione integrative a favore relative a differenti periodi d'imposta occorre compilare un distinto rigo per ciascun periodo d'imposta.

Colonna 5: indicare il codice regione relativo al domicilio 1° gennaio dell'anno indicato in colonna 1. Questa indicazione è obbligatoria solo se sono compilate le successive colonne di questo rigo. Per il codice regione vedere in Appendice la voce "Tabella Codici Regione".

Colonna 6: riportare l'eventuale **eccedenza a credito di addizionale regionale all'Irpef** risultante dalla dichiarazione integrativa presentata nel corso del 2023 e relativa al periodo d'imposta indicato in colonna 1.

Nel caso in cui, nel corso del 2023, siano state presentate più dichiarazione integrative a favore relative a differenti periodi d'imposta occorre compilare un distinto rigo per ciascun periodo d'imposta.

Colonna 7: indicare il codice Comune relativo al domicilio fiscale al 1° gennaio dell'anno indicato in colonna 1. Questa indicazione è obbligatoria solo se sono compilate le successive colonne di questo rigo. Per il codice comune vedere dopo l'Appendice l'elenco dei "Codici Catastali Comunali".

Colonna 8: riportare l'eventuale **eccedenza a credito di addizionale comunale all'Irpef** risultante dalla dichiarazione integrativa presentata nel corso del 2023 e relativa al periodo d'imposta indicato in colonna 1.

Nel caso in cui, nel corso del 2023, siano state presentate più dichiarazione integrative a favore relative a differenti periodi d'imposta occorre compilare un distinto rigo per ciascun periodo d'imposta.

Colonna 9: riportare l'eventuale **eccedenza a credito d'imposta sostitutiva sulla produttività** risultante dalla dichiarazione integrativa presentata nel corso del 2023 e relativa al periodo d'imposta indicato in colonna 1.

Nel caso in cui, nel corso del 2023, siano state presentate più dichiarazione integrative a favore relative a differenti periodi d'imposta occorre compilare un distinto rigo per ciascun periodo d'imposta.

SEZIONE IV - Ritenute e acconti sospesi per eventi eccezionali

Rigo F5: indicare le ritenute e gli acconti sospesi per effetto delle disposizioni emanate a seguito di eventi eccezionali.

Colonna 1: indicare il codice dell'evento riportato in Appendice alla voce "Eventi eccezionali", per il quale si è usufruito della sospensione delle ritenute e/o degli acconti che vanno indicati nelle colonne successive.

Colonna 2: indicare le ritenute e gli acconti Irpef sospesi, risultanti dai punti 30 e 131 della Certificazione Unica 2024 (punto 331 per gli acconti Irpef sospesi del coniuge) e 500 per i redditi da lavori socialmente utili.

Colonna 3: indicare l'addizionale regionale all'Irpef sospesa, risultante dal punto 31 della Certificazione Unica 2024 e 501 per i redditi da lavori socialmente utili.

Colonna 4: indicare l'addizionale comunale all'Irpef sospesa (saldo e acconto), risultante dai punti 33, 34 e 132 della Certificazione Unica 2024 (punto 332 per l'acconto dell'addizionale comunale all'Irpef sospeso del coniuge).

Colonna 5: indicare l'imposta sostitutiva per premi di risultato sospesa, risultante ai punti 577 e 597 della Certificazione Unica 2024.

Colonna 6: indicare l'acconto della cedolare secca sospeso, risultante dal punto 133 della Certificazione Unica 2024 (punto 333 per il coniuge).

Colonna 7: riportare l'imposta sostitutiva per R.I.T.A sospesa, indicata nelle annotazioni alla Certificazione Unica 2024 con il codice AX.

 Per ulteriori informazioni vedere in Appendice la voce "Eventi eccezionali".

SEZIONE V - Misura degli acconti per l'anno 2024 e rateazione del saldo 2023

Rigo F6: questo rigo deve essere compilato se si ritiene di non dover versare o di versare in misura inferiore a quanto calcolato da chi presta assistenza fiscale gli acconti dell'Irpef (colonna 1 o colonna 2), dell'addizionale comunale (colonna 3 o colonna 4) e della cedolare secca (colonna 5 o colonna 6) per l'anno 2024. Questa eventualità può verificarsi ad esempio per effetto di oneri sostenuti o per il venir meno di redditi. Inoltre, se il contribuente chiede di rateizzare il versamento di quanto eventualmente dovuto a saldo per il 2023 deve compilare la colonna 7.

Colonna 1: barrare la casella se si ritiene di non dover versare alcuna somma a titolo di acconto Irpef per il 2024.

Colonna 2: indicare la minore somma che deve essere trattenuta dal sostituto d'imposta se si ritiene che sia dovuto un minore acconto Irpef per il 2024 (in questo caso non deve essere barrata la casella di colonna 1).

Colonna 3: barrare la casella se si ritiene di non dover versare alcuna somma a titolo di acconto dell'addizionale comunale per il 2024.

Colonna 4: indicare la minore somma che deve essere trattenuta dal sostituto d'imposta se si ritiene che sia dovuto un minore acconto dell'addizionale comunale per il 2024 (in questo caso non deve essere barrata la casella di colonna 3).

Colonna 5: barrare la casella se si ritiene di non dover versare alcuna somma a titolo di acconto della cedolare secca per il 2024.

Colonna 6: indicare la minore somma che deve essere trattenuta dal sostituto d'imposta se si ritiene che sia dovuto un minore acconto della cedolare secca per il 2024 (in questo caso non deve essere barrata la casella di colonna 5).

Colonna 7: indicare il numero delle rate compreso tra 2 e 6 (massimo 5 per i pensionati), in cui si vuole frazionare il versamento delle seguenti somme eventualmente dovute:

- per il 2023: saldo dell'Irpef, delle addizionali regionale e comunale e della cedolare secca;
- per il 2024: prima rata di acconto Irpef, acconto dell'addizionale comunale, prima rata di acconto della cedolare secca;
- acconto del 20 per cento sui redditi soggetti a tassazione separata.

Il sostituto d'imposta che effettua le operazioni di conguaglio calcolerà gli interessi dovuti per la rateazione, pari allo 0,33 per cento mensile.

Nel caso di 730 senza sostituto, il numero di rate è compreso tra 2 e 7 (con le stesse scadenze previste per i pagamenti derivanti dal Mod. REDDITI Persone fisiche 2024).
Colonna 8: barrare la casella se si ritiene di non dover versare alcuna somma a titolo di acconto dell'imposta cripto-attività per il 2024.
Colonna 9: indicare la minore somma che si intende versare con il modello F24 se si ritiene che sia dovuto un minore acconto dell'imposta cripto-attività per il 2024 (in questo caso non deve essere barrata la casella di colonna 8).
Colonna 10: barrare la casella se si ritiene di non dover versare alcuna somma a titolo di acconto dell'IVIE per il 2024.
Colonna 11: indicare la minore somma che si intende versare con il modello F24 se si ritiene che sia dovuto un minore acconto dell'IVIE per il 2024 (in questo caso non deve essere barrata la casella di colonna 10).
Colonna 12: barrare la casella se si ritiene di non dover versare alcuna somma a titolo di acconto dell'IVAFE per il 2024.
Colonna 13: indicare la minore somma che si intende versare con il modello F24 se si ritiene che sia dovuto un minore acconto dell'IVAFE per il 2024 (in questo caso non deve essere barrata la casella di colonna 12).

SEZIONE VI - Soglie di esenzione addizionale comunale

Questa sezione deve essere compilata solo dai contribuenti che risiedono in uno dei **comuni che hanno stabilito**, con riferimento all'addizionale comunale dovuta per il 2023 e per l'acconto relativo al 2024, **una soglia di esenzione in presenza di particolari condizioni che non possono essere ricavate dai dati presenti nel modello di dichiarazione** (ad esempio la composizione del nucleo familiare o l'ISEE – indicatore situazione economica equivalente) e che si trovano nelle condizioni previste dalla delibera che ha stabilito la soglia di esenzione.
Le esenzioni deliberate dai Comuni sono consultabili sul sito "www.finanze.gov.it" ("fiscalità locale, addizionale comunale all'IRPEF").
Con la compilazione del rigo F7 il contribuente attesta il possesso dei requisiti previsti dalla delibera comunale per usufruire dell'agevolazione prevista.

Rigo F7: indicare nella **colonna 1** del rigo l'importo della soglia di esenzione deliberata dal comune con riferimento all'anno 2023. Nella **colonna 2** va indicato il codice "1" in presenza di un'esenzione non collegata con il reddito imponibile o il codice "2" in presenza di altre agevolazioni. Le due colonne sono tra loro alternative.
Indicare nella **colonna 3** del rigo l'importo della soglia di esenzione deliberata dal comune con riferimento all'anno 2024. Nella **colonna 4** va indicato il codice "1" in presenza di un'esenzione non collegata con il reddito imponibile o il codice "2" in presenza di altre agevolazioni. Le due colonne sono tra loro alternative.

SEZIONE VII - Locazioni brevi

Rigo F8: indicare l'importo delle ritenute riportato nel quadro Certificazione Redditi – Locazioni brevi della Certificazione Unica 2024 al punto 20 e relative ai corrispondenti redditi di locazione indicati nel quadro B e D per il quale nella relativa casella del punto 4 è indicato l'anno "2023". Se in possesso di più quadri della Certificazione Redditi – Locazioni brevi della Certificazione Unica 2024 o se sono compilati più righi dello stesso quadro (punti 20, 120, 220, 320 e 420 per i quali nella relativa casella del punto 4 è indicato l'anno "2023") indicare la somma delle ritenute.
Se nella CU 2024 nella relativa casella del punto 4 è indicato l'anno 2022, riportare le ritenute indicate nel punto 20, salvo che non siano già state indicate nella dichiarazione dei redditi per l'anno d'imposta 2022.
Se nella CU 2024 nella casella del punto 4 è indicato l'anno 2024, le ritenute andranno indicate nella dichiarazione dei redditi relative all'anno d'imposta 2024.
Se in possesso di una CU 2023 in cui nella casella del punto 4 è indicato l'anno 2023, indicare le ritenute indicate al punto 20 e relative ai redditi indicati nel quadro B.

SEZIONE VIII - Dati da indicare nel Mod. 730 integrativo

Questa sezione è riservata solo ai contribuenti che presentano il Mod. 730/2024 integrativo e che hanno indicato il codice '1' nella casella "730 integrativo" presente nel frontespizio.

Rigo F9 - Crediti rimborsati

Colonna 1: indicare l'importo del credito Irpef rimborsato che risulta dal prospetto di liquidazione Mod. 730-3/2024 originario. In particolare, il dichiarante deve riportare l'importo del rigo 91, colonna 5, del 730-3/2024. Se la dichiarazione originaria è stata presentata in forma congiunta e la dichiarazione integrativa è presentata dal coniuge dichiarante, bisogna riportare in questa colonna l'importo del rigo 111, colonna 5, del 730-3/2024.
Colonna 2: indicare l'importo del credito relativo all'addizionale regionale all'Irpef rimborsato che risulta dal prospetto di liquidazione Mod. 730-3/2024 originario. In particolare, il dichiarante deve riportare l'importo del rigo 92, colonna 5, del 730-3/2024. Se la dichiarazione originaria è stata presentata in forma congiunta e la dichiarazione integrativa è presentata dal coniuge dichiarante, bisogna riportare in questa colonna l'importo del rigo 112, colonna 5, del 730-3/2024.
Colonna 3: indicare l'importo del credito relativo all'addizionale comunale all'Irpef rimborsato che risulta dal prospetto di liquidazione Mod. 730-3/2024 originario. In particolare, il dichiarante deve riportare l'importo del rigo 93, colonna 5, del 730-3 2024. Se la dichiarazione originaria è stata presentata in forma congiunta e la dichiarazione integrativa è presentata dal coniuge dichiarante, bisogna riportare in questa colonna l'importo del rigo 113, colonna 5, del 730-3/2024.
Colonna 4: indicare l'importo del credito relativo alla cedolare secca sulle locazioni rimborsato che risulta dal prospetto di liquidazione Mod. 730-3/2024 originario. In particolare, il dichiarante deve riportare l'importo del rigo 99, colonna 5, del 730-3/2024. Se la dichiarazione originaria è stata presentata in forma congiunta e la dichiarazione integrativa è presentata dal coniuge dichiarante, bisogna riportare in questa colonna l'importo del rigo 119, colonna 5, del 730-3/2024.

Rigo F10 - (Crediti utilizzati con il Mod. F24 per il versamento di altre imposte)

Colonna 1: indicare l'ammontare del credito Irpef, riportato nella colonna 4 del rigo 91 (o nella colonna 4 del rigo 111 per il coniuge dichiarante) del Mod. 730-3/2024 originario che, entro la data di presentazione del Mod. 730 integrativo, è stato utilizzato in compensazione con il Mod. F24 per il versamento di altre imposte. Ad esempio se nella colonna 4 del rigo 91 del Mod. 730-3/2024 originario è indicato un credito Irpef di 100 euro ma entro la data di presentazione del Mod. 730 integrativo il credito utilizzato in compensazione è pari a 60 euro, occorre riportare in questa colonna 4 l'importo di 60 euro.

Colonna 2: indicare l'ammontare del credito di addizionale regionale, riportato nella colonna 4 del rigo 92 (o nella colonna 4 del rigo 112 per il coniuge dichiarante) del Mod. 730-3/2024 originario che, entro la data di presentazione del Mod. 730 integrativo, è stato utilizzato in compensazione con il Mod. F24 per il versamento di altre imposte.

Colonna 3: indicare l'ammontare del credito di addizionale comunale, riportato nella colonna 4 del rigo 93 (o nella colonna 4 del rigo 113 per il coniuge dichiarante) del Mod. 730-3/2024 originario che, entro la data di presentazione del Mod. 730 integrativo, è stato utilizzato in compensazione con il Mod. F24 per il versamento di altre imposte.

Colonna 4: indicare l'ammontare del credito di cedolare secca sulle locazioni, riportato nella colonna 4 del rigo 99 (o nella colonna 4 del rigo 119 per il coniuge dichiarante) del Mod. 730-3/2024 originario che, entro la data di presentazione del Mod. 730 integrativo, è stato utilizzato in compensazione con il Mod. F24 per il versamento di altre imposte.

SEZIONE IX - Altri Dati

Rigo F11 - (Detrazioni incapienti rimborsate): deve essere compilato dai contribuenti ai quali il sostituto d'imposta ha rimborsato per l'anno 2022 delle somme per detrazioni che non hanno trovato capienza nell'imposta lorda.

Colonna 2: indicare il credito riconosciuto dal sostituto d'imposta con riferimento alla detrazione per canoni di locazione che non ha trovato capienza nell'imposta lorda, risultante dal punto 371 della Certificazione Unica 2024 (*"Credito riconosciuto per canoni di locazione"*).

Rigo F13 - Pignoramento presso terzi: in questo rigo devono essere riportati i dati relativi alle ritenute subite in relazione ai redditi percepiti tramite procedura di pignoramento presso terzi.

Il creditore pignoratizio, infatti, è tenuto a indicare nella dichiarazione dei redditi i redditi percepiti e le ritenute subite da parte del terzo erogatore anche se si tratta di redditi soggetti a tassazione separata, a ritenuta a titolo di imposta o a imposta sostitutiva. Le ritenute subite saranno scomputate dall'imposta risultante dalla dichiarazione.

Le somme percepite a seguito della procedura di pignoramento presso terzi vanno indicate nel relativo quadro di riferimento (ad es. se si tratta di redditi di lavoro dipendente questi vanno riportati nel quadro C).

Le ritenute subite devono invece essere indicate esclusivamente in questo rigo (anziché nel quadro di riferimento del reddito) insieme alla tipologia del reddito percepito tramite pignoramento presso terzi, ad eccezione della tipologia di reddito indicata con il codice 2 "reddito da fabbricati" per il quale la ritenuta può essere assente.

In particolare, nel **rigo F13** indicare:

- nella **colonna 1 (tipo di reddito)**, uno dei seguenti codici relativi alla tipologia di reddito percepito tramite pignoramento presso terzi e riportato nel modello 730/2024:
  - '1' reddito di terreni;
  - '2' reddito di fabbricati;
  - '3' reddito di lavoro dipendente;
  - '4' reddito di pensione;
  - '5' redditi di capitale;
  - '6' redditi diversi;
- nella **colonna 2 (ritenute)**, l'ammontare delle ritenute subite da parte del terzo erogatore in relazione al tipo di reddito indicato in colonna 1.

Nel caso di redditi soggetti a tassazione separata (ad es. trattamento di fine rapporto e arretrati di lavoro dipendente), a ritenuta a titolo di imposta o a imposta sostitutiva i contribuenti che presentano il modello 730 devono presentare anche il quadro RM del Mod. REDDITI Persone fisiche 2024, compilando l'apposita sezione relativa al pignoramento presso terzi.

Nel caso di redditi da assoggettare a tassazione ordinaria, percepiti tramite procedura di pignoramento presso terzi, che non sono compresi nel modello 730, i contribuenti sono tenuti a presentare il Mod. REDDITI Persone fisiche 2024, compilando l'apposita sezione del quadro RM.

Rigo F14 - Imposta sostitutiva mance

In colonna 1, indicare l'ammontare dell'eccedenza di versamento a saldo dell'imposta in particolare va indicata in questa colonna la differenza, se positiva, tra il totale degli importi versati con il modello F24 (utilizzando il codice tributo 1838 e l'anno 2023) e l'imposta dovuta. Nel caso di eccedenza di versamento dovuta a riversamento spontaneo effettuato secondo la procedura descritta nella circolare n. 48/E del 7 giugno 2002 (risposta a quesito 6.1) e nella risoluzione 452/E del 27 novembre 2008 va utilizzato il Mod. REDDITI PF.

11. QUADRO G - Crediti d'imposta

In questo quadro vanno indicati:

- i crediti d'imposta relativi ai fabbricati;
- il credito d'imposta per il reintegro delle anticipazioni sui fondi pensione;
- il credito d'imposta per i redditi prodotti all'estero;
- il credito d'imposta per gli immobili colpiti dal sisma in Abruzzo;
- il credito d'imposta per l'incremento dell'occupazione;
- il credito d'imposta per l'acquisto della prima casa *under* 36;
- il credito d'imposta erogazioni liberali a sostegno della cultura - Art bonus;
- il credito d'imposta per negoziazione e arbitrato;

- il credito d'imposta per erogazioni liberali a sostegno degli investimenti in favore della scuola – School bonus;
- il credito d'imposta per la videosorveglianza;
- il credito d'imposta per le mediazioni;
- il credito d'imposta per il contributo unificato
- il credito d'imposta per l'anticipo finanziario a garanzia pensionistica (APE);
- il credito d'imposta per le erogazioni liberali per interventi di manutenzione e restauro di impianti sportivi e per la realizzazione di nuove strutture sportive - Sport bonus;
- il credito d'imposta per erogazioni liberali per bonifica ambientale;
- il credito d'imposta per sanificazione e acquisto dispositivi di protezione;
- il credito d'imposta per depuratori acqua e riduzione consumo di plastica;
- il credito d'imposta social bonus;
- il credito d'imposta per attività fisica adattata;
- il credito d'imposta per accumulo energia da fonti rinnovabili;
- il credito d'imposta per le erogazioni liberali a favore delle fondazioni ITS Academy;
- il credito d'imposta per le erogazioni liberali a favore delle fondazioni ITS Academy che operano in zone con alta disoccupazione.

SEZIONE I - Crediti d'imposta relativi ai fabbricati

In questa sezione devono essere indicati il credito d'imposta per il riacquisto della prima casa e quello per i canoni di locazione non percepiti.

Rigo G1 - Credito d'imposta per il riacquisto della prima casa: deve essere compilato dai contribuenti che hanno maturato un credito d'imposta a seguito del riacquisto della prima casa.

Questo rigo non deve essere compilato da coloro che hanno già utilizzato il credito di imposta:
- per ridurre l'imposta di registro dovuta sull'atto di acquisto agevolato che lo determina;
- per ridurre le imposte di registro, ipotecarie e catastali, oppure le imposte sulle successioni e donazioni dovute sugli atti e sulle denunce presentati dopo la data di acquisizione del credito.

Colonna 1 (Residuo precedente dichiarazione): riportare il credito d'imposta per il riacquisto della prima casa che non ha trovato capienza nell'imposta che risulta dalla precedente dichiarazione, indicato nel rigo 131 del prospetto di liquidazione (Mod. 730-3) del mod. 730/2023, o nel rigo RN47, col. 11, del Mod. REDDITI PF 2023.

Per individuare le condizioni per fruire dei benefici sulla prima casa si rimanda alle informazioni contenute nelle "Guide fiscali" reperibili sul sito dell'Agenzia delle Entrate www.agenziaentrate.gov.it.

Colonna 2 (Credito anno 2023): indicare il credito d'imposta maturato nel 2023. L'importo del credito è pari all'imposta di registro o all'IVA pagata per il primo acquisto agevolato; in ogni caso questo importo non può essere superiore all'imposta di registro o all'IVA dovuta in relazione al secondo acquisto.

Il credito d'imposta spetta quando ricorrono le seguenti condizioni:
- l'immobile è stato acquistato usufruendo delle agevolazioni prima casa, nel periodo compreso tra il 1° gennaio 2023 e la data di presentazione della dichiarazione dei redditi;
- l'acquisto è stato effettuato entro un anno dalla vendita di un altro immobile acquistato usufruendo delle agevolazioni prima casa oppure se la vendita dell'altro immobile acquistato usufruendo dell'agevolazione prima casa è effettuata entro un anno dall'acquisto della nuova prima casa. È stata disposta la sospensione, nel periodo compreso tra il 23 febbraio 2020 e il 30 ottobre 2023, dei termini per effettuare gli adempimenti previsti ai fini del mantenimento del beneficio 'prima casa' e ai fini del riconoscimento del credito d'imposta per il riacquisto della 'prima casa'. I predetti termini sospesi hanno iniziato a decorrere o hanno ripreso a decorrere dal 31 ottobre 2023. Tale sospensione si è resa necessaria allo scopo di impedire la decadenza dal beneficio, attese le difficoltà nella conclusione delle compravendite immobiliari e negli spostamenti delle persone, dovute all'emergenza epidemiologica da COVID-19;
- i contribuenti interessati non sono decaduti dal beneficio prima casa.

Si precisa che il credito d'imposta spetta anche a coloro che hanno acquistato l'abitazione da imprese costruttrici sulla base della normativa vigente fino al 22 maggio 1993 (e che quindi non hanno formalmente usufruito delle agevolazioni per la "prima casa"), purché dimostrino che alla data di acquisto dell'immobile ceduto erano comunque in possesso dei requisiti necessari in base alla normativa vigente in materia di acquisto della c.d. "prima casa", e questa circostanza risulti nell'atto di acquisto dell'immobile per il quale il credito è concesso.

Colonna 3 (Credito compensato nel Mod. F24): riportare il credito d'imposta utilizzato in compensazione nel modello F24 fino alla data di presentazione del 730/2024.

Rigo G2 - Credito d'imposta per i canoni di locazione non percepiti: indicare il credito d'imposta spettante per le imposte versate sui canoni di locazione di immobili ad uso abitativo scaduti e non percepiti, come risulta accertato nel provvedimento giurisdizionale di convalida di sfratto per morosità. In proposito vedere in Appendice la voce "Credito d'imposta per canoni di locazione non percepiti".

SEZIONE II - Credito d'imposta per il reintegro delle anticipazioni sui fondi pensione e sottoconti di PEPP

I contribuenti che aderiscono alle forme pensionistiche complementari e che sono titolari di sottoconti di PEPP possono richiedere, per determinate esigenze (ad esempio spese sanitarie a seguito di gravissime situazioni e acquisto della prima casa), un'anticipazione delle somme relative alla posizione individuale maturata. Sulle somme anticipate è applicata una ritenuta a titolo d'imposta.

Le anticipazioni possono essere reintegrate, a scelta dell'aderente, in qualsiasi momento mediante contribuzioni anche annuali eccedenti il limite di 5.164,57 euro. Tale versamento contributivo ha lo scopo di ricostituire la posizione individuale esistente all'atto dell'anticipazione. La reintegrazione può avvenire in unica soluzione o mediante contribuzioni periodiche.

Sulle somme eccedenti il predetto limite, corrispondenti alle anticipazioni reintegrate, è riconosciuto un credito d'imposta pari all'imposta pagata al momento della fruizione dell'anticipazione, proporzionalmente riferibile all'importo reintegrato.

Chi aderisce deve rendere un'espressa dichiarazione al fondo con la quale dispone se e per quale somma la contribuzione debba intendersi come reintegro. La comunicazione deve essere resa entro il termine di presentazione della dichiarazione dei redditi relativa all'anno in cui è effettuato il reintegro. Il credito d'imposta spetta solo con riferimento alle somme qualificate come reintegro nel senso sopra descritto. Per approfondimenti si vedano il decreto legislativo 5 dicembre 2005, n. 252, la circolare n. 70 del 18 dicembre 2007, e la risposta ad interpello n. 193 del 14 aprile 2022 dell'Agenzia delle Entrate.

Rigo G3
Colonna 1 (Anno anticipazione) Indicare l'anno in cui è stata percepita l'anticipazione delle somme relative alla posizione contributiva individuale maturata.
Colonna 2 (Reintegro totale/parziale): indicare uno dei seguenti codici relativi alla misura del reintegro:
- **codice 1** se l'anticipazione è stata reintegrata totalmente;
- **codice 2** se l'anticipazione è stata reintegrata solo in parte.

Colonna 3 (Somma reintegrata): indicare l'importo che è stato versato nel 2023 per reintegrare l'anticipazione percepita.
Colonna 4 (Residuo precedente dichiarazione): indicare il credito d'imposta che non ha trovato capienza nell'imposta che risulta dalla precedente dichiarazione, indicato nel rigo 134 del prospetto di liquidazione (Mod. 730-3) del Mod. 730/2023 o nel rigo RN47, col. 13, del Mod. REDDITI PF 2023.
Colonna 5 (Credito): indicare l'importo del credito d'imposta spettante con riferimento alla somma reintegrata.
Colonna 6 (di cui compensato in F24): indicare il credito d'imposta utilizzato in compensazione nel modello F24 fino alla data di presentazione della dichiarazione.

SEZIONE III - Credito d'imposta per redditi prodotti all'estero
Questa sezione è riservata ai contribuenti che hanno percepito redditi in un Paese estero nel quale sono state pagate imposte a titolo definitivo per le quali chi presta l'assistenza fiscale può riconoscere un credito d'imposta. Si considerano pagate a titolo definitivo le imposte che non possono essere più rimborsate. Pertanto, non vanno indicate in questo rigo, ad esempio, le imposte pagate in acconto o in via provvisoria e quelle per le quali è prevista la possibilità di rimborso totale o parziale.

Le imposte da indicare in questa sezione sono quelle divenute definitive a partire dal 2023 (se non sono state già indicate nella dichiarazione precedente) fino al termine di presentazione del 730/2024, anche se riferite a redditi percepiti negli anni precedenti.

Per maggiori dettagli riguardo la disciplina dei crediti d'imposta per i redditi prodotti all'estero, in particolare in merito alla documentazione da conservare ai fini della verifica della detrazione e quella idonea a dimostrare l'avvenuto pagamento delle imposte all'estero, si rinvia alla circolare n. 9/E del 5 marzo 2015.

Rigo G4
Colonna 1 (Codice Stato estero): indicare il codice dello Stato estero nel quale è stato prodotto il reddito, rilevabile dalla tabella n. 10 presente in Appendice. Per i redditi indicati nella Certificazione Unica il dato è rilevabile dal punto 377 della stessa certificazione.
Colonna 2 (Anno): indicare l'anno d'imposta in cui è stato prodotto il reddito all'estero. Se il reddito è stato prodotto nel 2023 indicare "2023". Per i redditi indicati nella Certificazione Unica il dato è rilevabile dal punto 378 della stessa certificazione.
Colonna 3 (Reddito estero): indicare il reddito prodotto all'estero che ha concorso a formare il reddito complessivo in Italia. Se questo è stato prodotto nel 2023 va riportato il reddito già indicato nei quadri C e D del 730/2024 per il quale compete il credito. In questo caso non devono essere compilate le colonne 5, 6, 7, 8 e 9 del rigo G4. Per i redditi indicati nella Certificazione Unica il dato è rilevabile dal punto 379 della stessa certificazione.
Colonna 4 (Imposta estera): indicare le imposte pagate all'estero divenute definitive a partire dal 2023 e fino alla data di presentazione del 730/2024 per le quali non si è già usufruito del relativo credito d'imposta nelle precedenti dichiarazioni. Ad esempio, se per redditi prodotti all'estero nel **2021** nello Stato A, è stata pagata un'imposta complessiva di 300 euro, diventata definitiva per 200 euro entro il 31 dicembre 2022 (già riportata nel rigo G4 del modello 730/2023) e per 100 euro entro il 31 dicembre 2023, nella colonna 4 di questo rigo G4 deve essere indicato l'importo di 100 euro, relativo alla sola imposta divenuta definitiva nel 2023. Per i redditi indicati nella Certificazione Unica il dato è rilevabile dal punto 380 della stessa certificazione. Si precisa che se il reddito prodotto all'estero ha concorso solo in parte alla formazione del reddito complessivo in Italia anche l'imposta estera va ridotta in misura corrispondente.
Colonna 5 (Reddito complessivo): indicare il reddito complessivo relativo all'anno d'imposta indicato in colonna 2, aumentato eventualmente dei crediti d'imposta sui fondi comuni e dei crediti d'imposta sui dividendi (se ancora in vigore nell'anno di produzione del reddito). Per l'anno 2022 l'importo è dato dall'ammontare indicato nel rigo 11 del Mod. 730-3/2023 o dal risultato della seguente formula: rigo RN1 (col. 2 – col. 3) + col. 5 del Mod. REDDITI PF 2023.
Colonna 6 (Imposta lorda): indicare l'imposta lorda italiana relativa all'anno d'imposta riportato in colonna 2. Per l'anno 2022 il dato si trova nel rigo RN5 del Mod. REDDITI PF 2023 o nel rigo 16 del Mod. 730-3/2023.
Colonna 7 (Imposta netta): indicare l'imposta netta italiana relativa all'anno d'imposta indicato in colonna 2. Per l'anno 2022 il dato si trova nel rigo RN26, colonna 2, del Mod. REDDITI PF 2023 o nel rigo 50 del Mod. 730-3/2023.
Colonna 8 (Credito utilizzato nelle precedenti dichiarazioni): indicare il credito eventualmente già utilizzato nelle precedenti dichiarazioni relativo ai redditi prodotti all'estero nell'anno indicato in colonna 2, indipendentemente dallo Stato estero di riferimento. Pertanto, può essere necessario compilare questa colonna se nelle precedenti dichiarazioni dei redditi è stato compilato il rigo relativo al credito d'imposta per redditi prodotti all'estero (quadro G, rigo G4 del Mod. 730/2023 o del Mod. 730/2022 o quadro RU o quadro CE, Sez. I del Fascicolo 3 del Mod. REDDITI PF 2023 o del Mod. REDDITI PF 2022).

■ **Contribuenti che hanno usufruito del credito d'imposta per redditi prodotti nell'anno indicato in col. 2 nella dichiarazione dei redditi relativa all'anno d'imposta 2022**

I contribuenti che hanno presentato lo scorso anno il modello 730/2023 devono compilare questa colonna se l'anno indicato in colonna 2 corrisponde a quello indicato in colonna 2 del rigo G4 della precedente dichiarazione. In questo caso, riportare in questa colonna l'importo, relativo allo stesso anno di produzione del reddito, indicato nella colonna 2 "Totale credito utilizzato" del rigo 145 (o 146 per il coniuge dichiarante) del Mod. 730-3/2023.

I contribuenti che hanno presentato lo scorso anno il modello REDDITI PF 2023 devono compilare questa colonna se l'anno indicato in colonna 2 corrisponde a quello indicato in colonna 2 dei righi da CE1 a CE3 del Fascicolo 3 del modello REDDITI PF 2023. In questo caso riportare in questa colonna l'importo, relativo allo stesso anno di produzione del reddito, indicato nella colonna 4 dei righi CE4 e CE5 del Fascicolo 3 del Mod. REDDITI PF 2023.

Colonna 9 (Credito relativo allo Stato estero indicato in col. 1): indicare il credito già utilizzato nelle precedenti dichiarazioni per redditi prodotti nello stesso anno indicato in colonna 2 e nello Stato estero indicato in colonna 1.

L'importo da riportare in questa colonna è già compreso in quello di colonna 8. Di conseguenza, la colonna 9 non va compilata se non risulta compilata la colonna 8.

La compilazione di questa colonna è necessaria quando l'imposta complessivamente pagata in uno Stato estero è diventata definitiva in diversi anni di imposta e pertanto si è usufruito del relativo credito d'imposta in dichiarazioni relative ad anni di imposta diversi.

Nel caso ipotizzato nell'esempio che segue:

Stato estero	Anno di produzione del reddito	Reddito prodotto all'estero	Imposta estera		
			Imposta pagata all'estero	di cui resasi definitiva nel corso del 2022	di cui resasi definitiva nel corso del 2023
A	2022	1.000	350	200	150

l'importo da indicare nella colonna 9 è di 200 euro, pari al credito utilizzato nella dichiarazione relativa ai redditi del 2022 per la parte d'imposta divenuta definitiva.

Credito già utilizzato nel Mod. 730/2023

Se nella dichiarazione Mod. 730/2023 è stato compilato un rigo G4 nel quale sono stati indicati uno Stato estero e un anno di produzione identici a quelli riportati in questo rigo G4, l'importo da riportare nella colonna 9 è indicato nel rigo 145 (o 146 per il coniuge) del Mod. 730-3/2023, relativo allo stesso anno di produzione del reddito, colonna 4 o 6 "Credito utilizzato", riferita al medesimo Stato estero.

Se i redditi sono stati prodotti in Stati differenti, per ognuno di questi è necessario compilare un distinto modello. Analogamente occorre procedere se le imposte pagate all'estero sono relative a redditi prodotti in anni diversi.

SEZIONE IV - Credito d'imposta per gli immobili colpiti dal sisma in Abruzzo

Questa sezione è riservata ai contribuenti colpiti dal sisma del 6 aprile 2009 in Abruzzo ai quali è stato riconosciuto, a seguito di apposita domanda presentata al Comune del luogo dove è situato l'immobile, un credito d'imposta per le spese sostenute per gli interventi di riparazione o ricostruzione degli immobili danneggiati o distrutti, oppure per l'acquisto di una nuova abitazione principale equivalente a quella distrutta.

Rigo G5 - Abitazione principale: il credito d'imposta riconosciuto per l'abitazione principale è utilizzabile in diminuzione dell'IRPEF e ripartito in 20 quote costanti relative all'anno in cui la spesa è stata sostenuta e ai successivi anni.

Si precisa che se il credito è stato riconosciuto per la ricostruzione sia dell'abitazione principale sia delle parti comuni dell'immobile, devono essere compilati due distinti righi, utilizzando un quadro aggiuntivo.

Colonna 1 (Codice fiscale): indicare il codice fiscale della persona che ha presentato, anche per conto del dichiarante, la domanda per l'accesso al contributo. La colonna non va compilata se la domanda è stata presentata dal dichiarante. Per gli interventi su parti comuni di edifici residenziali va indicato il codice fiscale del condominio. Per gli interventi su unità immobiliari appartenenti a cooperative edilizie a proprietà indivisa va indicato il codice fiscale della cooperativa.

Colonna 2 (Numero rata): indicare il numero della rata che il contribuente utilizza per il 2023.

Colonna 3 (Totale credito): indicare l'importo del credito d'imposta riconosciuto per gli interventi di riparazione o ricostruzione dell'abitazione principale danneggiata o distrutta, oppure per l'acquisto di una nuova abitazione equivalente all'abitazione principale distrutta.

Colonna 4 (Residuo precedente dichiarazione): riportare il credito d'imposta per l'acquisto dell'abitazione principale che non ha trovato capienza nell'imposta che risulta dalla precedente dichiarazione, indicato nel rigo 133 del prospetto di liquidazione (Mod. 730-3) del Mod. 730/2023, o quello indicato nel rigo RN47, col. 21, del Mod. REDDITI PF 2023. Se il credito d'imposta è stato riconosciuto per la ricostruzione sia dell'abitazione principale sia delle parti comuni dell'immobile, il credito residuo derivante dalla precedente dichiarazione va riportato esclusivamente nel primo modulo compilato.

Si fa presente che se la quota del credito spettante per l'anno d'imposta 2023 è superiore all'imposta netta, chi presta l'assistenza fiscale riporterà nel rigo 133 del Mod. 730-3 l'ammontare del credito che non ha trovato capienza e che potrà essere utilizzato dal contribuente nella successiva dichiarazione dei redditi.

Rigo G6 - Altri immobili: per gli interventi riguardanti immobili diversi dall'abitazione principale spetta un credito d'imposta da ripartire, a scelta del contribuente in 5 o in 10 quote costanti e che non può eccedere, in ciascuno degli anni, l'imposta netta.

Se è stato riconosciuto il credito con riferimento a più immobili deve essere compilato un rigo per ciascun immobile utilizzando quadri aggiuntivi. Il credito spetta nel limite complessivo di 80.000 euro.

Colonna 1 (Impresa/professione): barrare la casella se l'immobile locato per il quale è stato riconosciuto il credito è adibito all'esercizio d'impresa o della professione.

Colonna 2 (Codice fiscale): indicare il codice fiscale di chi ha presentato, anche per conto del dichiarante, la domanda per l'accesso al contributo. Si rimanda ai chiarimenti forniti con le istruzioni alla colonna 1 del rigo G5.
Colonna 3 (Numero rata): indicare il numero della rata che il contribuente utilizza per il 2023.
Colonna 4 (Rateazione): indicare il numero di quote (5 o 10) in cui si è scelto di ripartire il credito d'imposta.
Colonna 5 (Totale credito): indicare l'importo del credito d'imposta riconosciuto per gli interventi di riparazione o ricostruzione dell'immobile diverso dall'abitazione principale danneggiato o distrutto.
Chi presta l'assistenza fiscale riconoscerà la quota di credito che spetta per l'anno d'imposta 2023 nei limiti dell'imposta netta.

SEZIONE VI - Credito d'imposta per l'acquisto della prima casa *under* 36

Rigo G8 - Credito d'imposta per l'acquisto della prima casa *under* 36: deve essere compilato dai contribuenti che hanno maturato un credito d'imposta a seguito dell'acquisto della prima casa assoggettata ad IVA relativamente agli atti traslativi stipulati sino al 31 dicembre 2023. Costoro non debbono avere compiuto 36 anni nel corso dell'anno in cui hanno acquistato la prima casa e debbono avere un valore dell'Isee (indicatore della situazione economica equivalente) non superiore a 40mila euro annui,

Per individuare le condizioni per fruire dei benefici sulla prima casa si rimanda alle informazioni contenute nelle "Guide fiscali" reperibili sul sito dell'Agenzia delle Entrate www.agenziaentrate.gov.it.

Colonna 1 (Residuo precedente dichiarazione): riportare il credito d'imposta per l'acquisto della prima casa che non ha trovato capienza nell'imposta che risulta dalla precedente dichiarazione, indicato nel rigo 156 del prospetto di liquidazione (Mod. 730-3) del Mod. 730/2023, o indicato nel rigo RN47, col. 44, del Mod. REDDITI PF 2023.
Colonna 2 (Credito anno 2023): indicare il credito d'imposta maturato nel 2023. L'importo del credito è pari all'IVA pagata in occasione dell'acquisto della prima casa. In questa colonna può essere indicato anche il credito d'imposta maturato dal 1° gennaio 2024 e fino alla data di presentazione della dichiarazione.
Colonna 3 (Credito compensato nel Mod. F24): riportare il credito d'imposta utilizzato in compensazione nel modello F24 fino alla data di presentazione del 730/2024.
Colonna 4 (Credito compensato in atto): riportare il credito d'imposta utilizzato in compensazione negli atti stipulati successivamente all'acquisto della prima casa assoggettata ad IVA.

SEZIONE VII - Credito d'imposta per le erogazioni liberali a sostegno della cultura (art bonus)

Rigo G9
Colonna 1 (Spesa 2023): indicare l'ammontare delle erogazioni liberali in denaro effettuate nel corso del 2023:
- a sostegno di interventi di manutenzione, protezione e restauro di beni culturali pubblici;
- a sostegno degli istituti e dei luoghi della cultura di appartenenza pubblica, delle fondazioni lirico sinfoniche e dei teatri di tradizione e, dal 27 dicembre 2017, delle istituzioni concertistico-orchestrali, dei teatri nazionali, dei teatri di rilevante interesse culturale, dei festival, delle imprese e dei centri di produzione teatrale e di danza, nonché dei circuiti di distribuzione. Dal 19 maggio 2020 anche per quelle a sostegno dei complessi strumentali, delle società concertistiche e corali, dei circoli e degli spettacoli viaggianti;
- per la realizzazione di nuove strutture, il restauro e il potenziamento di quelle esistenti di enti o istituzioni pubbliche che, senza scopo di lucro, svolgono esclusivamente attività nello spettacolo.

Il credito è riconosciuto anche per le erogazioni liberali in denaro effettuate per interventi di manutenzione, protezione e restauro di beni culturali pubblici destinate ai soggetti concessionari o affidatari dei beni oggetto di tali interventi (articolo 1 del decreto-legge 31 maggio 2014, n. 83, convertito, con modificazioni, dalla legge 29 luglio 2014, n. 106).
Il credito d'imposta spetta anche per le erogazioni liberali effettuate a favore (art. 17 del decreto-legge 17 ottobre 2016, n. 189, convertito dalla legge 15 dicembre 2016, n. 229):
- del Ministero della Cultura per interventi di manutenzione, protezione e restauro di beni culturali di interesse religioso presenti nei Comuni interessati dagli eventi sismici del 2016, anche appartenenti ad enti ed istituzioni della Chiesa cattolica o di altre confessioni religiose;
- dell'Istituto superiore per la conservazione e il restauro, dell'Opificio delle pietre dure e dell'Istituto centrale per il restauro e la conservazione del patrimonio archivistico e librario.

Colonna 2 (Residuo 2022): indicare il credito d'imposta residuo che è riportato nel rigo 130 del prospetto di liquidazione (Mod. 730-3) del Mod. 730/2023, o quello indicato nel rigo RN47, colonna 26, del Mod. REDDITI PF 2023.
Colonna 3 (Rata credito 2022): indicare l'importo riportato nel rigo 160, colonna 2 (colonna 4 per il coniuge), del prospetto di liquidazione (Mod. 730-3) del Mod. 730/2023, o l'ammontare indicato nel rigo RN30, colonna 1, del Mod. REDDITI PF 2023.
Colonna 4 (Rata credito 2021): indicare l'importo riportato nel rigo 160, colonna 1 (colonna 3 per il coniuge), del prospetto di liquidazione (Mod. 730-3) del Mod. 730/2023, o l'ammontare indicato nel rigo CR14, colonna 3, del Mod. REDDITI PF 2023.
Per le predette erogazioni liberali è riconosciuto un credito d'imposta nella misura del 65 per cento.
Il credito d'imposta spetta nei limiti del 15 per cento del reddito imponibile ed è utilizzabile in tre quote annuali di pari importo. La parte della quota annuale non utilizzata (rigo 130 del Modello 730-3) è fruibile negli anni successivi ed è riportata in avanti nelle dichiarazioni dei redditi.
Le erogazioni liberali devono essere state effettuate esclusivamente mediante uno dei seguenti sistemi di pagamento:
- banca;
- ufficio postale;
- sistemi di pagamento quali carte di debito, di credito e prepagate, assegni bancari e circolari.

Per ulteriori approfondimenti consultare la circolare n. 24/E del 31 luglio 2014.

Per le **liberalità a sostegno della cultura**, contraddistinte dai codici 26, 27 e 28 da indicare nei righi da E8 a E10 della sezione I del quadro E, la detrazione dall'imposta lorda spetta solo per le liberalità che non sono ricomprese nel presente credito.

SEZIONE XIII - Altri crediti d'imposta

Nel **rigo G15** vanno indicati i crediti d'imposta diversi da quelli indicati nelle precedenti sezioni.

Per indicare più crediti d'imposta, occorre compilare più moduli, secondo le istruzioni fornite nel paragrafo "Modelli aggiuntivi", parte II, capitolo 7.

Nella **colonna 1 (codice)** indicare i seguenti codici:

- '2' credito d'imposta **Ape**. È il credito d'imposta che l'Inps ha riconosciuto ai contribuenti che si sono avvalsi dell'anticipo finanziario a garanzia pensionistica (APE). L'APE è un prestito corrisposto a quote mensili per dodici mensilità che va restituito a partire dalla maturazione del diritto alla pensione di vecchiaia, con rate di ammortamento mensili per una durata di venti anni. Il prestito è coperto da una polizza assicurativa obbligatoria per il rischio di premorienza. A fronte degli interessi sul finanziamento e dei premi assicurativi per la copertura del rischio di premorienza corrisposti al soggetto erogatore, al pensionato è riconosciuto dall'Inps un credito d'imposta annuo nella misura massima del 50 per cento dell'importo pari a un ventesimo degli interessi e dei premi assicurativi complessivamente pattuiti nei relativi contratti. Tale credito d'imposta non concorre alla formazione del reddito ai fini delle imposte sui redditi ed è riconosciuto dall'INPS per l'intero importo rapportato a mese a partire dal primo pagamento del trattamento di pensione;

- '3' credito d'imposta **sport bonus**. Ai contribuenti, indicati nella tabella A allegata al decreto del 12 agosto 2020 e al decreto del 15 dicembre 2020, spetta un credito d'imposta in misura pari al 65% delle erogazioni liberali in denaro effettuate fino all'anno 2020 per interventi di manutenzione e restauro di impianti sportivi pubblici e per la realizzazione di nuove strutture sportive pubbliche, anche nel caso in cui le stesse siano destinate ai soggetti concessionari o affidatari degli impianti medesimi. Il credito d'imposta spettante è riconosciuto nel limite del 20 per cento del reddito imponibile ed è ripartito in tre quote annuali di pari importo. I soggetti che effettuano tali erogazioni liberali non possono cumulare il credito d'imposta con altra agevolazione fiscale prevista da altre disposizioni di legge a fronte delle medesime erogazioni.

  Ai fini del riconoscimento del credito d'imposta, le erogazioni liberali devono essere effettuate tramite bonifico bancario, bollettino postale, carte di debito, carte di credito e prepagate, assegni bancari e circolari;

- '4' credito d'imposta per **bonifica ambientale**. Per le erogazioni liberali in denaro effettuate nei periodi d'imposta successivi a quello in corso al 31 dicembre 2018 e comunque dopo la pubblicazione del decreto del Presidente del Consiglio dei Ministri del 10 dicembre 2021 (G.U. n. 32 dell'8 febbraio 2022), per interventi su edifici e terreni pubblici, sulla base di progetti presentati dagli enti proprietari, ai fini della bonifica ambientale, compresa la rimozione dell'amianto dagli edifici, della prevenzione e del risanamento del dissesto idrogeologico, della realizzazione o della ristrutturazione di parchi e aree verdi attrezzate e del recupero di aree dismesse di proprietà pubblica, spetta un credito d'imposta, nella misura del 65 per cento delle erogazioni effettuate. Il credito d'imposta spettante è riconosciuto nei limiti del 20 per cento del reddito imponibile ed è ripartito in tre quote annuali di pari importo. Le disposizioni attuative sono individuate con apposito decreto del Presidente del Consiglio dei Ministri del 10 dicembre 2021;

- '6' credito d'imposta per **l'incremento dell'occupazione**. Credito d'imposta istituito dall'articolo 2, commi da 539 a 547, della legge 24 dicembre 2007, n. 244, a favore dei datori di lavoro che, nel periodo compreso tra il 1° gennaio 2008 e il 31 dicembre 2008, hanno incrementato il numero di lavoratori dipendenti (ad esempio colf e badanti) con contratto di lavoro a tempo indeterminato, nelle aree svantaggiate delle regioni Calabria, Campania, Puglia, Sicilia, Basilicata, Sardegna, Abruzzo e Molise. Il credito d'imposta è utilizzabile anche in compensazione nel modello F24. È possibile indicare solamente la quota annuale non utilizzata nell'anno precedente;

- '7' credito d'imposta **per le erogazioni liberali a sostegno della scuola (school bonus)**. Il credito d'imposta spettava a chi effettuava erogazioni in denaro in favore degli istituti del sistema nazionale di istruzione, cioè istituzioni scolastiche statali, istituzioni scolastiche paritarie private e degli enti locali.

  In particolare, veniva riconosciuto per queste tipologie di investimenti:
  - realizzazione di nuove strutture scolastiche;
  - manutenzione e potenziamento di quelle esistenti;
  - interventi per il miglioramento dell'occupabilità degli studenti.

  Dall'anno d'imposta 2020 è possibile indicare solamente la quota annuale non utilizzata nell'anno precedente;

- '8' credito d'imposta **per videosorveglianza**. Credito d'imposta per le spese sostenute per l'installazione di sistemi di videosorveglianza digitale o allarme, nonché connesse a contratti stipulati con istituti di vigilanza, dirette alla prevenzione di attività criminali. Il credito d'imposta era pari all'importo delle spese indicate nell'istanza presentata all'Agenzia delle Entrate entro il 20 marzo 2017. Il credito d'imposta è utilizzabile anche in compensazione nel modello F24. È possibile indicare solamente la quota annuale non utilizzata nell'anno precedente;

- '9' credito d'imposta **per sanificazione e acquisto dispositivi di protezione**. Alle strutture ricettive extra-alberghiere a carattere non imprenditoriale munite di codice identificativo regionale ovvero, in mancanza, identificate mediante autocertificazione in merito allo svolgimento di attività di bed and breakfast, spetta un credito d'imposta in misura pari al **30 per cento** delle spese sostenute nei mesi di giugno, luglio ed agosto 2021 per la sanificazione degli ambienti e degli strumenti utilizzati e per l'acquisto di dispositivi di protezione individuale e di altri dispositivi atti a garantire la salute dei lavoratori e degli utenti, comprese le spese per la somministrazione di tamponi per COVID-19. Il credito d'imposta spetta fino ad un massimo di 60.000 euro. Con provvedimento del Direttore dell'Agenzia delle Entrate 10 novembre 2021 è stato stabilito che la percentuale di fruizione del credito d'imposta è pari al 100%. Il credito d'imposta è utilizzabile anche in compensazione nel modello F24. A partire dall'anno d'imposta 2022 è possibile indicare in dichiarazione il solo importo portato a nuovo dalla dichiarazione dell'anno precedente;

- '10' credito d'imposta **per depuratori acqua e riduzione consumo di plastica**. Al fine di razionalizzare l'uso dell'acqua e di ridurre il consumo di contenitori di plastica per acque destinate ad uso potabile, dal 1° gennaio 2021 al 31 dicembre 2023, spetta un credito d'imposta nella misura del **50 per cento** delle spese sostenute per l'acquisto e l'installazione di sistemi di filtraggio, mineralizzazione, raffreddamento e addizione di anidride carbonica alimentare E 290, per il miglioramento qualitativo delle acque destinate al consumo umano erogate da acquedotti, fino a un ammontare complessivo delle stesse non superiore a 1.000 euro per ciascuna unità immobiliare. Se si fruisce del credito d'imposta per più unità immobiliari, occorre compilare un rigo per ciascuna di esse. Il credito d'imposta è utilizzabile anche in compensazione nel modello F24. Con provvedimento del Direttore dell'Agenzia delle Entrate da adottarsi entro il 2 aprile 2024 è stabilita la misura del credito effettivamente spettante con riferimento alle spese sostenute nel 2023. Al fine di effettuare il monitoraggio e la valutazione della riduzione del consumo dei contenitori di plastica per acque destinate ad uso potabile conseguita, in analogia a quanto previsto per in materia di detrazioni fiscali per la riqualificazione energetica degli edifici, le informazioni sugli interventi effettuati sono trasmesse per via telematica all'ENEA;

'11' credito d'imposta per **social bonus**. Alle persone fisiche è riconosciuto un credito d'imposta nella misura del 65% delle erogazioni liberali in denaro effettuate a favore degli enti del terzo settore e comunque nel limite del 15% del reddito imponibile. Il credito d'imposta è ripartito in tre quote annuali di pari importo ed è fruibile a decorrere dalla dichiarazione dei redditi relativa all'anno in cui è stata effettuata l'erogazione liberale. La quota annuale non utilizzata può essere riportata nelle dichiarazioni dei redditi dei periodi d'imposta successivi, fino ad esaurimento del credito. Le erogazioni liberali vanno effettuate in favore degli enti del Terzo settore che hanno presentato al Ministero del Lavoro e delle Politiche Sociali un progetto per sostenere il recupero degli immobili pubblici inutilizzati e dei beni mobili e immobili confiscati alla criminalità organizzata, assegnati ai suddetti Enti del Terzo Settore e da questi utilizzati esclusivamente per lo svolgimento di attività di interesse generale con modalità non commerciali, e che sono stati approvati dal Ministero del Lavoro e delle Politiche sociali. Le erogazioni liberali vanno effettuate esclusivamente mediante sistemi di pagamento che ne garantiscano la tracciabilità, tramite banche, uffici postali ovvero mediante altri sistemi di pagamento tracciabili. Per le suddette erogazioni non è possibile fruire delle agevolazioni previste per il cod. 61, il cod. 71, il cod. 76 da indicare nei righi da E8 a E10, il rigo E36 e il rigo E26, cod. 7. Per l'anno d'imposta 2023 non risultano progetti approvati dal menzionato Ministero e di conseguenza non è possibile fruire del social bonus;

'12' credito d'imposta **per attività fisica adattata**. Per l'anno di imposta 2022 è stato riconosciuto un credito d'imposta per le spese documentate sostenute per fruire di attività fisica adattata. Con decreto del Ministero dell'economia e delle finanze, sono definite le modalità attuative per l'accesso al beneficio e per il suo recupero in caso di utilizzo illegittimo. Il credito d'imposta è fruibile in dichiarazione in diminuzione delle imposte e la quota non utilizzata può essere riportata nelle dichiarazioni dei redditi relativi ai successivi periodi d'imposta. Con provvedimento del Direttore dell'Agenzia 11 ottobre 2022 è stata stabilita la misura del credito d'imposta spettante;

'13' credito d'imposta per **installazione di sistemi di accumulo di energia da fonti rinnovabili**. Per l'anno di imposta 2022 è stato riconosciuto, un credito d'imposta per le spese documentate relative all'installazione di sistemi di accumulo integrati in impianti di produzione elettrica alimentati da fonti rinnovabili, anche se già esistenti e beneficiari degli incentivi per lo scambio sul posto di cui all'articolo 25-*bis* del decreto-legge 24 giugno 2014, n. 91, convertito, con modificazioni, dalla legge 11 agosto 2014, n. 116. Il credito d'imposta è fruibile in dichiarazione in diminuzione delle imposte e la quota non utilizzata può essere riportata nelle dichiarazioni dei redditi relativi ai successivi periodi d'imposta. Con provvedimento del Direttore dell'Agenzia è stabilita la misura del credito d'imposta spettante. L'utilizzo del credito non consente la fruizione di altre agevolazioni previste per la medesima tipologia di spesa;

'14' credito d'imposta per erogazioni liberali in favore delle **fondazioni ITS Academy**. Per le erogazioni liberali in denaro effettuate in favore delle fondazioni ITS Academy e per le donazioni, i lasciti, i legati e gli altri atti di liberalità disposti da enti o da persone fisiche con espressa destinazione all'incremento del patrimonio delle stesse fondazioni, spetta un credito d'imposta nella misura del 30 per cento delle erogazioni effettuate;

'15' credito d'imposta per erogazioni liberali in favore delle **fondazioni ITS Academy in province con alta disoccupazione**. Qualora le erogazioni, le donazioni, i lasciti, i legati e gli altri atti di liberalità disposti da enti o da persone fisiche con espressa destinazione all'incremento del patrimonio delle stesse fondazioni, sia effettuata in favore di fondazioni ITS Academy operanti nelle province in cui il tasso di disoccupazione è superiore a quello medio nazionale, il credito d'imposta è pari al 60 per cento del valore delle menzionate liberalità.

I crediti d'imposta di cui ai codici '**14**' e '**15**' sono riconosciuti a condizione che il versamento sia eseguito tramite banche o uffici postali ovvero mediante altri sistemi di pagamento previsti dall'articolo 23 del D.Lgs. n. 241 del 1997, ed è utilizzabile in tre quote annuali di pari importo a partire dalla dichiarazione dei redditi relativa al periodo d'imposta nel corso del quale è effettuata l'elargizione. L'eventuale ammontare del credito d'imposta non utilizzato può essere fruito nei periodi d'imposta successivi.

'16' credito d'imposta **mediazioni per la conciliazione di controversie civili e commerciali.** Alle parti che raggiungono un accordo di conciliazione è riconosciuto un credito d'imposta commisurato all'indennità corrisposta agli organismi di mediazione.

Nei casi in cui si è tenuti preliminarmente a esperire il procedimento di mediazione e quando la mediazione è demandata dal giudice, alle parti è altresì riconosciuto un credito d' imposta commisurato al compenso corrisposto al proprio avvocato per l'assistenza nella procedura di mediazione, nei limiti previsti dai parametri forensi.

Tali crediti d'imposta sono utilizzabili nel limite complessivo di seicento euro per procedura e comunque fino ad un importo massimo annuale di duemilaquattrocento euro. In caso di insuccesso della mediazione i crediti d'imposta sono ridotti della metà.

La domanda di attribuzione dei crediti di imposta conciliazione e mediazione deve essere presentata, a pena di inammissibilità, tramite la piattaforma accessibile dal sito www.giustizia.it **entro il 31 marzo dell'anno successivo a quello di conclusione delle relative procedure deflattive.**

Il Ministero, **entro il 30 aprile dell'anno in cui è presentata la domanda di attribuzione** dei crediti d'imposta, comunica al richiedente l'importo del credito d' imposta spettante.

I crediti di imposta non danno luogo a rimborso e sono utilizzabili anche in compensazione con il modello F24 a decorrere dalla data di ricevimento della comunicazione del Ministero della Giustizia. Il modello F24 va presentato esclusivamente tramite i servizi telematici messi a disposizione dalla Agenzia delle entrate, pena di rifiuto dell'operazione di versamento.

'17' credito d'imposta **per negoziazione e arbitrato.** Alle parti che corrispondono o che hanno corrisposto il compenso agli avvocati abilitati ad assisterli nel procedimento di negoziazione assistita, nonché alle parti che corrispondono o che hanno corrisposto il compenso agli arbitri, è riconosciuto, in caso di successo della negoziazione, ovvero di conclusione dell'arbitrato con lodo, un credito di imposta commisurato al compenso e comunque fino a 250 euro.

A decorrere dal 7 agosto 2023 la domanda di attribuzione dei crediti di imposta negoziazione e arbitrato deve essere presentata, a pena di inammissibilità, tramite la piattaforma accessibile dal sito www.giustizia.it **entro il 31 marzo dell'anno successivo a quello di conclusione delle relative procedure deflattive.**

Il Ministero, **entro il 30 aprile dell'anno in cui è presentata la domanda di attribuzione** dei crediti d' imposta, comunica al richiedente l'importo del credito d' imposta spettante.

I crediti di imposta non danno luogo a rimborso e sono utilizzabili anche in compensazione, ai sensi dell'art. 17 del decreto legislativo 9 luglio 1997, n. 241, a decorrere dalla data di ricevimento della comunicazione del Ministero della Giustizia tramite modello F24, presentato, a pena di rifiuto dell'operazione di versamento, esclusivamente tramite i servizi telematici messi a disposizione dalla Agenzia delle entrate.

'18' credito d'imposta **contributo unificato**. Quando è raggiunto l'accordo in caso di mediazione demandata dal giudice, alle parti è riconosciuto un credito d' imposta commisurato al contributo unificato versato dalla parte del giudizio estinto a seguito della conclusione di un accordo di conciliazione, nel limite dell'importo versato e fino a concorrenza di cinquecentodiciotto euro.

La domanda di attribuzione del credito di imposta contributo unificato deve essere presentata, a pena di inammissibilità, tramite la piattaforma accessibile dal sito www.giustizia.it **entro il 31 marzo dell'anno successivo a quello di conclusione delle relative procedure deflattive.**

Il Ministero, **entro il 30 aprile dell'anno in cui è presentata la domanda di attribuzione** dei crediti d' imposta, comunica al richiedente l'importo del credito d' imposta spettante.

Il credito di imposta non dà luogo a rimborso ed è utilizzabile anche in compensazione, ai sensi dell'art. 17 del decreto legislativo 9 luglio 1997, n. 241, a decorrere dalla data di ricevimento della comunicazione del Ministero della Giustizia tramite modello F24, presentato, a pena di rifiuto dell'operazione di versamento, esclusivamente tramite i servizi telematici messi a disposizione dalla Agenzia delle entrate.

Nella **colonna 2 (Importo)**:
- se in colonna 1 è stato indicato il codice '2' (**Ape**), indicare l'importo indicato nel punto 381 del modello di Certificazione Unica 2024;
- se in colonna 1 è stato indicato il codice '4' (**bonifica ambientale**), se in possesso dell'attestazione rilasciata dal portale gestito dal Ministero dell'Ambiente e della Sicurezza Energetica (ex Ministero della Transizione ecologica), indicare l'importo delle erogazioni liberali effettuate;
- se in colonna 1 è stato indicato il codice '10' (**depuratori acqua e riduzione consumo di plastica**), indicare l'importo del credito spettante ottenuto applicando all'importo del credito (pari al 50% delle spese sostenute) sostenute la percentuale prevista dal Provvedimento del Direttore dell'Agenzia delle entrate da emanarsi entro il 31 marzo 2024;
- se in colonna 1 è stato indicato il codice '14' (**fondazioni ITS Academy**) o '15' (**fondazioni ITS Academy in province con alta disoccupazione**), indicare l'importo dell'erogazioni liberali effettuate;
- se in colonna 1 è stato indicato il codice '16' (**mediazioni per la conciliazione di controversie civili e commerciali**) o '17' (**per negoziazione e arbitrato**) o '18' (**contributo unificato**), indicare l'importo del credito d'imposta risultante dalla comunicazione del Ministero della giustizia, ricevuta entro il 30 maggio 2024.

Colonna 3 (Residuo 2022): indicare il credito d'imposta residuo che è riportato nel rigo 157, colonna 1 (colonna 2 per il coniuge) del prospetto di liquidazione (Mod. 730-3) del Mod. 730/2023, o quello indicato nel rigo RN47, colonna 39, del Mod. REDDITI PF 2023, se in colonna 1 è indicato il codice '3' **(sport bonus)**.

Se in colonna 1 è indicato il codice '4' (**bonifica ambientale**), riportare l'importo che è esposto nel rigo 157, colonna 3 (colonna 4 per il coniuge) del prospetto di liquidazione (Mod. 730-3) del Mod. 730/2023, o quello indicato nel rigo RN47, col. 40, del quadro RN del Mod. REDDITI PF 2023.

Se in colonna 1 è indicato il codice '6' (**incremento dell'occupazione**), riportare l'importo che è esposto nel rigo 157, colonna 5 (colonna 6 per il coniuge) del prospetto di liquidazione (Mod. 730-3) del Mod. 730/2023, o quello indicato nel rigo RN47, col. 12, del quadro RN del Mod. REDDITI PF 2023.

Se in colonna 1 è indicato il codice '7' (**school bonus**), indicare il credito d'imposta residuo che è riportato nel rigo 157, colonna 7 (colonna 8 per il coniuge) del prospetto di liquidazione (Mod. 730-3) del Mod. 730/2023, o quello indicato nel rigo RN47, colonna 27, del Mod. REDDITI PF 2023.

Se in colonna 1 è indicato il codice '8' (**videosorveglianza**), indicare il credito d'imposta residuo che è riportato nel rigo 157, colonna 9 (colonna 10 per il coniuge) del prospetto di liquidazione (Mod. 730-3) del Mod. 730/2023, o quello indicato nel rigo RN47, colonna 28, del Mod. REDDITI PF 2023.

Se in colonna 1 è stato indicato il codice '9' (**sanificazione e acquisto dispositivi di protezione**), indicare il credito d'imposta residuo che è riportato nel rigo 157, colonna 11 (colonna 12 per il coniuge) del prospetto di liquidazione (Mod. 730-3) del Mod. 730/2023, o indicato nel rigo RN47, colonna 45, del Mod. REDDITI PF 2023.

Se in colonna 1 è stato indicato il codice '10' (**depuratori acqua e riduzione consumo di plastica**), indicare il credito d'imposta residuo che è riportato nel rigo 157, colonna 13 (colonna 14 per il coniuge) del prospetto di liquidazione (Mod. 730-3) del Mod. 730/2023, o indicato nel rigo RN47, colonna 46, del Mod. REDDITI PF 2023.

Se in colonna 1 è stato indicato il codice '12' (**attività fisica adattata**), indicare il credito d'imposta residuo che è riportato nel rigo 157, colonna 17 (colonna 18 per il coniuge) del prospetto di liquidazione (Mod. 730-3) del Mod. 730/2023, o quello indicato nel rigo RN47, colonna 51, del Mod. REDDITI PF 2023.

Se in colonna 1 è stato indicato il codice '13' (**installazione di sistemi di accumulo di energia da fonti rinnovabili**), indicare il credito d'imposta residuo che è riportato nel rigo 157, colonna 19 (colonna 20 per il coniuge) del prospetto di liquidazione (Mod. 730-3) del Mod. 730/2023, o quello indicato nel rigo RN47, colonna 52, del Mod. REDDITI PF 2023.

Se in colonna 1 è stato indicato il codice '14' (**fondazioni ITS Academy**), indicare il credito d'imposta residuo che è riportato nel rigo 157, colonna 21 (colonna 22 per il coniuge) del prospetto di liquidazione (Mod. 730-3) del Mod. 730/2023, o quello indicato nel rigo RN47, colonna 53, del Mod. REDDITI PF 2023.

Se in colonna 1 è stato indicato il codice '**15**' (**fondazioni ITS Academy in province con alta disoccupazione**), indicare il credito d'imposta residuo che è riportato nel rigo 157, colonna 23 (colonna 24 per il coniuge) del prospetto di liquidazione (Mod. 730-3) del Mod. 730/2023, o quello indicato nel rigo RN47, colonna 54, del Mod. REDDITI PF 2023.

Se in colonna 1 è stato indicato il codice '**17**' (**per negoziazione e arbitrato**) indicare il credito d'imposta residuo che è riportato nel rigo 151 del prospetto di liquidazione (Mod. 730-3) del Mod. 730/2023, o quello indicato nel rigo RN47, colonna 15, del Mod. REDDITI PF 2023.

Colonna 4 (Rata 2022): indicare l'importo residuo del **credito d'imposta per bonifica ambientale** riportato nel rigo 159, colonna 1 (colonna 3 per il coniuge), del prospetto di liquidazione (Mod. 730-3) del Mod. 730/2023, o l'ammontare indicato nel rigo RN32, colonna 6, del Mod. REDDITI PF 2023, se in colonna 1 è indicato il codice **4** (**bonifica ambientale**).

Colonna 6 (di cui compensato in F24): se in colonna 1 è stato indicato il codice '**6**' (incremento dell'occupazione), '**8**' (videosorveglianza), '**9**' (sanificazione e acquisto dispositivi di protezione), '**10**' (depuratori acqua e riduzione consumo di plastica), '**14**' (fondazioni ITS Academy), e '**15**' (fondazioni ITS Academy in province con alta disoccupazione), '**16**' mediazioni per la conciliazione di controversie civili e commerciali), '**17**' (negoziazione e arbitrato) e '**18**' (contributo unificato) indicare il credito d'imposta utilizzato in compensazione nel modello F24 fino alla data di presentazione della dichiarazione.

12. QUADRO I - Imposte da compensare

Questo quadro può essere compilato dal contribuente che sceglie di utilizzare l'eventuale credito che risulta dal modello 730/2024 **per pagare, mediante compensazione nel Mod. F24, le imposte non comprese nel modello 730 che possono essere versate con il Mod. F24.**

In conseguenza di questa scelta il contribuente, non otterrà il rimborso corrispondente alla parte del credito che ha chiesto di compensare per pagare le altre imposte.

Per utilizzare in compensazione il credito che risulta dal 730, il contribuente deve compilare e presentare il modello di pagamento F24 **esclusivamente** mediante i servizi telematici messi a disposizione dall'Agenzia delle entrate, nei termini di cui all'art. 3, comma 1, del decreto-legge 26 ottobre 2019, n. 124.

Il presente quadro può essere compilato anche nel caso di modello 730 presentato dai lavoratori dipendenti privi di un sostituto d'imposta che possa effettuare il conguaglio.

Per utilizzare in compensazione un credito di importo superiore a 5.000 euro (articolo 3 del decreto-legge n. 50 del 2017) è necessario richiedere l'apposizione del visto di conformità (Legge di stabilità 2014, art. 1, comma 574).

Rigo I1
Nella **casella 1** indicare l'ammontare delle imposte che si intende versare con il modello F24 utilizzando il credito che risulta dal modello 730 con riferimento alle imposte principali (Irpef, Addizionali regionali e comunali, Cedolare secca).

Se dalla dichiarazione risulta un credito superiore all'importo indicato nella casella 1, la parte eccedente del credito sarà rimborsata dal sostituto d'imposta (per la parte che eccede il debito derivante dalle imposte sostitutive di cui al rigo C16 del quadro C, al rigo L8 del quadro L e al quadro W); se, invece, il credito che risulta dalla dichiarazione è inferiore all'importo indicato nella casella 1, il contribuente potrà utilizzare il credito in compensazione, ma sarà tenuto a versare la differenza (sempre con il Mod. F24).

In alternativa alla compilazione della casella 1, è possibile barrare la **casella 2** se si intende utilizzare in compensazione con il modello F24 l'intero importo del credito che risulta dalla dichiarazione per il versamento delle altre imposte. In questo caso l'intero credito non sarà rimborsato dal sostituto d'imposta.

L'importo del **credito che può effettivamente essere utilizzato in compensazione** per il pagamento delle altre imposte (importo che potrebbe non coincidere con quello indicato nel quadro I) è riportato nel prospetto modello **730-3/2024** consegnato al contribuente da chi presta l'assistenza, in particolare nei righi da 191 a 196 (da 211 a 216 per il coniuge).

In questi righi sono riportate anche le informazioni relative al codice tributo, all'anno di riferimento, al codice regione e al codice comune, da utilizzare per la compilazione del modello F24.

In caso di presentazione della **dichiarazione in forma congiunta**, i coniugi possono scegliere autonomamente se e in quale misura utilizzare il credito che risulta dalla liquidazione della propria dichiarazione per il pagamento delle imposte dovute da ciascuno di essi. Pertanto, non è consentito utilizzare il credito di un coniuge per il pagamento delle imposte dovute dall'altro coniuge.

In caso di presentazione del **modello 730 integrativo**, il contribuente che nel modello 730 originario ha compilato il quadro I e che, entro la data di presentazione del modello 730 integrativo, ha già utilizzato in compensazione nel modello F24 il credito che risulta dalla dichiarazione originaria, deve indicare nel quadro I del modello 730 integrativo un importo non inferiore al credito già utilizzato in compensazione. Il contribuente che, invece, non ha compilato il quadro I nel modello 730 originario, oppure pur avendolo compilato non ha utilizzato il credito che risulta dalla dichiarazione originaria, può non compilare o compilare anche in modo diverso il quadro I del modello integrativo.

Rigo I2
Nella **casella 1** indicare l'ammontare delle imposte che si intende versare con il modello F24 utilizzando il credito derivante dalle imposte sostitutive di cui al rigo C16 del quadro C, al rigo L8 del quadro L e al quadro W.

Se dalla dichiarazione risulta un credito superiore all'importo indicato nella casella 1, la parte eccedente del credito sarà rimborsata dall'Amministrazione finanziaria (per la parte che eccede il debito derivante dalle medesime imposte sostitutive); se, invece, il credito che risulta dalla dichiarazione è inferiore all'importo indicato nella casella 1, il contribuente potrà utilizzare il credito in compensazione, ma sarà tenuto a versare la differenza (sempre con il Mod. F24).

In alternativa alla compilazione della casella 1, è possibile barrare la **casella 2** se si intende utilizzare in compensazione con il modello F24 l'intero importo del credito derivante dalle imposte sostitutive di cui al rigo C16 del quadro C, al rigo L8 del quadro L e al quadro W per il versamento delle altre imposte. In questo caso l'intero credito non sarà rimborsato dall'Amministrazione finanziaria.

L'importo del **credito che può effettivamente essere utilizzato in compensazione** per il pagamento delle altre imposte (importo che potrebbe non coincidere con quello indicato nel quadro I) è riportato nel prospetto modello **730-3/2024** consegnato al contribuente da chi presta l'assistenza, in particolare nei righi da 197 a 207 (da 217 a 227 per il coniuge).

In questi righi sono riportate anche le informazioni relative al codice tributo e all'anno di riferimento, da utilizzare per la compilazione del modello F24.

In caso di presentazione della **dichiarazione in forma congiunta**, i coniugi possono scegliere autonomamente se e in quale misura utilizzare il credito che risulta dalla liquidazione della propria dichiarazione per il pagamento delle imposte dovute da ciascuno di essi. Pertanto, non è consentito utilizzare il credito di un coniuge per il pagamento delle imposte dovute dall'altro coniuge.

13. QUADRO L - Ulteriori dati

SEZIONE I - Dati relativi ai redditi prodotti a Campione d'Italia

In sede di conversione del decreto fiscale collegato alla legge di bilancio 2019, il legislatore ha innovato le agevolazioni già previste per Campione d'Italia. A seguito di tale modifica, a decorrere dall'anno d'imposta 2018, tutti i redditi prodotti in euro dai contribuenti iscritti nei registri anagrafici del Comune di Campione d'Italia concorrono a formare il reddito complessivo al netto di una riduzione pari al 30 per cento, con un abbattimento minimo di euro 26.000.

Si considerano iscritte nei registri anagrafici del Comune di Campione d'Italia anche le persone fisiche aventi domicilio fiscale nel medesimo comune le quali, già residenti nel Comune di Campione d'Italia, sono iscritte nell'anagrafe degli italiani residenti all'estero (AIRE) dello stesso Comune e residenti nel Canton Ticino della Confederazione elvetica.

Al fine di godere della nuova agevolazione, il contribuente compilerà il modello 730/2024 nel modo usuale e successivamente indicherà nel quadro L l'ammontare dei soli redditi prodotti in euro, già indicati nei rispettivi quadri A, B, e D, per cui intende usufruire dell'agevolazione.

Dall'anno d'imposta 2020 l'imposta netta dovuta dalle persone fisiche iscritte nei registri anagrafici del comune di Campione d'Italia, relativa ai redditi prodotti in euro e in franchi svizzeri nel periodo in cui si è stati iscritti nei predetti registri, è ridotta nella misura del 50 per cento per dieci periodi d'imposta.

L'agevolazione si applica ai sensi e nei limiti del regolamento (UE) n. 1407/2013 della Commissione, del 18 dicembre 2013, relativo all'applicazione degli articoli 107 e 108 del Trattato sul funzionamento dell'Unione europea agli aiuti «*de minimis*», del regolamento (UE) n. 1408/2013 della Commissione, del 18 dicembre 2013, relativo all'applicazione degli articoli 107 e 108 del Trattato sul funzionamento dell'Unione europea agli aiuti «*de minimis*» nel settore agricolo e del regolamento (UE) n. 717/2014 della Commissione, del 27 giugno 2014, relativo all'applicazione degli articoli 107 e 108 del Trattato sul funzionamento dell'Unione europea agli aiuti «*de minimis*» nel settore della pesca e dell'acquacoltura. Pertanto, i soggetti per cui l'agevolazione costituisce aiuto di Stato, ai fini della legittimazione della sua fruizione, sono tenuti all'indicazione dell'aiuto nel prospetto degli "Aiuti di Stato" presente nel modello REDDITI PF3 e quindi non possono utilizzare il modello 730.

Rigo L1 - Redditi prodotti in euro Campione d'Italia

Colonna 1 (Codice): indicare il codice identificativo dei redditi prodotti in euro;
- '1' redditi dominicali;
- '2' redditi agrari;
- '3' redditi da fabbricati;
- '6' redditi diversi di cui al quadro D.

Colonna 2 (Importo): indicare l'ammontare dei redditi prodotti in euro.

Rigo L2 - Redditi prodotti in franchi svizzeri Campione d'Italia

Colonna 1 (Codice): indicare il codice identificativo dei redditi prodotti in franchi svizzeri;
- '1' redditi dominicali;
- '2' redditi agrari;
- '3' redditi da fabbricati;
- '4' redditi da lavoro dipendente, pensione e assimilati (punto 12 Certificazione Unica 2024);
- '5' redditi diversi di cui al quadro D.

Colonna 2 (Importo): indicare l'ammontare dei redditi prodotti in franchi svizzeri.

SEZIONE II - Rivalutazione del valore dei terreni ai sensi dell'art. 2, D.L. n. 282/2002 e successive modificazioni

In questa sezione vanno indicati i valori dei terreni di cui all'art. 67, comma 1 lett. a) e b) del Tuir rideterminati ai sensi dell'art. 2 del decreto-legge 24 dicembre 2002, n. 282, compresi quelli edificabili e con destinazione agricola posseduti alla data del 1° gennaio 2023.

Nella sezione sono distintamente indicate le rivalutazioni dei terreni edificabili, dei terreni agricoli e dei terreni oggetto di lottizzazione, per i quali il valore di acquisto è stato rideterminato sulla base di una perizia giurata di stima ed è stato effettuato il relativo versamento dell'imposta sostitutiva nella misura del 16 per cento entro il 15 novembre 2023, in un'unica soluzione oppure fino ad un massimo di tre rate annuali di pari importo, a decorrere dalla medesima data. Sull'importo delle rate successive alla prima sono dovuti gli interessi nella misura del 3 per cento annuo da versare contestualmente a ciascuna rata.

I soggetti che si avvalgono della rivalutazione dei terreni posseduti alla data del 1° gennaio 2023 possono scomputare dall'imposta sostitutiva dovuta l'imposta eventualmente già versata in occasione di precedenti procedure di rideterminazione effettuate con riferimento ai medesimi terreni, sempreché non abbiano già presentato istanza di rimborso.

Nel caso di comproprietà di un terreno o di un'area rivalutata sulla base di una perizia giurata di stima, ciascun comproprietario deve dichiarare il valore della propria quota per la quale ha effettuato il versamento dell'imposta sostitutiva dovuta. Nel caso di versamento cumulativo dell'imposta per più terreni o aree deve essere distintamente indicato il valore del singolo terreno o area con la corrispondente quota dell'imposta sostitutiva dovuta su ciascuno di essi. Per la compilazione del rigo, in particolare, indicare:

- nella **colonna 1**, il valore rivalutato risultante della perizia giurata di stima;
- nella **colonna 2**, l'imposta sostitutiva dovuta;
- nella **colonna 3**, l'imposta eventualmente già versata in occasione di precedenti procedure di rideterminazione effettuate con riferimento ai medesimi beni che può essere scomputata dall'imposta sostitutiva dovuta relativa alla nuova rideterminazione, in particolare va

indicato in questa colonna il totale degli importi versati con il modello F24 indicando il codice tributo 8056 e l'anno 2023. Nel caso di eccedenza di versamento dovuta a riversamento spontaneo effettuato secondo la procedura descritta nella circolare n. 48/E del 7 giugno 2002 (risposta a quesito 6.1) e nella risoluzione 452/E del 27 novembre 2008 va utilizzato il Mod. REDDITI PF;
- nella **colonna 4**, l'imposta residua da versare che è pari all'importo della differenza tra l'imposta di colonna 2 e quella di colonna 3; qualora il risultato sia negativo il campo non va compilato;
- nella **colonna 5**, deve essere barrata la casella se l'importo dell'imposta sostitutiva residua da versare di colonna 4 è stato rateizzato;
- nella **colonna 6**, deve essere barrata la casella se l'importo dell'imposta sostitutiva residua da versare di colonna 4 indicata nella colonna 2 è parte di un versamento cumulativo.

SEZIONE III - Redditi di capitale soggetti ad imposizione sostitutiva

Nella Sezione III vanno indicati i redditi di capitale di fonte estera, diversi da quelli che concorrono a formare il reddito complessivo, percepiti direttamente dal contribuente senza l'intervento di intermediari residenti. Tali redditi sono soggetti ad imposizione sostitutiva nella stessa misura della ritenuta alla fonte a titolo di imposta applicata in Italia sui redditi della stessa natura (art. 18 del Tuir).
Il contribuente ha la facoltà di non avvalersi del regime di imposizione sostitutiva e, in tal caso, compete il credito d'imposta per le imposte pagate all'estero.

I versamenti delle imposte relative ai redditi indicati nella presente Sezione devono essere effettuati con i termini e le modalità previsti per il versamento delle imposte risultanti dalla presente dichiarazione.
Ciò premesso, nel **rigo L8**, indicare:
- nella **colonna 1**, la lettera corrispondente al tipo di reddito secondo l'elencazione riportata in Appendice alla voce "Redditi di capitale di fonte estera soggetti ad imposta sostitutiva";
- nella **colonna 2**, il codice dello Stato estero in cui il reddito è stato prodotto (vedere in Appendice la tabella 10 "Elenco Paesi e Territori esteri"). Nel caso di redditi derivanti dalla partecipazione agli OICR istituiti in Italia e a quelli istituiti in Lussemburgo non è necessario compilare questa colonna;
- nella **colonna 3**, l'ammontare del reddito, al lordo di eventuali ritenute subite nello Stato estero in cui il reddito è stato prodotto;
- nella **colonna 4**, l'aliquota applicabile;
- nella **colonna 5**, il credito IVCA (Imposta sul valore dei contratti di assicurazione);

Nella **colonna 7**, barrare la casella in caso di opzione per la tassazione ordinaria. In tal caso, per i proventi derivanti dalla partecipazione ad organismi di investimento collettivo in valori mobiliari di diritto estero compete il credito per le imposte eventualmente pagate all'estero. L'opzione per la tassazione ordinaria non può essere esercitata qualora gli utili di fonte estera siano derivati da partecipazioni non qualificate.
La **colonna 8** va barrata se trattasi dei proventi di cui al comma 1 dell'art. 26-*quinquies* del d.P.R. n. 600 del 1973.
Nella **colonna 9** l'ammontare dell'eccedenza di versamento a saldo dell'imposta in particolare va indicata in questa colonna la differenza, se positiva, tra il totale degli importi versati con il modello F24 (utilizzando il codice tributo 1242 e l'anno 2023) e l'imposta dovuta. Nel caso di eccedenza di versamento dovuta a riversamento spontaneo effettuato secondo la procedura descritta nella circolare n. 48/E del 7 giugno 2002 (risposta a quesito 6.1) e nella risoluzione 452/E del 27 novembre 2008 va utilizzato il Mod. REDDITI PF.

Per ulteriori informazioni vedere in Appendice la voce "Redditi di capitale di fonte estera soggetti ad imposizione sostitutiva".

14. QUADRO W - Investimenti e attività estere di natura finanziaria o patrimoniale

SEZIONE I - Dati relativi agli investimenti e alle attività

Il quadro W deve essere compilato dalle persone fisiche residenti in Italia che detengono investimenti all'estero e attività estere di natura finanziaria a titolo di proprietà o di altro diritto reale indipendentemente dalle modalità della loro acquisizione per l'adempimento degli obblighi di comunicazione previsti (cd "monitoraggio fiscale") ed anche per le cripto-attività detenute attraverso "portafogli", "conti digitali" o altri sistemi di archiviazione o conservazione.
Il quadro W va compilato anche per determinare le seguenti imposte correlate al possesso degli investimenti e attività estere:
- Imposta sul valore degli immobili all'estero (IVIE);
- Imposta sul valore dei prodotti finanziari dei conti correnti e dei libretti di risparmio detenuti all'estero (IVAFE);
- Imposta sostitutiva sul valore delle cripto-attività.

IL MONITORAGGIO FISCALE
L'**obbligo di comunicazione ai fini del monitoraggio fiscale** prevede che nel quadro W sia indicata la consistenza degli investimenti e delle attività detenute all'estero nel periodo d'imposta; questo obbligo sussiste anche se il contribuente nel corso del periodo d'imposta ha totalmente disinvestito.
L'obbligo di monitoraggio non sussiste per i depositi e conti correnti bancari costituiti all'estero il cui valore massimo complessivo raggiunto nel corso del periodo d'imposta non sia superiore a 15.000 euro, ma il quadro W va compilato anche in tali casi qualora sia dovuta l'IVAFE.
Il quadro W non va compilato per le attività finanziarie e patrimoniali affidate in gestione o in amministrazione agli intermediari residenti e per i contratti comunque conclusi attraverso il loro intervento, qualora i flussi finanziari e i redditi derivanti da tali attività e contratti siano stati assoggettati a ritenuta o imposta sostitutiva dagli intermediari stessi.
Se i prodotti finanziari o patrimoniali sono in comunione o cointestati, l'obbligo di compilazione del quadro W è a carico di ciascun soggetto intestatario con riferimento all'intero valore delle attività e con l'indicazione della percentuale di possesso.
Sono tenuti agli obblighi di monitoraggio non solo i titolari delle attività detenute all'estero, ma anche coloro che ne hanno la disponibilità o la possibilità di movimentazione (come, ad esempio, la delega al prelievo su un conto corrente estero).
Inoltre, sono tenute all'obbligo di monitoraggio fiscale anche le persone fisiche che, pur non essendo possessori diretti degli investimenti esteri e delle attività estere di natura finanziaria, siano "titolari effettivi" come definito dalla normativa antiriciclaggio.

GLI INVESTIMENTI

Gli **investimenti** sono i beni patrimoniali collocati all'estero e che sono suscettibili di produrre reddito imponibile in Italia.

Questi beni vanno sempre indicati nel presente quadro indipendentemente dalla effettiva produzione di redditi imponibili nel periodo d'imposta (ad esempio, gli immobili esteri, gli oggetti preziosi all'estero anche se custoditi in cassette di sicurezza, oppure le imbarcazioni iscritte nei pubblici registri esteri).

Vanno altresì indicate le attività patrimoniali detenute per il tramite di soggetti localizzati in Paesi diversi da quelli collaborativi nonché in entità giuridiche italiane o estere, diverse dalle società, qualora il contribuente risulti essere "titolare effettivo".

Sono considerati "detenuti all'estero", ai fini del monitoraggio, gli immobili ubicati in Italia posseduti per il tramite fiduciarie estere o di un soggetto interposto residente all'estero.

LE ATTIVITÀ ESTERE DI NATURA FINANZIARIA

Le **attività estere di natura finanziaria** sono quelle attività da cui derivano redditi di capitale o redditi diversi di natura finanziaria di fonte estera.

Queste attività vanno sempre indicate nel presente quadro in quanto di per sé produttive di redditi di fonte estera imponibili in Italia (ad esempio, le attività i cui redditi sono corrisposti da soggetti non residenti, tra cui, le partecipazioni al capitale o al patrimonio di soggetti non residenti, le obbligazioni estere, gli investimenti e i metalli preziosi detenuti all'estero).

MODALITÀ DICHIARATIVE

 Per ulteriori informazioni relative ai dati da inserire nel presente quadro, si rinvia alle istruzioni concernenti il quadro RW del Modello REDDITI PF 2024.

Il contribuente dovrà compilare il quadro W per assolvere sia agli obblighi di monitoraggio fiscale che per il calcolo delle imposte dovute (IVIE, IVAFE e imposta sul valore delle cripto-attività). In caso sia richiesto di assolvere ai soli obblighi di monitoraggio, va barrata la colonna 16 e le caselle relative alla liquidazione delle imposte non dovranno essere compilate.

Considerato che il quadro riguarda la rilevazione delle attività finanziarie e investimenti all'estero detenuti nel periodo d'imposta, occorre compilare il quadro anche se l'investimento non è più posseduto al termine del periodo d'imposta (ad esempio nel caso di un conto corrente all'estero chiuso nel corso del 2023).

Per gli importi in valuta estera il contribuente deve indicare il controvalore in euro utilizzando il cambio indicato nel provvedimento del Direttore dell'Agenzia emanato ai fini dell'individuazione dei cambi medi mensili agli effetti delle norme contenute nei titoli I e II del Tuir.

Gli obblighi dichiarativi non sussistono per gli immobili situati all'estero per i quali non siano intervenute variazioni nel corso del periodo d'imposta, fatti salvi i versamenti dovuti relativi all'IVIE. Ai soli fini della corretta determinazione dell'IVIE complessivamente dovuta, in caso di variazioni intervenute anche per un solo immobile, il quadro va compilato con l'indicazione di tutti gli immobili situati all'estero compresi quelli non variati.

Nei **righi da W1 a W5**:

- nella **colonna 1 (Codice titolo possesso)** indicare il codice che contraddistingue a che titolo i beni sono detenuti:
  '1' proprietà
  '2' usufrutto
  '3' nuda proprietà
  '4' altro (altro diritto reale, beneficiario di trust, ecc.)
- nella **colonna 2 (Tipo contribuente)** va indicato il codice 1 se il contribuente è un soggetto delegato al prelievo o alla movimentazione del conto corrente oppure il codice 2 se il contribuente risulta il titolare effettivo;
- nella **colonna 3 (Codice individuazione bene)** indicare il codice di individuazione del bene, rilevato dalla tabella 19 e denominata "Codici investimenti all'estero e attività estera di natura finanziaria" posta in Appendice.
- nella **colonna 4 (Codice Stato estero)** indicare il codice dello Stato estero, rilevato dalla tabella 10 "Elenco Paesi e Territori esteri" posta in Appendice; tale codice non è obbligatorio nel caso di compilazione per dichiarare "valute virtuali";
- nella **colonna 5 (Quota di possesso)** indicare la quota di possesso (in percentuale) dell'investimento;
- nella **colonna 6 (Criterio determin. valore)** indicare il codice che contraddistingue il criterio di determinazione del valore:
  '1' valore di mercato;
  '2' valore nominale;
  '3' valore di rimborso;
  '4' costo d'acquisto;
  '5' valore catastale;
  '6' valore dichiarato nella dichiarazione di successione o in altri atti;
- nella **colonna 7 (Valore iniziale)** indicare il valore all'inizio del periodo d'imposta o al primo giorno di detenzione dell'attività;
- nella **colonna 8 (Valore finale)** indicare il valore al termine del periodo di imposta ovvero al termine del periodo di detenzione dell'attività. Per i conti correnti e libretti di risparmio va indicato il valore medio di giacenza;
- nella **colonna 9 (Valore massimo c/c paesi non collaborativi)** indicare l'ammontare massimo che il prodotto finanziario ha raggiunto nel corso del periodo d'imposta se il prodotto riguarda conti correnti e libretti di risparmio detenuti in Paesi non collaborative;
- nella **colonna 10 (Giorni IVAFE – Cripto attività)** indicare il numero di giorni di detenzione per i beni per i quali è dovuta l'IVAFE o l'imposta sulle cripto-attività (il campo è da compilare solo nel caso in cui sia dovuta l'IVAFE ovvero l'imposta sulle cripto-attività);
- nella **colonna 11 (Mesi IVIE)** indicare il numero di mesi di possesso per i beni per i quali è dovuta l'IVIE; si considerano i mesi in cui il possesso è durato almeno 15 giorni (il campo è da compilare solo nel caso in cui sia dovuta l'IVIE);
- nella **colonna 12 (Credito d'imposta)** riportare il credito d'imposta pari al valore dell'imposta patrimoniale versata nello Stato in cui è situato l'immobile o prodotto finanziario nonché cripto attività. L'importo indicato in questa colonna non può comunque essere superiore all'ammontare dell'imposta dovuta;

- nella **colonna 13 (Detrazioni IVIE)** riportare la detrazione di 200 euro rapportata al periodo dell'anno durante il quale l'immobile e relative pertinenze sono state adibite ad abitazione principale. Se l'unità immobiliare è adibita ad abitazione principale da più soggetti passivi la detrazione spetta a ciascuno di essi proporzionalmente alla quota per la quale la destinazione medesima si verifica (il campo è da compilare solo nel caso in cui sia dovuta l'IVIE);
- nella **colonna 14 (Codice)** va indicato un codice per indicare la compilazione di uno o più quadri reddituali conseguenti al cespite indicato oggetto di monitoraggio ovvero se il bene è infruttifero. In particolare, indicare:
  - '**1**' compilazione quadro RL;
  - '**2**' compilazione della sezione III del quadro L;
  - '**3**' compilazione quadro RT;
  - '**4**' compilazione contemporanea di due o tre ipotesi descritte con i codici precedenti;
  - '**5**' nel caso in cui i redditi relativi ai prodotti finanziari verranno percepiti in un successivo periodo d'imposta ovvero se i predetti prodotti finanziari sono infruttiferi. In questo caso è opportuno che gli interessati acquisiscano dagli intermediari esteri documenti o attestazioni da cui risulti tale circostanza;
- nella **colonna 15 (Quota partecipazione - IVAFE)** indicare la percentuale di partecipazione nella società o nell'entità giuridica nel caso in cui il contribuente risulti titolare effettivo;
- barrare la **colonna 16 (Solo monitoraggio)** nel caso in cui il contribuente adempia ai soli obblighi relativi al monitoraggio fiscale, ma per qualsiasi ragione non è tenuto alla liquidazione della IVIE ovvero dell'IVAFE;
- nella **colonna 17 (Codice fiscale società o altra entità giuridica in caso di titolare effettivo - IVAFE)** inserire il codice fiscale o il codice identificativo della società o altra entità giuridica nel caso in cui il contribuente risulti titolare effettivo (in questo caso la colonna 2 va compilata con il codice 2 e la colonna 15 va compilata con la percentuale relativa alla partecipazione);
- nelle **colonne 18 e 19 (Codice fiscale altri contestatari)** inserire i codici fiscali degli altri soggetti che a qualsiasi titolo sono tenuti alla compilazione della presente sezione nella propria dichiarazione dei redditi. Barrare la **colonna 20 (Presenza più cointestatari)** nel caso in cui i cointestatari siano più di due.

SEZIONE II - Versamenti e residui IVAFE

Il **rigo W6** va compilato dal contribuente come di seguito indicato:
- in **colonna 2 (Eccedenza dichiarazione precedente)** riportare l'eventuale credito dell'imposta sul valore delle attività finanziarie possedute all'estero che risulta dalla dichiarazione relativa ai redditi 2022, indicato nella colonna 5 del rigo RX26 del Mod. REDDITI PF 2023;
- in **colonna 3, (Eccedenza compensata modello F24)**, indicare l'importo dell'eccedenza di IVAFE eventualmente compensata utilizzando il modello F24;
- in **colonna 4, (Acconti versati)**, indicare l'ammontare complessivo degli importi versati con il modello F24 indicando i codici tributo 4047 (primo acconto) e 4048 (secondo acconto) e l'anno 2023;
- in **colonna 7, (Eccedenza di versamento a saldo - IVAFE)**, indicare l'importo dell'eccedenza del versamento a saldo, in particolare va indicata in questa colonna la differenza, se positiva, tra il totale degli importi versati con il modello F24 (utilizzando il codice tributo 4043 e l'anno 2023) e l'imposta dovuta. Nel caso di eccedenza di versamento dovuta a riversamento spontaneo effettuato secondo la procedura descritta nella circolare n. 48/E del 7 giugno 2002 (risposta a quesito 6.1) e nella risoluzione 452/E del 27 novembre 2008 va utilizzato il Mod. REDDITI PF.

SEZIONE III - Versamenti e residui IVIE

Il **rigo W7** deve essere compilato dal contribuente per indicare:
- in **colonna 2**, (Eccedenza dichiarazione precedente) riportare l'eventuale credito dell'imposta sul valore delle attività finanziarie possedute all'estero che risulta dalla dichiarazione relativa ai redditi 2022, indicato nella colonna 5 del rigo RX25 del Mod. REDDITI PF 2023;
- in **colonna 3**, (Eccedenza compensata modello F24), indicare l'importo sul valore degli immobili posseduti all'estero eventualmente compensata utilizzando il modello F24;
- in **colonna 4**, (Acconti versati), indicare l'ammontare complessivo degli importi versati con il modello F24 indicando i codici tributo 4044 (primo acconto) e 4045 (secondo acconto) e l'anno 2023;
- in **colonna 7**, (Eccedenza di versamento a saldo - IVIE), indicare l'importo dell'eccedenza del versamento a saldo, in particolare va indicata in questa colonna la differenza, se positiva, tra il totale degli importi versati con il modello F24 (utilizzando il codice tributo 4041 e l'anno 2023) e l'imposta dovuta. Nel caso di eccedenza di versamento dovuta a riversamento spontaneo effettuato secondo la procedura descritta nella circolare n. 48/E del 7 giugno 2002 (risposta a quesito 6.1) e nella risoluzione 452/E del 27 novembre 2008 va utilizzato il Mod. REDDITI PF.

SEZIONE IV - Versamenti e residui Imposta cripto-attività

Il **rigo W8** deve essere compilato dal contribuente per indicare:
- iin **colonna 7 (Eccedenza di versamento a saldo – Imposta cripto-attività)** indicare l'importo dell'eccedenza del versamento a saldo, in particolare va indicata in questa colonna la differenza, se positiva, tra l'imposta dovuta e il totale degli importi versati con il modello F24 indicando il codice tributo 1717 e l'anno 2023 Nel caso di eccedenza di versamento dovuta a riversamento spontaneo effettuato secondo la procedura descritta nella circolare n. 48/E del 7 giugno 2002 (risposta a quesito 6.1) e nella risoluzione 452/E del 27 novembre 2008 va utilizzato il Mod. REDDITI PF.

15. QUADRO K - Comunicazione dell'amministratore di condominio

Il quadro K deve essere utilizzato dagli amministratori di condominio negli edifici, in carica al 31 dicembre 2023, per effettuare i seguenti adempimenti:
1) comunicazione dei dati identificativi del condominio oggetto di interventi di recupero del patrimonio edilizio realizzati sulle parti comuni condominiali. Il decreto legge n. 70 del 13 maggio 2011, entrato in vigore il 14 maggio 2011, ha eliminato l'obbligo di inviare tramite

MODELLO 730 / 2024 ■ ISTRUZIONI PER LA COMPILAZIONE

raccomandata la comunicazione di inizio lavori al Centro Operativo di Pescara, al fine di fruire della detrazione d'imposta delle spese sostenute per l'esecuzione degli interventi di ristrutturazione edilizia. In luogo della comunicazione di inizio lavori, il contribuente deve indicare nella dichiarazione dei redditi:
- i dati catastali identificativi dell'immobile;
- gli altri dati richiesti ai fini del controllo della detrazione.

In relazione agli interventi sulle parti comuni condominiali iniziati a partire dal 14 maggio 2011, per i quali nell'anno 2023 sono state sostenute spese che danno diritto alla detrazione, l'amministratore di condominio indica nel quadro K i dati catastali identificativi del condominio sul quale sono stati effettuati i lavori;

2) comunicazione annuale all'Anagrafe Tributaria dell'importo complessivo dei beni e servizi acquistati dal condominio nell'anno solare e dei dati identificativi dei relativi fornitori (art. 7, comma 8-*bis*, del D.P.R. 29 settembre 1973, n. 605). Tale obbligo sussiste anche se la carica di amministratore è stata conferita nell'ambito di un condominio con non più di otto condomini.

Tra i fornitori del condominio sono da ricomprendere anche gli altri condomìni, super condomìni, consorzi o enti di pari natura, ai quali il condominio amministrato abbia corrisposto nell'anno somme superiori a 258,23 euro annui a qualsiasi titolo.

Non devono essere comunicati i dati relativi:
- alle forniture di acqua, energia elettrica e gas;
- agli acquisti di beni e servizi effettuati nell'anno solare, che risultano, al lordo dell'IVA gravante sull'acquisto, non superiori complessivamente a 258,23 euro per singolo fornitore;
- alle forniture di servizi che hanno comportato da parte del condominio il pagamento di somme soggette alle ritenute alla fonte. I predetti importi e le ritenute operate sugli stessi devono essere esposti nella dichiarazione dei sostituti d'imposta che il condominio è obbligato a presentare per l'anno 2023.

Qualora sia necessario compilare più quadri in relazione ad uno stesso condominio i dati identificativi del condominio devono essere riportati su tutti i quadri.

In presenza di più condomìni amministrati devono essere compilati distinti quadri per ciascun condominio.

In ogni caso, tutti i quadri compilati, sia che attengano a uno o più condomìni, devono essere numerati, utilizzando il campo "Mod. N.", con un'unica numerazione progressiva.

Nei casi in cui l'amministratore di condominio sia esonerato dalla presentazione della propria dichiarazione dei redditi, la comunicazione deve essere presentata utilizzando il quadro AC che deve essere presentato unitamente al frontespizio del Mod. REDDITI 2024 con le modalità e i termini previsti per la presentazione di quest'ultimo modello.

SEZIONE I - Dati identificativi del condominio
Nel **rigo K1** devono essere indicati, relativamente a ciascun condominio:
- nel **campo 1**, il codice fiscale;
- nel **campo 2**, l'eventuale denominazione.

SEZIONE II - Dati catastali del condominio (interventi di recupero del patrimonio edilizio)
In questa sezione vanno indicati i dati catastali identificativi del condominio oggetto di interventi sulle parti comuni condominiali, con riferimento agli interventi di recupero del patrimonio edilizio per i quali è stato eliminato l'obbligo della comunicazione al Centro operativo di Pescara (decreto legge n. 70 del 13 maggio 2011, entrato in vigore il 14 maggio 2011).

Se l'immobile non è ancora stato censito al momento di presentazione della dichiarazione devono essere riportati gli estremi della domanda di accatastamento.

Rigo K2 - Dati catastali del condominio
Colonna 1 (Codice Comune): indicare il codice catastale del comune dove è situato il condominio. Il codice Comune può essere a seconda dei casi di quattro o cinque caratteri come indicato nel documento catastale.
Colonna 2 (Terreni/Urbano): indicare: 'T' se l'immobile è censito nel catasto terreni; 'U' se l'immobile è censito nel catasto edilizio urbano.
Colonna 4 (Sezione Urbana/Comune Catastale): riportare le lettere o i numeri indicati nel documento catastale, se presenti. Per gli immobili siti nelle zone in cui vige il sistema tavolare indicare il codice "Comune catastale".
Colonna 5 (Foglio): riportare il numero di foglio indicato nel documento catastale.
Colonna 6 (Particella): riportare il numero di particella, indicato nel documento catastale, che può essere composto da due parti, rispettivamente di cinque e quattro cifre, separato da una barra spaziatrice. Se la particella è composta da una sola serie di cifre, quest'ultima va riportata nella parte a sinistra della barra spaziatrice.
Colonna 7 (Subalterno): riportare, se presente, il numero di subalterno indicato nel documento catastale.

Rigo K3 - Domanda di accatastamento
Colonna 1 (Data): indicare la data di presentazione della domanda di accatastamento.
Colonna 2 (Numero): indicare il numero della domanda di accatastamento.
Colonna 3 (Provincia Ufficio Agenzia Entrate): indicare la sigla della Provincia in cui è situato l'Ufficio Provinciale dell'Agenzia delle Entrate presso il quale è stata presentata la domanda.

SEZIONE III - Dati relativi ai fornitori e agli acquisti di beni e servizi
Nella presente sezione devono essere indicati, per ciascun fornitore, i dati identificativi e l'ammontare complessivo degli acquisti di beni e servizi effettuati dal condominio nell'anno solare.

La comunicazione, indipendentemente dal criterio di contabilizzazione seguito dal condominio, deve far riferimento agli acquisti di beni e servizi effettuati nell'anno solare. Ai fini della determinazione del momento di effettuazione degli acquisti si applicano le disposizioni dell'art. 6 del D.P.R. 26 ottobre 1972, n. 633. Pertanto, in via generale, le cessioni dei beni si intendono effettuate al momento della stipulazione del contratto, se riguardano beni immobili, e al momento della consegna o spedizione, nel caso di beni mobili. Le prestazioni di servizi si considerano effettuate all'atto del pagamento del corrispettivo; qualora, tuttavia, sia stata emessa fattura anteriormente al pagamento del corrispettivo o quest'ultimo sia stato pagato parzialmente, l'operazione si considera effettuata rispettivamente alla data di emissione della fattura o a quella del pagamento parziale, relativamente all'importo fatturato o pagato.

In particolare, nei righi da **K4** a **K9**, devono essere indicati:
- nel **campo 1**, il codice fiscale, o la partita Iva, del fornitore;
- nel **campo 2**, il cognome, se il fornitore è persona fisica, ovvero la denominazione o ragione sociale, se soggetto diverso da persona fisica;
- nei **campi** da **3** a **7**, che devono essere compilati esclusivamente se il fornitore è persona fisica, rispettivamente, il nome e gli altri dati anagrafici (sesso, data, comune e provincia di nascita);
- nel **campo 8**, deve essere indicato l'ammontare complessivo degli acquisti di beni e servizi effettuati dal condominio nell'anno solare;
- nel **campo 9**, deve essere indicato il codice stato estero.

La presente sezione può non essere compilata da parte dell'amministratore nelle ipotesi in cui sia stata operata dalle banche una ritenuta alla fonte sulle somme pagate dal condominio all'impresa che ha effettuato gli interventi di recupero del patrimonio edilizio (cfr. Risoluzione dell'Agenzia delle entrate n. 67 del 20 settembre 2018).

Printed by Amazon Italia Logistica S.r.l.
Torrazza Piemonte (TO), Italy